카테고리	강의 주제	월	화
인문학 코드	인간의 삶과 미래 기술	인공지능 그리고 윤동주	질문하는 인간의 내일
	이야기는 어떻게 산업이 되었나	이야기가 돈이 되는 세상	스토리텔링 사업의 노하우
	성공하는 마케팅에 숨은 인문학	카페와 사랑의 차이	동물원에도 통한 디자인
	러시아 문학의 생명력	푸시킨과 오페라	레르몬토프와 로망스
리더의 교양	세종의 원칙	왜 지금 다시 세종인가	세종의 경청법
	다섯 명의 영화감독 다섯 개의 세계	지적 유희를 즐기고 싶을 때, 크리스토퍼 놀란	느슨한 일상에 충격이 필요할 때, 다르덴 형제
	르네상스 미술의 한 장면	피렌체의 상인들	하늘을 향한 둥근 지붕
	인물로 이해하는 춘추전국시대	정당한 통치권이란 무엇인가	관중, 말과 감정을 비틀지 않는다
시장과 문화	키워드로 보는 중국 비즈니스 문화	'차별'의 문화	'꽌시'에 죽고 사는 중국인
	시간이 만든 명품의 비밀	명품의 조건	감각의 모자이크, 이탈리아
	명의열전	공식 명의 1호, 편작	명불허전의 명의, 화타
	알고 보면 재미있는 미술 시장	미술 쇼핑하기 좋은 날	'호기심의 방'에서 라스베이거스 쇼룸으로

수	목	금
도구의 존재론과 애플의 혁신	일자리의 미래와 또 다른 위험	독일의 번영과 문화적 인간
기업, 스토리텔링에 주목하다	박물관, 이야기의 보물 창고	당신도 스토리텔러가 될 수 있다
시장을 만드는 기업	로마제국과 열린 혁신	창의력과 공간
고골과 애니메이션	도스토옙스키와 연극	톨스토이와 영화
세종의 질문법	세종의 공부법	결국 모두 백성을 위한 일
답답한 공간에서 숨쉬고 싶을 때, 알폰소 쿠아론	우리 사회의 해답을 찾고 싶을 때, 이창동	덕질의 미덕을 쌓고 싶을 때, 쿠엔틴 타란티노
다윗은 어떻게 조각되었나	열린 창으로 바라본 세계	바티칸의 영광, 교황들의 찬가
호언, 사람의 본성을 거스르지 않는다	손숙오, 해치지 않고 키운다	유방, 조직이 아닌 사람의 입장에서 판단하다
같이 '밥'을 먹어야 친구지	'체면'이 목숨보다 중하다	은혜도 원한도 '되갚는' 게 도리
르네상스의 용광로, 프랑스	앵글로색슨 왕실의 자존심, 영국과 미국	간결과 실용 그리고 일상, 북유럽
식이요법의 선구자, 전순의	한국형 실용의학의 정립, 허준	의학에 담아낸 혁명 사상, 이제마
미술품은 진정 그림의 떡인가	알쏭달쏭 미술 게임	미술, 이유 있는 밀당

퇴 근 길
인 문 학
수 업 ●

일러두기

- 외래어 표기는 국립국어원 외래어 표기법을 따르되 일부 널리 쓰이는 관용적 표현에는 예외를 두었습니다.
- 본문에 삽입된 QR코드를 스캔하시면 관련 영상과 그림을 보실 수 있습니다.

퇴근길 인문학 수업 : 연결

초판 1쇄 발행 2019년 9월 30일
초판 2쇄 발행 2019년 10월 15일

편저 백상경제연구원

펴낸이 조기흠
편집이사 이홍 / **책임편집** 최진 / **기획편집** 박종훈, 송지영, 박혜원 / **기획** 장선화
마케팅 정재훈, 박태규, 김선영, 홍태형 / **디자인** 석운디자인 / **제작** 박성우, 김정우
펴낸곳 한빛비즈(주) / **주소** 서울시 서대문구 연희로2길 62 4층
전화 02-325-5506 / **팩스** 02-326-1566
등록 2008년 1월 14일 제25100-2017-000062호
ISBN 979-11-5784-364-0 03300

이 책에 대한 의견이나 오탈자 및 잘못된 내용에 대한 수정 정보는 한빛비즈의 홈페이지나
이메일(hanbitbiz@hanbit.co.kr)로 알려주십시오. 잘못된 책은 구입하신 서점에서 교환해드립니다.
책값은 뒤표지에 표시되어 있습니다.

홈페이지 www.hanbitbiz.com / **페이스북** hanbitbiz.n.book / **블로그** blog.hanbitbiz.com

지금 하지 않으면 할 수 없는 일이 있습니다.
책으로 펴내고 싶은 아이디어나 원고를 메일(hanbitbiz@hanbit.co.kr)로 보내주세요.
한빛비즈는 여러분의 소중한 경험과 지식을 기다리고 있습니다.

퇴근길 인문학 수업

연결

오늘의 지식을
내일의 변화로 이어가기

백상경제연구원

HB 한빛비즈
Hanbit Biz, Inc.

꿈을 꾸게 만드는 별빛, 인문학

별 하나에 추억과

별 하나에 사랑과

별 하나에 쓸쓸함과

별 하나에 동경과

별 하나에 시와

별 하나에 어머니, 어머니

어머님, 나는 별 하나에 아름다운 말 한마디씩 불러봅니다.

윤동주의 시 〈별 헤는 밤〉의 한 구절이다. 식민지의 비극 속에서 꿋꿋이 저항하다 삶을 마감한 젊은 시인의 시처럼 별은 누구에게나 아름다운 추억이고 희망이다. 불행한 천재의 표본인 빈센트 반 고흐의 작품에 별이 자주 등장하는 것도 그래서다. 그중 대표작인 〈별이 빛나는 밤〉은 반강제로 정신병원에 격리돼 그린 작품이다. 다행히 의사로부터 허락을 받아 병원에서 그림을 그릴 수 있었던 고흐는 "별을 보면 항상 꿈을 꾼다"라고 말했다. 〈론강의 별이 빛나는 밤〉 〈밤의 카페 테라스〉 등도 그런 작품이다.

그런데 언젠가부터 도시의 불빛이 화려해지면서 별을 보며 추억을 찾는다는 게 생뚱맞은 낭만이 되고 말았다. 인공조명에 의한 빛도 공해라는 사실을 인식하지 못하고 무작정 밤하늘을 밝힌 탓이다. 우리나라가 특히 심하다. 우리나라가 세계에서 두 번째로 '빛 공해'가 심한 나라라는 연구결과가 나왔을 정도다. 2016년 국제 연구팀이 지구 관측 위성으로 찍은 사진을 토대로 세계 빛 공해 실태를 분석한 결과다.

이 글은 몇 년 전 필자가 〈서울경제신문〉에 쓴 칼럼 〈사라진 '별 헤는 밤'〉 내용 중 일부다. 이를 뜬금없이 다시 들춰낸 것은 인문학이 별과 같다는 생각이 들어서다. 별이 그렇듯 인문학도 누구에게나 추억이면서 희망이기도 하지만, 생활에 직접적인 필요가 덜하다는 인식 때문에 갈수록 그 중요성을 잊어가는 게 아닌가 해서다. 화려한 불빛을 내뿜는 첨단과학기술에 밀려 외곽으로 멀어져가는 대학가의 '문사철文史哲(문학 · 역사 · 철학)'과도 오버랩된다.

하지만 인문학은 자존감을 되찾고 타인과의 관계를 성찰하기 위해 반드시 필요한 학문이다. 노숙자에서 대통령에 이르기까지 인간의 모든 행위를 윤리의 이름으로 돌아볼 수 있게도 한다. 여기서 우리는 공존과 공생, 소통과 화합의 방식을 배운다. 공공도서관에서 열리는 수많은 인문학 강좌에 시민들이 넘쳐나고, 인공지능 등의 4차 산업이 인간의 감성

을 다루는 인문학을 담아내려고 노력하는 것도 바로 이런 이유에서가 아
닌가 싶다.

《퇴근길 인문학 수업 1~3권(멈춤/전환/전진)》에 대한 독자의 성원에 힘
입어 《퇴근길 인문학 수업》 시즌2(4~5권)를 출간하기로 결정했다. 그러
면서 전체 주제를 '인문학은 어떻게 삶이 되는가'로 잡은 것은 인문학
이 단순히 어렵고 추상적인 학문이 아니라 모든 이의 삶에 필요한 학문
이라는 판단에서다.

앞서 언급했듯 인문학은 근본적으로 '성찰의 학문'이다. 삶의 의미와 목
표를 잃고 헤매는 우리로 하여금 스스로를 돌아보게 만든다. 그 과정에
서 '나 자신과의 관계' '나와 사회의 관계'를 되짚어보게 된다. 4권에 '관
계'라는 부제를 붙인 배경이다.

4권을 여는 강좌의 첫 테마는 '자존감'이다. 자신을 존중하는 자존감
은 나를 일으켜 세우는 힘이다. 무수리 씨와 나잘난 씨의 얘기를 통해 자
연스럽게 내 인생의 주인공은 결국 나라는 결론에 도달할 수 있도록 했
다. 아울러 '가짜 허기'를 부추기는 과식사회의 문제점을 심리학자의 눈
으로 풀어냈고, 신화와 비극에서 위로를 찾고 콤플렉스를 극복할 수 있
는 방안을 제시했다.

우리가 무심코 저지르는 행위에 대한 고민거리도 제시했다. '당신
은 부모입니까, 학부모입니까?'라는 질문은 새삼 우리를 되돌아보게 만
든다. 1인화, 개인주의화되는 세상에서 '다름'을 이해하고 건강한 관계

를 형성해가는 데 도움을 줄 수 있는 글도 실었다. 모두 우리가 삶을 영위하면서 겪어야 하는 '관계'에 관한 얘기들이다.

5권은 '연결'이라는 부제를 달아 인문학이 우리 삶에 어떻게 스며들고 있는지를 구체적으로 보여주는 내용으로 꾸몄다. 산업과 문화 전반에 알게 모르게 녹아든 인문정신과 인문학과의 연결성을 살펴봤다. 페이스북과 트위터 등 SNS 기업과 애플, 일본의 아사히야마 동물원 등이 어떻게 인문학을 접목해 성공적인 마케팅을 펼치고 있는지, 영화·연극·애니메이션·오페라 등에서 수백 년 동안 꾸준히 다른 모습으로 재탄생하고 있는 러시아 문학의 생명력이 무엇인지 찾아봤다.

한 조직의 리더라면 최소한 알고 있어야 할 영화감독과 그 바탕에 흐르는 상상력과 공존, 미덕에 대해서도 느껴볼 수 있도록 기획했다. 르네상스 미술과 바로크 양식, 낭만주의와 인상주의 등 예술사 전체에서 큰 획을 그은 사조와 시대적 배경도 소개했다. 그런 사조가 어떻게 우리 삶에 들어와 자리 잡고 있는지 설명하기 위해서다.

얼마 전에 꽤 오랜만에 〈눈이 부시게〉라는 드라마를 보고 감동을 받았다. 단순히 시공을 넘나드는 젊은이들의 아름다운 사랑 얘기로 생각했다가 치매로 주제를 급반전하는 구성 때문에 작가가 누구인지 직접 찾아보기까지 했다. 국가적 문제로 떠오르고 있는 노인들의 치매 문제를 어둡지 않게 터치한 것도 좋았다. 인문학의 힘이 절로 느껴졌다. 주인공을 맡은 배우 김혜자 씨는 이 드라마로 2019 백상예술대상에서

TV 부문 대상을 받은 뒤 드라마 엔딩 내레이션으로 수상 소감을 대신
해 한 번 더 감동을 줬다.

> "후회만 가득한 과거와 불안하기만 한 미래 때문에 지금을 망치
> 지 마세요. 오늘을 살아가세요. 눈이 부시게. 당신은 그럴 자격이 있
> 습니다."

철학자, 경제학자, 정신건강의학과 전문의, 한문학자, 심리학자, 연극연
출가, 인류학자, 한의사 등 각 분야 전문가들이 참여해 인문학과 삶의 문
제를 풀어낸 〈퇴근길 인문학 수업 4~5권〉이 독자들의 삶을 좀 더 밝게 만
들어주는 밤하늘의 별빛이 될 수 있기를 소망한다.

백상경제연구원장
이용택

프롤로그 | 꿈을 꾸게 만드는 별빛, 인문학   5

PART1 | 인문학 코드

제1강 인간의 삶과 미래 기술 | 이종관

월요일 **인공지능 그리고 윤동주**   19

화요일 **질문하는 인간의 내일**   26

수요일 **도구의 존재론과 애플의 혁신**   33

목요일 **일자리의 미래와 또 다른 위험**   40

금요일 **독일의 번영과 문화적 인간**   46

제2강 이야기는 어떻게 산업이 되었나 | 정창권

월요일 **이야기가 돈이 되는 세상**   55

화요일 **스토리텔링 사업의 노하우**   61

수요일 **기업, 스토리텔링에 주목하다**   68

목요일 **박물관, 이야기의 보물 창고**   75

금요일 **당신도 스토리텔러가 될 수 있다**   82

제3강 성공하는 마케팅에 숨은 인문학 | 박정호

월요일 **카페와 사랑의 차이**   91

화요일 **동물원에도 통한 디자인**   97

수요일 **시장을 만드는 기업**   104

목요일 **로마제국과 열린 혁신**   111

금요일 **창의력과 공간**   119

제4강 러시아 문학의 생명력 | **신영선**

월요일 **푸시킨과 오페라**   127

화요일 **레르몬토프와 로망스**   134

수요일 **고골과 애니메이션**   141

목요일 **도스토옙스키와 연극**   148

금요일 **톨스토이와 영화**   154

PART2 | 리더의 교양

제5강 세종의 원칙 | **박영규**

월요일 **왜 지금 다시 세종인가**   167

화요일 **세종의 경청법**   175

수요일 **세종의 질문법**   183

목요일 **세종의 공부법**   192

금요일 **결국 모두 백성을 위한 일**   200

제6강 다섯 명의 영화감독, 다섯 개의 세계 | **박일아**

월요일 **지적 유희를 즐기고 싶을 때, 크리스토퍼 놀란**   211

화요일 **느슨한 일상에 충격이 필요할 때, 다르덴 형제**   219

수요일 **답답한 공간에서 숨쉬고 싶을 때, 알폰소 쿠아론**   228

목요일 **우리 사회의 해답을 찾고 싶을 때, 이창동**   235

금요일 **덕질의 미덕을 쌓고 싶을 때, 쿠엔틴 타란티노**   242

제7강 르네상스 미술의 한 장면 | 이화진

월요일	피렌체의 상인들	253
화요일	하늘을 향한 둥근 지붕	260
수요일	다윗은 어떻게 조각되었나	267
목요일	열린 창으로 바라본 세계	274
금요일	바티칸의 영광, 교황들의 찬가	281

제8강 인물로 이해하는 춘추전국시대 | 공원국

월요일	정당한 통치권이란 무엇인가	291
화요일	관중, 말과 감정을 비틀지 않는다	299
수요일	호언, 사람의 본성을 거스르지 않는다	305
목요일	손숙오, 해치지 않고 키운다	311
금요일	유방, 조직이 아닌 사람의 입장에서 판단하다	317

PART3 | 시장과 문화

제9강 키워드로 보는 중국 비즈니스 문화 | 이욱연

월요일	'차별'의 문화	329
화요일	'꽌시'에 죽고 사는 중국인	335
수요일	같이 '밥'을 먹어야 친구지	341
목요일	'체면'이 목숨보다 중하다	347
금요일	은혜도 원한도 '되갚는' 게 도리	354

제10강 시간이 만든 명품의 비밀 | 민혜련

월요일 **명품의 조건** 363

화요일 **감각의 모자이크, 이탈리아** 370

수요일 **르네상스의 용광로, 프랑스** 377

목요일 **앵글로색슨 왕실의 자존심, 영국과 미국** 385

금요일 **간결과 실용 그리고 일상, 북유럽** 393

제11강 명의열전 | 김형찬

월요일 **공식 명의 1호, 편작** 403

화요일 **명불허전의 명의, 화타** 411

수요일 **식이요법의 선구자, 전순의** 418

목요일 **한국형 실용의학의 정립, 허준** 425

금요일 **의학에 담아낸 혁명 사상, 이제마** 433

제12강 알고 보면 재미있는 미술 시장 | 백지희

월요일 **미술 쇼핑하기 좋은 날** 443

화요일 **'호기심의 방'에서 라스베이거스 쇼룸으로** 451

수요일 **미술품은 진정 그림의 떡인가** 459

목요일 **알쏭달쏭 미술 게임** 466

금요일 **미술, 이유 있는 밀당** 474

참고문헌 482

PART 1

인문학 코드

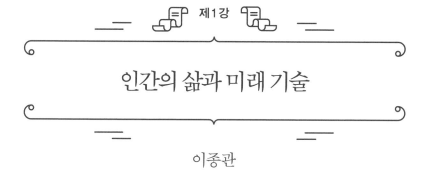

인간의 삶과 미래 기술

이종관

성균관대학교 철학과와 동 대학원을 졸업한 뒤 독일 뷔르츠부르크대학교에서 수학하고 트리어 대학교에서 박사학위를 받았다. 춘천교대를 거쳐 현재 성균관대학교 철학과 교수로 재직 중이다. 건교부 산하 미래주거연구위원회 자문위원, 정보통신정책연구원 기획총괄위원, 과학기술정책연구원 미래포럼자문위원, 교육과학부 융합학문발전위원회 위원 등으로 활동하고 있다. 지은 책으로 《공간의 현상학, 풍경 그리고 건축》 《사이버 문화와 예술의 유혹》 《과학에서 에로스까지》 《자연에 대한 철학적 성찰》 《소피아를 사랑한 스파이, 첩보소설로 읽는 유럽현대철학》 《포스트휴먼이 온다》 등이 있다.

인공지능 그리고 윤동주

2016년 겨울, 다보스포럼에서 4차 산업혁명이 선언된 이후, 전 세계가 이를 미래 비전으로 내세운 듯하다. 4차 산업혁명을 둘러싸고 학계에서는 아직 논란이 많지만, 그 내용은 비교적 잘 정의되어 있다. 4차 산업혁명은 자동화와 지능화된 생산체제가 경제구조를 급격히 혁신하는 과정이다. 20세기 후반부터 출현한 정보화기술이 4차 산업혁명을 주도하는데, 여기서 중요한 점은 IT가 인간과 인간의 소통 기술로서 실현되는 정보통신기술ICT의 단계를 넘어섰다는 것이다.

인공지능과 인간, 튜링에게 묻다

IT는 이제 인간을 포함한 모든 사물에 스며들어 만물과 소통하고 조작하는 사물인터넷Internet of Things, 더 나아가 만물인터넷Internet of Everything의 단계로 진입하고 있다. 만물인터넷 시대란 무엇일까? 존재하는 모든 것으로부터 무한의 데이터가 광속으로 생산·순환되고, 이 데이터들은 패턴으로 인식되어 빅데이터 안에 저장되며, 여기에 사실상 미래를 예측할 수 있는 진리가 숨어 있다는 논리다. 따라서 이 진리를 정확하게 인지해 가공하는 일이 무엇보다 중요하다.

하지만 불행하게도 인간의 두뇌는 빅데이터를 감당하지 못한다. 무한의 규모로 집적되는 빅데이터에 내재된 진리는 알파고 같은 딥러닝 인공지능 소프트웨어를 활용해야만 파악할 수 있다. 결국 4차 산업혁명에서는 인공지능이 진리 인식의 주체가 되어 생산 방식과 소비 양식을 결정한다. 생산 작업 자체가 사이버 물리 시스템으로 대체된다. 인공지능을 탑재한 로봇이 생산 설비는 물론 서비스까지 담당하게 될 것이다.

앞으로 인간은 진리를 인식해 무엇을 어떻게 생산하고 소비하며 삶을 영위할지 결정하는 삶의 주체가 아니다. 4차 산업혁명을 지휘하는 실질적 두뇌는 인공지능이 된다. 그렇다면 미래의 역사도 인공지능이 이끌어 갈 것인가?

20세기 중반에 출현한 인공지능은 몇 번의 좌절을 겪었다. 하지만 최근 들어 급속하게 발전하고 있는 인공지능은 인간만이 지닌 줄 알았던 많은 능력을 실제 수행할 수 있음을 보여주고 있다. 바야흐로 인간과 인공적으로 만들어진 기계를 구별할 수 없는 시대가 오고 있다.

'컴퓨터의 아버지'라 불리는 앨런 튜링은 "컴퓨터 같은 기계도 생각할 수 있다"라고 주장하며 다음과 가상의 테스트를 통해 자신의 주장을 증명하려 했다. 안을 들여다볼 수 없는 어떤 방에 인간과 컴퓨터가 있다. 이때 방 밖에 있는 사람들이 방 안에 있는 인간과 컴퓨터 각각에게 컴퓨터 채팅과 유사한 방식으로 여러 가지 질문을 던져 답변을 구한다. 그런데 이 과정에서 방 밖에 있는 사람들이 어느 것이 인간이 낸 답이고 어느 것이 컴퓨터가 낸 답인지 구별하지 못한다면, 컴퓨터는 인간과 같이 생각할 수 있다고 간주해야 한다. 이후 사람들은 튜링테스트를 통과할 수 있는 기계가 등장한다면, 생각은 더 이상 인간의 전유물이 아니라고 믿게 되었다. 그리고 만일 인간의 본질이 생각하는 존재라면, 생각하는 기계 역시 곧 인간이라는 결론에 도달한다.

2016년 벌어진 알파고와 이세돌의 대결에서 인공지능은 사실상 튜링테스트를 통과했다. 만일 이 대결에서 알파고가 기계라는 사실을 숨긴 채 대국 상황이 바둑판 모니터로만 중계되었다면, 사람들은 이세돌보다 바둑을 잘 두는 인간이 이세돌을 이겼다고 받아들였을 것이다.

하지만 일견 튜링 같은 천재만이 고안할 수 있을 것 같은 튜링테스트에는 결정적인 어리석음이 깔려 있다. 이 어리석음은 튜링테스트를 튜링 자신에게 적용해보면 쉽게 폭로된다. 만일 안을 들여다볼 수 없는 방에 튜링과 튜링의 목소리를 흉내 내는 컴퓨터가 있고, 밖에 있는 사람들이 튜링과 컴퓨터 모두와 대화를 나누고도 어느 쪽이 인간이고 어느 쪽이 기계인지 구별하지 못한다면 어떨까? 이때도 컴퓨터를 튜링이라고 할 수 있을까? 사람들이 컴퓨터와 튜링을 구별하지 않고 그 둘을 동일시한다면 어떻게 될까? 튜링은 이 상황을 용납할까? 튜링 자신이 아닌 기계가 마치 튜링처럼 행세하고 사람들이 그 기계를 튜링이라고 인정한다면, 튜링은 자신의 튜링테스트가 입증되었다고 기뻐할까? 아니면 내가 바로 튜링이라고 주장할까?

무엇과도 같을 수 없는
유일한 존재자, 인간

인간이 인간인 이유는 개개의 인간이 무엇과도 또 누구와도 같을 수 없는 자기 자신으로 존재하기 때문이다. 물론 이런 사실은 각각의 인간이 일상에 매몰되어 무작정 남이 하는 대로만 살아갈 때는 망각된다. 그러나 삶이 위기에 처할 때, 죽음을 의식하는 순간, 그리하여 자신의 삶이 어느 누구도 대신할 수 없는 자신의 책임임을 직면할 때 인간은 깨닫는다. 나는 다른 무엇과도, 어느 누구와도 같을 수 없는 자기 자신이었으며, 앞으로도 계속 자신의 삶을 스스로 책임질 수밖에 없는 유일한 존재라는 사실을 말이다.

그런데 이러한 인간은 늘 어떤 역사적 상황 안에 존재한다. 이 때문에 인간은 역사적 체험으로부터 분리될 수 없다. 어떤 역사적 상황에서 인간의 체험이 이루어지며, 이 체험이 그에게 어떤 방식으로 체화된다. 물리적인 몸과 함께 삶의 의미를 창조해가는 인간이 거부할 수 없는 삶의 방식이다.

어떤 사람은 그가 속한 역사적 상황이 비리와 모순으로 점철되어 있어도 이에 순응하며 편안히 살아가고, 어떤 사람은 온몸으로 저항하고 고통을 감수하면서 보다 나은 미래를 향해 나아간다. 그래서 '하늘을 우러러 한 점 부끄럼이 없기를' 바라며 '잎새에 이는 바람에도 괴로워하는' 윤동주의 시가 탄생한다. 또 어린 시절 광주의 트라우마를 온몸으로 기억하며 인간의 폭력성을 고발하는 한강의 소설 《채식주의자》가 탄생한다.

여기서 현재 인공지능을 둘러싼 논쟁의 허망함, 특히 인공지능의 자율성과 창의성에 대한 논의의 허망함이 노출된다. '인공지능이 시나 문학을 쓸 수 있는 창의적인 지능인가'라는 질문을 던지기에 앞서 '인간이 어떤 존재이기 때문에 시나 문학을 창조하는가'에 대한 성찰이 선행되어야 한다. 그러지 않으면 우리는 튜링테스트의 무지보다 더 무지로 가득 찬 테스트를 수행하게 되는 셈이다. 즉, 컴퓨터가 자동으로 출력한 글자들의 조합을 보고도 시인의 시와 구별하지 못한다면, 컴퓨터에게 시인과 같은 창작력이 있다는 믿음 아래 앞으로 인공지능을 통해 더 빠른 속도로 시와 소설을 제작하는 산업을 발전시키려 할 것이다.

이즈음에서 다시 한 번 윤동주의 시를 떠올려보면 앞에서 이야기한 일이 얼마나 어처구니없는 무지에서 비롯되는지 새삼 각성하게 된다. 일본 식민지 시대라는 역사적 상황에서 조국을 잃고 간도를 떠돌던 조선인 동주의 삶, 그 처연했던 삶이 없었다면 동주의 시는 탄생할 수 없었기 때문이다.

무의미한 미래 탈출을 위해
사회적 자본 확충부터

알파고와 이세돌의 바둑 대결은 과학기술의 급속한 발전이 이루어내는 인공지능이 현재처럼 어마어마한 자본을 빨아들이며 범용화할 때 인간이 처하게 될 미래의 상황을 적나라하게 폭로했다. 이 대결에서 우리가 목격한 인간의 미래는 알파고도 이세돌도 아니다. 우리가 목격한 건 알파고의 지시에 따라 바둑돌을 놓던 구글 딥마인드의 '아자 황' 박사다. 아자 황은 이번 대결에서 인간으로서는 아무 의미가 없는, 오로지 알파고의 아바타로만 존재했다.

한때 우리는 그렇게 생각했다. 영화 〈아바타〉에서 보듯, 미래에는 우리 아바타를 만들어 사이버 세계나 실재 세계에 내세우고 나를 대신해 운용할 수 있다고 말이다. 그러나 미래는 정반대의 모습일 수 있다는 사실을 아자 황의 존재가 보여주었다. 여기서 분명한 건 지금처럼 인공지능을 기술 중심으로만 다뤄 지능적 성능을 급속히 증강하는 데만 집착한다면, 인간은 미래에 아무 의미 없는 존재자로 전락하게 될 거라는 사실이다.

다른 미래로 가려면 인공지능을 비롯한 모든 첨단 기술을 인간과의 상호작용을 고려해 개발해야 한다. 그리고 늘 기억해야 할 점이 있다. 일은 인간만이 하는 것이며, 인공지능은 오로지 작동할 뿐이라는 사실이다. 인간은 자신의 삶을 성취하기 위해 일하기 때문에 기술을 필요로 한다.

따라서 기술은 인간과 일을 매개해 인간의 실존적 삶을 미래로 성취시키는 역할을 해야 한다. 인공지능도 마찬가지다. 인공지능은 인간 대신 일하기 위해 존재하는 게 아니라 일과 인간을 좀 더 지능적이고 바람직하게 중재하기 위해 존재해야 한다. 이것이 인공지능에 주어진 일종의 윤리적 사명이다.

유념해야 할 사실은 또 있다. 4차 산업혁명은 시장자본만으로는 실현될 수 없다는 점이다. 시장자본을 투입해 비약적인 기술 성장을 거두고, 이를 바탕으로 거대 자본을 축적할 수 있다 치더라도 정의와 신뢰, 존중, 공감, 상호 인정 같은 사회적 자본이 없는 곳에서는 사회적 갈등만 깊어질 뿐이다. 사회적 자본이 빈약해 갈등이 증폭되는 곳이라면 4차 산업혁명은 이를 추진할 동력을 확보할 수 없다. 따라서 4차 산업혁명이 역사의 전환점을 이루며 사회를 발전시킬 수 있으려면 사회적 자본을 확충하는 협력적 창의성을 키울 수 있어야 한다. 사회적 혁신이 우선되어야 한다는 얘기다. 그래야 4차 산업혁명을 향한 기술혁신이 인간을 갈등과 소외의 늪으로 몰아넣는 불행한 행로에서 벗어날 수 있다.

협력적 창의성은 경쟁과 서열화를 통해 생산성만 증가시키는 사회 운영체제에서는 증진될 수 없다. 모든 사회 구성원이 창의적 주체로 존중받고, 그들의 참여가 적극 고무되는 인본주의적 민주정치 공간이 진정으로 열릴 때 활성화된다. 4차 산업혁명의 실질적 진원지인 독일은 이런 면에서 우리의 모범이 된다.

질문하는 인간의 내일

현대의 모든 산업은 도구를 생산하고 판매하는 제조업을 근간으로 한다. 제조업은 산업혁명 이후 인간의 삶에 필요한 도구를 생산하는 산업으로 경제성장을 이뤘다. 20세기부터 정보화가 본격적으로 이루어진 이후 IT 산업, 디지털 콘텐츠 산업 등이 경제적 부의 산출과 국가 경제성장의 원동력으로 자리 잡고 있다. 하지만 정보가 생산되고 유통되는 공간에서 인간의 삶은 맨몸으로 실행되지 않는다. 정보가 순환되는 공간, 즉 디지털 세계의 일원으로 살기 위해 우리는 다시 새로운 도구를 필요로 한다.

인간이여, 왜 도구를 사용하십니까

컴퓨터나 스마트폰 같은 도구는 인간의 삶을 디

지털 공간으로 급속히 옮겨놓기 때문에 이런 도구를 생산하는 제조업이 디지털 공간을 지탱하는 기간산업이 된다. 디지털 기기 제조 산업이 여전히 엄청난 부를 창출하는 이유다. 애플과 삼성에 이어 중국의 화웨이 등이 21세기 최고의 기업으로 등극하고 있는 현상은 이런 상황에 대한 확실한 증거다.

여기서 갑자기 궁금증이 생긴다. 대체 인간은 왜 도구를 사용할까? 그저 인간이 만드는 인간, 즉 호모파베르homo faber이기 때문인가? 인간은 본능적으로 도구를 사용할 수밖에 없게 생물학적으로 설계된 존재일까? 도구는 대체 어떻게 존재하는 것일까? 이런 질문은 인간의 삶에 깊이 스며드는 좋은 도구를 생산하려면 당연히 떠올려야 하는 궁금증이다. 그런데 우리는 이런 질문을 진지하게 제기한 적이 없는 듯하다. 도구가 무엇인지 이미 다 알고 있는 척하거나 이런 질문은 쓸데없다며 무시해왔다. 그런데 우리는 정말 도구에 대해 잘 알고 있을까?

기본적인 질문부터 해보자. 인간은 왜 도구를 사용하며 살아가는가? 여기에 제대로 된 답을 구하려면 선행되어야 할 질문이 있다. 바로 '인간은 어떻게 사는가'이다. 인간은 물체와 동일한 방식으로 사는가? 인간은 만유인력에 의해 여기로 왔다가 저기로 가는가? 지금 내가 여기 있는 이유가 만유인력이 나를 여기까지 끌고 왔기 때문일까?

그게 아니라면 인간은 동물과 동일한 방식으로 사는가? 그렇다면 내가 여기에 있는 이유는 본능적 충동이 나를 여기로 끌고 왔기 때문인가? 나는 그저 충동에 이끌려 아침에 출근하고 본능적 충동에 따라 일하며,

동물처럼 귀소본능에 따라 퇴근하는 것일까? 그런데 나는 왜 때때로 귀소를 늦춘 채 인문학 공부를 하겠다고 강의실을 찾는 걸까? 혹시 내가 하는 일에 도움이 될지도 모른다는 기대 때문일까? 나는 대체 왜 일하는 것일까? 생존하기 위한 먹이를 확보하려는 충동 때문일까? 온갖 의문이 머리에 가득하다.

　의문을 풀기 위한 실마리는 철학자 하이데거의 사상에서 찾을 수 있다. 하이데거는 인간을 '실존하는 존재자'라고 부른다. 여기서 실존이란 생존과 대비된다. 실존은 다른 존재자, 예컨대 물체 혹은 생명체와 같이 그냥 존재하거나 생존하는 게 아닌 인간의 독특한 존재 방식을 밝혀내기 위해 도입됐다. 하지만 이 실존이라는 용어는 논리적으로 잘 구성된 이론을 설명하기 위해 만들어낸 전문용어가 아니다. 우리 자신이 어떻게 살고 있는지를 차분히 살펴보면 드러나는, 인간이 살아가는 방식을 지칭하는 용어다.

　사실 물체나 동물은 만유인력이나 충동과 같은 어떤 원인에 의해 움직인다. 그러나 우리 자신의 삶을 살펴보면, 일을 포함해 계속 움직이는 이유가 미래 때문이라는 사실이 드러난다. 인간은 무엇이 되기 위해, 또 무엇을 이루기 위해 잠자리에서 일어나 움직이며 일터로 간다. 인간은 이렇게 자신의 삶을 미리 앞서서 살아간다. 인간이 사는 방식은 결국 어떤 원인이나 충동으로 이루어지는 물리적 상태나 생물학적 상태가 아니다. 요컨대 인간이 살아가는 상황은 물체나 생명체가 존재하는 자연적 상황이 아니다. 따라서 그가 이루고자 하는 모든 걸 자연에서 얻기는 어렵다. 인간이 무엇인가를 해나갈 때 그저 자연에 이미 존재하는 물체에만 의존할 수 없는 이유다. 인간은 자신의 삶을 앞서 살아가며, 미리 기획한 목표를 이루기 위해 행동한다. 이때 그 기획에 적합한 도구가 필요하다. 그냥 맨몸으로 행동할 수는 없다.

얼핏 추상적으로 들리는 인간과 도구 그리고 미래의 관계는 다음의 예를 통해 보면 쉽게 이해할 수 있다. 나는 지금 퇴근길에 좀 피곤한 상태다. 그럼에도 불구하고 누군가의 강의를 듣기 위해 도서관 강의실로 간다. 강의 내용을 잘 이해하면 앞으로 내가 하는 일에 도움이 될 수 있고, 승진에도 보탬이 될 수 있다. 내가 승진하면 내 가족은 좀 더 윤택한 문화생활을 누릴 수 있다. 이런 미래를 위해 현재의 피곤함이라는 상태를 극복하고 계단, 엘리베이터, 지하철, 신발 등에 이르기까지 셀 수 없이 많은 도구를 거쳐 강의장에 왔다. 그리고 강의 중 중요한 내용을 펜이라는 도구를 사용해 노트에 기록하고 있다.

위의 사례에서 분명해지듯, 인간이 항상 미래를 향해 자신의 삶을 기획하며 실존하는 존재라면, 도구는 인간의 행동을 의탁할 수밖에 없는 필수적 요소다. 인간이 단지 호모파베르인 탓에 도구를 사용하는 건 아니다. 인간은 미래를 향해 기획하며 사는 존재이기 때문에 자연에서 구하기 어려운 도구를 사용한다. 도구를 사용해 미래의 기획을 현실로 만들어가면서 내일을 향해 사는 것이다.

보임새와 쓰임새를
고민하는 인간

　　　　　그렇다면 도구는 어떻게 존재하고 있을까? 인간
의 눈에 띄지 않게 시야에서 사라지는 게 도구의 존재 방식이다. 인간이
상식적으로 어떤 것의 '있음'을 확인하는 것과는 정반대다. 어떤 것이 있
다는 사실을 확인하려면 일단 눈에 보여야 한다. 우리의 눈과 의식이 집
중되어 눈에 선명하게 보일 때 그것은 '있는' 것이다. 그런데 도구는 눈에
띄지 않게 배경으로 물러나 사라져야 '있는' 것이라니 도대체 무슨 말인
가? 이 말도 안 되는 도구의 존재 방식은 예시로 살펴보면 분명해진다.

　나는 지금 강의를 들으면서 펜이라는 도구를 사용해 중요한 내용을 적
고 있다. 그런데 내가 살고 싶은 미래의 삶을 이루기 위해 펜으로 필기를
하고 있는 동안 펜이 내 눈에 띄는가? 내가 펜으로 글을 쓰고 있을 때 내
가 글을 쓰는 행위는 펜을 지향하지 않고 진행된다. 따라서 펜은 사실상
내 시야에서 사라진 채 배경으로 물러나 존재한다. 그러나 거꾸로 펜이
전면에 등장해 눈에 띄게 나타나기 시작하면, 그것은 도구이기를 멈춘
다. 이때 쓰기라는 행위는 정지되고, 동시에 나의 의식과 시선은 펜을 향
하게 된다. 그때 펜은 형체를 지닌 물체가 된다.

　이렇게 우리가 사용하는 도구는 더 이상 도구로서 존재할 수 없는 상
태일 때 비로소 배경으로서의 사라짐 상태를 벗어나 눈앞에 나타난다.
하지만 이 경우 도구로서 존재하던 존재자는 '쓰임'의 행위 상황에서 이

탈해 '보임'의 상황 속에 위치함으로써 나의 행위를 방해하는 방식으로 나타나는 것이다.

도구에 대한 철학적 논의는 여기서 그치고 이제 실질적인 질문을 해보자. 도구가 이렇게 시야에서 물러나 사라지며 존재한다는 사실을 알게 되면 우리 삶에 어떤 도움이 될까? 혹시 도구를 생산하는 제조업에 많은 이익을 가져다줄 수 있을까?

분명한 사실이 하나 있다. 도구가 도구로서 존재하는 방식이 눈에 띄지 않게 사라지는 방식이라면, 살아가는 데 필요한 도구를 만들 때 이를 고려해서 디자인해야 인간의 삶에 진정으로 기여하는 도구가 될 수 있다는 것이다. 따라서 도구를 디자인할 때 우선시해야 할 점은 도구의 '보임새'가 아니라 '쓰임새'다. 사용하면서 계속 눈에 띄는 도구는 결국 인간에게 환영받을 수 없지 않을까? 만일 우리가 도구를 디자인할 때 이런 존재 방식을 적용한다면 디자인에 혁신이 일어날 수 있을 것이다.

유감스럽게도 도구에 대한 철학적 논의는 하이데거의 난해한 철학 속에 묻혀 있었다. 그러다 하이데거의 도구존재론이 1990년부터 본격화한 디지털 디바이스의 디자인에 응용되는 사건이 일어났다. 이 사건을 일으킨 사람들에게 디자인은 디바이스의 보임새에 치중하는 목적이면 안 되었다. 그들은 도구가 어떻게 존재하는가를 근본적으로 다시 생각했다. 그리고 인간을 사용자로 하는 디지털 디바이스는 인간과 도구 존재 방식을 잘 구현할 수 있는 형태로 디자인해야 한다는 결론에 이르렀다. 이는 디지털 세계에서 인간이 살기 위해 필요로 하는 도구, 즉 컴퓨터 디자인의 혁신으로 이어진다. 결국 혁신의 완성은 스티브 잡스가 이끈 애플이 이루었다.

도구의 존재론과 애플의 혁신

스티브 잡스, 그는 디지털 기술의 구루이며 IT 기술을 바탕으로 태어난 디지털 문화의 아이콘이었다. 그러다 언제부터인가 디지털 문화의 창조주로 우상화됐다. 그런데 잡스는 사실 인문학의 구세주가 된 적도 있다. 우리나라도 예외가 아니어서 한동안 붐이 일었다. 다들 인문학을 공부해야 한다고 외쳤다. 다 스티브 잡스 때문이었다. 인문학과 전혀 관계가 없을 듯한 첨단 기업이 인문학에 대한 뜨거운 관심을 확산시킨 건 실로 아이러니였다.

패드의 기원에서 만난
인간 실존

휘몰아친 인문학 열풍의 원류를 찾아 거슬러 올라가다 보면 2010년 스티브 잡스가 선보인 컴퓨터 같지 않은 컴퓨터, 아이패드와 만나게 된다. 스티브 잡스는 아이패드를 소개하는 자리에서 선언했다. "애플은 기술과 인문학의 교차점에 서 있다." 이 한마디가 인문학 열풍으로 이어졌다. '인문학을 공부하면 스티브 잡스처럼 될 수 있다' 혹은 '인문학을 공부하는 기업은 애플처럼 어마어마한 돈을 벌 수 있을 것이다' 등등 기업들은 저마다 인문학에 관심을 집중했다. 마치 그간 경영 혁신이 지지부진했던 이유가 인문학에 대한 무관심이라도 되는 듯이. 하지만 인문학이 곧 혁신을 가져올 수 있을 것 같았던 분위기는 그리 오래지 않아 잠잠해졌고, 기업의 인문학 '열공'도 식어갔다. 여기서 안타까운 사실은 스티브 잡스가 왜 그런 말을 했는지, 그 깊은 비밀을 파헤쳐보지도 않은 채 우리가 다시 일상에 매몰된 듯하다는 점이다.

사실 모든 것은 비밀에 싸여 있다. 잡스는 단지 '기술과 인문학'의 만남이라는 잠언을 던졌을 뿐이다. 그가 던진 한마디 잠언을 놓고 온갖 추측이 난무했다. 스티브 잡스를 21세기 구루의 반열에 올려놓는 데 결정적인 역할을 한 아이패드를 면밀히 살펴보면, 비로소 인문학과 기술이 합류한 경로가 어느 정도 모습을 드러낸다.

하루가 다르게 신제품을 쏟아내고 있는 IT 업계의 개발 상황을 거슬러 올라가보자. 이미 1990년대 초에 '패드pad'라는 새로운 개념의 디지털 기기가 거론된 사실을 확인할 수 있다. '패드'라는 개념의 컴퓨터가 출생한 곳은 복사기 회사의 연구소 제록스 파크였다. 여기서 1991년 미래에 등장할 컴퓨터의 개념을 정의한 논문이 발표된다. 제록스 파크 연구소에 재직하던 마크 와이저는 논문 〈21세기를 위한 컴퓨터〉에서 다음과 같이 주장했다.

유비쿼터스 컴퓨터는 목적에 따라 여러 가지 크기로 만들 수 있다.
나와 나의 동료는 탭tab, 패드pad, 보드board라 불리는 것을 만들었다.

마크 와이저는 논문 한 편으로 유비쿼터스의 창시자가 됐다. 이 논문에서 우리는 '패드'라는 단어와 처음 마주친다. 아울러 이 '패드'라는 컴퓨터를 새로운 기술을 구현하는 핵심 기기로 제시하고 있음을 알 수 있다. 여기서 '새로운 기술'은 바로 유비쿼터스 컴퓨팅Ubiquitous Computing; UC이다.

UC란 대체 무엇인가? 우리가 알고 있던 '언제 어디서나'라는 뜻에 지나지 않는다. 와이저는 논문에서 UC를 '눈에 띄지 않는 기술'이라 부른다. 와이저는 왜 UC를 설명하면서 '눈에 띄지 않는'이라는 개념을 적용했을까?

와이저가 유비쿼터스 컴퓨팅을 창안한 배경과 동기를 따라가보자. 와이저가 논문을 발표한 1991년 당시 컴퓨터는 퍼스널 컴퓨터Personal Computer; PC였다. PC는 책상 위에 고정된 데스크톱 형태였고 마이크로소프트사의 운영프로그램 도스DOS로 작동됐다. 그런데 도스는 상당히 복잡한 명령어로 구성되어 있어서 PC를 능숙하게 다루려면 꽤 오랫동안 명령 체계를 익혀야만 했다. 사용할 때에도 명령어를 떠올려야 해서 쓰는 내내 집중력을 발휘해 조작하지 않으면 오류가 나기 쉬웠다. 컴퓨터가 일상의 필수품이 되어 도처에 존재하는데, 인간에게 필요한 도구가 되지 못하고 되레 인간의 자연스러운 행위를 가로막으며 의식과 사고를 컴퓨터에 붙들어 매는 격이었다.

인간은 컴퓨터를 사용할 때마다 일을 처리하는 데 집중하기보다 끊임없이 모니터를 주시하는 등 컴퓨터를 조작하는 데 주의를 빼앗기곤 했다. PC는 이런 방식으로 인간을 가상현실로 끌어들였다. 와이저는 이 같은 문제를 해결하기 위해 유비쿼터스 컴퓨팅 개념을 도입해 인간과 컴퓨터의 새로운 상호작용 양상, 즉 눈에 띄지 않고 스며드는 기술을 적용하고자 했다.

와이저가 이처럼 새로운 구상을 하게 된 데는 또 다른 동기도 있었다. 여기서 놀라운 사실은 컴퓨터 공학자인 그가 철학자 하이데거의 실존주의적 존재론 위에서 HCI Human Computer Interface가 지향하는 가상현실의 문제점을 통찰했다는 점이다. 와이저는 하이데거의 《존재와 시간》에 등장하는 인간 실존 분석에서 인간과 도구의 본연적 관계를 포착한다. 와이저는 그의 다른 논문에서 도구에 관해 다음과 같이 정의했다.

> 좋은 도구는 보이지 않는 도구다. 보이지 않는다는 말은 도구가 우리 의식에 침범하지 않는다는 뜻이다. 사용자가 도구 자체가 아니라 과제에 집중한다는 말이다. 안경은 좋은 도구다. 안경을 쓴 사람은 안경을 바라보는 게 아니라 세계를 바라본다. 좋은 망치는 목수의

손에서 사라져 목수가 더 큰 장면에 집중하도록 만든다. 이처럼 우리는 컴퓨터가 마치 마술처럼 사라지는 행위에 참여할 수 있기를 바란다.

와이저는 도구의 존재론을 IT 기술 영역에 응용함으로써 가상현실을 향해 발전하고 있는 인간과 컴퓨터의 관계를 인간과 도구의 본연적 관계로 회복시키려 했다. 자, 이 정도 되면 UC를 실행하는 기기로서 패드가 어떻게 작동해야 하는지 분명해진다. 우선 눈에 띄지 않으면서 기능이 최적화된 컴퓨터로 존재해야 한다.

사라지는 마술, 아이패드

와이저가 '사라지는 컴퓨터'라는 마법적인 수사학을 창안한 다음, 그의 뒤를 이어 많은 공학자들이 마력에 끌리듯 사라지는 컴퓨터를 개발하는 데 매진한다. 그러나 공학자들은 와이저가 UC라는 개념을 정의내릴 때 철학적 사고 중심에 뒀던 하이데거의 도구존재론을 제대로 이해하지 못했다. 그리고 '사라진다'라는 말을 문자 그대로 해석하는 오류를 범하고 말았다. 컴퓨터를 곳곳에 숨겨 물리적으로 사라지게 만드는 데 자신들의 과제가 있다고 이해한 것이다.

그러나 애플은 달랐다. 도구가 우리의 주의를 끄는 대상이 아니라 우리의 행위와 일체가 되어 눈에 띄지 않고 배경으로 사라져야 한다는 사실을 그들은 이해하고 있었다. 실제로 아이패드의 사용자 경험User Experience; UX은 아이패드가 눈에 띄지 않는 도구의 존재 방식을 성공적으로 구현하고 있음을 증언한다. IT 전문지 〈와이어드〉의 편집장 딜런 트웨니는 2010년 4월 1일자에 실린 기사 '우리는 왜 아이패드에 열광하는가'에서 아이패드의 사용자 경험을 한 문장으로 요약했다. "아이패드의 특성은 사라지는 데 있다." 그리고 이 사라짐의 경험을 다음과 같이 상세히 진술한다.

> "아이패드는 너무나 단순하고 쉽고 직관적이어서 사용자가 소프트웨어를 조작하고 있다는 사실마저 잊어버리게 한다. 마치 텔레비전 스위치를 켜거나 책장에서 책을 꺼낼 때 아무 의식적 판단이 필요 없는 것처럼 말이다. 사용자는 아이패드가 소프트웨어로 작동하는 기계임을 잊어버리고 웹사이트, 사진, 영화, 게임 자체를 손에 들고 있는 듯한 착각에 빠진다. 컴퓨터의 경우 내용물을 관리하고 통제하는 하드웨어/소프트웨어적 장치가 두드러지지만, 아이패드는 사용자 인터페이스가 드러나지 않기 때문이다. 예컨대 아이패드에서 웹 브라우저를 열면 웹사이트 전체가 화면을 채운다. 컴퓨터와 달리 웹사이트를 둘러싼 각종 메뉴, 버튼 등은 찾아보기 어렵다."

물론 애플의 아이패드 개발 과정은 공개되지 않았다. 그러나 애플은 아이패드의 성공에 자신을 얻은 듯 아이패드 II를 홍보하는 TV 광고에서 하이데거와 와이저의 어휘를 빌려 다음과 같이 고백했다.

이것이 바로 우리가 믿는 것입니다. 기술만으로는 충분치 않습니다. 더 빠르게, 더 얇게, 더 가볍게……. 이 모든 것은 좋은 것입니다. 그러나 이런 기술이 뒤로 물러서 있을 때 모든 것이 더 기쁘고 마술적이기까지 합니다.

일자리의 미래와 또 다른 위험

사람들이 의미와 가치를 창조하며 이를 실현하기 위해 살아가는 구체적 행위는 무엇인가? 바로 일이다. 사람들은 자신들이 지향하는 삶의 가치를 실현하기 위해 몸으로 행위를 하는데, 대부분 일이거나 일을 하는 데 필요한 행위다. 경제학이나 경영학에서 사람이 하는 일은 생산요소나 비용으로 계산된다. 사람을 의미나 가치를 실현하기 위해 사는 실존적 존재로 보면, 일은 가치 실현 과정에서 가장 핵심적인 행위다. 그래서 일을 잃은 사람은 희망을 잃고 불행에 빠진다. 사람은 놀 때보다 일할 때 오히려 사는 보람을 느끼며 행복해한다.

지금 우리가
논의해야 할 일

사람이 일하면서 느끼는 행복은 미국의 심리학

자 미하이 칙센트미하이의 실증적 연구에서 입증되고 있다. 그의 연구에 따르면, 사람은 여가를 즐길 때보다 자신의 삶을 미래로 인도하는 일을 할 때 더 행복해한다. 그러나 4차 산업혁명의 기술이 전부 실현되면 더 이상 일하는 사람이 필요 없는 미래가 도래할지 모른다. 과장이 아니다.

알파고와 이세돌의 바둑 대결을 극단적으로 보면 미래는 암울하다. 경쟁과 효율만이 존재하는 사회에서 인간은 경쟁에서 이기기 위해 두뇌 사용을 멈춘 채 모든 것을 인공지능에 맡겨야 할지도 모른다. 인간이 시장에서 불필요한 존재가 되는 미래가 올지도 모르는 것이다.

반대로 낙관적 전망도 있다. 4차 산업혁명이 '와해성 기술혁신'으로 기존 업계를 완전히 재편성하는 과정에서 새로운 일자리를 창출할 거라는 예측이다. 낙관론자들은 17세기 산업혁명이 농업 분야의 일자리를 대대적으로 파괴했지만, 공장 노동자와 사무직 관리자라는 새로운 일자리를 만들어낸 사례를 예로 든다.

하지만 4차 산업혁명은 이전의 산업혁명과 근본적으로 다른 점이 있다. 4차 산업혁명의 현재 기조는 기본적으로 사람이 서로를 필요로 하지 않는 미래를 지향한다는 사실이다. 실제로 새로운 기술이 만들어내는 일자리는 사라지는 일자리의 수를 대체하기에 턱없이 부족하다. 4차 산업혁명 초창기에 해당하는 현재에도 세계 도처에서 일자리가 급격히 줄어들고 있는 추세다. 미국 자동차 산업의 중심지 디트로이트가 대표적인 예다. 1990년대 초 제조업 경제의 메카였던 디트로이트의 자동차 회사들은 140만 명에 달하는 인원을 고용했지만, 현재 4차 산업혁명의 발원

지인 실리콘밸리에 고용된 인원은 14만 명에 불과하다.

　물론 인공지능으로 촉발된 4차 산업혁명이 제조업 분야의 일자리에서 사람을 해방시켜 보다 양질의 일자리를 제공하게 될 거라는 전망도 있다. 특히 인공지능이 대체할 수 없는 고도의 지적 능력을 갖춘 지식 자본가, 그리고 인공지능과 로봇을 소유한 물적 자본가를 중심으로 한 슈퍼스타 경제가 출현할 것이라는 게 그들의 논리다. 이들 슈퍼스타는 천문학적 규모의 부를 축적해 그 부를 엄청나게 다양화된 욕망 충족을 위해 소비하고, 이에 맞춰 새로운 서비스 산업이 출현할 것이라고 전망한다.

　하지만 과연 그럴까? 4차 산업혁명 시대의 인공지능 개발은 인간 대 인간으로 요구하는 서비스조차 로봇이나 가상현실로 대체하려는 방향으로 나아가고 있다. 백화점 안내, 노인 간호, 심지어 섹스까지 인공지능이 담당하는 미래를 준비하고 있다. 일본에서 이미 시판된 감정 로봇 페페, 인공지능학자 데이비드 레비가 주도하는 '로봇과의 사랑과 섹스' 프로젝트가 이를 증언한다.

　이런 추세가 미래 어느 시점에 기술적인 완성기에 도달하면 '나'는 어느 누구도 필요로 하지 않으며 누구도 '나'를 필요로 하지 않는 상황이 전개될 것이다. 그 미래에는 '나'라는 사람도, '너'라는 사람도, '그들'이라는 사람도 모두 필요 없는 존재가 될 것이다. 사람이 할 일이 없는 미래가 우리를 기다리고 있는 것이다.

　미래가 유토피아가 될지 디스토피아가 될지를 두고 논쟁을 반복하자는 게 아니다. 미래에 관한 수많은 예언 논쟁은 인간의 능력을 넘어선 소모적 말싸움이 될 뿐이다. 중요한 것은 미래를 향하는 현재 상황에서 어떤 위험이 잠복하고 있는지 식별해 위험 요소를 미리 관리하는 작업이다. 사람의 일자리를 위협하는 위험 요소가 미래 사회에 잠재되어 있지 않다고 누구도 단언하기 어렵다. 미래의 위험 요소를 최소화하기 위해 사회적 내진 설계를 해야 한다. 서울에 지진이 날 확률이 지극히 낮다 하더라도 절대로 지진이 일어나지 않는다고 단언할 수 없는 한, 지진 발생 위험에 대비해 내진 설계를 하는 이치와 같다.

일 없는 인간이
맞이할 수 있는 위험

일 없는 미래를 생각할 때 가장 먼저 예상되는 위험 요소는 일을 잃은 자들의 빈곤이다. 실업에 따른 빈곤이 만연할 경우, 시장에서 소비자가 사라져 결국 총수요 부족이란 경제적 파국을 맞이할 것이다. 경제학자들은 4차 산업혁명으로 도래할 미래의 포스트휴먼 경제에서는 일 없는 자들에게도 기본임금을 주는 정책을 도입해 문제를 해결하려 한다. 심지어 이제 사람은 로봇에게 일을 위임하고, 정부가 기업으로부터 로봇세를 징수해 이를 재원으로 삼아 일을 하지 않고도 기본소득을 받으며 살 수 있는 시대를 예고하기도 한다. 4차 산업혁명의 미래는 일로부터 해방된 삶, 즉 낙원으로 향하는 길이라는 것이다.

하지만 이는 사람과 일의 관계에 대한 지극히 단순한 사고다. 기본소득은 일시적으로 경제적 궁핍과 사회 양극화 그리고 총수요 부족을 진정시킬 수 있다. 기본소득제는 사회의 기초 복지 안전망으로 작동한다는 차원에서 긍정적이다. 그러나 기본소득으로 일 없는 미래의 문제를 해결하려 한다면 오산이다.

사람의 일은 단순히 생존을 위해 먹이를 구하는 동물의 행동과는 다른 차원에 속한다. 경제학에서는 일을 노동으로 정의하고 있어 생산요소와 비용에 불과하다. 그러나 사람의 삶을 전체적으로 성찰해보면 일은 사람의 품격, 개인의 사회적 가치를 실현하는 실존적 처신이다. 일이 실존적 처신이라면 일 없는 상태는 사람의 실존적 삶에 많은 문제를 일으킨다. 그중에서도 철학적으로 가장 심각한 건 사람의 삶이 병리적 상황에 빠질 위험이다. 사람이 탈실존적으로 처신하며 살아가는 존재가 된다면 경제적 궁핍보다 더 위험한 사태가 예상된다. 미래라는 시간 국면이 상실되는 권태에 빠져 결국 중독자로 전락할 수 있는 것이다.

중독은 단순한 질병이 아니다. 어떤 바이러스나 물질적 궁핍이 원인이 아니기 때문이다. 중독은 물질적 풍요 속에서도 발생하는 독특한 시간적 질병으로 사람에게만 해당된다. 사람은 할 일이 없는 상태가 되면 미래라는 시간과 관계가 절연되어 절망적 상황에 처한다. 미래와의 관계가 단절된 상황에 있는 사람은 현재의 시간이 미래로 흐르지 않는 권태에 빠져들게 된다. 물질적, 영양학적으로 좋은 조건이 제공된다 해도 자신의 미래를 기획하고 일을 통해 그 기획을 적극적으로 실현할 수 없으면, 사람은 절망에 빠진다. 권태에 찌들게 된다. 그리하여 미래를 기획할 수 없는 병인 중독에 걸리고 만다.

이런 사례의 대표가 게임 중독이다. 게임 중독은 게임을 하는 시간에 비례해 발병하는 병리 증상이 아니다. 프로게이머는 온종일 게임을 하지만 게임 중독자가 아니다. 그는 게임이라는 일을 함으로써 아직 오지 않은 자신의 다른 가능성을 향해 탈실존하는 사람이다. 프로게이머는 미래로 향하기 위해 일로서 게임을 한다.

그러나 자신의 다른 가능성을 향해 갈 수 있는 '일'을 잃은 자들에게는 미래라는 시간이 증발한다. 오직 현재만이 있을 뿐이므로 시간은 흐르지 않고 정체되어 떨쳐버릴 수 없는 권태의 상황에 놓이게 된다. 이 권태를 일시적으로 마비시키는 수단이 게임이라면 그는 프로게이머와 달리 게임 중독자가 되는 것이다.

사람의 일, 시간성 그리고 중독 현상을 살펴본다면 우리는 다음과 같이 주장할 수 있을 것이다. 아무리 자율적 효율성과 정확성이 높은 첨단 미래 기술이라 할지라도 그것이 사람으로부터 일을 박탈하는 기술이라면, 그리고 그와 같은 기술이 사회를 지배한다면 구성원들은 미래를 기획하지 못한 채 중독의 늪에 빠지고, 사회 전체는 붕괴하고 말 거라고.

독일의 번영과 문화적 인간

많은 사람이 독일을 부러워한다. 독일은 천국도 이상 국가도 아니다. 그곳에도 해결해야 할 문제가 산적해 있다. 비판적인 독일 국민은 현재에 만족하지 않는다. 그럼에도 다른 나라와 비교해볼 때 독일은 견실한 경제성장과 정치적 안정성, 인권 존중이라는 측면에서 모범이 되고 있다. 그런 독일이 최근에는 4차 산업혁명의 진원지로 주목받고 있다. 그런데 독일의 4차 산업혁명이 추구하는 미래 비전의 심층에는 제2차 세계대전의 과오에 대한 반성이 깃들어 있다. 그들은 지난 과오에서 벗어나기 위해 60여 년 동안 노력해 인본주의적 문화·경제체제를 만들어냈다. 즉 사회적 시장경제를 지속시키기 위한 목적이 그들의 비전에 자리 잡고 있다.

반성에서 시작된
독일의 인간 중심

사회적 시장경제는 제2차 세계대전 후 독일 우파정당 연합인 기민-기사연합에 의해 기초가 정립되었고, 1959년 좌파 사민당이 승인한 후 독일 사회 구성원이 전반적으로 공유하는 이념이다. 사회적 시장경제에 대한 국민의 지지가 높은 이유는 인간을 경제 체제에 부속된 한 요소로 보는 기능적 물질주의 경제관에 매몰되어 있지 않아서다.

사회적 시장경제의 철학적 바탕은 인본주의다. 경제가 인간 개개인을 물질적 빈곤으로부터 해방해 문화적 존재로서 개인의 자유를 증진하고, 동시에 사회적 연대와 평화를 실현하는 행위여야 한다는 사상이 핵심이다. 사회적 시장경제의 창시자들은 인간이 인본주의적 문화 존재라는 점을 분명히 밝히고 있다.

사회적 시장경제라는 개념은 알렉산더 뤼스토브, 빌헬름 뢰프케, 알프레드 뮐러-아르막 등에 의해 창안되었다. 뢰프케는 저서 《현대사회의 위기》에서 '경제적 인간(호모에코노미쿠스)'이라는 정의가 '합리주의의 그릇된 길'이라고 비판한다. 대신 뢰프케는 사회적 시장경제를 통해 문화적 존재로서의 인간이 개인으로서 추구하는 자유와 사회 구성원으로서 지켜야 하는 연대의 책임을 중시한다. 이를 '인간 됨됨이의 조건'으로 인식한다. 뢰프케는 경제 제국주의, 경제적 환원주의, 즉 성장 정책에서 인간을 단순히 성장 주체로 축소하는 데 분명히 반대한다.

뢰프케는 '경제적 인간'이라는 이미지 자체를 거부한다. 호모에코노미쿠스는 오로지 물질적이고 이기주의적인 추구를 촉진할 뿐, 인간의 복잡한 동기 부여 구조와 다양한 인간학적 기본 구조를 간과 혹은 배척하기 때문이다. 나아가 뢰프케는 양적·과학적 사고, 경제 및 사회 정책의 수학화처럼 경제 및 사회 학문에 자연과학의 방법을 맹목적으로 도입하는 데도 비판을 가한다. 인간이나 사회를 기계와 비교할 수 없기 때문이다. 사회적 시장경제는 이와 같이 인간을 수리적으로 계량화하는 경제 공학주의를 거부한다. 뢰프케는 다음과 같이 단언한다. "시장은 사회적 연대를 바탕으로 하지만, 사회적 연대는 시장에서 형성되지 않는다."

그렇다고 사회적 시장경제가 자유경쟁 시장을 일방적으로 부정하는건 아니다. 문화적 존재로서의 개인은 빈곤에서 해방되어 자신의 삶을 영위하기 위한 물질적 필요성을 스스로 선택해 자신의 행위로 조달할 수 있는 권리를 갖고 있다. 이 권리를 행사할 수 있을 때 비로소 인간은 문화적 존재로서 자유를 실천할 수 있는 조건 아래 놓이게 된다. 자유경쟁 시장은 이 같은 개인의 권리를 확보할 수 있는 효과적인 기제다.

독일의 사회적 시장경제는 자유경쟁을 통해 국가의 부를 축적하려는 목적보다 문화적 존재로서 개인의 자유라는 인권을 우선한다는 점을 특히 강조한다. 사회적 시장경제가 독일 경제체제로 자리 잡는 데 기여한 경제학자 발터 오이켄은 다음과 같이 설파한다. "자유가 없다면 혹은 자발적인 자기 활동이 없다면 인간은 인간이 아니다."

　독일은 나치 시대에 겪은 트라우마를 갖고 있다. 그 트라우마는 파시즘의 전체주의적 폭정과 군비 자본주의의 중앙집중적 통제경제였다. 고통스러운 역사적 체험은 전후 독일 사회에 잠복해 있던 구조적인 사회악이 무엇인지를 깨닫게 했다. 이 각성은 독일을 인권과 개인의 자유를 최고의 가치로 존중하는 나라로 탈바꿈시켜야 한다는 공동선의 추구로 발전한다. 독일은 국가 주도 계획경제나 사회주의경제가 국가의 부를 축적하는 데 효과적이라 하더라도, 그것이 개인의 자유를 훼손하거나 인권을 침해하면 허용하지 않는다. 개인의 자유를 보장할 수 있는 물질 조달 경제체제는 각 개인이 자유롭게 참여해 경쟁함으로써 재화의 생산과 소비가 이루어지는 시장경제다.

　그러나 자유경쟁 시장은 그 속성상 독점과 약자에 대한 착취 등 인간의 또 다른 존재 조건인 사회적 연대성을 훼손할 위험을 내재하고 있다. 시장을 경쟁에만 맡기면 독점경제 권력이 형성되어 공정한 자유경쟁은 불가능하다. 시장을 둘러싸고 있는 사회문화적 환경도 오염되게 마련이다.

　특히 독점자본은 정치적으로 독재 권력을 불러온다. 시장의 질서가 경제정책 이외에 사회문화적 차원의 정책에 의해 조절되어야 하는 이유이기도 하다. 독일 정부는 자유경쟁 시장이 그러한 단점에 의해 침식되는 사태를 막고, 장점을 발휘할 수 있는 제반 조건을 구비하는 데 역점을 두고 있다. 이를 통해 자유시장 경제는 인간의 사회적 연대성을 확보하는 장치로 작동한다. 사회적 연대성을 확보하는 장치는 자유경쟁 시장의 순기능을 파괴할 수 있는 내재적 파국 요인에 대해 일종의 내진 설계를 준비하는 데서 시작한다.

독일의 지혜를
배우라

　　　　　자유경쟁 시장의 파국적 요인은 경쟁이 지속될수록 경쟁을 통해 시장에서 우월적 지위를 차지하는 집단, 그리고 그러한 집단에 의해 피해를 보는 집단 간의 갈등이 발생한다는 데 있다. 결국 사회적 파열로 비화해 사회 구성원 간의 신뢰 붕괴로 이어질 위험이 크다. 이런 갈등이 집단화되어 양쪽이 첨예하게 대결하면 사회 파열의 위기는 고조된다.

현대사회에서 두 집단은 시장경제를 지탱하는 두 축인 자본과 노동이다. 자본가와 노동자는 시장에서 역할을 분담해 시장경제를 작동시키면서 동시에 갈등을 겪는다. 하지만 시장을 포괄하고 있는 시민사회, 특히 민주적 시민사회에서는 다 같이 시민이라는 점에서 평등하다. 이들은 시민으로서 사회적 연대의 책임을 지고, 함께 민주적 공동체로서의 사회를 유지·발전시켜야 할 동등한 책임과 권리를 갖는다. 그런데 이런 시민 연대 의식은 자유경쟁 시장에서 이해관계의 갈등이 원만하게 조정되지 못하면 적대적 관계로 변질되어 대결 상황으로 치닫게 된다. 결국 자유경쟁 시장의 효율적 작동에 장애가 발생한다. 깊어진 갈등은 사회로 전이되어 사회적 연대성을 훼손하고, 결국 사회를 구성하는 개인들 간의 신뢰까지 저해하는 상황으로 비화한다.

사회적 시장경제는 자유경쟁 시장의 중추 구성 요인이자 최대 갈등 요인인 자본과 노동의 관계를 사회적 신뢰 구축의 핵심 영역으로 인식한다. 그리고 이 관계가 사회적 동반 관계로 작동할 수 있는 문화를 형성하는 데 주력한다. 그럼으로써 마침내 사회 전반의 신뢰 구축을 이뤄낸다.

독일은 2000년대 중반부터 사회적 시장경제를 첨단 기술을 통해 더욱 발전시키는 계획을 추진했다. 이는 인더스트리 4.0과 4차 산업혁명으로 숙성된다. 독일에서 4차 산업혁명의 1차 목적은 독일 노동자들의 숙련된 현장 지식과 지혜가 자동화된 스마트 설비와 긴밀하게 상호작용하도록 하는 데 있다. 스마트 설비를 통해 대량생산과 맞춤화의 이점을 결합한 '대량맞춤 체제'를 갖추는 것이다. 이 새로운 생산 및 수용 창출 전략은 중국을 위시한 전 세계의 주목을 끌기에 충분했다. 우리나라도 급속히 그 뒤를 추격하며 이러한 체제를 완비하기 위해 총력을 기울이고 있다.

하지만 추격하는 데 집중하느라 전략 실현을 위한 본질적 조건을 간과하고 있다. 하나는 개인 소비자의 취향이 자유롭게 표현되는 사회 환경, 또 하나는 노동자의 현장 지혜가 존중되고 노동 문화의 토양 위에서 실행될 수 있는 환경이다. 두 문화는 시민사회의 민주화와 일터의 민주화를 진작하는 독일의 사회적 시장경제가 바탕이 되지 않는 한 실현될 수 없다. 우리가 독일의 4차 산업혁명에서 무언가를 배워야 한다면, 그건 바로 시민사회의 민주화와 일터의 민주화를 이뤄내는 독일인의 지혜일 것이다.

이야기는 어떻게 산업이 되었나

정창권

고려대학교 문화창의학부 초빙교수. 서울시청 스토리텔링사업 평가 및 자문위원을 맡고 있으며, 한국박물관협회 평가 및 자문위원, 국립한글박물관 스토리텔링 개발 연구책임자 등을 역임했다. 서울시교육청 고전인문아카데미 '고전 인문학이 돌아오다', 한국양성평등교육진흥원, 길위의 인문학 등의 강의를 맡고 있으며 2015~2018년 고려대학교에서 석탑강의상을 수상했다. 주로 여성사나 장애인사, 하층민사 등 역사 속의 소외 계층을 연구해 널리 알리는 한편, 문화콘텐츠나 스토리텔링, 융복합 등 응용학문에 대해서도 깊은 관심을 갖고 연구한다.

인문학 대표 저서로 《근대 장애인사》 《나를 나이게 하라》 《정조처럼 소통하라》 《홀로 벼슬하며 그대를 생각하노라》 《세상에 버릴 사람은 아무도 없다》 《역사 속 장애인은 어떻게 살았을까》 《기이한 책장수 조신선》 《거리의 이야기꾼 전기수》 《한쪽 눈의 괴짜 화가 최북》 등이 있고, 응용학문의 대표 저서로 《인포메이션 스토리텔링》 《문화콘텐츠 스토리텔링》 《문화콘텐츠학 강의 깊이 이해하기》 《문화콘텐츠학 강의 쉽게 개발하기》 《문화콘텐츠 교육학》 《고전문학과 콘텐츠》 등이 있다.

이야기가 돈이 되는 세상

스토리텔링이 그야말로 '대세'가 되었다. 정치·경제·사회·문화 등 분야별로 스토리텔링이 쓰이지 않는 곳이 없다. 애플의 창시자인 스티브 잡스는 신제품을 출시하거나 강연을 할 때마다 스토리텔링을 활용해 사람들의 마음을 사로잡곤 했다. 한때 우리나라 교육계에서도 스티브 잡스와 같은 이야기꾼 인재를 길러내자면서 스토리텔링 교육 열풍이 분 적이 있었다. 스토리텔링의 힘은 지금도 유효할까?

콘텐츠의 필요,
이야기의 가치

스토리텔링 능력이 뛰어난 명연설가로 미국 최초의 흑인 대통령 버락 오바마가 꼽힌다. 오바마의 연설문에는 자신의 경험담이나 주변 사람들의 일화, 화제가 된 인물에 관한 흥미로운 이야기가 많이 담겨 있었다. 그래서인지 대중은 더욱 마음을 열고 그의 연설에 귀를 기울였다. 오바마는 누구보다 이야기의 힘을 잘 알고 있는 대통령이었다. 그의 대통령 당선 연설문 가운데 일부를 살펴보자.

이번 선거에서 역사상 처음으로 행해진 일들도 많으며, 앞으로 대대로 전해질 이야기도 많습니다. 하지만 오늘 밤 특히 제 마음속 깊이 새겨진 이야기는 애틀랜타에서 투표를 한 어느 여성에 관한 것입니다.

그녀는 오늘 줄을 서서 투표를 해 자신의 권리를 행사한 수많은 사람과 같은 한 사람의 시민입니다. 단 하나 다른 점이 있다면 앤 닉슨 쿠퍼 씨는 106세라는 점입니다. 쿠퍼 씨의 조상은 노예였습니다. 쿠퍼 씨가 태어난 시절에는 길에 자동차도 없었으며, 하늘에는 비행기도 없었습니다. 쿠퍼 씨가 태어난 시절에는 2가지 이유로 투표를 할수가 없었습니다. 첫째는 쿠퍼 씨가 여성이어서고, 둘째는 백인이 아니어서였습니다.

오늘 밤 저는 쿠퍼 씨가 미국에서 살았던 한 세기 동안 겪었던 모든 변화를 생각합니다. 쿠퍼 씨가 겪었던 가슴앓이와 희망, 좌절과 발전, 그리고 안 된다고, 할 수 없다고 말하는 모든 사람들을 제치고 앞으로 나아갔던 미국의 모습을 생각합니다. 우리는 할 수 있습니다.

오바마의 연설은 이웃 사람들의 평범한 일상을 활용해 감동을 끌어내는 방식으로 이루어지는 경우가 많았다. 오바마가 미국 대통령에 당선된 건 어쩌면 그의 정치 경력보다 진솔한 스토리텔링 능력 덕분이 아니었을까 싶다.

왜 이렇게 스토리텔링이 급격히 인기를 얻었을까? 우선 드림 소사이어티Dream Society, 즉 감성사회가 도래했기 때문이다. 드림 소사이어티는 덴마크의 미래학자 롤프 옌센Rolf Jensen이 주장한 것으로, 그는 인류 문명이 발전하면서 부가가치의 기반이 다르게 변화해왔다고 정의했다. 고대의 수렵채집사회에서는 짐승과 열매가 인류를 먹여 살렸다. 중세 농업사회에서는 토지와 가축이, 근대 산업사회에서는 석유와 석탄 및 철광석이, 현대 지식정보사회에서는 고급 지식과 정보가 각각 인류의 생산 토대이자 부의 원천이었다. 그럼 미래 사회의 원천 자원은 과연 무엇일까? 롤프 옌센은 그것이 '이야기'일 거라고 예언했다. 21세기는 꿈의 사회이자 감성사회인데, 그런 감성을 가장 잘 자극하는 이야기가 최고의 부가가치를 창출한다는 뜻이다.

이는 단적으로 조앤 K. 롤링의 《해리 포터》를 살펴보면 쉽게 확인할 수 있다. 이 소설은 8편의 영화로 제작되어 전 세계적으로 인기를 끌었고 게임과 애니메이션, 음반, 캐릭터 상품에 이르기까지 다양한 관련 상품이 쏟아져 나와 엄청난 판매고를 올렸다. 1997년 처음 《해리 포터》가 출간된 이후 10년 동안 창출된 경제 효과가 무려 308조였다. 그런데 같은 기간에 우리나라 반도체 산업에서 벌어들인 수익은 230조였다. 다시 말해

《해리 포터》라는 이야기 하나가 우리나라 반도체 산업보다 무려 80조가량을 더 벌어들인 것이다. 《해리 포터》는 콘텐츠 시대의 대표적인 성공 사례로 꼽힌다.

1990년대 중반 이후 IT 기술이 발달하면서 인터넷이나 스마트폰 등 다양한 디지털 매체가 출현했다. 또 2005년 이후 방송과 통신, 인터넷의 융합, 곧 디지털 컨버전스 시대가 되면서 DMB나 IPTV, 스마트폰, 태블릿 PC 등 새로운 매체가 속속 등장했다. 그에 따라 각종 매체에 담긴 내용물인 콘텐츠의 중요성이 급격히 부각되었다.

요즘 콘텐츠는 잘만 만들면 커다란 경제적 이익을 가져다주는 고부가가치 산업임과 동시에, 국가 이미지를 높이는 데도 크게 기여할 수 있다. 이처럼 디지털 시대의 도래로 콘텐츠가 중요해지면서 스토리텔링이 주목받기 시작했다. 스토리텔링이 콘텐츠에서 가장 중요한 소스, 즉 이야기 부분을 담당하고 있기 때문이다. 다시 말해 스토리텔링은 콘텐츠 개발의 토대이자 핵심 기술이기도 하다.

이야기로
세상과 소통하기

요즘은 너나없이 스토리텔링이란 말을 여기저기 쓰고 있다. 그런데 정작 "스토리텔링이 대체 뭐예요?"라고 물으면 모두 선뜻 대답하지 못한다. 우리말로 번역하면 '이야기하기'지만, 그 실체는 모호하다. 게다가 스토리텔링은 워낙 다양한 분야에서 다양한 의미로 활용되고 있기도 하다. 예컨대 문화콘텐츠 분야에서는 '이야기 창작기술'이라 하고, 산업계나 공공서비스 분야에선 '어떤 지식이나 정보를 이야기를 통해 재미있고 감동적으로 전달하는 것'이라고 정의한다. 또 기존 구연동화나 커뮤니케이션 분야에선 '말하기 기술'이라는 의미로 쓰고 있다. 이렇게 서로 다른 분야에서 각자 다른 의미로 사용하고 있는 까닭에, 스토리텔링이 뭐냐고 물어봐도 적당한 대답을 쉽사리 떠올리지 못하는 것이다.

스토리텔링은 'story +tell + ~ing'의 결합으로, 말 그대로 '이야기하기'다. 여기서 'story'는 사건이나 지식/정보를 말한다. 스토리는 허구의 이야기일 수도 있고 사실에 기반을 둔 지식이나 정보일 수도 있다. 'tell'은 스토리를 문자나 소리, 그림, 음악, 영상 등 다양한 매체로 표현하는 것이다. '~ing'는 서로 교감하는 것으로, 일종의 상호작용이라 할 수 있다. 결국 스토리텔링은 '어떤 스토리를 다양한 매체로 표현해 서로 교감하는 것'이라 정의할 수 있다. 좀 더 쉽게 말하자면 스토리텔링은 '이야기를 통해 세상과 소통하는 것'이다. 흔히 스토리텔링을 말 잘하는 법, 즉 화법으로 인식하고 있지만 실제로는 이와 같이 이야기 만들기와 들려주기, 교감하기 과정까지 포함하고 있다.

스토리텔링의
무궁무진한 활용 분야

　　　　　　　　최근 스토리텔링은 그야말로 쓰이지 않는 분야가 없을 정도다. 처음에는 출판과 만화, 방송, 영화, 공연, 게임, 캐릭터 등 문화콘텐츠 분야에서 주로 쓰이더니, 요즘 들어선 음식과 패션, 건축, 비즈니스, 농업, 스포츠 등 산업계와 정치, 행정, 교육, 박물관 등 공공서비스 분야에 이르기까지 광범위하게 사용되고 있다. 그와 함께 스토리텔링 방법에서도 문화콘텐츠 분야에서 주로 쓰이는 엔터테인먼트 스토리텔링보다는, 산업계와 공공서비스 분야에서 주로 쓰이는 인포메이션 스토리텔링, 즉 정보 전달형 스토리텔링이 더욱 중요해지고 있다. 이런 스토리텔링의 2가지 유형과 방법에 관해서는 금요일 강좌에서 자세히 살펴보기로 하고, 먼저 구체적 사례를 통해 스토리텔링의 확장성에 관해 알아보자.

스토리텔링 사업의 노하우

스토리텔링이 유행하면서 이야기를 앞세워 사업에 뛰어드는 사람들이 늘어나고 있다. 실제로 주변을 돌아보면 스토리텔링 관련 회사를 적잖이 찾아볼 수 있다. 스토리텔링 사업은 다양한 지식과 정보를 이야기 형태로 가공해서 판매하는 무형의 산업이기 때문에 자원이 무궁무진한 편이며, 시간이 흘러 기술을 축적하면 성공 가능성도 더욱 커지는 상당히 매력적인 사업이다. 특히 유튜브를 비롯해 동영상 공유 플랫폼 이용자가 증가하면서 디지털 콘텐츠 제작에 대한 일반인의 관심이 폭발적으로 늘어났다. 독특한 영상으로 광고 수익을 벌어들이는 사례가 늘어 '유튜버'라는 신종 직업이 초등학생들의 희망 직업 리스트에 오를 정도다. 유튜버의 성공 요건 중 하나도 바로 스토리텔링이다.

비즈니스에도
이야기가 필요해

스토리텔링 사업은 누구든지 그리 어렵지 않게 도전할 수 있다. 요식업을 예로 들어보자. 요식업의 기본이 맛과 서비스라는 사실을 모르는 사람은 없다. 하지만 이제는 이야기까지 더해야 한다. 전래동화《곶감과 호랑이》처럼 색다른 이야기를 추가해서 호랑이도 무서워 도망가게 하는 기막힌 곶감, 즉 음식 스토리를 만들어야 한다. 어느 설렁탕집에 붙어 있는 이야기 하나를 보자.

조선시대 한양 동대문 밖에 선농단先農壇이 있었는데, 설렁탕은 바로 이곳에서 제사를 지내며 만들어 먹었던 일종의 제사 음식이었다. 해마다 봄이 되면 임금은 선농단으로 가서 농사를 처음 가르쳐준 신농씨와 후직씨에게 제사를 올려 풍년을 기원하고, 적전籍田으로 나아가 백성과 함께 소를 몰고 밭을 갈았다.

선농단 한편에서는 커다란 가마솥을 걸어놓고 제사에 쓰인 소의 뼈와 살코기를 넣은 뒤 오랫동안 푹 끓였다. 음식은 사람들의 식욕을 자극했고, 제사를 지낸 뒤 임금을 비롯한 백성이 육수와 고기를 나눠 먹었다. 선농단 제사에서 임금이 백성과 함께 나눠 먹은 국을 '선농탕'이라고 했고, 이것이 민가에 전해지면서 '설렁탕'으로 바뀌었다.

설렁탕이 국에 밥을 말아 한 그릇 때우는 익숙한 음식이라고만 알고 있던 사람들에게 이런 역사적 사실을 곁들여 음식의 유래를 전해주면 어떻게 될까? 임금과 백성이 나눠 먹던 제사 음식이었다는 역사적 사실이 독특한 양념이 되어 별다른 매력이 없던 설렁탕이 금세 별미로 바뀌게 된다. 이야기 하나로 교양을 전하고 음식의 새로운 맛을 느끼게 해주는 일거양득의 효과를 얻을 수 있는 것이다.

스토리텔링은 그동안 사람들이 꺼려하던 산업에도 긍정적인 효과를 발휘할 수 있다. 장례 문화에 관심이 많은 사람이라면 스토리텔링으로 장례 문화를 개선해볼 수 있다. 대개 장례식장에 가면 고인에게 절하고 나서 식사하는 것으로 조의를 끝마치고 만다. 그런데 고인이 살아온 인생 역정, 관계를 맺었던 사람들, 생전에 이룬 업적을 한 편의 이야기로 만든 다음, 작은 이야기 패널이나 전시회, 동영상 등의 콘텐츠로 제작해 장례식장 앞에 설치해둔다면 어떨까? 그것을 본 많은 조문객이 고인에게 더욱 진심 어린 마음으로 조의를 표할 것이다.

관광 스토리텔링 사업은 어떻게 진행될까

요즘에는 많은 지자체가 흥미로운 이야기 자원을 활용한 관광 스토리텔링 사업을 펼치고 있다. 창의력과 스토리텔링 능력만 있다면 큰 비용을 들이지 않고도 높은 관광 효과를 얻을 수 있기 때문이다. 게다가 이런 식의 홍보는 환경오염을 줄일 수 있고, 또 한번 입소문이 나면 그 효과가 상당히 오랫동안 지속된다.

대표적인 예로 서울시는 지난 2013년부터 '스토리가 있는 관광 매력 도시, 서울'이라는 슬로건 아래, 서울 전역에 있는 매력적인 이야기를 발굴한 뒤 이를 관광 명소로 개발하는 사업을 시작했다. 그 뒤 한강, 한양도성, 동대문 지역, 세종대로 주변, 한성백제 문화유적 등 5대 대표 지역을 선정해 스토리텔링 사업을 진행했다. 그리고 2014년에는 '서울 속 세계여행'이란 테마로 명동이나 이태원, 대학로 등 외국인이 많이 찾는 곳을 선정해 외국인을 위한 스토리텔링 사업도 펼쳤다.

이를 토대로 관광 스토리텔링 사업이 어떻게 이루어지는지 좀 더 자세히 알아보기로 하자. 대개 스토리텔링 사업은 기획-개발-제작-운영-평가 단계로 진행된다.

1) 기획 단계: 스토리 자원 발굴

기획 단계에서는 스토리텔링 전문가가 해당 지역의 스토리 자원을 종합적이고 체계적으로 발굴, 조사해서 스토리텔링 대상을 선정한다. 이와 함께 시민 참여형 온라인 플랫폼을 운영하거나 일반인을 대상으로 스토리 자원을 모으는 공모전을 열기도 한다. 스토리 자원을 조사하는 방법에는 문헌 조사, 현장 탐방, 인터뷰 등이 있다. 조사 대상으로는 자연환경(산과 강, 고개, 숲과 바위, 산길과 골목길, 특정 지역 경관), 역사/문화유산(인물, 유·무형 문화재, 설화, 민간신앙, 사찰과 고건축, 묘역), 산업단지(지역 산단, 오일장, 특산품, 지역축제), 일상생활(음식, 취미) 등이 있다.

2) 개발 단계: 스토리텔링 작업

개발 단계에서는 본격적인 스토리텔링 작업을 통해 다양한 콘텐츠 제작을 위한 원소스(이야기)를 만들어낸다. 여기서는 모든 사람이 그럴싸하다고 고개를 끄덕일 만한 이야기를 만드는 작업이 매우 중요하다.

유물이나 유적지, 기타 관광지 등 전문 분야의 스토리텔링 구성 요소는 다음과 같다. 첫째, 대상에 대한 정확한 지식(사실)이 담겨야 한다. 전문 분야의 스토리텔링은 허구가 아니기 때문에 역사적 사실을 얼마나 잘 전달하느냐가 중요하다. 둘째, 재미있어야 한다. 실제 배경, 개성 있는 캐릭터, 갈등 스토리 등 역사적 사실을 최대한 재미있게 전달하려 노력해야 한다. 셋째, 감동과 교훈이 있어야 한다. 주제를 선명하게 드러내는 한편, 현대적 의미도 일깨워주어야 한다.

한마디로 스토리텔링은 역사적 사실과 재미(감동)를 얼마나 잘 버무리느냐가 관건이다. 또한 대상의 위치와 모습, 유래와 역사적 전승, 현대적 상황과 의미 등이 필수적으로 포함되어야 한다. 대표적인 사례로 아차산 범굴사(대성암) 입구에 세워진 이야기 패널의 '대성암 쌀바위'를 살펴보자.

지금의 대성암 자리는 삼국시대 신라의 유명한 승려인 의상대사가 도를 닦던 곳이었다. 의상대사가 이곳에서 수도하고 있는데 많은 사람이 대사의 가르침을 받으려고 찾아왔다. 다행히 수도하는 자리 뒤의 바위 구멍에서 쌀이 나와 그들을 공양할 수 있었다. 그런데 밥을 짓는 사람들이 하늘이 내려준 이 천공미를 좀 더 많이 얻고자 욕심을 내 바위 구멍을 더 크게 넓히려고 했다. 그 뒤 쌀이 더 많이 나오기는커녕 쌀뜨물과 타버린 쌀만 수삼일 동안 나오다가 멈췄다. 그리고 이후 다시는 쌀이 나오지 않았다고 한다.

이처럼 관광 스토리텔링은 구체적인 배경과 인물을 토대로 삼고 발단-전개-절정-결말의 이야기 형식으로 진행해야 한다.

3) 제작 단계: 각종 콘텐츠 제작

제작 단계에서는 위에서 가공한 이야기를 토대로 다양한 콘텐츠를 제작한다. 대개 콘텐츠는 가공한 이야기를 가장 효과적으로 전달할 수 있는 매체로 제작해야 한다. 또 대상 지역과 잘 어울려야 하며, 기존 매체에 한정하지 말고 최대한 창의적인 발상으로 신선한 콘텐츠를 제작해야 한다. 2013년 서울시 스토리텔링 사업에서도 기본적으로 이야기 자료집과 이야기 지도를 비롯해서 이야기 안내판과 관광 상징물, 재현 및 체험 프로그램 등 다양한 관광 콘텐츠를 제작했다.

4) 운영 단계: 콘텐츠 운영 및 확산

운영 단계에서는 위에서 제작한 다양한 콘텐츠를 설치하거나 실행해 사람들에게 직접 선보인다. 이야기 패널이나 조형물, 기타 설치물 등은 단순 관리만 해주면 되기 때문에 지속성이나 관리 비용 면에서 큰 부담이 되지 않는다. 하지만 재현이나 공연, 체험 콘텐츠는 유지 비용이 만만치 않기 때문에 기획이나 개발 단계에서 심사숙고할 필요가 있다.

또 위에서 개발한 이야기를 홈페이지나 전철, 버스, 공공기관, SNS 등 다양한 방법을 통해 널리 퍼뜨리기도 한다. 나아가 방송 프로그램이나 드라마, 영화, 지역축제 등을 통해 2차적 활용까지 이루어지도록 한다.

5) 평가 단계: 사업 평가

평가 단계는 지금까지의 사업 과정을 차분하고 객관적으로 되짚어보는 것이다. 이야기 자원 발굴, 스토리텔링화, 콘텐츠 제작과 운영 및 확산 등에서 어떤 문제점이 있었는지 살펴본 다음, 이를 바탕으로 다음 사업을 준비하는 데 실수가 없도록 한다.

스토리텔링 사업은 눈에 보이지 않는 이야기 자원을 활용해 상품(콘텐츠)을 만들어내는 작업이다. 경제적 효과는 차치하고라도 여러모로 매력적인 사업이며, 한편으로 우리의 정신세계를 한 단계 고양해준다는 측면에서 매우 의미가 있다고 할 수 있다.

기업, 스토리텔링에 주목하다

'제이에스티나'라는 브랜드를 아는가? 한때 세계 최고의 피겨스케이팅 선수이자 국민 요정이었던 김연아 선수를 비롯해서 김희선, 송혜교 등 톱스타들을 모델로 내세워 제법 유명해진 주얼리 브랜드다.

제이에스티나는 1988년 시계 전문 기업 로만손을 창업했던 회사로, 지금은 글로벌 주얼리 브랜드로 변신하는 데 성공했다. 로만손의 기술력은 스위스 시계와 경쟁할 정도라는 호평을 받았다. 과거 서울시 2호선 지하철역에 걸린 시계가 모두 로만손 제품이었다. 그런데 아날로그시계가 조금씩 디지털시계로 대체되었고, 이에 회사는 사업 방향을 수정해 제이에스티나라는 주얼리 브랜드를 새롭게 론칭했다. 2003년에 첫선을 보였는데, 첫해 매출이 50억 원에 이를 정도로 인기를 끌었다. 제이에스티나의 성공 요인은 다른 무엇보다 스토리텔링형 상품 개발이었다.

스토리텔링에서 시작한
비즈니스

제이에스티나라는 브랜드명은 이탈리아 공주이자 훗날 불가리아의 왕비가 된 조반나 에스티나의 이름에서 따왔다. 사실 에스티나 공주는 세상에 많이 알려지지 않은 인물이었는데, 그래서 더욱 신비로운 이미지를 만들어낼 수 있었다. 만일 이미 잘 알려진 유럽 왕실의 공주를 브랜드명으로 선택했다면 신비로움과 매력은 반감되었을 것이다.

제이에스티나의 모든 제품은 조반나 에스티나 공주의 일상생활에서 힌트를 얻어 만들어졌다. 에스티나 공주는 늘 왕관보다 작은 크기의 티아라를 쓰고 다녔고, 유난히 고양이를 좋아했다. 자연스레 티아라와 고양이가 제이에스티나의 탄생 모티프가 되었다. 현재 제이에스티나 상품의 90퍼센트가량이 그 2가지 주제로 디자인한 것이다.

로만손은 제이에스티나의 성공에 힘입어 2005년 가을에 고가의 주얼리 브랜드 '이에스돈나'를 새로 내놓았다. 이에스돈나는 조반나 에스티나 공주가 결혼하면서 얻은 이름이었다. 이에스돈나는 18K의 금과 귀금속을 소재로 한 제품인데, 어느덧 제이에스티나와 함께 세계를 주름잡는 양대 주얼리 브랜드가 되었다. 이렇게 우리나라 최고의 시계 회사는 스토리텔링에 힘입어 명품 주얼리 회사로 거듭났다.

요즘은 제품의 외양이나 가격, 품질 같은 눈에 보이는 요소를 넘어, 제품에 담겨 있는 흥미로운 이야기나 의미처럼 눈에 보이지 않는 요소를 강조하는 마케팅 전략이 눈길을 끈다. 비즈니스에서 특히 스토리텔링으로 이미지를 부각하는 사례가 늘어나고 있다.

모든 기업은 설립 배경이나 과정, 역사, 가치, 비전, 창업자 등 다양한 이야기 자원을 갖고 있다. 이런 이야기 자원을 적극 활용하면 고객은 그 기업에 신뢰를 보내고 사원들은 회사에 애정을 갖게 된다. 이는 궁극적으로 기업 매출에 긍정적인 효과로 작용한다.

대표적인 예로 현대그룹을 꼽을 수 있다. 현대그룹은 창업자인 정주영 회장의 이야기를 잘 활용하고 있다. 정주영 회장은 원래 가난한 농부의 아들로 태어났다. 큰돈을 벌고 싶었던 정주영 회장은 북한 지역인 강원도 통천군 아산리의 고향집에서 부친이 소를 판 돈 70원을 몰래 들고 가 출했다. 남쪽으로 내려온 정주영 회장은 쌀가게에 취직해 열심히 일하면서 쌀을 판 돈으로 자동차 관련 부품을 사서 정비소를 열었다. 일감을 맡으면 며칠 동안 밤을 새워가며 열심히 일했고, 돈을 버는 즉시 새로운 사업에 도전했다. 그렇게 해서 사업이 점점 번창해 지금의 현대그룹으로 성장했다. 정주영 회장이 1998년 6월과 10월 두 차례에 걸쳐 소떼 1천 1마리를 끌고 판문점을 넘어 북한을 방문한 사건은 그의 인생사를 더욱 극적으로 만드는 효과를 낳기도 했다. 사원들은 이런 창업자의 이야기를 들으면서 현대그룹의 기업 철학을 무의식적으로 습득하게 된다.

그 제품에는
어떤 스토리가 있나요

비즈니스 스토리텔링은 홍보와 마케팅, 즉 제품 판매 과정에서 소비자의 감성을 자극하는 목적으로 많이 활용된다. 그래서 '스토리텔링 마케팅'이라는 용어가 별도로 있을 정도다. 스토리텔링 마케팅의 위력을 가장 극명하게 보여주는 사례로 생수 제품 삼다수와 에비앙을 꼽을 수 있다.

삼다수는 대한민국의 대표적인 생수 브랜드로, 제주도의 화산 암반석에서 자연 생성된 물을 상품화한 것이다. 화산 활동으로 생긴 수십 겹의 현무암층을 거치는 까닭에 불순물이 완전히 제거되고 천연 미네랄 성분은 많이 함유된 몸에 좋은 물이라 알려져 있다. 한편 에비앙은 프랑스의 대표적인 생수 브랜드로, 알프스의 지하 암석층에서 지하수를 끌어올려 세계 최초로 상품화한 물이다. 그뿐만 아니라 전 세계 유명인들이 즐겨 찾는 고급 생수라는 이미지도 갖고 있다. 이처럼 삼다수와 에비앙은 각각 제주도와 알프스라는 천혜의 자연을 토대로 만들어진 물로서 많은 사람의 사랑을 받고 있다.

그런데 마케팅 측면에서는 이 둘이 전혀 다른 양상을 띤다. 우선 제주도에는 섬과 관련된 다양한 이야기가 있고 관광자원도 풍부하다. 그러나 삼다수는 이를 토대로 스토리텔링 마케팅을 펼치려는 노력을 거의 하지 않고 있다. 그저 미네랄이 풍부하고 깨끗한 물이라는 점만 강조한다. 이에 비해 에비앙은 적극적인 스토리텔링 마케팅을 통해 세계적으로 인기 있는 생수로 발돋움했다. 특히 1789년 신장 결석을 앓던 한 후작이 남부 프랑스 레만 호숫가의 휴양 도시 에비앙으로 요양을 왔고, 마을 주민들의 추천으로 그곳 지하수를 마신 뒤 병이 나았다는 이야기를 잘 활용했다. 에비앙의 물은 단순한 물이 아닌 '약수'라는 소문이 났고, 결국 세계 최초로 물을 상품화해 판매하기에 이르렀다.

현재 우리나라 생수 시장은 포화 상태다. 국내외에 수원지를 두고 있는 제품만 해도 수십여 개에 달하고, 이른바 물 건너온 생수만 해도 매장 진열대를 가득 채울 정도다. 이런 상황에서 밀려나지 않기 위해서는 각각의 제품이 가진 특별한 이야기가 있어야 한다.

브랜드에
철학을 담다

요즘 기업들은 스토리텔링으로 브랜드 가치를 더욱 높이는 데 각고의 노력을 기울이고 있다. 이른바 '브랜드 스토리텔링'이다. 세계적인 명품 회사들은 대부분 스토리텔링을 통해 브랜드 가치를 높이거나 유지하는 경향이 있다. 대표적인 예로 샤넬의 브랜드 스토리텔링을 살펴보자.

샤넬은 가브리엘 샤넬이라는 프랑스 여성이 만든 명품 브랜드로, 창업자 샤넬의 철학과 인생 이야기가 브랜드에 녹아들어 있다.

가브리엘 샤넬은 가난한 행상인의 딸로 태어났다. 아버지에게 버림받고 수녀원에서 자라게 된 샤넬은 수녀원 기숙학교를 졸업한 뒤 낮에는 보조 양재사로 일하고 밤에는 카바레에서 노래를 불렀다. 특히 샤넬이 〈코코가 트로이카에서 누구를 만났던가〉라는 노래를 부를 때면 손님들은 목청을 높여 "코코! 코코!"를 외쳐댔다. 이때부터 코코가 그녀의 이름처럼 불렸다.

이후 샤넬은 카바레에서 만난 부유한 장교 출신의 남자와 연인이 되어 그의 집에서 머물게 된다. 하지만 한 남자를 위해 자신의 꿈을 포기하고 싶지 않았던 샤넬은 자주 다른 곳을 여행했다. 새로운 남자친구를 만나 파리에 여성용 모자 가게를 열기도 했다.

그로부터 3년 뒤 샤넬이 첫 부티크를 열었을 때 선보인 디자인은 너무도 신선하고 충격적이었다. 항상 여성들의 몸을 조이던 코르셋을 없애는 한편, 남성의 전유물이던 운동복 옷감인 '저지jersey'를 이용해 편리성과 활동성을 강조했다. 또 무릎 근처까지 올라오는 짧은 치마를 선보이면서 땅에 닿는 긴치마에서 여성들을 해방했고, 보다 활동하기 편리하고 자유로운 여성용 바지도 만들었다. 지금 우리에겐 여성용 바지와 짧은 치마가 당연해 보이지만 당시엔 혁명과도 같은 시도였다. '여성의 몸을 자유롭게 하라!' '타인을 위해서가 아닌 자신을 위해 아름다워져야 한다!'와 같은 샤넬의 철학과 인생 이야기는 그녀가 만든 의상에 그대로 녹아들어 있다.

이와 같이 세계적인 명품 회사들은 창립자, 제작 과정, 사용자 등에 얽힌 흥미로운 이야기를 잘 활용해 브랜드 가치를 높이거나 유지하려고 한다. 소비자들에게 인정받는 기업으로 성장하기 위해서는 경영 비전과 가치관 등 기업의 이야기 자산을 바탕으로 브랜드 스토리텔링부터 만들어야 한다. 물론 단순히 꾸미거나 만드는 것만으로는 부족하다. 스토리텔링의 성공 요건은 진정성이다. 남들이 모두 알고 있는 스토리텔링 기법으로 기업을 소개하는 정도에 그쳐서는 별다른 효과를 기대하기 어렵다. 기업이 지향하는 비전과 가치관이 사회와 국가, 더 나아가 세계인에게 어떤 긍정적인 영향을 줄 수 있는지에 관한 진심이 담겨 있어야 한다. 사람들은 진실한 스토리에 기꺼이 반응한다.

박물관, 이야기의 보물 창고

박물관은 유물을 수집, 보관할 뿐만 아니라 각종 전시를 통해 지식과 정보를 제공하고, 기타 다양한 프로그램을 개설해 사람들을 가르치며 즐거움을 제공하는 공간이다. 특히 요즘 박물관은 여타 문화센터나 도서관과 마찬가지로 새로운 기능을 추가하며 색다른 변신을 시도하고 있다. 박물관 본연의 기능과 더불어 시청각실, 영화관, 뮤지엄숍, 레스토랑, 놀이터, 파티 공간, 테마파크 등의 기능이 추가되면서 일종의 복합문화공간으로 나아가고 있는 것이다.

박물관에도
스토리텔링이 필요하다

많은 박물관이 스토리텔링, 체험, 오락적 요소를 가미해 살아 있는 공간으로의 변신을 시도하고 있다. 그중에 눈에 띄는 것이 바로 스토리텔링이다. 스토리텔링은 지식과 정보를 쉽고 재미있게 전달해 더욱 많은 관람객을 끌어들이는 요인이 되며 박물관의 부가가치도 높여준다.

사실 박물관은 이야기의 보고라 할 수 있다. 모든 유물(소장품)에는 탄생 배경과 제작 과정, 역사적 전승, 현대적 가치 등 수많은 이야기가 담겨 있기 때문이다. 눈에 직접적으로 보이지 않는 그런 이야기를 어떻게 끄집어내 잘 활용하느냐에 따라 박물관의 인기가 좌우된다.

대표적인 예로 루브르박물관의 〈모나리자〉를 들 수 있다. 1911년 루브르박물관에서 〈모나리자〉가 돌연 사라진 적이 있었다. 다행히 범인이 붙잡히고, 작품은 원래 자리로 무사히 돌아왔다. 그런데 이후 이상한 이야기가 떠돌기 시작했다. '루브르박물관의 〈모나리자〉가 진품인가?' '〈모나리자〉의 실제 모델은 과연 누구인가?' '왜 〈모나리자〉 그림의 여인에게는 눈썹이 없는가?' 등 〈모나리자〉 작품을 두고 수없는 이야기가 떠돌며 사람들의 흥미를 끌었다. 이에 더해 《다빈치 코드》라는 소설이 나와 영화로까지 만들어지면서 〈모나리자〉의 인기는 더욱 치솟았다. 이 덕분에 〈모나리자〉는 루브르박물관의 대표 작품으로 자리 잡았다. 이때부터 루브르박물관은 본격적으로 〈모나리자〉를 토대로 한 스토리텔링 마케팅을 펼치기 시작했다. 〈모나리자〉에 얽힌 이야기를 대대적으로 알리면서 관람객을 끌어모은 것이다.

건축물부터 유물까지
모두 이야기를 갖는다

박물관에서 스토리텔링이 중요한 이유는 무엇일까? 박물관의 소장품에 얽힌 이야기를 발굴해 전시할 때 관람객의 적극적인 관람 행위를 유도할 수 있기 때문이다. 박물관에 적용할 수 있는 스토리텔링의 적용 범위는 광범위하다. 박물관 외관에서부터 전시 기획, 유물 해설, 교육 프로그램, 홍보와 마케팅이 모두 스토리텔링 대상이 될 수 있다.

과거에 지어진 유서 깊은 건축물뿐만 아니라 현대적인 건축물에도 스토리텔링을 접목할 수 있다. 대표적인 사례가 프랑스의 퐁피두센터다. 1971년 시공된 이 건축물은 당시 프랑스 제19대 대통령 조르주 퐁피두가 국제 설계 공모전을 통해 건설하겠다고 단언한 바 있다. 이후 영국 출신의 리처드 로저스와 이탈리아 출신의 렌조 피아노가 대표 건축가로 선정되었다. 프랑스 건축계는 거세게 반발했다. 하지만 공사는 단행되었고 퐁피두센터는 창의적인 건축물이라는 명성을 얻으며 세계적인 명소가 되었다. 퐁피두센터는 보통 실내에 설치하는 배수관과 가스관, 통풍구 등을 밖으로 노출했으며, 컬러풀한 건물 철골을 드러낸 파격적인 외관을 자랑한다. 건물 4층과 5층에 들어선 현대미술관은 파리를 대표하는 3대 미술관 중 하나다. 당시로서는 그다지 유명하지 않은 외국 건축가들을 내세워 획기적인 발상을 구현한 건축물을 만들어냈다는 스토리텔링은 퐁피두센터에 대한 세계인의 관심과 흥미를 이끌어내는 데 한몫했다.

한편 전시와 관련한 스토리텔링도 중요하다. 박물관 스토리텔링이 가장 널리 활용되고 있는 분야는 아무래도 전시 기획, 특히 전시와 관련된 이야기 자원이다. 전통적인 방식을 활용해 시대별, 유형별로 유물을 전시할 경우 관람객의 흥미나 관심을 이끌어내기가 쉽지 않다. 그래서 요즘은 전시 주제와 콘셉트에 걸맞은 이야기를 만들고, 그 이야기에 따라 유물을 전시하는 '스토리텔링형 전시'가 기획 단계부터 마련되는 추세다. 아울러 전시와 관련된 체험이나 오락적 요소를 가미해 관람객의 적극적인 참여를 유도하고 있다.

희비의 감정을
직접 겪게 하라

전시 스토리텔링 방법에는 크게 창작형과 각색형이 있다. 창작형은 전시 기획자가 만든 이야기에 따라 유물을 배치하는 방식이다. 대표적인 예로 〈로마제국의 도시문화와 폼페이〉를 들 수 있다. 2014년 12월에서 2015년 4월까지 국립중앙박물관 기획전시실에서 열렸던 특별 전시로, 전시관은 '폼페이, 도시풍경과 사람들의 일상' '대저택에서의 삶과 예술' '아름다움의 추구' '폼페이의 경제활동' '폼페이 사람들의 식생활' '신과 숭배의식' '의술과 장례 문화' '폼페이 최후의 날'

등 총 8개 테마로 구성되었다.

좀 더 자세히 살펴보면 '폼페이, 도시풍경과 사람들의 일상' '폼페이의 경제활동' '폼페이 사람들의 식생활'에서는 번성했던 로마 도시 폼페이의 사회상을 엿볼 수 있고, '대저택에서의 삶과 예술' '아름다움의 추구' '신과 숭배의식' '의술과 장례 문화'에서는 찬란했던 폼페이의 문화를 살필 수 있다. 마지막 '폼페이 최후의 날'에서는 번성했던 폼페이가 화산 폭발과 함께 갑작스럽게 멸망하는 순간을 다양한 방법으로 재현해냈다. 특히 화산 폭발로 희생된 시체에 석고를 부어 만든 여러 모형을 통해 당시의 참혹함과 비극성을 생생하게 보여주었다.

이처럼 〈로마제국의 도시문화와 폼페이〉 전시의 특징은 주제별 전시의 유기적 구조에 있다. 폼페이의 찬란한 문명을 주제별로 보여주고, 마지막 '폼페이 최후의 날'에서 폼페이의 갑작스러운 멸망 순간을 제시함으로써 비극성이 더욱 심화하는 흥미로운 이야기 구조를 갖추고 있는 것이다.

이와 다르게 각색형은 고전소설이나 설화, 전래동화 등 고전을 재활용하는 방식이다. 대표적인 예로 〈심청 이야기 속으로: 심청이는 이렇게 살았대요〉를 들 수 있다. 이 전시는 2008년 12월 국립민속박물관 산하 어린이민속박물관에서 열렸는데, 판소리계 소설 《심청전》을 전시 공간에 그대로 풀어낸 것이다.

전시는 《심청전》의 줄거리에 따라 '심청이의 생활' '내가 심 봉사라면'

'인당수로 향하다' '바닷속 용궁 체험' '왕비가 된 심청' 등 크게 5개의 공간으로 구성되었다. 순서대로 전시를 관람하다 보면 가난하지만 열심히 살았던 심청의 모습이 떠오르기도 하고, 어느새 심청이를 직접 만나고 있다는 느낌이 들 정도였다. 심 봉사가 어떻게 심청이를 키웠는지 체험해볼 수 있는 공간도 마련했다. 하이라이트는 심청이가 인당수에 빠지는 장면이었다. 극적인 장면을 영상으로 처리해 마치 심청이처럼 시퍼런 바닷물에 풍덩 몸을 던져볼 수 있도록 꾸며놓아 죽음을 앞둔 주인공의 감정을 헤아려보도록 구성했다.

또한 공간 사이사이에 유물을 전시해 관람객이 유물의 활용도 등 정보를 얻을 수 있도록 했다. 관람객은 놀이기구처럼 회전하는 연꽃을 타거나 궁궐에서 왕과 왕비의 옷을 입고 어좌에 앉아 기념 촬영을 하며, 한쪽에 차려놓은 맹인 잔치의 하객이 되어 심 봉사를 만나기도 했다.

〈심청 이야기 속으로: 심청이는 이렇게 살았대요〉는 단순히 눈으로만 보는 1차원적 전시가 아니었다. 이야기가 있는 스토리텔링형 전시이자 관람객의 적극적인 참여로 이루어지는 체험형 전시였다. 이 전시가 많은 사람에게 호평을 받았음은 물론이다.

지금까지 살펴보았듯, 박물관에 스토리텔링을 적용하면 평범한 유물도 비범한 유물로 바뀔 수 있다. 관람객과 소통이 원활해지며, 그에 따른 고부가가치 발생은 덤이다. 그러나 아직까지 우리나라의 많은 박물관에서는 스토리텔링을 직접적으로 활용하기보다 눈으로 확인할 수 있는 유물 전시 등 유물에 관한 교과서적 지식을 평면적으로 전달하는 데 그치는 경우가 많은 것 같다.

천편일률적인 전시 공간에 획일적으로 전시된 유물은 관람객을 금세 지치게 만든다. 흥미 없는 전시가 이어지면 대개는 유물의 겉모습만 대강 살펴보고 휙휙 지나치기 마련이다. 이젠 우리나라 박물관도 본격적인 스토리텔링을 적용해서 지식과 정보는 물론 재미와 오락을 동시에 제공할 때가 되었다. 기존과 같은 단순한 평면형 유물 전시에서는 얻을 수 있는 효과가 별로 없다. 생동감 넘치는 입체형 유물 전시만이 소리 없이 죽어가는 박물관을 되살려 지역문화와 지역경제 활성화에 기여할 수 있는 열쇠다.

당신도 스토리텔러가 될 수 있다

21세기 들어 스토리텔링은 대표적인 의사소통 수단 가운데 하나가 되었다. 기존의 문예학이나 문화콘텐츠 분야를 넘어서 각종 산업계나 공공서비스 분야에 이르기까지 전 사회적으로 확산되고 있다. 누구나 배우고 익혀야 하는 그야말로 '교양필수' 과목이라고 평가할 수 있을 정도다. 스토리텔링 능력을 갖추고 있느냐 그렇지 않느냐에 따라 그 사람의 존재가치가 현격히 달라질 수도 있다.

어떻게
버무릴 것인가

　　　　　　　　앞서 말했듯이 스토리텔링은 구체적 방법론에서 크게 엔터테인먼트형과 인포메이션형으로 나눌 수 있다. 엔터테인먼트형은 소설이나 동화, 만화, 드라마, 영화, 공연처럼 전혀 새로운 이야기를 창작하는 것을 말한다. 대개 시공간적 배경을 설정한 뒤 다양한 캐릭터를 투입해 기-승-전-결의 스토리를 펼치며, 이를 통해 궁극적으로 이야기의 주제를 구현하는 식이다.

인포메이션형은 산업계나 공공서비스 분야에서 지식과 정보를 이야기 형태로 가공해서 쉽고 재미있게 전달하는 방식을 말한다. 엔터테인먼트형이 무無에서 유有를 창조해내는 것이라면, 인포메이션형은 유有에서 또다른 유有를 만들어내는 것이라 할 수 있다. 그러므로 인포메이션형에서는 전달하려는 지식과 정보를 이야기 속에 얼마나 잘 녹여내느냐가 관건이다. 즉, 지식/정보와 이야기를 잘 버무려 조화를 이루어야 한다.

충남 아산시 온천동에 있는 영괴대靈槐臺라는 문화유적을 토대로 필자가 스토리텔링한 내용을 통해 인포메이션형의 실제를 살펴보자.

영괴대는 아산시 온천동에 있는 온양행궁 유적 중의 하나입니다. 영괴대에는 사도세자에 관한 특별한 사연이 깃들어 있습니다. 영조 36년(1760) 7월, 당시 26살의 사도세자는 다리에 난 종기를 치료하기 위해 온양행궁에 왔습니다. 사도세자는 온천욕을 하는 사이사이 평소 좋아하는 활쏘기를 즐겼습니다. 세자의 활쏘기 실력은 매우 뛰어나 다섯 발을 쏘면 다섯 발을 모두 맞힐 정도였습니다. 이는 대단히 어려운 수준이라 온양 지역 백성들도 잔치를 열어 함께 축하해주었습니다. 사도세자는 이를 기념하기 위해 자신이 활을 쏘던 활터에 손수 홰나무 한 그루를 심고, 온양군수 윤영에게 명해 그 둘레에 단

柴을 쌓게 했습니다. 또한 홰나무를 심느라 망가진 밭을 쌀로 보상해주고, 장마 피해를 위로하기 위해 조세를 감면하는 등 온양 지역민에게 성덕을 베풀었습니다.

하지만 그로부터 2년 뒤 사도세자는 정치적으로 궁지에 몰렸고, 급기야 뒤주에 갇혀 억울하게 죽고 말았습니다. 그래서인지 고을 관리들은 홰나무를 아무렇게나 방치하고, 그 둘레에 단을 쌓아달라는 사도세자의 부탁도 잊어버렸습니다.

홰나무의 존재를 다시금 부각시킨 사람은 다산 정약용이었습니다. 정조 14년 3월 다산은 호서의 해미로 유배를 간 적이 있었습니다. 그런데 이 유배는 불과 10여 일 만에 끝났고, 다시 귀경길에 오른 다산은 덕산을 지나 온양에 들렀습니다. 이때 다산도 온양행궁을 찾았는데, 사도세자가 심은 홰나무에 얽힌 사연뿐 아니라 온양 백성에게 베푼 어진 성덕도 알게 되었습니다. 다산은 초라하기 짝이 없는 홰나무의 모습을 보고 가슴 아파하며 시까지 지어 읊었습니다.

한양으로 올라간 다산은 임금께 상소를 올렸고, 사도세자의 아들인 정조는 이를 듣고 아버지를 그리워하며 눈물을 흘렸습니다. 이후 정조는 홰나무를 보호하기 위해 본격적으로 나섰습니다. 홰나무 둘레에 흙을 1미터쯤 쌓고 돌로 두른 대臺를 만든 뒤, '신령스러운 홰나무가 있는 대'라는 뜻의 '영괴대'라 부르도록 했습니다. 또 영괴대의 사적을 기록하기 위해 '영괴대비'라는 비석을 세웠습니다. 때마침 이해는 사도세자가 살아 있다면 60세가 되었을 회갑년이었습니다.

그 후 온양온천에 온 사람들은 이 홰나무를 볼 때마다 사도세자를 떠올렸고, 영괴대는 아버지를 그리워하는 아들 정조의 마음을 나타내는 상징물이 되었습니다.

이처럼 인포메이션형에서는 전달하고자 하는 지식과 정보를 캐릭터와 스토리 및 주제를 갖춘 한 편의 짤막한 이야기 형태로 가공해서 쉽고 재미있게 들려줄 수 있다. 우리는 흥미로운 이야기를 들으면서 자신도 모르게 그에 관한 지식과 정보를 습득하고 싶어 한다. 인포메이션형이 향후 발전 가능성이 큰 이유가 여기에 있다.

스토리텔링 과정 이해하기

그럼 이제부터 스토리텔링, 특히 지식이나 정보를 이야기 형식으로 쉽고 재미있게 전달하는 인포메이션형 방법에 대해 본격적으로 알아보자. 대개 스토리텔링은 ① 테마 선정, ② 자료 수집, ③ 시놉시스 짜기, ④ 집필하기, ⑤ 제작하기 등 5단계로 이루어진다.

첫째, 테마 선정하기다. 테마란 일종의 소재와 주제다. 이 단계에서는 무엇에 관해 쓸지 결정한다. 모름지기 테마는 귀가 솔깃할 정도로 참신해야 하고, 가급적 캐릭터와 스토리를 갖추고 있어야 한다. 이때 장르와 매체를 설정한다. 추리나 액션, 코미디, 판타지, 스릴러, 사극 등 어떤 장르로 만들 것인지, 또 출판이나 방송, 영화, 공연, 전시, 축제 등 어떤 매체로 담아낼지를 결정한다.

둘째, 본격적인 자료 수집하기다. 자료는 오랫동안 최대한 많이 찾는 게 좋다. 많이 아는 만큼 이야기가 재미있어지기 때문이다. 특히 현대 창작물이 아닌 고전 스토리텔링이라면 자료 수집의 중요성은 아무리 강조해도 지나치지 않다.

그렇다면 자료 수집은 어떻게 해야 할까? 자료 수집은 크게 2가지 방식으로 이루어진다. 우선 1차 자료인 해당 테마의 원전을 찾아서 읽는다. 원전이 한문본일 경우 최소한 국문 번역본이라도 찾아서 읽도록 한다. 원전은 해당 테마를 다양한 방식으로 생각할 수 있도록 돕기 때문이다. 다음으로 2차 자료, 즉 주변 자료를 찾아서 읽어나간다. 요즘은 대부분 자료를 찾을 때 인터넷에 의존하는 경향이 강하다. 그러나 인터넷은 단순히 자료의 현황과 대중적 관심사를 파악하는 데 유용할 뿐이다. 깊이 있는 자료는 역시 전통적인 방법, 즉 도서관에 소장된 도서와 논문을 통해 찾아볼 수 있다. 더불어 틈나는 대로 테마와 관련된 현장 답사를 할 필요가 있다. 작품을 쓸 때 간접적인 문자나 그림, 사진 등에 의존하는 것과 직접 현장을 돌아보는 것은 생동감이라는 측면에서 크나큰 차이를 낳는다. 특히 미시사적 접근을 하는 경우라면 이런 현장 답사가 거의 필수라 할 수 있다.

자료 수집 단계에서 또 하나 빠트릴 수 없는 것이 선행 콘텐츠 조사다. 해당 테마와 관련된 출판이나 방송, 영화, 공연, 전시 등 선행 콘텐츠를 찾아야 여러모로 안전하다. 혹시라도 지금 내가 쓰고 있는 작품과 유사한 콘텐츠가 이미 개발되어 있다면 낭패가 아닐 수 없다. 게다가 자칫 잘못하면 표절 논란에 휩싸일 수도 있다.

셋째, 시놉시스 짜기다. 시놉시스란 일종의 작품 개요이자 설계도라고 말할 수 있다. 위에서 수집한 자료를 토대로 기-승-전-결 혹은 발단-전개-위기-절정-결말 형식으로 짜면 된다. 작품의 흐름을 그래프나 인포그래픽 형식으로 만드는 것도 도움이 된다. 이후 작품을 쓸 때 필요한 그림이나 사진, 도표 등 시각 자료도 미리 준비해둔다.

넷째, 집필하기다. 위의 시놉시스를 토대로 본격적으로 작품을 써나가는데, 그야말로 뼈대에 살을 붙이는 작업이라 할 수 있다. 물론 집필은 단 한 번에 끝나지 않고 여러 차례에 걸쳐 이루어진다. 1차 집필은 스케치와 비슷하다. 자료집과 시놉시스, 시각 자료 등을 보면서 대략적으로 써나간다. 1차 집필을 끝낸 뒤엔 약간의 공백기를 두면서 다른 사람의 의견을 듣거나 작품에 대해 다시 한 번 깊이 생각해보기도 한다. 그런 다음 2차 집필에 들어가 앞에서부터 차분히 다시 써나간다. 이렇게 최소한 서너 번, 많게는 예닐곱 번까지 다시 쓰기도 한다. 여러 번 쓰면 쓸수록 작품이 재미있고 주제가 선명해지기 마련이다.

다섯째, 제작하기다. 지금까지 써온 작품을 출판이나 방송, 영화, 공연 등 다양한 콘텐츠로 제작하는 단계다. 다만 영상물의 경우 제작비용이 많이 들기 때문에 실현 가능성이 낮은 편이다. 그래서 필자도 비교적 제작이 용이한 출판을 통해 대중의 반응을 살핀 뒤 영상물 개발로 넘어가

곤 한다. 대개 출판은 출간 제안서와 원고를 출판사에 보내면 기획편집
자들이 검토해서 출간 여부를 결정한다. 이때는 '참신한 테마인가' '내용
은 흥미롭고 재미있는가' '사회에 유익한 작품인가' 등을 주로 살핀다.

 요즘은 미디어 환경이 바뀌면서 팟캐스트, 유튜브 등 디지털 미디어를
활용해 작품을 제작할 수도 있다. 이때에는 오디오나 비디오를 어떻게
활용할지에 대한 고민이 필요하다. 특히 디지털 미디어의 경우 편집 기
술이 대단히 중요하다. 영상으로 강조해야 할 부분을 효과적으로 배치해
야 수많은 동영상 중에서도 눈에 띌 수 있기 때문이다. 아울러 일정 기간
만큼은 주기적으로 새로운 콘텐츠를 업로드할 수 있도록 꾸준히 준비해
야 한다.

 제품의 외양이나 품질처럼 눈에 보이는 측면만으로는 소비자의 선택
을 받기가 어려운 시대다. 제품에 담겨 있는 흥미로운 이야기나 의미와
가치 등 눈에 보이지 않는 측면을 발굴하고 이를 상품 개발 과정에 녹여
내야 한다. 눈에 보이지 않는 측면을 드러내는 데 핵심적인 역할을 담당
하는 게 바로 스토리텔링이다. 스토리텔링은 어떤 대상의 내면에 있는
이야기를 찾아내 쉽고 재미있게 가공해 사람들에게 전달함으로써 가치
를 한층 더 높여주는 작업이다. 요컨대 스토리텔링은 눈에 보이지 않는
내면세계의 가치를 발굴하고 이를 표현해 외부세계에 전달하는 신비한
마법과도 같다.

성공하는 마케팅에 숨은 인문학

박정호

연세대학교 경제학과를 졸업하고 동 대학원에서 경제학을, KAIST 대학원에서 경영학을 공부했다. 현재 명지대학교 특임교수로 있다. KDI(한국개발연구원)에 전문연구원으로 재직한 바 있으며, 현재 한국인적자원개발학회 부회장, 인공지능법학회 상임이사, 세종시 지역산업발전위원 등으로 활동하고 있다. 문득 디자인을 통한 혁신 창출에 관심이 생겨 홍익대 대학원에서 산업디자인을 공부하기도 했고, 한국디자인단체총연합회 사무총장, 광주디자인비엔날레 큐레이터 등을 역임했다. 현재 MBC 라디오 〈이진우의 손에 잡히는 경제〉, SBS CNBC 〈임윤선의 블루베리〉 등에 고정 패널로 출연 중이다. EBS 〈TESAT 경제강의〉 등 다양한 매체와 주요 공공기관, 기업에서 보통 사람들을 위한 교양 경제 강의를 한다. 지은 책으로 《아주 경제적인 하루》《경제학을 입다 먹다 짓다》《한국사에 숨겨진 경제학자들》 등이 있다.

카페와 사랑의 차이

플랫폼, 빅데이터, SNS 등 최근 기업 현장에서 벌어지는 일련의 이슈를 설명하는 데 '네트워크 효과'만큼 적절한 단어는 없을 것이다. 미국 경제학자 하비 라이벤스타인Harvey Leivenstein이 처음 제시한 이 개념은 특정 상품에 관한 수요 형성 결정 과정에서 다른 사람들의 수요가 중요한 고려 요인임을 설명한다. 다시 말해, 어떤 상품에 일정한 수요가 형성되면 이 상황이 다른 사람들의 상품 선택에 큰 영향을 미치는 현상이다. 그러나 최근에는 특정 제품을 사용하는 소비자가 많아질수록 상품의 가치와 효용이 커지는 '네트워크 외부성' 현상으로 의미가 넓어졌다.

많은 사람이 같은 방식으로 파일을 저장하고 상호 교류할 경우 각각 다른 형식으로 파일을 저장할 때보다 더욱 편리해지는 것이 네트워크 외부성 효과의 좋은 사례다. 같은 방식으로 파일을 저장하는 사람이 많아지면 많아질수록 모두가 얻는 효용이 커진다. 페이스북이나 트위터가 전형적인 네트워크 외부성을 갖고 있다. 사용자가 많아질수록 상호 교류가 활발해지기 때문에 해당 사이트의 가치가 더욱 높아진다.

담론 형성의
문화적 차이에 주목하라

　　　　　　　　　　그런데 한 가지 흥미로운 사실이 있다. 한국 기업들이 이런 네트워크 효과를 활용해야 할 사업 분야에서 성과를 내지 못하고 있다는 점이다. 페이스북이나 트위터에 앞서 싸이월드, 아이러브 스쿨 등 다양한 SNS 서비스를 구축했고, 해외 확장을 여러 차례 추진했지만 번번이 실패했다. 플랫폼 사업도 마찬가지다. 대한민국은 세계에서 스마트폰을 가장 많이 판매하는 나라다. 그런데 앱 스토어나 안드로이드 마켓 같은 플랫폼 사업에 대해선 어느 정도 관심을 보이는 데 그칠 뿐 더 나아가지 못했다. 스마트폰 장비에 버금가는 규모의 시장성이 잠재되어 있는데도 말이다. 왜 우리나라는 서양과 달리 네트워크 효과를 활용한 사업에 취약한 것일까?

　우리나라와 서양의 담론을 형성하는 문화적 차이에서 그 답을 찾을 수 있다. 서양의 담론 문화를 단적으로 엿볼 수 있는 곳이 카페 혹은 살롱이다. 인류학자들은 유럽의 카페 문화와 살롱 문화의 근원이 그리스 로마 시대의 아고라 문화에서 기인한다고 설명한다. 아고라agora는 거리의 사람들이 모이는 곳, 즉 광장을 뜻한다. 광장은 사람들을 만나거나 물건을 사고파는 장소이며, 더불어 중요한 사회 문제를 논의하고 사교적인 담

론을 나누는 공간이었다. 이런 아고라의 기능은 로마의 광장으로 이어진
다. 로마의 광장인 플라자plaza와 포럼forum은 이후 카페와 살롱 문화로 이
어졌다. 즉 17~18세기 산업혁명이 태동하던 유럽에 확산된 살롱 및 카
페 문화가 바로 고대 담론 문화에 비롯되었다는 뜻이다.

서로 다른 다양성이
어울리는 공간, 카페

카페 혹은 살롱은 신분과 직업이 다른 사람들이
쉽게 만날 수 있는 공간이기도 했다. 자유로운 교류 장소에서 사람들을
하나로 묶는 매듭은 교양과 지적 관심사였다. 카페에는 계급이나 종파
등 서로 이데올로기가 다른 다양한 지식인들이 모여들었다. 최소한 이곳
에서는 동일한 인격을 갖춘 자유인으로서 사회적인 모든 주제에 관해 토
론하며 폭넓은 교감을 나눌 수 있었다. 카페는 다양한 계층과 다양한 분
야의 지식인들이 당대 사회의 여러 문제점과 지적 문제에 관한 담론을
나누는 공간이었다. 카페의 주요 이용자들은 '오네톰honnête homme'이라고
불렸는데, 이들은 세련된 취미와 교양을 갖춘 사람들로서 이른바 사교인
이었다. 몽테뉴는 당대의 카페 이용자들을 가리켜 "품위 있고 유능한 사
람들로서 모든 측면을 겸비했다"라고 표현한 바 있다.

이런 카페 이용자들을 일반인과 구분하는 가장 중요한 기준 중 하나
는 언어였다. 당시 사교인들은 언어를 귀하게 여겼으며, 담론의 장소였

던 카페에서는 더욱 그러했다. 사교인이 갖춰야 할 교양 역시 세련되고 우아한 말투였다. 사교인들은 설사 자신이 관심 없는 어렵고 재미없는 주제일지라도 항상 귀 기울이고 상대방에게 적정 수준으로 반응하는 걸 예의로 여겼다. 그렇다고 해서 카페에서 전문용어나 특정 집단에서만 사용하는 언어로 토론을 한 것은 아니다. 다양한 계층과 전문가들이 모이는 곳의 특성상 오히려 전문용어나 추상적, 관념적 표현은 자제하는 편이었다. 더 정확하게 말하자면, 어렵고 난해한 표현은 혐오 대상이 되기도 했다.

카페에서 진정한 사교인이자 당대의 지식인으로 머물기 위해서는 누구나 쉽게 이해할 수 있도록 정확하게 표현하는 방식을 익혀야만 했다. 당시 카페에서는 쉬운 대화 방식으로 문화, 예술, 정치 등 다양한 관심사를 이야기했다. 이런 문화는 카페를 이용하는 사람들에게 여러 분야에 대한 소양과 교양을 축적할 기회를 제공할 뿐 아니라 비판적 소양을 갖출 수 있는 학습의 장이 되기도 했다.

이런 학습 효과의 원동력은 계층과 신분, 직업을 망라하고 많은 사람이 카페를 이용할 수 있도록 열린 문화를 구축해서 얻은 네트워크 효과일 것이다. 이색적인 경험 혹은 남다른 관심사를 가진 사람, 다른 가치관을 가진 사람들이 넘쳐날수록, 그리고 이들의 견해와 의견을 열린 마음으로 받아들이는 태도가 자연스럽게 퍼질수록 카페에서 얻는 혜택은 더욱 커졌다.

유사한 담론이
모여드는 공간, 사랑

그렇다면 우리의 담론 문화는 어디에서 형성되었을까? 유럽에 카페가 있다면 우리에게는 사랑舍廊이 있었다. 사랑은 안주인이 있는 안채와 따로 떨어진 공간으로, 주로 바깥주인이 손님을 맞이하는 장소로 쓰였다. 사랑에 모인 사람들은 시를 짓고, 담론을 벌이고, 술자리를 즐겼다. 가끔은 풍류를 곁들인 사랑놀이가 벌어졌고, 편을 짜서 활 재주를 겨루는 편사便射 놀이를 할 때도 있었다.

하지만 사랑은 유럽의 카페와 달리 누구나 출입할 수 있는 '열린 공간'은 아니었다. 주인과 개인적인 친분이나 관계가 형성되지 않은 사람들은 초대받기 어려웠다. 자연스럽게 주인의 신분에 따라서 누가 오는지, 얼마나 많은 사람이 오는지가 결정되었다. 물론 주인이 직접 손님을 초대하는 형식이다 보니, 담론 주제도 대부분 주인이 독단적으로 결정하는 경우가 많았다.

유럽의 카페에서는 의도하지 않은 주제로 대화를 할 수 있었으며, 새로운 시각으로 담론의 방향을 이끌어나갈 수도 있었다. 하지만 사랑에서는 주인이 사전에 예상한 방식의 대화만 유도하는 경우가 많았고, 또한 여성은 철저하게 입장이 금지되었다.

결국 사랑에 모인 사람들은 대체로 사랑 주인을 에워싼 일족의 성격이 짙었다. 주로 문벌과 학통이 유사한, 즉 주인 자신과 비슷한 신분과 비슷한 관점, 비슷한 이해관계를 갖춘 사람들이 이 공간에 모였다. 어찌 보면 담론을 나누기 전에 이미 대화 상대를 선별하고 사전 검열해 나와 유사한 환경, 유사한 학벌, 유사한 생각을 갖춘 사람이 모이도록 조정해왔던 셈이다. 결국 사랑은 네트워크 효과를 통한 혜택을 기대할 수 있는 문화 공간은 아니었다.

돌이켜볼 문화 양식은 없는가

최근 플랫폼, 빅데이터, SNS 등을 디지털 기반 사업에 대한 국내 기업의 관심이 다시 높아지고 있다. 그러나 아직 소기의 성과를 달성했다고 평가받는 기업은 좀처럼 등장하지 못하고 있다. 대개 그 원인으로 기술력이나 언어 장벽, 후발 주자로서의 한계 등을 지적하는 사람이 많다. 하지만 성공하지 못하는 원인을 따지기에 앞서 어쩌면 이런 현상이 우리의 문화적 소양 혹은 양식과 깊이 관련되어 있지는 않은지 돌이켜볼 일이다.

동물원에도 통한 디자인

인류는 아주 오래전부터 디자인에 관심이 많았다. 석기시대에 만든 토기에도 단순하지만 반복되는 문양이 들어가 있다. 이것만 봐도 심미적인 요소가 인류가 지닌 원초적인 감각이라는 사실을 어렵지 않게 확인할 수 있다.

제품의 부가가치를 높이는 데 가장 크게 기여하는 부분은 역시 디자인이다. 소비자들이 상품을 구매할 때 고려하는 요인으로 디자인을 가장 중요하게 여긴다는 연구 결과가 기업에 시사하는 바는 적지 않다. 갈수록 더 많은 사람이 디자인의 중요성에 공감하고 있는 추세이며, 많은 기업이 앞다투어 디자인을 활용한 부가가치 창출 또는 디자인 경영을 제시하고 있다.

그런데 한 가지 아쉬운 점이 있다. 좋은 디자인 결과물을 만들기 위해서 먼저 해결해야 할 점이 무엇인지 우리가 아직 충분히 이해하지 못하고 있다는 사실이다. 이런 측면에서 아사히야마 동물원의 사례는 기업이 디자인적 성과물을 만들기 위해 무엇을 준비해야 하는지 정확하게 알려준다.

폐원 위기의 동물원에서
세계적 관광 명소로

자칫 동물원은 디자인과는 거리가 다소 멀다고 생각할 수 있다. 하지만 아사히야마 동물원은 디자인을 최대한 활용해 폐원 위기의 동물원에서 일본 최고의 동물원으로 거듭났다. 아사히야마 동물원은 일본 최북단 홋카이도에서 인구 35만여 명이 사는 아사히카와시에 있다. 변변한 희귀 동물이 있는 것도 아닌데, 이 동물원은 도쿄 한복판에 있는 우에노 동물원보다 관람객이 많다. 우에노 동물원이 인구 약 1천200만 명이 살고 있는 도쿄에 자리 잡고 있고, 각종 희귀 동물을 보유하고 있다는 점을 고려하면 더욱 놀라운 일이다. 세계 각국에서 관광객이 몰려들고 명실공히 세계적 관광 명소가 되자 우리나라도 2006년 아사히야마 동물원이 있는 아사히카와시로 정기편 운항을 시작하기도 했다.

물론 아사히야마 동물원이 처음부터 관광 명소는 아니었다. 1967년 개원 첫해 45만여 명의 관람객이 찾은 이곳은 1983년 60만여 명을 정점으로 관람객 수가 급감하기 시작했다. 시설 노후 등이 주요 원인이었다. 재정 적자가 누적돼 1995년에는 폐원 여부를 심각하게 논의하는 수준에 이르렀다. 하지만 1997년부터 동물원 운영에 디자인 경영을 도입하면서 상황이 달라지기 시작했다.

동물의 본성에 주목하다

　　　　　　　　　아사히야마 동물원이 가장 먼저 디자인을 적용한 곳은 동물이 사는 우리였다. 대부분의 동물원 우리는 단순히 전시를 목적으로 설계된다. 이 때문에 각 동물의 고유 특성과 생태를 고려하지 않고 획일적인 전시관 형식으로 구성하는 게 일반적이다. 결국 동물들은 자신의 본성을 맞게 활동하기 어려워지고 나중에는 박제된 동물처럼 움직이기조차 꺼리기 일쑤다. 그런 손해는 관람객에게 고스란히 돌아간다. 무기력하게 앉아 있거나 누워 있는 모습밖에는 관람할 수 없는 것이다. 아사히야마 동물원은 이 점에 유의했다. 그리고 각 전시관과 우리를 동물 고유의 특성이나 본성, 능력을 발휘할 수 있는 환경으로 디자인하기 시작했다.

　오랑우탄 공중 방사장은 아사히야마 동물원의 의도가 단적으로 드러나는 대표적인 전시관이다. 2001년에 만들어진 오랑우탄 공중 방사장은 밀림에 있을 때 주로 나무 위에서 시간을 보내는 오랑우탄의 습성을 고려해 설계되었다. 오랑우탄의 야성을 담아내기 위해 전시관 양쪽에 철제 기둥을 세우고 그 사이를 로프로 연결해 오랑우탄이 공중에서 생활하기에 쾌적한 환경을 마련해주었다. 그러자 오랑우탄은 밀림에서 나뭇가지를 붙잡고 이동할 때처럼 로프를 붙잡고 이곳저곳으로 움직였다. 오랑우탄의 활동성이 높아지면서 관람객의 만족도도 덩달아 높아졌다.

아사히야마 동물원은 동물의 습성에 따라 먹이도 다르게 주기 시작했다. 원래 염소는 야생 환경에서 암벽이나 낭떠러지를 오가며 생활한다. 아사히야마 동물원은 이 점에 착안해 좁은 말뚝을 세우고 그 끝에 먹이통을 설치했다. 염소가 좁은 말뚝 위를 걸어가야 먹이를 먹을 수 있게 만든 것이다. 염소가 좁은 말뚝 위에서 떨어지면 어쩌나 하고 걱정할 수도 있지만, 사실 야생은 이보다 훨씬 위험한 상황의 연속이다. 오히려 이런 구조가 염소의 본능을 충족하고 야생에서의 습성을 관람객에게 보여주는 가장 좋은 전시 환경이라고 할 수 있다.

이용자의 입장을
관찰하고 연구하라

동물원에 가면 누구나 동물을 가까이에서 관람하고자 한다. 아사히야마 동물원은 이 같은 관람객의 욕구를 채워주기 위해 전시관 디자인과 우리 설계에 세심한 신경을 썼다. 높은 곳을 좋아하는 표범의 우리는 공중에 설치해 관람객이 나무 위에서 쉬고 있는 표범을 바로 밑에서 볼 수 있도록 구성했다. 수심 6미터의 대형 수조를 아크릴 원통으로 설치해 그 속에서 헤엄치는 바다표범을 360도로 관찰할 수도 있다.

그중에서 2006년 설치한 '침팬지의 숲'은 동물의 생태학적 특성과 관람객의 욕구를 모두 반영한 최고의 구조물로 평가받는다. 아크릴로 된 투명한 공중 터널을 만들어 호기심 많은 침팬지들이 지나가는 관람객들을 구경하도록 유도하고, 동시에 관람객 또한 바로 코앞에서 자신들을 구경하는 침팬지의 모습을 생생하게 볼 수 있게 만든 것이다. 간혹 유리 터널에 꿀을 가져다 놓아 침팬지가 손바닥과 혓바닥으로 꿀을 핥아먹게 해 관람객이 다양한 행태를 관찰할 수 있는 기회를 제공하기도 했다.

동물에 관한
태도와 인식을 바꾸다

이곳 동물원의 우리에서는 한 가지 공통점을 발견할 수 있다. 동물의 입장을 고려하고 그들의 본성을 존중하는 형태로 디자인되었다는 점이다. 간단한 사고의 전환이지만 결과는 커다란 차이로 나타났다. 원래 동물원에 가면 관람객의 바람과 달리 동물들이 어두컴컴한 공간에 머물러 좀처럼 모습을 보이지 않는 경우가 허다했다. 하지만 아사히야마 동물원에서 디자인한 우리는 동물들의 활동성을 최대한 끌어올릴 뿐 아니라 심리적 안정감까지 높이는 효과를 발휘했다. 안정감을 느낀 동물들은 자신들을 구경하러 온 관람객들에게 호기심을 갖고 자연스럽게 울타리 쪽으로 가까이 다가갔다. 관람객의 만족도가 높아지면서 아사히야마 동물원을 찾는 사람들의 수가 더욱 늘어난 것은 두말할 나위도 없다.

그 밖에 사육사가 직접 손으로 쓴 게시판도 좋은 효과를 냈다. 손글씨 게시판은 동물에 관한 자연스러운 호기심을 불러일으켜 게시판을 읽는 관람객이 이전보다 7배 이상 늘었다고 한다. 원래 타이포그래피는 글꼴, 서체 등을 디자인해 해당 문자에 느낌을 불어넣음으로써 사람들의 태도와 인식에 변화를 주는 디자인 분야다. 인공적으로 각인된 조형물은 단순히 정보 전달이라는 측면에만 머문다. 그러나 아사히야마 동물원은 사육사의 손글씨 게시물을 통해 동물을 대하는 관람객의 태도까지 바꿔놓은 것이다.

좋은 디자인이란 무엇인가

우리는 여기서 좋은 디자인이란 어떠해야 하는가에 관한 힌트를 얻을 수 있다. 바로 이용자를 중심에 둔 디자인 콘셉트다. 디자이너의 개인적 취향 혹은 선호를 고객에게 강요하는 게 아니라 이용자의 입장에서 생각하는 것이다. 오랜 관찰과 연구를 바탕으로 디자인한 결과물이 높은 성과를 가져다주는 것은 당연하다.

카이스트 산업디자인학부 정경원 교수는 "디자인에 대한 관심과 활용

수준은 그 회사 최고경영자의 수준과 같다. 경영자가 현명하면 디자인도 스마트하고, 경영자가 현명하지 못하면 디자인도 현명하지 못한 게 한눈에 드러난다"라고 말했다. 혹시 내가 활동하고 있는 분야는 디자인과 무관한 분야라고 덮어버리고 있지 않은지, 디자인 경영으로 얻을 수 있는 일련의 성과를 과소평가하는 것은 아닌지 점검해야 할 이유다.

시장을 만드는 기업

　　유엔 경제사회국DESA이 지난 2018년 발표한 '2018 세계 도시화 전망' 보고서에 따르면 2018년 현재 도시인구 비율이 절반 이상인 55퍼센트에 이르며 매달 500만여 명이 도시로 이주하고 있다. 보고서는 2050년이 되면 지구촌의 도시인구 비율이 68퍼센트에 이를 것으로 전망했다. 도시는 인류의 보편적인 거주 지역으로 바뀌고 있다. 이에 따라 기업들의 마케팅 전략 수립 방향도 바뀌고 있다. 이제 국가 단위로 마케팅 전략을 수립하는 것이 아니라 도시 단위로 마케팅 전략을 수립하는 추세다.

도시의 탄생과
그 안에 숨은 경제 원리

　　　　　　인류의 가장 보편적인 거주 지역이 된 도시는 언제부터 어떻게 형성되기 시작했을까? 도시가 형성된 근본적인 배경에 경제 원리가 숨어 있다는 사실을 알고 있는 사람은 많지 않은 듯하다. 도시의 탄생은 생산 활동의 변화에서 비롯되었다. 자급자족하며 살아가던 원시시대에는 사람들이 굳이 함께 모여 살 필요가 없었다. 엄밀히 따져 보면 도시를 형성할 경우 되레 경제적 손실이 더 커질 가능성이 높았다. 함께 모여 살면 도난의 위험성뿐 아니라 위생상의 문제도 커진다. 또한 땅값이 상승하기 때문에 거주 비용이 추가로 발생하거나 농산물 생산에 들어간 비용이 높아져 자급자족마저 어려워질 수 있었다. 자신이 필요한 물건을 스스로 조달하던 경제 시스템에서는 함께 모여 사는 것이 이익보다 비용을 더 많이 유발하는 행위였다.

하지만 신분제도가 등장하고 출생 지역과 출신에 따라 각기 다른 경제 활동을 하면서 직업의 전문화와 분업화가 도입되자 상황은 달라졌다. 개별 경제주체들은 각자 특정 생산 활동에만 전념하는 전문화를 통해 추가로 잉여생산물을 얻을 수 있고, 이를 다른 사람들과 교환하면서 살아가는 게 훨씬 풍요로운 삶의 조건을 만들어낸다는 사실을 깨달았다. 즉, 교환경제 아래서는 모여 사는 쪽이 거래비용을 낮춰 비용보다 혜택을 크게 만드는 것이다.

이런 과정을 거쳐 특정 지역에 도시를 만들어 함께 살기 시작한 사람들은 모든 도시의 모습이 같아야 할 필요가 없다는 사실을 깨달았다. 기후 환경, 지정학적 위치, 토양 등의 차이에 따라 소득을 더 많이 올릴 수 있는 물품이 달랐다. 즉, 어떤 도시는 농산물을 얻기 수월하지만, 어떤 도시는 수산물을 얻기 수월하고, 또 다른 도시는 가축을 사육하기 수월한 환경이었다. 도시마다 생산 활동 측면에서 서로 다른 비교우위 품목이 있다는 사실이 드러나면서 도시는 다양한 형태로 진화하고 발전하기 시작했다.

도시 간 교역 규모가 점차 커지고 넓어지면서 별다른 생산 기반 없이 교역 혹은 중개무역 기능만 수행하는 도시도 등장하기 시작했다. 교역도시는 숙박 기능뿐만 아니라 보험, 대출, 투자 등 새로운 기능을 추가하면서 진화해나갔다. 직접적인 생산 기반에 근거하지 않고도 도시가 형성될 수 있는 환경이 마련된 것이다.

이상에서 언급한 일련의 역사적 사례는 도시의 형성과 발달 과정에서 경제적 요인이 얼마나 중요하게 작용했는지 보여준다. 오늘날 우리가 거주지를 도시로 옮길 때 경제적 요인을 꼼꼼히 따진다는 점을 떠올려보면 앞으로도 이어질 도시의 형성과 발전 과정에 경제적 요인이 얼마나 중요하게 작용할지 짐작할 수 있을 것이다. 최근 많은 국가가 자국의 지속적인 발전을 도모하면서 시장 교역의 거점 기능을 담당할 도시를 얼마나 많이 확보하고 있는지에 관심을 두는 배경도 같은 맥락이다. 도시가 경제활동의 근거지인 거대한 시장 역할을 수행하기 때문이다.

제품이 아닌
시장에 주목하는 기업들

이제는 기업도 경제활동을 수행하는 도시 혹은

시장을 형성하는 데 관심을 보이고 있다. 마이크로소프트^{MS}, 애플, 아마존, 월마트 등 세계 초일류 기업들은 이미 제품이 아니라 직접 형성한 시장을 통해 지속적으로 성장하고 있다.

MS가 세계 최고의 기업에 오른 건 단순히 컴퓨터 운영체제를 만들어냈기 때문만이 아니다. 만약 MS가 운영체제를 하나의 소프트웨어라는 개념으로 접근했다면, 해당 운영체제 위에서 작동하는 프로그램도 자체적으로 개발하고자 했을 것이다. 하지만 MS는 윈도 운영체제가 지속적인 경쟁력을 유지하려면 뭔가 다른 조건이 필요함을 깨달았다. 즉 컴퓨터에서 구현할 수 있는 프로그램을 다양하게 제작해 많은 소프트웨어 회사에 안정적으로 판매할 수 있는 시장 역할을 수행하는 것이 관건이었다. MS는 이를 실행에 옮겼다. 소비자들에게도 윈도 운영체제를 구입할 경우 필요한 응용프로그램을 손쉽게 구입할 수 있고 다른 사용자와의 호환성도 높다는 믿음을 제공했다. MS는 수요자와 공급자 모두가 믿고 거래할 수 있는 '윈도'라는 시장을 형성한 것이다. 이것이 MS가 초일류 기업으로 자리매김한 원동력이었다.

애플도 마찬가지다. 아이폰과 아이튠즈를 출시하기 이전의 많은 프로그램 제작업체들은 프로그램을 만들어낸 이후 운영체제에 따라 스마트폰에 맞는 프로그램을 하나하나 변형해야만 했다. 휴대전화의 기능과 크기, 환경이 제각각이었기 때문이다. 이런 변형 과정에서 추가 비용과 시간이 소요되면서 제작업체들의 수익률은 낮아질 수밖에 없었다. 공급자는 자신들의 제품을 원활히 판매할 수 있는 확실한 시장이 없었기 때문에 제품 개발을 주저했고, 소비자와 휴대전화 제조업체 역시 휴대전화를 통화용 이외에 몇 가지 추가적인 기능만 사용할 수 있는 제품으로 치부했다. 하지만 애플은 달랐다. 프로그램 제작자들이 자신들의 프로그램을 원활하게 판매할 수 있는 환경을 제공했고, 아이폰을 전화 통화 이외에 다양한 용도로 사용할 수 있는 제품으로 탈바꿈시켰다.

애플 아이폰의 장점 중 하나는 다양한 애플리케이션에 있다. 2019년 4월 한 달 동안 등록된 신규 애플리케이션만 1만여 건, 앱스토어에 누적된 총 건수는 38만 1천 개에 달한다. 하지만 애플이 직접 시간과 자본을 투자해 제작한 애플리케이션은 거의 없다. 애플은 단지 수많은 벤처기업과 소프트웨어 회사, 창의적인 대학생 등이 자신들이 만든 혁신적 프로그램을 아이폰과 아이튠즈를 통해 전 세계에 판매할 수 있는 시장을 열어주었을 뿐이다.

시장 주도 전략의 장점은 무엇인가

기업이 제품이 아닌 시장을 갖고 있으면 어떤 점이 좋을까? 첫 번째 장점은 윈윈 전략이다. 애플을 보면 한눈에 알 수 있다. 한 기업이 좋은 애플리케이션을 만들어내는 데 성공하면 이득은 해당 기업뿐 아니라 애플의 성과와 혁신으로 이어진다. 좋은 애플리케이션이 많아질수록 아이폰과 아이튠즈의 가치는 올라가고, 애플은 지속적으로 혁신을 창출해내는 기업으로 각인되는 것이다.

두 번째 장점은 혁신적인 제품을 출시하기 위한 과도한 노력을 상대적으로 적게 들일 수 있다는 것이다. 지금도 전 세계 수많은 휴대전화 제조업체들은 매년 새롭고 혁신적인 제품을 출시하기 위해 엄청난 비용과 리스크를 부담하고 있다. 이뿐만 아니라 급변하는 기술 환경과 고객들의 소비 성향에 부합하는 제품을 만들기 위해 신제품 출시 때마다 전사적인 노력을 기울여야 한다. 하지만 시장을 구축해낸 제품을 갖고 있는 기업은 이야기가 다르다. 애플이 내놓는 신형 아이폰은 다른 휴대전화 제조사의 신제품과 비교할 때 디자인 및 인터페이스 등의 변화 정도가 미미한 수준이다.

그렇다면 애플은 신형 아이폰을 왜 기존 버전과 비슷하게 출시했을까? 혹시 교만에서 나온 결과물일까? 아니면 변화가 두려웠기 때문일까? 정답은 변하면 안 되기 때문이다. 많은 고객은 이미 아이튠즈라는 시장에서 자신에게 필요한 제품을 구입해 사용하는 방법을 몸에 익힌 상태다. 이런 마당에 조작법이나 외관이 전혀 다른 새로운 아이폰을 출시한다면 오히려 소비자들의 불편과 혼란을 자아내는 격이다.

이 점은 공급자들에게도 마찬가지로 적용된다. 애플리케이션 제작자들은 이미 아이튠즈라는 시장에 제품을 올려 소비자들에게 판매하기 위해서는 어떤 형태로 제품을 만들어야 하는지 잘 알고 있다. 이런 상황에서 애플이 기존과는 전혀 다른 디자인과 인터페이스를 갖춘 아이폰을 출시한다면 아이튠즈라는 시장에서 거래하는 수많은 수요자와 공급자가 큰 불편을 겪게 된다.

제품이 아닌
시장을 구축해야 할 때

21세기 최고의 기술이 투입된 제품들이 살아남은 비결은 고도의 기술력뿐만 아니라 인류가 오래전부터 활용해온 시장 원리에 있다. 뛰어난 기술력이나 제품 개발도 물론 중요하다. 하지만 어떤 기업이 보유하고 있는 기술의 생명력을 좀 더 오래도록 유지하기 위해서는 제품을 통해 시장을 형성하려는 노력을 기울여야 한다.

그런데 국내 기업에서 일하는 지인들을 만나 근황을 물어보면 여전히 제품 만들기에만 관심이 집중되어 있는 것 같아 안타깝다. "곧 새로 제품이 출시되는 통에 요즈음 정신이 없다" 혹은 "관련 분야에서 신기술을 개발했는데, 앞으로 출시할 제품에 어떻게 접목할지 고민이다" 등등이 대표적인 반응이다. 왜 우리 기업들은 아직도 자체적인 시장을 만들어 팔 방법을 고민하지 않고 제품 개발에만 목을 매는 것일까. 거듭 강조하지만 이제는 '제품'이 아닌 '시장'을 구축하기 위해 고민해야 할 때다. 두 눈을 크게 뜨고 세계 초일류 기업이 공통으로 나아가는 방향이 어디인지를 주시해야 한다.

로마제국과 열린 혁신

오늘날 글로벌 혁신 기업들의 두드러진 공통점 가운데 하나가 바로 개방적인 기업 문화다. 개방적인 기업 문화가 주목받는 이유는 글로벌 경영환경의 급변에서 찾을 수 있다. 불과 10여 년 전만 해도 회사의 지속적인 성장을 위해 가장 중시되었던 분야는 연구개발 부문이다. 그런데 이 부문마저도 최근에는 아웃소싱을 하거나 제휴를 통해 해결하는 추세다. 막대한 자금과 인력을 투여해 얻은 기술이 시장 상황의 변화로 순식간에 무용지물이 될 수도 있는 상황에서 자신들이 필요한 기술을 갖고 있는 회사를 찾거나 기술을 대신 개발해줄 외부 기관을 찾는 편이 위험 요소를 줄일 수 있다는 판단 때문이다. 더욱이 기술의 수명은 갈수록 짧아지고 있다. 이런 상황에서는 내부 인력을 통한 개발과 이에 대한 보안에 집중하기보다는 외부 전문가들이 구축한 새로운 지식과 기술을 적극 활용하는 편이 더 효율적일 수 있다.

로마가 오랜 세월
지속될 수 있던 원동력

급변하는 외부 환경에 가장 효과적으로 대응할 수 있는 방식이 '개방성'이라는 사실은 고대 로마제국의 사례에서 확인할 수 있다. 로마는 인류 역사상 가장 오랫동안 지속되어온 제국이다. 로마 건국 신화에 따르면 로마는 기원전 753년 로물루스와 레무스 쌍둥이에 의해 세워졌다. 이후 로마는 476년 서로마제국이 게르만 용병 오도아케르에, 1453년 동로마제국이 오스만제국에 각각 멸망할 때까지 약 2천 200년 동안 명맥을 이어갔다. 그사이 로마가 점령한 영토는 북서아프리카, 이베리아반도, 갈리아(지금의 프랑스)와 게르만(지금의 독일), 이탈리아반도, 발칸반도, 지중해 연안 중동 지역에 이른다.

로마가 이토록 장구한 세월에 걸쳐 지속적으로 번영하면서 거대한 영토를 유지할 수 있었던 가장 큰 원동력은 바로 로마 특유의 개방적 문화다. 로마는 새로 점령한 국가와 민족을 최대한 열린 자세로 수용했다.

원래 로마가 건국된 기원전 8세기 무렵 유럽의 도시국가들은 대체로 폐쇄적인 혈연 중심의 사회였다. 민주주의가 태동하고 문화예술이 발달한 그리스 아테네 역시 혈연을 중시하는 폐쇄적 문화였다. 한 예로, 부모가 모두 아테네인이어야만 시민권을 부여했던 탓에 문화 발전에 큰 공을 세운 당대 최고의 석학 아리스토텔레스마저 마케도니아 출신이라는 이유로 시민권을 받지 못했다.

로마 역시 원래 혈연 및 씨족 중심 사회였다. 오갈 곳 없는 사람들이 모여 만든 작은 마을에서부터 출발한 로마는 초기에 여러 부족과 씨족 출신의 갈등이 극심했다. 당연히 초기 로마는 주목받는 국가도 아니었고, 성장을 위한 활로를 모색하기도 어려웠다.

하지만 로마의 전설적인 제2대 왕 누마 폼필리우스가 혈연 중심 사회를 기능 중심 사회로 바꾸기 위해 '파기'라는 공동체를 설립하면서 로마는 조금씩 변화하기 시작했다. 로마는 파기를 통해 거주민을 목수조합, 철공조합, 염색공조합 등 직업에 따라 분류했고, 출신 지역이 달라도 같은 직종에 종사하는 사람들끼리 협력해 다른 직종의 사람들에게 공동으로 대응하고 협력할 수 있도록 했다. 다시 말해 씨족과 민족 이외의 새로운 결속체를 제시함으로써 부족 간 대립을 완화한 것이다. 파기가 효과를 발휘하면서 부족이나 씨족 간 갈등은 완화되었고, 결과적으로 조합 간의 경쟁만 남게 되었다.

내적 갈등이 줄어들자 로마는 급속하게 성장하기 시작했다. 개방성이 높아지면 성과가 늘어난다는 사실을 깨달은 로마 지도자들은 자신들이 정복한 부족에게도 개방성을 정책 기조로 제시했다. 로마인은 정복한 부족을 죽이지 않았을 뿐만 아니라 해당 부족의 권력자에게 원로원 의석까지 제공하면서 로마 지배 계층으로 끌어들였다. 이런 방식이 새로운 부족민의 역량, 즉 외부적 역량을 내부화하는 길이며, 새로 편입된 부족민과 공존하며 함께 번영할 수 있는 길이라 생각한 것이다.

로마의 중흥을 이끌었던 카이사르가 태어난 율리우스 가문 역시 기원전 7세기 중엽 로마의 공격을 받아 멸망한 알바롱가 지역의 왕가였다. 당시 로마가 알바롱가 왕가를 멸족시켰다면 600여 년이 지난 뒤 로마 최대의 업적을 남긴 사람 가운데 하나인 카이사르는 존재하지 않았을 것이다.

로마의 패권을 쥔 카이사르도 이후 개방적인 태도를 이어갔다. 이런 사실은 특히 갈리아 정복과 편입 과정에서 명확히 드러나는데, 카이사르는 갈리아 유력자에게 원로원 의석을 주어 로마의 지도층으로 끌어들였고, 심지어 자신의 씨족 명까지 나눠주었다. 이뿐만 아니라 갈리아 지도자들의 자제를 로마와 속주로 보내 로마 시민으로서 갖춰야 할 소양 교육을 받게 하며 완벽하게 로마화하는 과정을 지원했다. 카이사르의 정책은 효과를 발휘해 갈리아 지역에서 반란이 일어났을 때 다른 갈리아인들이 진압에 나서게 만들 정도로 성공적이었다.

이후 클라우디우스 황제가 로마를 다스릴 당시, 이민족인 갈리아 지역 유력자들로 원로원 의석을 채우려 하자 기존 의원들이 반발한 적이 있었다. 이때 클라우디우스 황제는 자신도 사비니족 출신이며, 로마인들이 다른 부족 출신에게 시민권을 주고 받아들여줬기 때문에 오늘날 자신이 이 자리에 앉을 수 있었다는 사실을 언급했다. 원로원 의원들은 설득됐고, 결국 갈리아 지역 출신들을 원로원으로 받아들일 수 있었다.

이후에도 로마는 수많은 전쟁을 치르면서 정복 국가로서의 모습을 유지해나가는 한편, 자신들이 정복한 국가의 지배층을 계속해서 품에 끌어안았다. 이런 개방적 국가 경영 생태계는 장구한 세월 동안 로마가 변화하는 외부 환경에 성공적으로 적응할 수 있는 중요한 원천이었다.

혁신을 불러일으키려면
개방성에 주목하라

개방적 기업 문화는 외부 환경뿐만 아니라 조직 내부에서도 중요한 역할을 한다. 회사라는 조직은 효율성을 추구하는 과정에서 불가피하게 부서, 팀, 계열사 등으로 구성원들을 분류한다. 하지만 이 같은 분류는 같은 회사 구성원 사이에서 서로를 구분 짓는 요인이 되며, 나아가 타 부서 혹은 타 계열사와의 소통을 가로막는 장애가 되기도 한다. 특히 최근에는 업무 분야별 전문성이 높아지면서 같은 회사라 할지라도 서로가 하는 업무를 이해하고 진행 상황을 정확하게 숙지하기가 어려워지는 추세다. 이는 비효율성이 증대되는 원인이 되기도 한다.

20세기 세계 일류 기업이던 코닥과 제록스가 몰락한 주요 원인도 기업 내부의 폐쇄적 문화라 할 수 있다. 특히 이들 기업은 변화하는 환경에 적응할 수 있는 원천을 내부에 확보하고 있었는데도 이를 알아채지 못해 세계적인 비웃음거리가 되었다.

원래 PC를 처음 고안해낸 회사는 제록스였다. 1973년 제록스 팰로앨토연구소는 연구원들에게 컴퓨터를 제공하기 위해 개인용 컴퓨터, 즉 PC를 세계 최초로 개발했다. 하지만 당시 제록스 경영진은 사내 연구소 직원들이 개발한 개인용 컴퓨터의 혁신성과 파급력을 전혀 알아보지 못했다. 만약 제록스가 당시 PC가 가져다줄 혁명적 변화를 알아챘다면 IT 시대를 이끌어갈 회사로 거듭났을지도 모를 일이다. 결국 한동안 제록스는 많은 사람에게 '멍청한 거인'이라는 조롱을 들어야 했다.

지난 2012년 파산 보호 신청을 해 화제가 된 코닥도 마찬가지였다. 필름 사진의 대명사이자 20세기 가장 부유한 회사 중 하나였던 코닥은 1900년 브라우니라는 1달러짜리 카메라와 전용 필름을 내놓으면서 전 세계적 선풍을 이끌어냈다. 브라우니는 1940년대까지 자그마치 2천500만 대가 팔렸다. 이런 일련의 성과가 이어져 1976년 코닥의 미국 시장 점유율은 필름 90퍼센트, 카메라 85퍼센트를 기록했고, 1990년대에는 세계에서 가장 가치 있는 5대 브랜드 중 하나가 되었다. 하지만 코닥은 디지털 시대를 대비하지 못했다. 디지털카메라가 등장하면서 필름카메라의 대명사인 코닥은 점점 설 자리를 잃었고, 올림푸스와 캐논, 니콘 등에 밀리기 시작했다. 결국 코닥은 2008년 글로벌 금융위기라는 고비를 넘기지 못했고 몇 년 뒤에는 파산 보호 신청을 할 수밖에 없었다.

재미있는 사실 하나는 원래 세계 최초로 디지털카메라를 개발한 회사가 다름 아닌 코닥이라는 것이다. 디지털카메라는 1975년 코닥연구소에서 세계 최초로 개발되었다. 코닥 연구원이었던 스티브 사손Steve Sasson이 개발한 이 카메라는 연구원들 사이에서 화제가 됐다. 하지만 코닥 임원진의 반응은 싸늘하기만 했다. 크기도 크고, 해상도가 필름에 비해 현저히 떨어졌으며, 사진을 기록하는 데도 오랜 시간이 걸렸기 때문이었다. 당시 디지털카메라를 처음 본 임직원들은 "좋기는 한데 아무에게도 말하지 마세요"라고 평했다고 한다. 특히 코닥은 필름으로 막대한 이익을 거두는 회사였기 때문에 필름이 필요 없는 디지털카메라에 큰 매력을 느끼지 못했다. 나중에 코닥의 경영진 중 누군가가 창고에 쌓여 있던 자신들의 기술을 한 번만 다시 들추어봤더라도 코닥의 운명은 지금과 달랐을 것이다.

개방적 소통이
중요한 시대가 왔다

삼성경제연구소가 2011년 내놓은 연구 결과에 따르면, 직장인의 65.3퍼센트와 경영자의 46퍼센트가 조직 안에서 소통 부재를 느끼고 있다고 평가했다. 삼성경제연구소는 해당 조사에서 기업의 소통을 업무적 소통(업무 지시와 보고, 피드백, 정보 공유 등)과 창의적 소통(아이디어 제안과 부서 간 협업 등), 정서적 소통(교류와 공감, 상하 간 배려 등) 등 3가지로 구분했는데, 한국 기업들은 이 3가지 유형이 모두 미흡한 수준으로 나타났다. 가장 큰 원인으로는 위계적이고 경쟁 지향적인 조직 문화가 꼽혔다. 응답 중에는 '상명하복식 위계 문화(32.9%)'가 가장 많았고, '자기 이익만 추구하는 개인·부서 이기주의(32.1%)'와 '지나친 단기 성과주의 강조(31.4%)' 등이 뒤를 이었다. 위계질서가 비교적 뚜렷한 우리 기업에서 개방적 소통 문화가 더욱 강조되어야 할 이유가 바로 여기에 있다.

현대 기업에 개방적 기업 문화는 선택이 아닌 필수다. 버클리대 하스 경영대학원의 헨리 체스브로^{Henry Chesbrough} 교수는 혁신의 중요성은 기본이며 그중에서도 '열린 혁신'이 중요한 시대가 왔다고 역설한 바 있다. 한마디로 개방적 문화 속에서 이루어낸 혁신이 기업에 지속적인 성장을 가져다주는 중요한 요인인 것이다.

창의력과 공간

인간이 인식하든 그러지 않든 공간이 인간에게 미치는 영향은 막대하다. 우선 공간은 사람들에게 특정 행위를 수행하도록 이끈다. 특히 공간이 유도한 인간의 행동은 간헐적이거나 일회성에 그치는 '활동activity'이 아니라, 지속적으로 일정한 패턴을 띠는 '행태behavior'에 속한다. 공간의 영향력이 큰 이유가 바로 여기에 있다. 그래서 조직의 창의력을 높이거나 소통 능력을 끌어올리고 싶은 기업들은 공간과 인간 행태의 상관관계에 주목하면서 사무 공간의 구조를 바꾸는 데 힘쓰고 있다.

창의력을 높여주는
공간 디자인

독일 브레멘국제대학의 심리학자인 옌스 푀르스터Jens Förster 교수는 창의력에 관한 흥미로운 실험을 진행했다. 푀르스터 교수는 실험 참여자들을 두 그룹으로 나눈 뒤 한 그룹에는 자유와 일탈을 연상시키는 펑크족의 이미지를 떠올리게 하고 다른 그룹에는 논리적이며 보수적인 공학자의 이미지를 떠올려보라고 주문했다. 이후 두 그룹을 대상으로 창의력 테스트를 실시했다. 그러자 펑크족 이미지를 떠올린 그룹은 반대쪽 그룹보다 훨씬 높은 수준의 창의력을 보여주었다. 이 실험 결과는 사무실이나 사내 공용 공간을 어떤 형태로 구성해야 하는지에 관해 큰 시사점을 제시한다.

한편 텍사스A&M대학교 로버트 울리히Robert Ulrich 교수는 꽃이나 식물이 있는 사무실에서 근무하는 사람들과 그렇지 않은 사람들 간의 창의력에 차이가 나는지 확인하는 실험을 수행했다. 실험 결과 꽃이나 식물이 있는 사무실에서 근무할 때 남성 직원의 경우 아이디어 제안 건수가 15퍼센트 증가했고, 여성 직원은 좀 더 유연한 해결책을 내놓는 것으로 나타났다.

색상을 통해 구성원의 창의력을 이끌어낼 수 있다는 연구 결과도 있다. 로체스터대학교 앤드루 엘리엇Andrew Elliot 교수는 사람들을 초록색 환경에 많이 노출하는 것만으로도 창의력을 높일 수 있다는 사실을 확인했다. 엘리엇 교수는 긍정적이며 편안한 초록색의 느낌이 더욱 창의적인 사고를 하도록 돕는다고 강조했다.

이런 일련의 연구 결과는 사무실의 색감이나 사무실 벽에 걸어둔 그림조차 직원들의 사고력과 업무 역량에 적지 않은 영향을 미칠 수 있다는 사실을 일깨워준다. 디자인은 이처럼 직원 개인의 역량에 영향을 미칠

뿐만 아니라, 조직 구성원의 상호 관계에도 변화를 가져다준다.

사무 공간에 변화를 주는 기업들

요즘 들어 많은 기업이 사무실 공간 디자인에 변화를 주어 사내 커뮤니케이션 능력을 높이거나 조직 문화를 개선하려 노력하고 있다. 어느 곳보다도 창의력을 필요로 하는 광고계에서도 회사 공용 공간을 변화시켜 창의력을 끌어올리고자 하는 시도가 이어진다. 영국의 유명한 광고 회사 HHCL은 직원들이 서로 빈번히 부딪히면서 커뮤니케이션할 때 더욱 창의적인 아이디어가 나온다는 사실에 착안해 일어서서 회의를 하거나 좁은 공간에 여러 사람이 모여 일하도록 사무실을 설계했다.

구글 역시 사내 공용 공간에 새로운 개념을 끌어들였다. 창의적인 담론 문화와 원활한 직원 간 교류를 위해 공용 공간을 즐거움이 있는 곳으로 만든 것이다. 구글은 공용 공간을 시각적 즐거움이 있는 공간이자 동료 직원들과 즐겁게 대화하고 회사가 무료로 제공하는 음료수를 마시면서 마음 편히 휴식을 즐기는 장소로 구성했다. 이런 공간에서 진행되는 업무 관련 회의나 동료들 간의 비공식적 대화, 외부 관계자와의 접견 등은 일반적인 사무실에서 진행되는 엄숙하고 부담스러운 담론일 수 없다. 유쾌하고 편안한 공간은 자유롭고 창의적인 대화를 유도하고, 이런 분위기 속에서 전개된 대화에는 혁신적인 아이디어가 담길 가능성이 높다.

열린 소통이
외부 확장을 연다

3M은 최근 4년간 개발한 신제품으로 회사 전체 매출의 30퍼센트를 발생시킨다는 경영 목표를 갖고 혁신을 지속하고 있다. 이런 배경에는 직원들 간의 소통과 창의력을 중시하는 기업 문화가 있다. 그 대표적인 사례가 테크니컬포럼이다. 3M에서 실시하는 테크니컬포럼은 직원들이 얼굴을 맞대고 다양한 아이디어와 정보를 교환하는 논의의 장이다.

이 포럼은 35개국에 흩어져 있는 3M 연구소 직원들의 아이디어를 이끌어내 혁신적인 신제품을 개발해온 원동력 가운데 하나로 평가받고 있다. 3M은 이와 함께 범기능 부서가 한곳에 모여 BDU^{Business Development} Unit 단위의 토론을 전개하는 토론 문화가 활발한 것으로도 유명하다.

3M은 기술직 사원들이 자신의 노동 시간 중 15퍼센트를 업무와 무관하게 개인적으로 관심 있는 분야에 사용해도 좋다는 규정이 있다. 이 때문에 3M에 재직하는 여러 기술자들은 자유롭게 자신들이 흥미를 갖는 연구 분야에 도전할 수 있다.

구성원 간의 커뮤니케이션을 중시하고, 직원 개개인의 관심사와 자유를 존중하는 3M의 공용 공간과 사무실이 어떤 구조와 분위기로 조성되어 있을지는 쉽게 짐작할 수 있을 것이다. 자유롭고 활발한 기업 문화를 이끌어내는 공간 덕분에 3M은 지금까지 6만여 종의 혁신적인 신제품을 출시할 수 있었다.

LG디스플레이도 구글, 3M 등 글로벌 혁신 기업들에 대한 내부 조사 결과를 바탕으로 임직원의 집중력과 창의력 향상을 위해 근무시간 도중 휴식을 취하는 이른바 '크리에이티브 타임제'를 도입했다. 이를 위해 사내 건물 1층 카페테리아에 직원들이 보드게임을 할 수 있는 시설을 마련했으며, 로비에는 다양한 문화 공간을 조성해 사진과 그림 전시회 등을 개최한다.

공간 디자인에서
핵심 경쟁력을 얻다

조직 구성원들이 사내에서 구축한 원활한 커뮤니케이션 능력은 외부 협력업체나 고객과의 관계로도 확장될 수 있다. 애플의 대표 상품인 아이팟은 아이디어 단계에서 제품이 나올 때까지 채 10개월도 걸리지 않았다. 이렇게 짧은 기간에 세계인을 감동시킨 제품을 만들어낼 수 있었던 것은 애플 직원들의 뛰어난 소통 능력에 힘입은 바 크다. 애플은 자체 생산 라인을 갖고 있지 않으므로, 전 세계 어느 조직과도 협력할 수 있고 어느 전문가와도 협업할 수 있어야 한다. 만약 직원들의 원활한 소통 능력이 없었다면 10개월 만에 전 세계를 휩쓴 아이팟을 출시하기란 불가능했을 것이다.

얼마 전 세계적 컨설팅업체인 부즈앤드컴퍼니에서 전 세계 기업 임원을 대상으로 가장 혁신적인 기업을 조사한 적이 있다. 그 결과 애플, 구글, 3M이 각각 1위, 2위, 3위를 차지했다. 그 뒤를 이어 GE, 도요타, 마이크로소프트, P&G, IBM, 삼성, 인텔 등이 10대 혁신 기업으로 꼽혔지만 애플과 구글, 3M을 꼽은 비율이 나머지 7개 기업에 비해 압도적이었다.

무수한 기업 가운데 세계 최고의 혁신 기업으로 꼽힌다는 건 결코 쉬운 일이 아닐 것이다. 그중에서도 독보적인 명성을 구가하는 애플, 구글, 3M 같은 기업들의 영광은 구성원의 창의성을 이끌어낼 수 있도록 업무 공간 디자인과 사무 환경까지 세심하게 고려하는 노력의 결과가 아닌가 싶다.

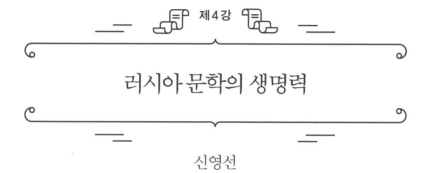

러시아 문학의 생명력

신영선

극작가 및 연출가. 서울대학교 국어국문학과를 졸업하고 동 대학원 노어노문학과에서 박사학위를 받았다. 러시아와 서구의 고전문학을 우리 시대의 무대 언어로 다시 쓰고 연출하는 일을 한다. 최근 작업으로 연극 〈카라마조프 인셉션〉, 오페라 〈인형의 신전〉 〈김 부장의 죽음〉이 있다.

푸시킨과 오페라

러시아가 풍요로운 문화 예술을 이루어낸 저변에는 여러 가지 요인이 있다. 그러나 그중에서 가장 기본이 되는 것은 강력한 문학 전통이다. 전통적인 러시아인들의 정체성은 정치와 종교 이전에 같은 책을 읽고 듣고 외우고 토론하는 문학 공동체에 뿌리를 두고 있다고 하겠다. 자국 문학에 대한 애정과 자부심, 깊은 이해는 오페라와 발레, 연극, 회화와 가곡 등 다양한 예술 장르로 뻗어나갔으며, 여기서 발생한 2차 생산물은 전 세계가 함께 누리는 인류 공동의 유산이 되었다. 클래식한 원소스 멀티유즈One Source Multi Use인 셈이다. 여기에서는 러시아 문학의 고전 시기인 19세기에 창작된 러시아 문학의 대표작을 살펴보고 이들 작품에서 파생한 여러 장르의 예술작품 속으로 들어가보자.

장르를 넘나든
러시아 문학의 시조

우리에게 〈삶이 그대를 속일지라도〉라는 시로 잘 알려져 있는 푸시킨^{Aleksandr Sergeevich Pushkin}은 러시아 문학을 세계 문학의 반열로 끌어올린 작가다. 러시아에서 별다른 설명 없이 '시인'이라고 칭할 때는 푸시킨을 의미하고, 페테르부르크의 문학연구소 이름은 말 그대로 '푸시킨의 집'이다. 이제 어지간한 도시마다 레닌 동상은 거의 철거되었지만 푸시킨 동상은 하나씩 찾아볼 수 있다. 이런 위상에 걸맞게 푸시킨 원작의 다양한 작품이 화려한 러시아 문화유산의 큰 부분을 이루고 있다.

푸시킨은 18세기의 마지막 해인 1799년, 모스크바에서 유서 깊지만 몰락해가는 귀족 가문의 자손으로 태어났다. 푸시킨은 3천 권쯤 되는 아버지의 장서들을 탐독하며 자랐다. 8살 때 처음으로 시를 지었는데, 당시 귀족들이 사용한 언어인 프랑스어로 썼다고 한다. 11살 때 갓 개교한 귀족기숙학교에 입학해 자유주의적이고 수준 높은 교육을 받은 뒤 18살에 졸업했다. 재학 중 프랑스 고전주의 문학과 러시아 초기 낭만주의의 영향 아래서 낭만주의의 주요 장르인 시를 쓰는 데 주력한다.

귀족기숙학교를 졸업한 1817년에서 1820년까지는 페테르부르크에서 외무성 관리로 근무하는데 이때 쓴 반체제적이고 자유주의적인 시가 문제가 되어 남부 지방으로 유배를 떠난다. 보통 '남방 유배'라고 불리는 약 4년 동안 푸시킨은 정열적이고 이국적인 바이런의 낭만주의를 수용했다가 극복하는 과정을 거친다. 서사시 혹은 장시로 불리는 이야기체의 긴 시들이 이 시기를 채우고 있다.

1825년에 일어난 12월당 봉기*는 러시아의 체제 개혁을 요구한 귀족 청년들이 들고 일어선 시위로, 정부는 이 봉기를 가혹하게 진압했다. 푸시킨의 친구 상당수가 여기 가담해 교수형 혹은 시베리아 유형에 처해지는데 푸시킨은 이미 유배 중이어서 사건에 연루되지 않고 화를 면한다. 그 영향이었을까? 이때를 전후해 푸시킨은 러시아 역사를 연구하면서 역사 소설과 희곡에 손대기 시작한다. 푸시킨의 역사관은 대체로 비관적이고 순환론적이며 그의 역사 소설과 희곡은 '민중과 봉기'의 문제를 중요하게 다룬다.

20대 후반이 된 푸시킨은 유배에서 풀려나 페테르부르크로 돌아왔다. 수도에서 남방 유배 시기 시집이 매진되는 등 최고의 인기를 누렸지만 경제적으로는 썩 넉넉하지 못했다. 간절히 원하던 해외여행은 허가를 받지 못했으며 황제가 직접 개인 검열관 노릇을 하는 등 답답하기 짝이 없는 상황이었다.

1831년, 32세의 푸시킨은 나탈리야 곤차로바라는 여성과 결혼하는데,

---

* 1825년 12월 유럽의 자유주의 사상에 영향을 받은 청년 장교들이 입헌군주제를 실현하고자 러시아 제국에서 일으킨 난이다. 봉기를 진압한 니콜라이 1세는 자유주의 운동에 위협을 느껴 전제정치를 더욱 강화하게 된다.

가난하다는 이유로 한 번 거절당한 뒤 재차 청혼해 간신히 이루어진 결혼이었다. 결혼을 전후해 푸시킨은 젊은 시절의 낭만주의적 경향에서 벗어나 사실주의로, 시에서 소설로, 운문에서 산문으로 옮겨 간다. 〈스페이드의 여왕〉과 《예브게니 오네긴》 등 푸시킨의 대표작은 대부분 이 시기의 산물이다.

결혼생활은 순탄한 편이었으나 사교계의 인기인이었던 아내에 관한 소문이 문제가 되었다. 당시 관습상 아내의 명예를 지키는 것은 남편의 의무였다. 푸시킨 또한 아내에게 추근거리는 남자와 결투를 하지 않을 수 없었다. 푸시킨은 작업하던 원고를 책상에 펼쳐둔 채 결투 장소로 나갔다가 총을 맞고 이틀 후 죽었다. 이때 38세였다.

간략히 살펴보았듯이 푸시킨은 낭만주의 시인으로 출발했지만 서정시, 장시, 단편소설, 장편 역사소설, 희곡, 동화, 평론 등 문학의 전 장르를 넘나들었으며, 사조상으로는 고전주의, 낭만주의, 사실주의를 아우른다. 서구 문학 모든 장르의 가능성과 한계를 실험하고 각각에 적합한 러시아어 문체와 단어를 개발한 까닭에 '러시아 국민 문학의 시조'로 불린다.

푸시킨의 대표작, 희곡 〈보리스 고두노프〉

여기서 소개할 〈보리스 고두노프〉는 푸시킨의

대표적인 희곡으로 흔히 '러시아판 〈맥베스〉'라고 불리곤 한다. 〈맥베스〉처럼 왕위 찬탈자의 비극을 다루고 있으며 실존 인물과 역사를 소재로 하고 작가의 역사관을 잘 드러낸다는 점에서 '사극'으로도 분류된다.

16세기 말 모스크바. 선대 황제가 후계자 없이 사망하자 황제의 처남인 보리스 고두노프는 제위에 오르라는 요청을 사양한 채 수도원에 칩거한다. 그러나 귀족들과 민중이 여러 차례 간청하자 마침내 보리스는 제위를 수락한다. 한편, 수도원의 적적한 승방에서는 나이 든 수도사 피멘이 역사서를 집필하고 있다. 피멘은 보리스가 오래전에 적법한 후계자인 드미트리 황태자의 암살을 사주했다고 증언한다. 젊은 수도사 그리고리는 죽은 황태자가 자신과 같은 나이였다는 이야기를 듣고 수도원을 탈출해 폴란드로 넘어간다. 그리고리는 자신이 살아남은 드미트리라 주장하며 폴란드의 지원을 받아 모스크바로 쳐들어갈 준비를 한다.

기근과 실정 탓에 보리스의 통치는 위기에 처한다. 보리스는 자기 자녀들에게는 자상한 아버지이지만 한편으로는 자신이 죽인 어린 황태자에 대한 죄책감으로 괴로워한다. 가짜 드미트리의 침략 직전에 보리스는 급사하고 그리고리는 모스크바의 권력을 잡는다. 그리고리를 지지하는 귀족들은 보리스의 가족을 모두 죽인 뒤 음독자살이라 발표한다. 민중은 '드미트리 만세'를 외치라 요구하는 귀족들의 요구 앞에 침묵한다.

오페라 〈보리스 고두노프〉

푸시킨의 작품을 오페라화한 사례는 100편이 넘는다고 알려져 있다.

차이콥스키, 무소륵스키, 글린카, 림스키-코르사코프 등 우리가 이름을 알고 있는 대부분의 러시아 작곡가들이 푸시킨의 작품을 오페라로 만드는 데 뛰어들었다. 러시아 밖에서 가장 많이 공연되는 '3대 러시아 오페라'로 꼽히는 〈보리스 고두노프〉〈예브게니 오네긴〉〈스페이드의 여왕〉은 모두 푸시킨의 동명 작품이 원작이다. 이는 푸시킨 오페라의 보편적 호소력을 보여주는 증거다. 자국의 고전문학에서 원천을 찾는 러시아 오페라의 경향과 러시아의 푸시킨 숭배 분위기도 한몫했을 것이다. 보통 푸시킨의 대표작으로 일컬어지는 작품은 〈예브게니 오네긴〉이며 차이콥스키의 오페라와 영화, 발레도 유명하다. '오네긴'은 이미 많이 알려져 있으므로 여기에서는 러시아 오페라 중 가장 많이 공연되는 '보리스'를 소개한다.

　오페라 〈보리스 고두노프〉는 무소륵스키가 1868년 작곡을 시작해 1년 뒤 완성한 작품이고 그의 생전에 완결된 유일한 오페라이기도 하다. 작곡가는 비교적 원작에 충실하게 희곡을 오페라 대본으로 옮겼으며 '민중'의 요소를 좀 더 강조해 장중한 합창 위주의 오페라로 만들었다. 처음에 극장에서는 이 오페라 상연을 거부했는데 프리마돈나와 연애 장면이 없고 너무 어둡고 무거운 탓이었다고 전한다. 작곡가는 극장 측의 지적을 받아들여 폴란드 귀족의 딸 마리나와 그리고리의 연애 장면을 집어넣고 마지막 장면도 수정했다.

　이후 많은 수정과 우여곡절 끝에 1874년에 페테르부르크 마린스키 극장에서 초연이 이루어졌다. 작곡가 사후에 림스키-코르사코프가 산만한 악보를 정리하고 본인의 오케스트레이션을 추가한 개정판을 만들었으며 후대의 쇼스타코비치 판도 나오는 등 여러 번의 개정이 이루어졌다. 작곡가가 처음에 만든 악보를 '원 원전판'이라고 하는데 최근에는 이 버전이 자주 연주된다.

오페라 〈보리스 고두노프〉의 국내 최초 공연은 볼쇼이 오페라단의 내한 공연으로 1989년 7월 18일~20일 세종 문화회관에서 열렸다. 여러 정황으로 유추하건대 이 버전은 1948년에 초연된 레오니드 바라토프(연출자) 프로덕션으로 보인다.

유일한 국내 제작 공연은 2017년 4월 20일~23일, 예술의전당 오페라극장에서 열린 국립오페라단의 공연이다(연출: 스테파노 포다, 지휘: 스타니슬라브 코차놉스키). 이 공연은 유튜브에서 한글 자막과 함께 볼 수 있다.

레르몬토프와 로망스

레르몬토프Mikhail Yurevich Ler´montov는 푸시킨과 함께 러시아 낭만주의를 대표하는 시인이자 작가다. 러시아 문학에서 '개인의 내면'이라는 주제를 전면화했다는 평가를 받고 있다. 국내에 잘 알려져 있지는 않지만 러시아에서는 가장 중요한 고전 작가에 속한다. 푸시킨의 죽음에 바치는 시로 러시아 문학사에 등장해 젊은 나이에 결투로 생을 마감한 점까지 푸시킨과 곧잘 비교 대상이 되기도 한다. 다만 푸시킨보다 이른 27세에 독신으로 죽었고, 후기의 푸시킨이 성숙이라는 주제를 다룬 데 비해 영원한 절대고독과 반항, 자유라는 주제를 고수한 전형적인 낭만주의자로 남았다.

푸시킨의 후계자로 추앙받은
비운의 작가

미하일 유리예비치 레르몬토프는 1814년에 대위로 퇴역한 아버지와 대귀족 가문의 후손인 어머니 사이에서 태어났다. 3살 때 어머니를 여의고 외조모의 전폭적인 지원과 양육 아래 '버릇없이' 자랐다고 전해진다. 어릴 때 병약했던 레르몬토프를 위해 외조모는 그를 캅카스의 온천 휴양지에 데리고 다녔고, 조숙한 첫사랑의 인상 또한 그때의 추억에 포함되어 있었다.

10대 초반부터는 바이런식 낭만주의에 심취하고 푸시킨을 문학적 우상으로 삼아 모작 겸 습작 경험을 쌓았다. 16세에 모스크바대학 윤리정치학부에 입학하지만 2년 만에 자퇴하고 페테르부르크 근위기병사관학교에 입학한다. 다시 2년 뒤 졸업한 레르몬토프는 근위경기병연대에 배속되어 장교 근무와 사교계 생활을 시작한다. 이 시기 사교계에서 한 경험은 이후 희곡과 소설의 주요 소재가 된다.

1837년 1월 말, 푸시킨의 죽음을 접한 레르몬토프는 시인을 애도하고 그를 죽음으로 몰아넣은 정치적 음모를 규탄하는 시 〈시인의 죽음〉을 발표한다. 시는 필사본으로 전해지며 삽시간에 널리 퍼지고 레르몬토프는 푸시킨의 후계자이자 러시아 문학계의 새로운 기대주로 떠오른다. 동시에 황제와 정부의 공공연한 적이 되어 캅카스 지방으로 좌천된다. 황제는 레르몬토프가 당시 전투가 한창이던 캅카스에서 전사하기를 바랐지

만 오히려 전투에서 용감히 활약해 훈장 수여 대상자로 추천받는다. 그
러나 정부는 근거가 없다는 이유로 훈장 수여를 거부한다.

외조모와 지인들의 탄원으로 1년 만에 캅카스에서 돌아온 레르몬토프
는 페테르부르크 사회의 열렬한 환영을 받는 인기 작가가 되어 있었다.
페테르부르크에 마지막으로 머무른 1838~1840년 사이에는 산문 소설
이자 대표작인《우리 시대의 영웅》을 발표한다. 책은 삽시간에 팔려나가
고 이듬해에 재판을 찍는 인기를 누리지만 작가는 또다시 캅카스로 두
번째 전출−유배를 떠나야 했다. 그리고 근무지로 내려가는 도중 머물렀
던 온천 휴양지에서 동료와 결투를 벌이다 사망한다.

레르몬토프의
로망스

레르몬토프의 대표작인《우리 시대의 영웅》은
당대의 사회적 전형과 정교한 심리묘사, 일상 관찰 등이 두드러진 심리
적 사실주의 소설의 효시로 여겨진다. 그러나 작가 본인과 별로 구분되
지 않는 주인공 캐릭터와 완전한 장편소설 형식을 갖추지 못한 점 등 낭
만주의적 특징도 드러난다. 이 작품은 전공자들이 번역한 여러 종류의
번역본과 내용 요약이 나와 있으므로 쉽게 찾아볼 수 있다.

레르몬토프 문학의 진가는 운문을 빼놓고는 가늠하기 어렵다. 장시 〈악
마〉와 〈견습 수도사〉 등은 캅카스의 웅장한 자연을 배경으로 한 반항아들

의 자유를 향한 투쟁을 그린 낭만주의 작품이다. 그러나 외국인이 번역을 통해 운문 작품의 아름다움을 느끼기란 매우 어려운 노릇이다.

여기서는 대표적인 서정시 중에서 유명한 노래로 만들어진 사례를 찾아 번역과 음원을 소개한다. 이런 노래를 '로망스'라고 하는데 러시아에서는 특히 가사의 문학성을 강조해 시와 음악의 완벽한 결합을 추구한 예술가곡이라는 의미를 지닌다. 피아노 또는 기타 등 하나의 악기 반주와 성악으로 구성되며, 단순하고 소박한 민요풍의 대중적인 노래부터 고도로 훈련된 성악가가 아니면 부르기 어려운 복잡한 가곡까지 넓은 영역을 아우른다.

러시아의 유명한 서정시 중 상당수가 로망스로 만들어져 애창되었으며, 그중에서도 레르몬토프의 고전적인 운율은 러시아 가수들의 맑은 목소리와 어우러져 절창을 만들어낸다. 여기서는 국내에서 러시아 로망스 앨범을 낸 적이 있는 알렉 포구진과 안나 게르만의 노래를 소개한다.

돛(1832)

외로운 돛 하나가
푸른 안개 속에 하얗다!
먼 나라에서 무엇을 찾는가?
고향에서 무엇을 버렸던가?

물결이 일고 바람은 몰아친다
돛대가 휘고 삐걱거린다
아아! 그는 행복을 찾지 않으며
행복을 피해 달아나지도 않는구나!

발아래엔 물줄기가 하늘빛보다 선명하고
머리 위엔 황금빛 햇살이
그러나 그, 반란자는 폭풍을 부르는구나
폭풍 속에 평온이 있기라도 한 듯이!

이유(1840)

나는 서글프다, 그대를 사랑하기 때문에
또한 그대의 꽃피는 청춘이
소문의 간교한 핍박을 피할 수 없음을 알기에
모든 화창한 날이나 감미로운 순간에 대하여
그대는 눈물과 우수로 운명에 값을 치르리라
나는 서글프다, 그대가 명랑하기 때문에

나 홀로 한길로 나선다(1841)

나 홀로 한길로 나선다

안개 사이로 자갈길이 반짝인다

밤은 고요하고, 광야는 신에게 귀 기울이며

별과 별은 이야기를 나눈다

하늘은 장엄하고 경이롭구나!

대지는 푸른빛 속에 잠들어 있다

어째서 나는 이렇게 아프고 괴로운가?

무언가를 기대하는가? 갈망하는 것인가?

이미 난 삶에서 아무것도 기대하지 않고

지나간 그 무엇도 애석하지 않은 것을

나는 자유와 평온을 찾는구나!

자신을 잊고 잠들 수 있다면!

그러나 무덤의 냉랭한 꿈이 아니라

가슴속에 생의 힘이 잠자고

가슴이 숨 쉬며 조용히 부풀어 오르게

그렇게 영원히 잠들었으면

밤낮으로 감미로운 목소리가

내 귀를 어루만지며 사랑 노래를 부르고

머리 위로는 영원히 푸른

울창한 참나무가 몸을 기울여 속삭이기를

고골과 애니메이션

고골Nikolai Vasil'evich Gogol은 '가장 러시아적인 작가'라 불린다. 러시아 리얼리즘 문학의 시조에 해당하는 자연파의 선두 주자이며, 그가 구사하는 러시아어는 솟아오르는 듯한 창조성과 역동성을 지니고 있어 원어의 어조와 효과를 그대로 살려 번역하는 건 거의 불가능에 가깝다. 고골은 당대 러시아의 현실을 통렬히 풍자하고 비판했지만 실제 그가 묘사하는 인물과 현실은 과장되고 환상적으로 변형된 캐리커처에 가깝다. '환상적 리얼리즘'이라는 형용모순은 그에게서 시작되었다 해도 과언이 아니다. 읽기에는 아주 재미있고 매력적이지만, 심층적 해석에 대한 논쟁이 끊이지 않는 작가라 할 수 있다.

천대받고 불행한
소시민을 위하여

고골은 1809년 우크라이나*의 소지주귀족 집안
에서 태어났다. 아버지는 아마추어 극작가, 어머니는 열렬한 정교회 신
자였다고 전해진다. 어머니의 신앙은 미신과 광신에 가까운 것이어서 작
가의 지옥에 대한 공포와 종교적 사명감이 뒤섞인 종교관에 결정적 영향
을 주었다. 또 아버지 덕분에 어린 시절 가족들과 함께 만드는 아마추어
연극에 익숙했으며 우스꽝스러운 여장 연기로 인기를 모았다고 한다.

19세에 인문계 고등학교인 네진 김나지움을 졸업한 뒤 출세의 꿈을 안
고 페테르부르크로 '상경'했으나 연줄 없는 시골 청년이 취직하기란 쉽
지 않았다. 고골은 문학으로 진로를 바꾸어 학창 시절에 써두었던 낭만
주의적 장시인 《한스 큐헬가르텐》을 자비 출판하지만 소수의 신랄한 혹
평만 돌아왔을 따름이다. 고골은 책을 전부 수거해 태워버린 뒤 독일로
짧은 여행을 떠난다.

여행에서 돌아온 고골은 관공서에 취직해 2~3년간 수도 키예프에서
하급 관리 세계를 경험한다. 이 시기에 문학계 인사들과 교류하면서 자신
이 잘 아는 우크라이나 민담을 소재로 한 짤막한 산문 작품을 발표한다.
당시 문학계에서 가장 영향력 있는 평론가이기도 했던 푸시킨은 고골의

* 우크라이나는 당시 '소러시아'라고 불렸으며 러시아의 변방으로 취급받았다.

작품을 칭찬하면서 고향 이야기를 계속 쓰라는 격려를 아끼지 않았다.

고골 작품의 인기 비결에는 지방색과 민담, 환상적 이야기를 선호하던 당시의 낭만적 취향도 한몫했다. 우리로 치면 〈전설의 고향〉 시리즈라고 할 만한 《지칸카 근교 마을의 야화》 1권과 2권이 차례로 출판되어 호평을 받는다. 이 작품집에서는 귀신과 마법사, 선남선녀들이 어우러져 우습고 유쾌하면서도 무시무시한 이야기를 펼친다.

1835년, 우크라이나 이야기는 《미르고로드》로 계속되다가 페테르부르크 이야기로 넘어간다. 이 전환점에서 환상과 공포라는 요소는 사악한 도시 페테르부르크 자체의 속성으로 치환된다. 이제 고골은 화려한 낭만주의적 산문을 뒤로하고 단조로운 일상과 하급 관리의 초라한 삶에서 벌어지는 사소한 일상을 정확하게 그려내려고 노력한다. 고골이 묘사한 하급 관리와 가난한 사람들의 삶은 러시아 문학사의 휴머니즘적 전통인 '작은 인간' 테마의 효시가 되고, 이후 러시아 문학은 천대받고 불행한 사람들에 대한 연민과 애정의 시각을 유지한다.

1836년, 고골은 희곡 〈검찰관〉을 쓴다. 〈검찰관〉에서는 지방도시의 부패한 관리들이 평범한 청년을 암행시찰 나온 검찰관으로 오해해 벌어지는 일대 소동이 그려진다. 이 작품은 초연 당시 열렬한 환영을 받았고 지금까지도 가장 뛰어난 러시아 희곡이라는 평가를 받는다. 시공을 뛰어넘어 설득력을 지니는 드문 희곡으로, 우리나라에서도 여러 차례 공연되었고 러시아 극단의 내한 공연도 있었다.

그러나 작가의 의도는 풍자를 통해 인간의 결함과 죄악을 지적하는 데 있었고 기대한 반응 또한 관객의 '개과천선'이었다. 그런 기대와 달리 관객과 평단은 이 작품을 사회적 모순에 대한 비판으로 받아들였고 정치적 입장에 따라 찬반양론으로 나뉘어 논쟁할 따름이었다.

실망한 작가는 유럽으로 여행을 떠나 러시아의 갱생을 위한《죽은 혼》집필에 돌입했다.《죽은 혼》은 단테의《신곡》을 모델로 지옥 편, 연옥 편, 천국 편으로 구상되었다. 지옥 편에 해당하는 1부는 주인공이 사기 행각을 벌이며 러시아의 여러 지역을 두루 다니는 내용으로 이루어져 있다. 다양한 악인들과 악당 주인공의 성격 묘사가 작가의 재능과 잘 맞아떨어져 이 작품은 성공적으로 팔려나갔다. 문제는 연옥 편부터 등장하는 '이상적인 인물-선인' 묘사였다. 악당 주인공이 회개하고 갱생을 향해 나아가야 하는데 그것이 잘 이루어지지 않았던 것이다. 많은 평론가와 학자들은 고골의 재능이 선의 묘사와 부합하지 않은 탓이라 말한다. 하지만 문학의 속성상 '선한 인물'이 매력을 가지기란 매우 어려운 일이기도 하다. 결국 고골은 10여 년을《죽은 혼》2부와 씨름하다가 원고를 소각하고 단식 끝에 죽었다.

고골의 대표작,
《외투》

'작은 인간' 테마를 가장 선명하게 보여주는 고골의 대표작은《외투》다. 도스토옙스키는 "우리는 모두 고골의《외투》에서 나왔다"는 말로 이 작품의 의의를 단적으로 평가하기도 했다. '눈물 속의 웃음'이라는 고골 작품의 특성을 잘 보여주며, '페테르부르크 이야기' 계열의 작품을 집대성하는 완결편에 해당한다.

주인공 아카키 아카키예비치는 가난한 만년 서기다. 나이는 50세 정도로 평생 서류를 옮겨 쓰는 일을 해왔고 그것 말고는 할 줄 아는 일도, 다른 기쁨도 없다. 페테르부르크에 겨울이 오고 아카키의 외투는 낡아서 더 이상 입을 수 없게 되었다. 새 외투를 장만할 돈이 없었던 아카키는 눈물겨운 절약을 시작한다. 식사를 줄이고 촛불도 켜지 않았으며 신발 밑창이 닳지 않도록 발뒤꿈치를 들고 걸어 다녔다.

마침내 새 외투를 맞춰 입고 출근한 날, 아카키는 생애 최고의 기쁨을 맛본다. 평소에 자신을 무시하던 동료들도 칭찬과 축하를 아끼지 않는다. 그러나 바로 그날 밤, 새 외투 마련을 축하하는 모임에서 돌아오던 길에 강도를 만나 외투를 빼앗기고 만다. 아카키는 외투를 찾기 위해 백방으로 노력하지만 찾아간 경찰서장과 유력 인사로부터 호통만 듣는다. 아카키는 절망한 끝에 병들어 죽고 만다.

그로부터 얼마 뒤, 밤마다 거리에 유령이 나타나 행인들의 외투를 닥치는 대로 빼앗는다. 사람들을 공포에 몰아넣던 유령은 '유력 인사'의 외투를 빼앗자 비로소 모습을 감춘다. 이 유령이 아카키인지 아닌지는 알 길이 없었다.

유리 노르슈테인의 애니메이션 〈외투〉

유리 노르슈테인 감독은 러시아 애니메이션을 대표하는 '영상시인'으로 종종 영화감독 타르콥스키와 비견된다. 러시아 역사를 소재로 한 〈케르제네츠의 전투〉(1971)를 통해 이름을 알렸다. 서정적이고 몽환적인 아

름다움으로 유명한 대표작 〈이야기 속의 이야기〉와 여러 단편이 수록된 작품집이 한글 자막이 있는 DVD로 나와 있다. 저작권에 대해 몹시 '자유로운' 러시아인들이 유튜브에 올려둔 영상도 있다.

노르슈테인의 〈외투〉는 장기간 작업 중이며 아직도 미완성인 것으로 알려져 있다. 노르슈테인의 장기인 컷아웃 기법*으로 만들어지고 있으며 세부 제작 과정은 관련 다큐멘터리에서 볼 수 있다. 2차원 평면을 전제로 하기 때문에 특수효과, 실사영상, 조명, 배경이나 거리 조정을 통해 작품의 예술성과 입체성을 높이곤 한다. 음악과 음향 효과도 귀기울여볼 만하다.

현재 공개된 〈외투〉의 부분 영상 분량은 많지 않으나 작품 분위기를 느끼는 데는 부족함이 없다. 노르슈테인 특유의 아련한 조명 효과와 서정적 영상, 감상적 음악을 바탕으로 원작의 슬픔을 눈물 나게 그려낸다.

한편 고골의 작품은 환상적이고 그로테스크한 특징으로 인해 애니메

---

* 형태를 그려 잘라낸 다음 한 장면씩 움직여가며 촬영하는 방식.

이선과 잘 어울린다. 자고 일어나니 얼굴에서 코가 사라졌
더라는 환상적 단편 〈코〉 역시 애니메이션으로 만들어졌
다. 떨어져나간 코는 코의 주인보다 더 높은 계급의 제복
을 입고 거리를 활보하며 원주인에게로 돌아가기를 거부한다. 코와 코를
잃어버린 남자는 어떻게 되었을까? 10여 분의 짧은 애니메이션으로 따
라가보자.

도스토옙스키와 연극

    도스토옙스키Fyodor Mikhailovich Dostoevskii는 사조상으로 19세기 러시아 후반 비판적 리얼리즘의 3대 거장* 중 하나에 해당하지만, 많은 대가가 그러하듯 자신의 시대와 문화를 넘어 보편적 영향력을 발휘했다. "〈햄릿〉에 대해 말하는 사람은 햄릿이 아니라 그 자신에 대해 말하는 것이다"라는 말은 도스토옙스키에게도 해당한다. 철학자와 신학자, 작가와 법학자 등 동서고금의 사람들이 도스토옙스키를 읽고 그에 대해 한마디씩 한 것은 물론, 이걸로 성에 차지 않는 이들은 저마다 책 한 권씩을 내놓았다. 그러니 연구자 입장에서는 사실 곤란한 상대가 아닐 수 없다. 이런 작가에 대해 덧붙일 수 있는 평은 작가 자신이 젊은 시절에 제시한 '인간이라는 수수께끼'를 인간의 한계까지 밀어붙였다는 정도일 것이다.

---

* 투르게네프, 도스토옙스키, 톨스토이를 일컫는다.

죽음과 부활의
메시지

도스토옙스키는 1821년 모스크바에서 자선병원 의사의 차남으로 태어났다. 명목상 귀족 신분이기는 했지만 별로 넉넉지 않은 집안 형편 탓에 '잡계급'이라 불리는 중간계층에 속했다. 13세에 형과 함께 기숙학교에 입학해 교육을 받았는데 수학을 싫어하고 책 읽기를 좋아하는 문학 소년이었다. 16세에 어머니를 잃었고 18세가 되었을 때 아버지가 자신의 영지에서 시신으로 발견되었다. 작품으로 미루어보아 작가는 이 사건에 깊은 충격을 받은 듯하지만 본인이 직접 언급하는 일은 없었다.

도스토옙스키는 공병학교를 졸업한 뒤 하사관으로 근무했다. 퇴근 후에는 호프만, 실러, 위고, 셰익스피어, 라신, 괴테 등을 탐독했다. 첫 번째 공식 문학 활동으로 발자크의 《외제니 그랑데》를 번역해 출판했다. 24세가 되던 1845년 《가난한 사람들》을 발표하고 대중의 극찬을 받으며 화려하게 등단했으나 후속작으로 나온 단편소설은 문단의 기대에 미치지 못했다.

20대 후반에는 반체제, 진보적 경향의 페트라솁스키 서클에 출입하며 푸리에주의 등 '공상적 사회주의'에 몰두했다. 그러던 어느 날 갑자기 작가를 포함한 모임 구성원들이 금지된 문서를 읽고 내란을 기도했다는 죄목으로 체포되어 사형을 선고받는다. 다행히 총살형이 집행되기 직전,

형장에 황제의 특사가 나타나 극적인 감형을 선고한다. 사실 이 총살형과 감형은 진보적 지식인을 길들이기 위해 기획한 '연극'이었다. 하지만 당사자들에게는 현실이었고 작가는 이때 문자 그대로 '죽음과 부활'을 경험한다.

도스토옙스키는 시베리아 유형지로 가는 도중 옛 정치범의 부인들을 만나 신약성경을 받는데, 이 책은 그가 복역 기간에 공식적으로 지닐 수 있었던 유일한 책이었다. 도스토옙스키는 이 작은 성서를 평생 간직했으며 복음서의 구절과 모티프를 작품 곳곳에 사용했다. 이후 옴스크에서 4년간 강제노동수용소 수형 기간을 마친 뒤에는 세미팔라틴스크에서 군 생활을 한다. 군 복무 기간 중 결혼을 하고 자신의 감옥 생활을 생생하게 그린 《죽음의 집의 기록》을 쓴다.

1859년에 제대 후 페테르부르크로 돌아온 도스토옙스키는 형 미하일과 함께 잡지 〈시대〉와 〈세기〉를 간행하지만 출판 금지와 허가가 반복되는 사이 부채가 누적되고 결국 재정난으로 발행을 중단한다.

43세가 되던 1864년에는 아내와 형이 잇달아 죽고 빚과 부양가족만 남는다. 생애 최악의 해로 불리는 이 해에 《지하생활자의 수기》가 나오는데, 이 중편은 도스토옙스키 후기 소설의 신호탄이자 이후의 대작들을 이해하는 열쇠로 평가받는다.

1866년 1월, 《죄와 벌》 연재가 시작된다. 연재가 마무리될 즈음, 급한 마감 계약을 지키기 위해 속기사인 안나 스니트키나를 고용하고 곧이어 그녀와 결혼한다. 결혼 직후 부인과 함께 유럽으로 건너가 4년 이상 떠돌게 된다. 이 기간은 첫 딸의 죽음, 도박 중독과 뇌전증 발작, 재정적 궁핍, 러시아에 대한 향수와 쉽게 풀리지 않는 두 소설《백치》와《악령》을 여러 차례 고쳐 쓰는 작업이 이어지는 고된 시기였다.

50세가 되는 1871년, 도스토옙스키는 드디어 도박을 끊고 가족들과 함께 러시아로 돌아온다. 귀국 후 작가의 아내가 남편의 소설을 직접 출판해 빚을 갚고, 도스토옙스키는 생애 처음으로 소박하지만 안정적인 생활을 누릴 수 있게 된다.

1878년, 막내아들인 알렉세이가 뇌전증으로 죽고 그게 자기 탓이라 여긴 도스토옙스키는 깊은 슬픔과 죄책감에 빠진다. 도스토옙스키는 러시아 정교회의 수도원과 그곳의 고승을 방문하여 위로를 얻는데, 이때의 경험은《카라마조프가의 형제들》에 잘 드러나 있다. 이 최후의 소설은 최악의 아버지 표도르와 그의 세 아들, 그리고 한 명의 사생아가 벌이는 '부친 살해' 이야기이다. 탐욕과 욕정, 연민과 증오가 뒤얽혀 인간의 어둡고도 경이로운 심연을 펼쳐 보이는《카라마조프가의 형제들》은 작가 최후의 소설이자 그의 세계를 집대성한 유언과도 같은 작품이다. 이 작품에서 셋째 아들 알료샤(알렉세이의 애칭)는 러시아 문학에서 드물게 성공적으로 묘사된 긍정적인 인물인 동시에 미래의 주인공으로 제시된다. 도스토옙스키는 어린 나이에 세상을 떠난 막내아들에 대한 애정과 추모의 정을 담아 이 인물을 그린 것으로 보인다. 1880년,《카라마조프가의 형제들》이 완성되고 단행본은 매진된다. 이듬해 1월, 도스토옙스키는 갑작스러운 폐출혈로 극적인 생애를 마감한다.

도스토옙스키의 대표작,
《카라마조프가의 형제들》

도스토옙스키의 작품, 특히 후기의 4대 장편소설은 길고 격렬한 대화, 여러 사람이 어지럽게 충돌하는 스캔들 장면, 극도로 압축된 시공간, 화해 불가능한 대립 등 선명한 극적 특성 때문에 '소설-비극'이라는 별명을 얻었다. 실제로 많은 현장 연극인들이 방대한 분량과 복잡한 내용에도 불구하고 유명한 '소설-비극'을 무대화하는 작업에 뛰어들었다.

'도스토옙스키 연극'은 본고장인 러시아를 포함한 세계 연극에서 유구한 역사를 지니고 있으며 현재도 이어지는 중이다. 우리 연극계에서도 신극운동이 펼쳐지던 1930년대부터 최근에 이르기까지 꾸준히 도스토옙스키를 무대에 올려왔다. 그러나 현장예술이라는 연극의 특성상 영상물을 소개하는 것은 한계가 명확하다. 또한 서구의 공연은 저작권 문제로 잘 공개되지 않으며 러시아의 경우는 특히 언어적 한계로 접하기가 어렵다.

그런 까닭에 여기에서는 국내에 개봉된 적 있는 체코 영화 〈카라마조프가의 형제들〉(2008, 페트르 젤렌카 감독)을 소개한다. 체코 극단이 폴란드의 연극제에 참여해 '카라마조프가의 형제들'을 공연하는 장면을 담은 영화로 비교적 원작에 충실한 동시에 현대적 해석 또한 돋보이는 작품이다. 국내에서 개봉되었으며 한글 자막과 DVD를 구할 수 있다.

만약 본고장의 '카라마조프'가 궁금하다면 러시아에서
제작한 TV 시리즈를 추천한다. 책을 읽지 않는 젊은 세대
를 위해 소설에 등장하는 인물과 배경을 충실히 재현해냈
다. 총 12부작으로, 유튜브에서 영어자막 버전을 쉽게 찾을 수 있다.

보통 〈카라마조프가의 형제들〉을 무대에 올릴 때는 중심 플롯인 방탕
한 아버지 표도르의 살해를 둘러싼 탐욕과 정욕의 드라마를 압축하는 것
이 일반적이다. 그러나 이 작품의 사상적 핵심은 둘째 아들 이반이 셋째
알료샤에게 들려주는 '대심문관' 이야기에 담겨 있다. 가장 최근에 열린
국내 '카라마조프' 공연으로 필자가 쓰고 연출한 〈카라마조프 인셉션〉을
소개한다.

이 연극은 영화 〈인셉션〉이 보여준 '꿈속의 꿈'이라는 중
층구조를 차용해 난해하고 복잡한 '대심문관 장면'의 이념
이 현대인에게 의미하는 바를 해명하고자 했다. 살인 사
건 참고인과 그를 심문하는 검사, 참고인이 이야기하는 이반과 알료샤의
대화, 다시 이반이 이야기하는 대심문관 이야기, 대심문관이 이야기하는
광야의 그리스도의 시험 이야기라는 4가지 층위가 차례차례 중첩되며
원작의 의미를 재구성해낸다.

톨스토이와 영화

톨스토이는 어느 모로 보나 거대한 인물이었다. 삶과 죽음, 성과 결혼, 역사와 전쟁, 사회와 문명, 교육과 제도 등 인간 삶의 대부분을 다루었다. 세밀하고 냉정한 관찰력으로 모두가 당연히 여기는 세계의 이면을 꿰뚫어 본질을 파헤쳤고, '낯설게 하기' '의식의 흐름' 등의 현대적 소설 기법을 19세기 후반에 먼저 구사한 선구자였다. 인생 후반부에는 러시아를 넘어선 평화주의 사상가이자 사회운동가로 활약했다. 기존 체제를 비판하고 민중을 선도하는 '예언자'로서의 작가적 사명은 러시아 작가들 특유의 역사적 책임감이기도 하다.

전쟁을 그린 작가이자
검소함을 주장한 사상가

톨스토이는 1828년, 가문의 영지인 야스나야 폴

랴나에서 백작가의 5남매 중 4남으로 태어났다. 톨스토이 백작가는 유서 깊은 귀족 가문이었으며 외가인 볼콘스키 공작가는 더욱 오랜 역사를 지닌 명문가로 이 두 집안은 훗날 《전쟁과 평화》의 두 축인 로스토프 백작가와 볼콘스키 공작가의 모델이 된다.

톨스토이는 10살이 되기 전 양친을 잃고 먼 친척 부인의 손에서 자란다. 카잔대학교 동양어학부에 입학해 투르크어와 페르시아어를 배우지만 얼마 안 가 같은 대학 법학부로 전과했다가 결국 자퇴한다. 톨스토이는 대학 교육을 불신하고 스스로 공부하고 찾아낸 것만 믿는 자부심 강한 청년이었다.

고향이자 영지인 야스나야 폴랴나로 돌아와 혁신적인 영지 경영을 시도하지만 잘 이루어지지는 않았고, 1851년에 맏형 니콜라이가 있는 캅카스로 가서 군 복무를 했다. 그 후 5년간 군 생활을 하는 한편 성장기의 기록(《소년 시절》《청소년 시절》)과 전쟁의 경험을 담은 작품(《세바스토폴 이야기》 등)을 발표해 소설가로서 명성을 얻는다.

톨스토이는 전역 후 영지로 돌아왔다가 유럽 여행을 다녀온다. 1858~1859년에는 《알베르트》《세 죽음》《가정의 행복》을 발표하는 한편 농촌 어린이 교육에 헌신한다. 그리고 두 번째로 유럽을 여행하는데 이번에는 '유럽 각국의 교육제도 연구'라는 분명한 목적이 있었다.

톨스토이는 34세에 의사의 딸인 18세의 소피야 베르스와 결혼한다. 1863~1869년에는 《전쟁과 평화》를 쓴다. 교육 사업도 꾸준히 해 교육 잡지 〈야스나야 폴랴나〉를 발간하고 교재 《새로운 알파벳》《러시아 독본》을 발표한다.

1875~1877년에 톨스토이는 《안나 카레니나》를 발표하고 이듬해 단행본이 출간된다. 같은 해에 정신적 위기와 종교적 회심을 극적으로 경험하고 《참회록》을 쓴다. 50세에 일어난 이 회심 이후 톨스토이는 작가보다는 사상가로서 더 큰 활약을 한다. 물론 후기에 쓰인 중요한 소설들이 있지만 그것은 자신의 이념을 전파하거나 사회적 활동에 필요한 재정을 확보하기 위한 것이었다.

1887년에는 《사람에게는 땅이 얼마나 필요한가》, 1889~1890년에는 후기의 주요 중단편인 《홀스토메르》《이반 일리치의 죽음》《크로이체르 소나타》《악마》 등이 나온다.

러시아 사회의 모순과 러시아 정교회를 비판하는 글을 발표한 톨스토이는 교회의 탄압을 받고, 1901년에는 러시아 정교회에서 파문당한다. 톨스토이의 기독교 신앙은 부활 등의 초자연적 기적을 거부하고 그리스도의 윤리적 가르침을 실천하는 데 초점이 있었으므로 종교와의 불화는 불가피했다.

이후 톨스토이는 대기근에 시달리는 농부들을 돕기 위한 캠페인을 조직하고 기근에 대한 글을 발표했다. 〈굶주림에 대하여〉라는 글이 큰 반향을 일으켜 정부가 기근대책에 나서기도 했다. 1898년에 출판된 《예술이란 무엇인가》에서는 '예술을 위한 예술'과 당대의 향락적인 데카당 사조를 비판하고 예술은 감상자에게 삶의 변화를 주어야 한다는 '감염론'을 주장했다.

인생 후반의 30여 년 동안 톨스토이가 주장한 것은 노동하고 인내하며 세속적 부를 포기하고 이웃 사랑을 실천하라는 것이었다. 톨스토이주의는 악에 저항하지 않는 무저항주의를 기본으로 검소와 육체노동, 금주, 채식주의를 권장했다. 야스나야 폴랴나는 톨스토이주의의 정신적 구심점이었으며 체호프, 고리키, 릴케 등이 톨스토이를 만나러 이곳을 방문했다.

톨스토이는 1899년 《부활》을 발표한다. 이 소설은 실패작이라는 평가와 톨스토이의 세 번째 주요 장편소설로 손색이 없다는 의견이 아직도 맞서고 있다. 만년의 톨스토이는 전 세계가 흠모하는 정신적 스승이었다. 그러나 아내와 일부 자녀들에게는 이해할 수 없는 신념을 위해 가족들 몫의 유산을 남에게 주려는 가장일 뿐이었다. 사유재산을 부정하는 톨스토이가 소설의 저작권료를 사회에 환원하겠다는 내용의 유언장을 작성했기 때문이다. 유언장을 둘러싼 갈등이 정점에 달한 늦가을의 어느 날, 톨스토이는 새벽을 틈타 가출했다가 집을 떠난 지 열흘 만에 갑작스러운 폐렴으로 세상을 떠났다. 1910년 11월 7일이었다.

톨스토이의 대표작, 《안나 카레니나》

《전쟁과 평화》가 작가의 조부모와 부모 세대의 이야기를 다룬 '과거에 관한 책'이라면 그 후에 나온 《안나 카레니나》는 좀 달랐다. 《안나 카레니나》는 동시대의 삶과 작가가 속한 계급의 일상을 묘사하며 많은 공감을 얻었다. "행복한 가정은 모두 모습이 비슷하고, 불행한 가정은 모두 제각각의 불행을 안고 있다"라는 유명한 문장으로 시작되는 이 소설은 첫 문장이 암시하듯이 여러 가지 '가정'과 그 안에서 추구하는 '행복의 문제'를 탐구한다.

정부 고위 관료의 아내인 안나 카레니나는 젊고 아름답고 상냥한 귀부인이다. 어린 나이에 당시의 관습대로 나이 차이가 많이 나는 신랑과 결혼해 아들 세료자를 낳고 순탄하게 살고 있다. 안나의 오빠인 오블론스키가 자녀들의 가정교사와 불륜을 저질러 아내 돌리와 다투는 중이다. 안나는 두 사람 사이를 중재하고 돌리를 위로하기 위해 거주하던 페테르부르크에서 모스크바로 온다.

모스크바에서 안나는 젊은 장교 브론스키를 만나 열정적인 불륜에 빠진다. 두 사람의 관계는 점점 더 공개적이 되고 안나는 남편에게 이혼을 요구하지만 아들의 양육권 문제로 쉽게 결론이 나지 않는다. 체면과 종교를 중시하는 남편은 이혼 불가 입장을 고수했다가 번복하고 안나 역시 아들에 대한 애정 때문에 갈팡질팡한다. 안나는 브론스키의 딸을 낳다가 후유증으로 사경을 헤매고 세 사람 사이에는 용서와 화해가 이루어지지만 안나가 건강을 되찾자 그 화해는 끝나고 만다.

한편, 오블론스키의 불륜은 흐지부지되고 돌리는 '참고 사는' 많은 여자들처럼 그냥 가정에 주저앉는다. 오블론스키의 친구 레빈은 돌리의 동생인 키티에게 청혼하지만 브론스키의 청혼을 기대하던 그녀는 거절한다. 브론스키는 안나에게 빠져 키티를 저버린다. 키티는 상심하여 병을 얻고 치료를 받기 위해 외국으로 떠난다. 레빈 역시 상심한 채 시골 영지로 돌아가 농사일에 몰두한다. 시간이 흘러 키티가 외국에서 돌아왔을 때 레빈은 그녀에게 다시 한 번 청혼을 하고 이번에는 결혼에 이른다. 두 사람은 레빈의 영지에 정착해 농사를 짓고 아이를 낳아 살림을 꾸려간다.

안나와 브론스키는 해외여행을 다니다가 브론스키의 영지에서 함께 산다. 두 사람은 '진짜' 부부처럼 살려 애쓰지만 잘되지 않는다. 안나는 사교계에서 '부정한 여자'로 낙인찍히지만 브론스키의 사회생활에는 별 지장이 없다. 브론스키의 어머니가 그에게 좋은 조건의 처녀와 결혼을 권하자 브론스키는 그 이야기에 마음이 쏠린 듯 보인다. 궁지에 몰린 안나는 기차에 뛰어들어 생을 마감한다.

소설 《안나 카레니나》처럼 거듭해서 영화로 제작된 소재도 드물다. 러시아 외의 지역에서 제작된 유명한 버전만 얼른 꼽아보아도 그레타 가르보(1935), 비비언 리(1948), 소피 마르소(1997), 키이라 나이틀리(2012)의 안나 카레니나를 떠올릴 수 있다. 일반적으로 영화는 감독의 이름으로 기억되기 마련이지만 이 경우에는 타이틀 롤의 존재감이 우선인 셈이다.

원작 소설에서는 작가의 사상과 생애를 공유한 분신인 레빈의 이야기와 안나의 이야기가 대등한 비중으로 병렬되며 '가정의 행복과 불행'이라는 전체 주제를 엮어나간다. 그러나 대부분의 영화는 안나의 연애와 파멸을 중심에 두고 안나의 자살로 끝을 맺는다.

대중예술인 영화가 문학사상 가장 강렬한 여성 주인공과 여성 심리에 통달한 작가의 묘사에 집중한 건 어쩌면 당연한 일인지도 모른다. 위에 언급한 서구의 영화는 이미 많이 알려져 있으므로 여기서 는 러시아의 국민배우인 타치야나 사모일로바가 안나 카 레니나 역을 맡은 고전 영화와 최근 제작된 TV 시리즈를 소개한다.

PART 2

리더의 교양

세종의 원칙

박영규

장자와 노자, 고양이를 사랑하는 인문학자. 서울대학교 사회교육학과와 동 대학원 정치학과를 졸업하고, 중앙대학교에서 정치학으로 박사학위를 받았다. 한국승강기대학교 총장, 한서대학교 국제관계학과 대우교수, 중부대학교 초빙교수 등을 역임했다. 지은 책으로 《인문학을 부탁해》 《그리스, 인문학의 옴파로스》《관계의 비결》《다시, 논어》《욕심이 차오를 때, 노자를 만나다》《존재의 제자리 찾기》《아주 기묘한 장자 이야기로 시작하는 자존감 공부》 등이 있다. 현재 〈동아비즈니스리뷰〉에 '장자 사상과 4차 산업혁명'이라는 화두로 칼럼을 연재한다.

왜 지금 다시 세종인가

세종의 리더십이 재조명받고 있다. 기업의 CEO와 정치인, 정부 관료를 비롯한 리더 그룹뿐만 아니라 학생과 주부에 이르기까지 다양한 계층의 사람들이 세종의 리더십에 관심을 보이고 있다. 조선의 4대 군주였던 세종은 덕이 뛰어난 성군이었다. 한글을 창제하고, 물시계와 해시계를 비롯한 과학기술품을 발명하고, 조선의 영토를 넓히는 등 많은 업적을 남겼다. 세종의 업적은 조선의 표준이 되었으며, 그의 성품은 후세 임금들의 귀감이 되었다.

이런 탁월함에도 불구하고 세종은 오래된 왕조시대의 인물이다. 이미 600년도 더 지난 과거의 인물이다. 하루가 멀다 하고 새로운 지식정보가 빠르게 생산되었다가 폐기되기를 거듭하는 4차 산업혁명 시대와는 전혀 어울리지 않는 리더다. 그런데 왜 우리는 오늘, 다시 세종의 리더십을 주목하는가?

현대 조직문화의 갈 길을 보여준
무위의 리더십

세종 재위 시 재상을 지낸 허조가 임종 당시에 남긴 다음 말에서 그 실마리를 찾을 수 있다.

> 스스로 국가의 일을 내 책임이라 여기며 살아왔다. 임금은 내가 간
> 하면 들어주셨고 정책으로 추진하셨다. 나는 행복하게 눈을 감는다.

허조가 책임의식을 가지고 공직을 수행할 수 있었던 배경에는 세종의 리더십이 있었다. 세종은 취임하자마자 "과인과 같이 국사에 대해 논하자. 그대들의 의견을 듣겠다"라며 신하들에게 토론을 제안했다. 초짜 임금이라 업무에 서투르니 당신들의 지혜를 빌려달라는 취지였겠지만 일방적 지시가 아닌 상호 협의를 취임 일성으로 내놓은 건 무척 신선했다.

신하들은 토론하는 과정에서 리더로서 세종이 품고 있던 비전을 공유하게 되었으며, 각자 국가경영에 관한 책임을 맡게 되었다. 세종은 무위無爲의 리더십을 발휘해 신하들을 타율적 객체가 아닌 자율적 주체로 바꿔놓았다. 허조를 비롯한 황희, 김종서, 박연, 장영실 같은 큰 인물이 탄생할 수 있었던 것도 이런 무위의 리더십과 무관하지 않다.

4차 산업혁명은 탈규격, 탈규제, 탈이념, 탈권위의 포four탈 혁명이다. 정해진 틀이나 매뉴얼, 전통적 생각과 리더의 수직적 권위에 의존하는

조직은 4차 산업혁명 시대에 살아남기 힘들다. 구글이나 애플, 아마존과 같이 직원들의 자율성을 최대한 존중해주는 수평적인 리더십과 조직 문화를 가진 혁신기업만이 살아남을 수 있다.

일부 신하들이 세종에게 인사 문제는 무엇보다 중요하니 인사 담당자에게 위임하지 말고 직접 챙겨야 한다고 건의하자 허조는 이렇게 말한다. "일을 맡겼으면 의심하지 말고, 의심이 가면 맡기지 말아야 합니다. 전하께서 대신을 선택해 육조의 수장으로 삼으신 이상 책임을 지워 성취하도록 하는 게 마땅하며, 몸소 자잘한 일에 관여해 신하의 할 일까지 하시려고 해서는 아니 됩니다." 세종은 허조의 손을 들어주었다. 무위의 리더십을 선택한 세종은 조선왕조 최고의 군주로 남았다.

나눌 줄 알고, 나아갈 때를 아는 프로젝트 리더

세종과 신하들은 군신 관계를 떠나 하나의 팀으로 움직였다. 세종은 국가적 프로젝트를 완성해나가는 '조선'이라는 조직의 팀장이었다. 정책자문기구인 의정부와 집행기관인 육조, 연구개발 기능을 맡은 집현전까지도 팀장 세종의 리드 아래 한 몸처럼 유기적으로 움직였다. 팀장 세종과 팀원인 신하들은 목표와 비전을 공유하고, 조직에 대한 충성심을 바탕으로 각자 주어진 위치에서 헌신적으로 일했다. 그리고 최고의 팀워크를 발휘해 최선의 결과를 냈다.

팀장 세종은 큰 틀에서의 원칙과 비전만 제시할 뿐 세부 사항은 신하들에게 위임했다. 박연을 불러 향악과 아악의 정비 필요성과 방향을 설명한 뒤 "나머지 실무는 그대가 주관해서 추진하라" 하고 맡겼으며, 4군 6진을 개척할 때는 신하들과 오랫동안 토론하며 현지 조사를 끝낸 뒤 최윤덕과 김종서 등 현지 사령관에게 전권을 위임했다. 단순하게 업무를 위임하는 데 그치지 않고 권한을 통째로 위임한 것이다.

이후 박연과 최윤덕, 김종서는 세종의 신뢰와 전폭적인 위임을 바탕으로 혁혁한 성과를 일구어냈다. 박연은 중국 의존 일변도의 음악 체계에서 탈피해 자주적 음률과 악기를 만들어냈으며, 최윤덕과 김종서는 청사에 길이 남을 무공을 세웠다.

팀장 세종은 강압적인 업무 지시가 아니라 팀원들의 마음을 움직여서 성과를 내는 방식을 택했다. 집현전 학사들에게는 출근하지 않고 집에서 자유롭게 책을 읽을 수 있게 배려함으로써 연구에서 실질적 성과를 내게 했으며, 주변의 반대를 뿌리치고 노비 출신의 장영실을 관직에 등용해 마음껏 실력을 발휘하게 했다. 세종의 리더십이 없었다면《향약집성방》이나《농사직설》같은 우수한 저서는 물론이고 측우기, 해시계, 물시계 같은 세계적 수준의 과학기술품은 빛을 볼 수 없었을 것이다.

그렇다고 세종이 팀원 관리와 업무 진행을 방치한 건 아니었다. 필요할 때마다 실무자들을 불러서 추진 현황을 살피고 술과 음식을 내려 격려했다. 각 분야에 대한 해박한 지식과 전문성을 바탕으로 실적을 직접 평가하고 미흡한 부분은 보강과 수정을 지시했다. 세종은 팀장으로서 코칭리더십을 발휘했으며 이를 통해 프로젝트 완성도를 최고 수준으로 끌어올렸다.

특정 프로젝트는 세종 자신이 처음부터 끝까지 주도적으로 이끌기도 했다. 한글 창제가 대표 사례다. 세종은 재위 19년부터 세자(훗날의 문종)에게 국정을 대부분 위임한 뒤 은밀하게 한글 창제 프로젝트를 기획했다. 한자를 통해 독점적 문자 권력을 누리던 양반 계급의 반대를 예상해 정인지, 성삼문, 신숙주 같은 집현전의 몇몇 소장파 지식인을 제외하고는 철저하게 비밀에 부쳤다. 황희나 허조 같은 핵심 측근조차 프로젝트가 끝날 때까지 한글 창제 사실을 까마득히 모를 정도였다.

세종은 중국이나 일본 등 다양한 루트를 통해 구입한 언어학과 음운학 관련 책을 정밀하게 탐독해 한글의 뼈대를 차근차근 구축해나갔으며, 1443년(재위 25년) 마침내 프로젝트를 완성한다. 하지만 완성도를 높이기 위해 그 후로도 3년이라는 세월을 더 투자했다. 세자와 수양대군, 성삼문에게 음운학적 문제점을 철저하게 검토하게 한 뒤인 1446년에야 공식적으로 한글을 반포하기에 이른다.

세종은 한글 창제에 참여한 신하들을 일일이 불러 노고를 치하하고 격려했으며 프로젝트 성과와 기쁨을 공유했다. 하지만 프로젝트에 대한 외부 세력의 공격에 대해서는 신하들에게 미루지 않고 세종 자신이 직접 나섰다. 최만리, 정창손 등이 한글 창제의 부당함을 주장하는 상소문을 올리자 세종은 그들과 정면으로 맞섰고, 논리적이고 합리적인 근거를 동원해 반대론자들의 주장을 차례차례 격파했다.

세종은 프로젝트 기획과 추진, 품질관리에 철두철미한 혁신기업의 CEO였다. 또 프로젝트 성과는 팀원들과 공유하되 최종 책임은 스스로의 몫으로 돌리는 헌신적이고 모범적인 팀장이었다. 이와 동시에 의사결정 과정을 스스로 조율하고 해법까지 제시할 줄 아는 전문가형 리더였으며, 위기가 닥쳤을 때 회피하지 않고 정면으로 돌파하는 진취적 리더였다.

리더가 무위해야
팀원들이 책임감을 갖는다

팀장 세종은 시간 관리에도 능했다. 시간은 임금인 세종 자신의 것이 아니라 백성들의 것이라 생각해 촌음의 시간도 허투루 쓰지 않았다.

> 천년의 세월도 일각의 어긋남 없음에서 비롯되고, 모든 공적의 빛남은 촌음을 헛되게 하지 않는 데서 비롯된다.
>
> – 재위 16년 7월 1일의 《세종실록》

가뭄이 들어 민생고를 겪는 백성을 위해서는 지체 없이 국가의 창고를 열어 구휼했으며, 긴 호흡이 필요한 장기 과제는 시간에 구애받지 않고 차근차근 추진했다. 훈민정음 창제에는 10여 년의 시간을 투자했고, 조세제도 개편에는 17년이라는 세월을 쏟아부었다.

'시간은 백성의 것'이라는 세종의 시간 철학은 국가의 표준 시계 제작으로 구체화되었다. 재위 16년인 1434년 세종의 명을 받은 장영실과 김빈 등의 과학자들은 자동 물시계인 자격루自擊漏를 완성했다. 세종은 경회루에 자격루를 설치하고 근정전, 근정문, 광화문 순으로 시간을 알리게 함으로써 소중한 시간 자원을 백성에게 돌려주었다.

물시계인 자격루 외에 해시계인 앙부일구仰釜日晷도 제작해 설치했다. 궁궐 안에는 한자로 표기된 해시계를 비치하고 궁궐 밖에는 쥐, 소, 호랑이 같은 십이간지 동물이 그려진 해시계를 비치했다. 혹여 문자를 모르는 사람들이 소외당하는 일이 없도록 하려는 세심한 배려였다.

조직의 위기를 돌파하는 힘과 비전 공유, 새로운 가치를 창출하는 힘, 조직에 대한 충성심과 책임의식은 유위의 리더십이 아니라 무위의 리더십에서 나온다. 리더가 시시콜콜 업무에 간섭하거나 개입하면 구성원들이 스트레스를 받아 일을 제대로 할 수 없게 된다. 강력한 유위의 리더십이 작동하면 직원들은 눈치를 보기에만 바쁘고 조직은 보신주의에 빠져 업무 효율이 떨어진다. 큰 가닥만 잡아주고 세세한 부분은 위임하는 무위의 리더십이 오히려 조직원들의 책임감과 업무 효율을 끌어올릴 수 있다. 《장자》〈천도〉편에서는 이렇게 말한다. "리더가 무위해야 일을 맡은 사람이 책임감을 느낀다."

태조 이성계가 나라의 문을 열고 태종이 뒤를 받쳤지만 아직 조선은 바람 앞의 등불처럼 위태로웠다. 두 차례에 걸친 왕자의 난으로 정권은 불안정했고, 남쪽에서는 왜구가, 북쪽에서는 여진족이 호시탐탐 국경을 넘보고 있었다. 이런 위기 상황에서 왕위에 오른 세종은 수평적인 무위의 리더십으로 신하들의 마음을 결집했다. '원팀one team'의 결속력을 바탕으로 조선이라는 국가 조직을 반석 위에 올려놓았다.

세종의 경청법

"성공하는 사람과 그렇지 못한 사람의 대화 습관에는 뚜렷한 차이가 있다. 그 차이점이 무엇인지 단 하나만 꼽으라고 한다면 나는 주저 없이 경청하는 습관을 들 것이다."

– 스티븐 코비

들을 청聽 자는 귀 이耳, 임금 왕王, 열 십十, 눈 목目, 한 일一, 마음 심心으로 구성되어 있다. 어진 임금의 가장 큰 덕목은 큰 귀와 밝은 눈으로 신하들의 말과 몸짓을 잘 듣고 살펴서 마음을 하나로 모으는 데 있다는 의미다. 이 덕목을 가장 잘 실천한 임금이 세종이었다. 취임 후 세종의 첫 일성은 "과인이 이르노니"가 아니라 "경들의 말을 듣겠다"였다.

경청하는 임금과
경청하는 신하

세종은 지식이나 학식에서 신하들에게 결코 뒤지지 않았다. 역사, 철학, 음악, 과학 등 다방면에 걸친 독서와 학습으로 스스로 문리를 터득했다. 내로라하는 집현전의 핵심 인재들이 주도하던 경연에서도 신하들에게 결코 밀리지 않았다. 당대 최고의 석학이던 변계량卞季良조차 세종의 학문적 경지에 혀를 내두를 정도였다. 그러나 세종을 조선왕조 최고의 성군으로 만든 것은 그의 지식이나 언변이 아니라 경청의 힘이었다.

세종은 신하들의 말을 낮은 자세로 들었다. 그리고 그 말이 정책으로 실현될 수 있도록 신하들의 말에 힘을 실어주고 권한을 전폭적으로 위임했다. 훈민정음 창제, 4군6진 개척, 측우기를 비롯한 각종 과학기기 발명 같은 세종의 치적은 세종이 발휘한 경청의 리더십에서 나온 성과물이다.

세종 시절 최장수 정승(18년간 재직)이었던 황희도 세종을 닮은 인물이었다. 어느 날 황희의 집에 어떤 농부가 와서 물었다. "대감마님, 오늘이 저희 집 제삿날인데 하필이면 오늘 소가 송아지를 낳았습니다. 이런 날에는 제사를 생략해도 되겠지요?" 황희는 그러라고 했다. 잠시 뒤 또 다른 농부가 찾아와서 물었다. "대감마님, 오늘이 저희 집 제삿날인데 하필이면 개가 강아지를 낳았습니다. 그래도 제사는 지내야겠지요?" 황희는 그러라고 했다. 옆에서 듣고 있던 아내가 남편에게 그런 법이 어디 있느냐고 따지자 황희는 이렇게 말했다. "앞에 온 사람은 제사를 지낼 마음이 없는 사람이고 뒤에 온 사람은 어떻게든 제사를 지낼 사람이었소. 정반대인 것 같지만 둘 다 자기가 듣고 싶은 말을 들으러 왔으니 어쩌겠소? 나는 그저 그들의 말을 들어주었을 뿐이라오."

황희의 어머니는 노비였다. 당시 관습으로 볼 때 황희 자신도 신분상 천출賤出이었다. 그러나 태종은 황희의 신분에 구애받지 않고 그를 도승지(오늘날 대통령 비서실장)로 발탁했으며 세종도 아버지처럼 황희를 중용했다. 황희는 대소신료의 의견을 종합하고 일의 우선순위를 정하는 데 탁월한 능력을 발휘했다. 사람을 알아보는 눈도 뛰어나 허조, 최윤덕, 장영실 같은 인재를 천거했다.

외교나 국방, 조세 문제 등 중요한 정책 결정을 앞두고 신하들은 세종 앞에서 치열하게 때로는 거칠게 토론했다. 세종은 그들의 이야기를 묵묵히 듣다가 종종 이렇게 결론 내렸다. "황희의 말대로 하라."《세종실록》에서 가장 흔히 볼 수 있는 장면 중 하나다. 일흔이 된 황희가 인사 규정상 정년퇴직할 때가 되었다며 사임 의사를 밝히자 세종은 다음과 같이 말하면서 그를 붙잡았다. "그대가 아니면 누가 국정의 중심을 잡아줄 것인가? 규정대로만 한다면 과인이 누구를 의지하면서 조정을 이끌어간단 말인가?"

그대들은
답을 알고 있다

《초우량 기업의 조건》《미래를 경영하라》 등의
베스트셀러를 쓴 피터 드러커와 함께 경영학의 구루로 불리는 톰 피터스
는 이렇게 말했다. "20세기가 말을 해서 이끄는 자의 시대였다면 21세기
는 경청하는 리더의 시대가 될 것이다. 경청의 힘은 신비롭기까지 하다.
말하지 않아도, 아니 말하는 것보다 더 매혹적으로 사람의 마음을 사로
잡기 때문이다."

세종은 톰 피터스가 가리킨 경청하는 리더의 표준이었다. 몸은 비록
600년 전의 인물이지만, 21세기 4차 산업혁명 시대가 요구하는 리더십
의 덕목을 제대로 갖춘 리더였다. 세종은 어전회의(오늘날의 청와대 수석보
좌관회의)뿐만 아니라 경연에서도 신하들의 말을 경청했다. 경연은 어전
회의에 비해 분위기가 덜 딱딱했기 때문에 신하들도 비교적 자유롭게 자
기 의견을 말할 수 있었다. 초창기에는 발제를 맡은 언관이 강독하는 정
도로 진행되었지만 시간이 지나면서 토론이 점차 활성화되었다. 임금의
귀가 열려 있음을 알게 된 신하들은 다소 껄끄러운 발언도 서슴지 않았
으며, 경연에서 나온 직언들은 조정의 검토를 거쳐 정책에 반영되었다.
경연은 주로 조찬 세미나로 진행되었지만 토론이 격렬해져 점심때를 훌
쩍 넘기는 경우도 있었다. 세종은 이런 끝장토론을 지루해하거나 싫증
내지 않았으며 오히려 점심밥까지 내주며 장려했다.

"지금부터는 합하여 한 번씩 나와서 강(講)하게 한 후에 경연청에 물러
가서 종일토록 토론하도록 하소서" 하니 임금이 그 말을 좇고 또 점
심밥을 내어주도록 명했다.

— 즉위년 12월 17일의 《세종실록》

아리스토텔레스는 "함께 모여 열띤 토론을 벌이면 탁월한 한 사람이
내린 것보다 더 나은 결정을 내릴 수 있다"라고 말했다. 기업을 살아 있
는 건강한 조직으로 만들기 위해서는 토론 문화가 활성화되어야 한다.
회의에서 구성원들이 자유롭게 의견을 개진하고 CEO는 경청할 수 있어
야 한다.

죽어가던 공룡 기업 IBM을 다시 살린 것도 경청의 리더십이었다. 난
파 직전에 있던 IBM의 새로운 선장으로 취임한 루 거스너는 중역들에게
이렇게 말했다. "당신들은 자랑스러운 빅 블루(IBM의 애칭)를 회생시킬
방안을 알고 있습니다. 저에게 그 방안을 들려주십시오."

루 거스너가 취임한 후 IBM은 조직을 슬림화하고, 기업의 비전을 재
정립했다. 그리고 제조업체가 아닌 서비스업체로서 화려하게 부활했다.
이런 성과는 루 거스너의 머리와 입이 아니라 중역들의 머리와 입에서
나온 결과물이었다. 루 거스너는 그들의 말을 경청했고 발언한 사람들이
프로젝트를 책임지고 추진하도록 권한을 전폭적으로 위임했다.

쓴 말이라도
먼저 듣겠다

세종은 아무리 듣기 싫은 소리라도 우선은 들었다. 지방 관리들의 임기 문제를 토론할 때 고약해高若海라는 신하가 무례한 태도로 임금을 공격했다. 고약해는 지방 관리의 임기를 6년으로 정한 수령육기제가 탐관오리를 만들어내는 온상이 되므로 임기를 3년으로 단축해야 한다고 줄기차게 주장했다. 때로는 자신의 충정 어린 건의를 받아주지 않는 세종의 태도가 실망스럽다며 자신을 '소신'이 아니라 '소인'이라고 표현하는가 하면, 벼슬을 때려치우겠다는 막말 수준의 발언도 서슴지 않았다. 소인이라는 말은 임금이 아니라 일반적인 상급 관리에게나 쓰는 말이기 때문에 세종을 군주로 여기지 않는다는 선언이나 진배없었다. 당장이라도 의금부에 하옥할 수 있는 불손한 말이었다. 하지만 세종은 그의 거친 언사에 "참으로 고약하다"라고 혀를 내두르면서도 발언 자체를 막지는 않았다.

여진족 토벌 계획 같은 국가 중대사를 논의할 때는 허조가 사사건건 반대 의견을 냈지만 세종은 "경의 말에도 일리가 있다"라며 언로를 텄다. 허조는 꼬장꼬장한 성격과 마른 체구 때문에 '말라깽이 송골매'라는 별명으로 불렸으며, 조정에서 안건을 토론할 때나 업무를 처리할 때 늘 원칙과 기본을 강조했다. 모든 신하가 찬성할 때도 허조는 "혹시 이런 문제점도 있을 수 있다"라며 반대 의견을 내놓곤 했다.

허조가 자신의 친인척을 사사로이 관리로 등용한다는 상소가 접수
되자 세종이 허조에게 물었다. "경이 사사로이 좋아하는 자를 임용
한다고 하는데 그게 사실인가?" 이에 허조는 이렇게 대답한다. "진실
로 그 말과 같사옵니다. 그 사람이 현재賢才라면 비록 친척이라도 피
혐避嫌하지 않고 있습니다."

– 재위 21년 12월 28일의 《세종실록》

공직자로서 자신의 처신에 한 점 부끄러움이 없었기에 가능한 답변이
었다. 세종은 허조를 '고집불통'이라고 부르면서도 10년이 넘도록 그에
게 인사를 담당하는 이조판서의 중책을 맡겼다. 당나라 태종은 입바른
소리를 잘하는 위징에게 "저놈의 영감탱이 죽여버려야지" 하고 욕하면
서도 늘 곁에 두었는데, 말하자면 허조는 조선의 위징인 셈이었다.

글을 쓰는 것은 말하는 것이고 책을 읽는 것은 듣는 것이다. 글을 쓰기
위해서는 먼저 책을 읽어야 하듯이 말을 하기 위해서는 먼저 들어야 한
다. 말하는 것보다는 듣는 것이 우선이다. 하지만 대부분의 사람은 거꾸
로 생각한다. 소통이 잘 안 되는 조직의 특성은 듣는 사람보다 말하는 사
람이 많다는 것이다. 미국 매스컴에서 최고의 달인은 래리 킹과 오프라
윈프리다. 그들의 공통점은 말하기의 달인이 아니라 듣기의 달인, 질문
의 달인이라는 것이다. 그들은 먼저 주의 깊게 듣고 나서 예리한 질문을
던진다.

　세종의 개방적이고 포용적인 리더십은 신하들이 임금을 신뢰하고 국
정에 대한 책임감을 가지는 계기로 작용했으며, 그 과정에서 군주와 신
하들은 조선이라는 국가가 나아가야 할 미래 비전을 공유할 수 있게 되
었다. 리더로서 세종이 가진 여러 가지 덕목 가운데 딱 하나만 고르라고
한다면, 스티븐 코비의 말처럼 경청의 리더십을 꼽겠다. 이는 대다수 세
종 연구가들이 이구동성으로 지적하는 부분이기도 하다.

세종의 질문법

"믿기지 않겠지만 인간이 지닌 최고의 탁월함은 자기 자신과 타인에
게 질문하는 능력이다."

– 소크라테스

질문은 사유를 깊게 한다. 《논어》〈자장〉 편에서는 절실하게 묻는 것
切問이 학문의 출발점이라고 말한다. 뉴턴이 머리 위로 사과가 떨어지는
이유를 스스로에게 묻지 않았다면 근대 과학문명은 탄생할 수 없었다.
1944년 노벨물리학상을 받은 아이작 라비는 언론과 인터뷰하면서 자신
이 노벨상을 받은 원동력이 질문하는 습관에 있다고 말했다. 라비의 어
머니는 어린 시절 라비가 학교에서 돌아오면 늘 이렇게 물었다고 한다.
"오늘은 학교에서 무슨 좋은 질문을 했니?" 어린 시절부터 몸에 익힌 질
문하는 습관이 과학적 마인드를 키워주었고, 결국 노벨상까지 탈 수 있
었던 셈이다.

그대의 생각을
말해보라

세종은 질문하는 리더였다. 경연이나 어전회의 석상에서 세종은 신하들에게 끊임없이 물었다. "경의 생각은 어떠하오?" "과인이 보기에는 이런데 경들은 어떻게 생각하시오?" "그대들의 생각을 말해보시오." 《세종실록》에는 이런 문장이 수도 없이 등장한다. 세종의 질문은 자연스럽게 토론으로 이어지고, 토론 속에서 모아진 중지에 따라 정책 방향이 결정되었다.

물론 토론 문화가 처음부터 활발했던 건 아니었다. 세종 즉위 초기에는 신하들이 토론을 기피하는 경향이 강했다. 꽉 막힌 분위기가 답답했던지 세종은 다음과 같이 심경을 토로하기도 했다.

"벌써 한겨울인데도 날씨가 너무 따뜻해 내년 농사가 심히 걱정된다. 어제는 안개가 짙게 끼어 한 치 앞을 내다볼 수 없을 지경이었다. 장차 큰 재앙이 올 징조가 아닌가 싶다. 요즘 경들은 내 앞에서 도무지 쟁간諍諫하지 않는다. 과인이 의견을 물어도, 한 사람이 옳다고 하면 다 옳다고 하고, 한 사람이 그르다고 하면 다 그르다고 하여, 어느 누구도 자기 의견을 제대로 말하지 않는다."

－재위 7년 12월 8일의 《세종실록》

신하들이 토론을 기피한 것은 태종 시대의 정치적 상황과 무관하지 않았다. 권력투쟁이 극심한 상황에서는 괜히 잘못 나섰다가 칼바람을 맞을 수도 있었다. 자연히 신하들 사이에는 적당주의와 보신주의가 팽배해 있었다.

그러나 세종의 집권 초기가 지나면서부터 이런 분위기는 서서히 바뀌었다. 세종의 진심을 확인한 신하들은 회의 석상에서 자신들의 의견을 적극적으로 개진하기 시작했다. 주제 하나를 두고 20명이 넘는 신하가 발언하는가 하면 분위기가 과열되어 격론이 벌어지는 경우도 있었다.

세종은 과거 시험장에 나온 유생들에게도 직접 질문을 던졌다. "아첨하는 신하를 골라내고 어진 신하를 등용할 수 있는 방안이 무엇이라고 생각하는가?" "흉년이 들었을 때 적절한 조세 감면 방안에는 어떤 것들이 있다고 보는가?" 세종의 질문에 구체적이고 현실적인 아이디어를 적어낸 응시생은 관리로 발탁되었으며, 그들이 낸 아이디어는 곧바로 국정에 반영되었다.

세종은 아첨하는 신하를 경계하고 멀리했다. 신하들의 답변이 과장되거나 아부성 발언에 치우치면 반드시 지적하고 넘어갔다. 지방 관리들이 쓴 보고서가 일의 본질과 무관하게 임금의 덕을 칭송하는 미사여구로 가득할 경우 관리에게 주의를 주었다.

1437년 5월 경기도 관찰사가 도내에서 보리 한 줄기에 이삭이 4개나 열린다는 보고서를 올렸다. 관찰사는 사실 보고에 덧붙여 "신령스러운 일이 발생한 것은 바로 육부와 삼사가 잘 다스려졌기 때문이니 상서로운 일을 경축하는 행사를 여는 것이 어떻겠습니까" 하고 제안했다. 세종은 기쁜 일이니 보리 종자를 개량해 널리 보급하되 과장된 발언은 삼가라며 다음과 같이 말했다.

> "이처럼 아름다움을 과장하는 일은 내가 심히 부끄럽게 여긴다."
>
> – 재위 19년 5월 8일의 《세종실록》

사냥을 하던 도중 흰 꿩이 나타나자 신하들이 상서로운 일이라며 축하의 노래를 지어 올리려 했을 때도 마찬가지였다. 세종은 상서로운 징조는 단지 요행일 뿐이며 임금의 덕에 대한 하늘의 감응이 아니라며 손을 내저었다.

이처럼 세종은 임금이 달콤한 말에 귀를 기울이는 순간 조직이 위기에 빠진다는 생각으로 아첨을 원천 차단했다. 《용비어천가》를 편찬할 때 신하들이 세종의 재위 중 업적도 함께 넣자고 제안했지만 세종은 "당대의 일을 찬송하게 할 수 없다. 후세에서 평가해 노래하게 하자"라며 신하들의 제안을 거절했다.

좋은 질문이
좋은 해결책을 이끌어낸다

"나는 무언가를 철저하게 이해하고 싶을 때마다 질문을 한다. 질문
은 단순한 말보다 더 깊은 곳까지 파헤친다. 말보다 10배쯤 더 많은
생각을 이끌어낸다."

‒ 윌리엄 제임스

좋은 질문을 하기 위해서는 문제에 대한 전문적인 지식과 논리적 사고
력, 통찰력을 갖추어야 한다. 이런 조건을 갖추지 못하면 질문이 겉돌거
나 다른 길로 빠지기 십상이다. 또 단순한 문답 게임 수준의 질문은 무의
미하다. "느그 아버지 뭐 하시노?" "결혼은 언제 할 생각인가?"와 같은
꼰대식 질문이나 신상 캐기식 질문은 시간 낭비일 뿐이다. 그런 질문 방
식으로는 문제의 핵심에 도달할 수 없다.

세종은 좋은 질문자였다. 일찍이 폭넓은 독서를 통해 전문 지식과 논리
적 사고력, 사물의 핵심을 꿰뚫어보는 통찰력을 구비하고 있었다. 1440
년(재위 22년) 제주도 안무사按撫使* 최해산崔海山이 세종에게 급히 장계를
올려 제주도에 용이 나타났다고 설명했다. "정의현에서 5마리 용이 한꺼
번에 하늘로 올라갔습니다. 그런데 그중 하나가 도로 수풀에 떨어져 오랫

---

* 지방에 변란이 발생했을 때 왕명으로 특별히 파견되어 백성을 위무하는 일을 맡은 관리.

동안 빙빙 돌다가 뒤에 승천했습니다." 보고를 받은 세종은 깜짝 놀란다. 상상 속 동물인 용이, 그것도 5마리나 승천했다는 건 예사로운 일이 아니었다. 세종은 최해산에게 좀 더 자세히 보고하라며 이렇게 이른다.

"용의 크고 작음, 모양, 빛깔과 5마리 용의 형체를 분명히 살펴보았는가? 그 용의 전체 모양을 보았는가? 머리나 꼬리, 혹은 허리와 같은 신체의 일부만 보았는가? 용이 승천할 때 구름의 기운이나 천둥번개가 있었는가? 용이 처음에 뛰쳐나온 곳이 물속인가, 수풀 사이인가, 들판인가? 하늘로 올라간 곳이 사람 사는 인가에서 얼마나 떨어졌는가? 구경하던 사람이 있던 곳과는 거리가 얼마나 되는가? 용 한 마리가 빙빙 돈 것이 오래되었는가, 잠깐이었는가? 용이 이처럼 하늘로 올라간 적이 그 전후에 또 있었는가? 용이 승천하는 것을 목격한 사람은 누구누구인가? 그들이 목격한 구체적인 장소와 시간은 어떻게 되는가? 과인의 이 모든 질문에 대해 구체적으로 보고서를 작성해 아뢰도록 하라."

세종의 질문은 구체적이었다. 그리고 구조화되어 있었다. 이런 질문은 피질문자가 맥락에 맞는 답변을 내놓을 수 있게 유도한다. 명을 받은 안무사 최해산은 세종의 질문 의도대로 6하 원칙에 맞게 사실관계를 조사해 다시 장계를 올린다.

"시골 노인에게 물으니, 지난 병진년 8월에 용 5마리가 바닷속에서 솟아올랐고 그중 4마리의 용이 하늘로 올라간 것은 맞습니다. 그런데 구름안개가 자욱해 머리는 보지 못했다고 합니다. 나머지 용 하나는 해변에 떨어져 금물두^{水勿頭}에서 농목악^{弄木岳}까지 뭍으로 갔는데, 비바람이 거세게 일더니 역시 하늘로 올라갔다고 합니다. 그 외에는 전후에 용의 형체를 본 사람이 없습니다."

세종은 두 번째 보고서를 근거로 용이 아니라 구름과 같은 자연현상을 착각한 것이라고 결론짓는다. 그리고 자신의 말을 백성에게 잘 전해 민심이 동요하지 않게 하라고 이른다. 세종이 두루뭉술하게 질문했더라면 최해산이 정확한 사실 조사를 하지 못했을 가능성이 높다. 세종은 비구름과 천둥번개 같은 자연현상이 발생하는 이치를 꿰뚫어보고 있었다. 이뿐만 아니라 동식물의 특성에 대한 전문적인 지식도 갖추고 있었다. 세종은 이런 지식을 바탕으로 최해산에게 좋은 질문을 했다. 그리고 문제의 근본 원인을 정확하게 진단하고 신속하게 대처했다. 세종의 좋은 질문이 아니었으면 백성은 용의 승천을 사실로 받아들이고, 그것이 무슨 대단한 변괴의 징조나 되는 양 불안에 떨었을 게 분명하다.

질문 속에
답이 있다

세종은 문제의 해답을 찾기 위해 지시 내용의 대부분을 질문으로 채웠다. "질문으로 파고든 사람은 이미 그 문제의 해답을 반쯤 얻은 것과 같다"라는 베이컨의 말처럼, 세종의 질문에는 이미 정답이 들어 있었다. 용이 승천할 당시 구름이나 천둥번개 같은 것이 있었는지, 용이 물속에서 솟아올랐는지 아니면 숲이나 들판에서 솟아올랐는지를 묻는 말에는 그것이 자연현상일 가능성이 높다는 합리적 추론이 깔려 있었다.

세종의 질문하는 습관은 사실관계를 깊이 살피는 과학적 마인드로 연결되었으며, 나아가 측우기를 비롯한 과학기술품의 발명으로 이어졌다. 세종은 측우기 발명에 얽힌 비하인드 스토리를 소개하면서 다음과 같이 말한다.

"자연의 이변에 대해 깊이 생각하고 꼼꼼하게 따지는 것은 재난으로 인해 나라가 흔들리는 걸 막기 위해서다. 가벼운 물건은 바람을 따라 수십 리 날아가기도 한다. 하물며 송화松花같이 가벼운 것은 어떻겠는가? 황우黃雨가 내려 세간의 민심이 흉흉할 때 세자가 구리로 그릇을 만들어 빗물을 조사해보았더니 그 성분이 송화였다. 정밀하지 않은 세간의 말로 나라가 흔들려서야 되겠는가?"

— 재위 23년 4월 29일의 《세종실록》

짙은 황토색 비가 도성에 내리자 백성은 나라가 망할 불길한 징조라며 쑥덕거렸다. 이때 세자(훗날의 문종)는 구리로 만든 그릇에 담긴 빗물을 살펴서 그것이 송화임을 밝혀냈다. 세종은 이 일을 계기로 정확한 빗물 측정의 필요성을 절감하고 장영실에게 측우기를 제작하게 했다.

문종은 즉위한 뒤 3년을 채 넘기지 못하고 죽었다. 그래서 대개 문종이 남긴 업적이 아무것도 없는 줄 알지만 사실은 그렇지 않다. 세종은 재위 19년부터 세자에게 업무의 대부분을 넘긴 뒤 자신은 한글 창제에 몰두했다. 따라서 치세 후반기 세종의 업적은 문종과의 공동 작품이라고 할 수 있다.

세종의 공부법

"아는 것은 좋아하는 것만 못하고, 좋아하는 것은 즐기는 것만 못하다."

— 《논어》 〈옹야〉 편

　세종은 임금이 될 위치에 있지 않았다. 승계 1순위자인 큰형(양녕대군)이 있었기에 자신이 임금이 되는 일은 상상조차 할 수 없었다. 형제들 간에 피비린내 나는 권력 쟁탈전을 두 차례나 치른 태종은 자식들이 자신의 전철을 밟지 않기를 바랐다. 그래서 일찌감치 맏이 양녕을 세자에 앉혔다. 둘째 효령과 셋째 충녕(세종)에게는 인생을 적당히 즐기면서 살라 이르고 권력에 대한 야망을 품지 못하도록 미리 선을 그었다. 공부도 많이 하지 못하게 했다.

궁금하면 공부하고
크게 의심하여 틀을 바꾼다

세종은 아버지의 뜻대로 적당히 인생을 즐기면서 살 요량을 했다. 시화도 배우고 음악도 배우고 때로는 왕자들이 태어나고 자란 집인 잠저 뒤편에 있는 북한산에 올라 단풍 구경도 했다. 그러나 공부를 많이 하지 못하게 한 태종의 뜻에는 따르지 않았다. 오히려 손에 집히는 대로 책을 읽었다. 책을 통해 배우고 익히는 것을 낙으로 삼았다. 모르는 것이 있으면 물어서라도 뜻을 깨우쳤다. 결국 공부가 세종의 인생을 바꿔놓았다.

세자 양녕이 허구한 날 기방을 들락거리면서 난잡하게 놀자 신하들은 태종에게 세자 교체를 요구했다. 태종은 단호하게 반대했지만 양녕이 궁궐에 '어리'라는 기생을 데리고 와 살림을 차리고 아이까지 낳자 마음이 흔들린다. 태종이 어리를 궁궐에서 내쫓자 양녕은 "아버지는 첩을 여러 명 거느리면서 나는 왜 못 하게 하느냐" 하며 대든다. 사태가 이쯤 되자 태종도 마침내 세자 교체 카드를 꺼내든다.

문제는 후임 세자를 누구로 하느냐였다. 태종은 양녕의 아들을 세자로 임명할 뜻을 피력했다. 하지만 조정의 신하들은 나이가 5살밖에 안 되는 어린아이를 세자로 임명할 수 없다며 이구동성으로 반대했다. 신하들이 내세운 대안은 현자賢者론이었다. 왕자 가운데 성품이 어진 사람을 세자로 책봉해야 한다는 논리였다. 그들이 마음에 둔 현자는 다름 아닌 세종

(충녕)이었다.

양녕의 스승을 맡고 있던 변계량을 비롯한 신하들 대부분은 세종의 학문적 경지와 어진 성품에 감탄을 금치 못했다. 태종 자신이 '나라의 기둥'이라고 부른 황희를 비롯한 핵심 측근들까지 현자론으로 기울자 결국 태종도 마음을 바꿨다. 서열상 둘째인 효령에게 세자 자리가 돌아가야 했지만 효령은 태종 자신이 보기에도 일국의 군주가 될 그릇이 아니었다. 그렇게 해서 세종은 양녕을 대신해 세자 자리에 올랐고, 그로부터 불과 두 달 뒤 태종을 이어 임금의 자리에 오른다.

4차 산업혁명은 패러다임 혁명이다. 거대한 변화를 이끄는 힘의 원천은 의외로 단순하다. 바로 인간의 의구심이다. 신본주의에 대한 의심이 근대 과학혁명과 인본주의를 탄생시켰듯이 인간의 영혼과 뇌, 의식과 감정에 대한 생물학적 의심이 나노과학과 생명공학, 인공지능을 탄생시켰다.

장자는 패러다임 시프트를 다음과 같이 정의한다. "작게 의심하면 방향을 바꾸지만 크게 의심하면 성질을 바꾼다^{小惑易方 大惑易性}." 4차 산업혁명은 단순한 방향 전환이 아니라 산업의 성격과 세상의 존재 방식, 문명의 질을 근본적으로 바꾸는 패러다임 시프트다.

세종은 조선의 틀을 바꾼 인물이다. 그 원동력은 기성 질서에 대한 큰 의심이었다. 세종은 기존의 학문적 관습이나 사상을 무비판적으로 수용하지 않았다. 심지어 조선 사회의 이념적 뿌리를 이루고 있던 주자의 사상에 대해서도 의심할 만한 것은 의심해야 한다고 말했다.

> "주자는 진실로 후세 사람으로서 논의할 대상이 아니다. 하지만 그
> 가 잘못을 바로잡은 말에도, 또 그 자신이 한 말에도 의심스러운 곳
> 이 있다. 비록 주자의 말이라 할지라도 다 믿을 수는 없다."
>
> – 재위 19년 10월 23일의 《세종실록》

　아무리 임금이라도 성리학의 성인 반열에 올라 있는 주자를 비판한다
는 건 상상할 수 없는 일이었다. 충격을 넘어 혁명적인 발상이 아닐 수
없었다. 조선 후기 노론이나 소론 가운데 어느 누군가가 이런 말을 꺼냈
다면 당장에 사문난적으로 몰려도 이상하지 않을 정도다. 그러나 세종은
당당하게 자신의 소신을 신하들에게 밝혔다.

　더 놀라운 점은 신하들도 세종의 이런 발언에 놀라지 않고 그저 담담
하게 받아들였다는 사실이다. 곁에 있던 승지 권채는 "주자의 제자 요씨
도 가끔 주자의 이론을 반박하기도 했다"라며 세종의 말에 맞장구를 쳤
다. 세종 재위 19년이면 세종의 국정철학이 바야흐로 농익을 때였고 신
하들도 임금의 비전과 혁신적 사고에 익숙해져 있을 무렵이었다. 그렇기
에 신하들의 이런 반응이 결코 낯설지만은 않다.

융복합의 지식,
융복합의 인재

4차 산업혁명의 시대정신은 융복합이다. 사물인터넷, 인공지능, 빅데이터, 양자컴퓨터 등 4차 산업혁명 시대를 대표하는 기술이 산업 간 경계를 무너뜨리고 가상과 현실을 하나로 통합하고 있다. 세종은 대표적인 융복합형 지식인이자 리더였다. 600년 전 인물인 세종을 오늘로 소환해 살피는 까닭 중 하나도 바로 여기에 있다.

세종은 역사와 철학 등 인문학뿐만 아니라 수학과 천체물리학, 지리학, 역학, 의학, 군사학, 음악 등에 두루 뛰어났다. 유교를 기본적인 통치 이념으로 삼았지만 도교나 불교, 풍수지리학 같은 비주류 사상도 멀리하지 않았다. 세종은 당시 출판을 담당하던 기구인 주자소에 명해《장자》를 인쇄해 배포하도록 하는가 하면, 풍수지리를 이단으로 몰아 천시하던 신하들에게 학문적인 차원에서 연구가 필요함을 역설했다. 말년에는 신하들의 끈질긴 반대를 뿌리치고 내불당을 건립하기도 했다.

세종은 융복합형 선비들을 중용했다. 문과에서 장원으로 급제한 정인지는《훈민정음》의 서문을 짓는가 하면 천체관측 프로젝트와 기기 개발 책임을 맡기도 했다. 국정을 두루 통할하던 영의정 황희는 군사작전을 앞두고 서북 지방에 나가서 지세와 산세, 기후 조건 등을 세밀하게 관찰했으며 그 결과를 세종에게 보고하기도 했다. 황희와 어깨를 나란히 할 정도로 세종의 두터운 신임을 받았던 우의정 맹사성은 박연이 진행하는 각종 음악 프로젝트의 감수 역할을 도맡았다. 문인 출신인 김종서를 6진 개척 총책임자인 서북 방면 군사령관에 임명한 사건은 융복합형 인재 발탁의 백미로 꼽을 수 있다.

김종서는 61세라는 적지 않은 나이에 왕명을 받아 함길도(함경도) 절제사(총사령관)에 부임한 뒤 자신의 심경과 각오를 담은 시를 한 수 지었다.

삭풍은 나무 끝에 불고

명월은 눈 속에 찬데

만리변성에 일장검 짚고 서서

긴 휘파람 큰 한 소리에

거칠 것이 없어라

문인다운 문장력이 돋보이면서도 변방의 야전사령관으로서 기개가 느껴지는 시다. 세종은 김종서를 헐뜯는 상소가 올라와도 흔들리지 않고 그를 신뢰했다. 그리고 연로한 김종서의 어머니에게 음식과 의복을 보내면서 극진히 보살폈다. 세종의 이런 신뢰와 인간미는 일찌감치 김종서의 마음을 움직였으며 김종서는 자신의 모든 것을 바쳐 그에 보답했다.

읽어도 읽어도
부족하다

　　다방면에 걸친 세종의 지식은 대부분 폭넓은 독
서에서 나왔다. 세자로 임명되기 전인 왕자 시절부터 세종은 독서에 열
중했다. 밤낮없이 책에 파묻혀 살았다. 태종은 행여 세종(당시에는 충녕대
군)이 건강을 해칠까 봐 읽고 있던 책을 모조리 회수하기도 했다. 이때 병
풍 뒤에 감춰두었던 책이 《구소수간歐蘇手簡》*이었는데 세종은 이 책을 천
번도 넘게 읽었다고 한다.

　　조선의 4대 군주로 취임한 이후에도 세종의 독서열은 식지 않았다. 왕
위에 오른 후 경연에서 읽은 책만 해도 23종이나 되었으며, 경연 교재로
채택했던 《사기》《자치통감》《통감강목》 같은 역사책은 수십 번씩 반복
해 읽었다. 그래도 뜻이 명확하지 않은 부분이 있었던지 세종은 "《통감
강목》은 과인이 20번, 30번을 반복해 읽었는데 그래도 자못 의심나는 곳
이 있으니 학문이란 진실로 그 깊이가 무궁하다"라며 독서에 대한 소회
를 밝히기도 했다.

　　깊이와 넓이를 두루 아우르는 독서의 힘 덕분에 세종은 당대 최고 지

---

* 중국 원나라 문인 두인걸이 당송 팔대가에 속하는 구양수와 소식이 주고받았던 짧은 편지글을 모아놓은 책.
세종은 중국의 문인 중에서 구양수와 소식의 문체를 애호했으며, 그들이 주고받았던 편지에 담겨 있던 사유
의 폭과 서정의 깊이에 크게 공감했다.

식인들로 구성된 관료 사회와 전문가 집단을 효율적으로 이끌 수 있었다. 경연에서 철학과 사상에만 치우쳐 역사 공부를 게을리하는 신하들을 나무랄 수 있었던 것도 독서의 힘이었다. 기술 관료인 장영실에게 천체 관측 장비의 개념도를 직접 설명하고 기기 개발을 지시한 것도 독서를 통한 혜안과 통찰력이 뒷받침되었기 때문이다.

> "장인이 물건을 만드는 건 그것을 사용하기 위해서다. 물건을 만들어도 쓸모가 없다면 장인은 만들지 않을 것이다. 마찬가지로 학문을 해서 쓸모가 없다면 학문은 해서 무엇 하겠는가."
>
> — 정자程子

세종의 공부 원칙 가운데 또 하나는 실용성이었다. 세종에게 독서는 취미가 아니라 군주로서 나라를 잘 이끌기 위한 일의 일부였다. 역사와 철학 공부는 나라를 경영하는 임금으로서 마땅히 갖추어야 할 제왕학의 기본이었다. 또 언어, 수학, 천체물리, 음악, 군사 등 다른 공부는 나라의 고유한 문자를 창제하고, 예술과 과학기술을 풍요롭게 하고, 안보를 튼튼히 다지는 실용적 목적에 봉사했다.

세종은 당뇨병과 고혈압, 피부질환 등 각종 질병에 시달리면서도 손에서 책을 놓지 않았다. 말년에는 한 치 앞에 있는 사람조차도 잘 알아보지 못할 정도로 시력이 급격하게 나빠졌지만 늘 머리맡에 책을 두었다.

결국 모두 백성을 위한 일

"흉년으로 길거리에 굶어 죽은 사람의 시체가 널려 있는데도 창고를 열 줄 모르면서 백성이 굶어 죽으면 흉년 때문에 죽은 것이라고 말하니, 사람을 찔러 죽이고도 자기가 죽인 게 아니라 병기가 죽였다고 말하는 것과 무엇이 다르겠습니까? 흉년에 죄가 있다 하는 대신 자신을 돌아보아 나라를 다스리면 천하의 백성이 왕에게 몰려들 것입니다."

― 《맹자》 〈양혜왕장구〉 상편

임금이 있으나 백성이 굶으니 심히 부끄럽다

세종의 모든 자질과 성품, 리더십은 결국 백성을 위한 목적에 봉사했다. 주의 깊게 듣고, 깊이 있게 묻고, 밤을 새워 공부하는 행위의 궁극적인 지향점은 모두 애민愛民이었다. 세종은 자주 민정 시찰에 나섰다. 하지만 임금의 행차임을 요란하게 알리지 않고 조용히 백성을 만나 그들의 고충이 무엇인지 물은 뒤 경청했다.

> "이날 행차에는 그날 당직 근무를 서는 호위군관 한 명만 거느렸으며, 임금이 쓰는 붉은 양산과 부채도 쓰지 않았다. 벼가 잘되지 못한 곳을 보면 반드시 말을 멈추고 농부에게 그 까닭을 물었다."
>
> – 재위 7년 7월 1일의 《세종실록》

시찰 도중 농부들에게 술과 음식을 대접하면서 그들의 애로 사항을 듣기도 했다. 자신들의 말에 귀를 기울여주는 임금을 백성은 마음으로 존경했다. 세종이 민정 시찰을 끝내고 궁으로 돌아가는 길에는 수천수만의 백성이 늘어서서 구경하는 진풍경이 연출되기도 했다.

세종에게는 오직 백성뿐이었다. 그에게 백성은 나라의 근본이었으며, 정치의 목적은 백성의 생활을 풍족하게 하여 나라의 근본을 튼튼히 다지는 것이었다. 백성의 즐거움이 임금의 즐거움이며, 백성의 고통과 슬픔은 곧 임금의 고통과 슬픔이었다. 이를 위해 군주는 마땅히 백성이 살아가는 삶의 현장을 직접 찾아가 그들의 소망이 무엇인지 묻고 들어야 했다.

"나라는 백성을 근본으로 삼고, 백성은 먹을 것으로 하늘을 삼는다.
농사짓는 일은 먹고 입는 것의 근원이니 임금이 우선적으로 힘씀이
마땅하다. 위에 있는 사람이 성심으로 지도하고 이끌지 않는다면 어
떻게 백성이 부지런히 농사에 전념하기를 바라겠는가?"

– 재위 26년 윤7월 25일의 《세종실록》

이런 세종의 애민 리더십 덕분에 세종 시대 조선의 농업 생산력은 고
려 말에 비해 3배 이상 높아졌다. 관료들이 행정 편의주의적 태도를 취할
때도 세종은 한결같이 백성의 입장에 섰다.

당시 새로 개간한 밭에는 세금을 물리지 않는 원칙이 있었다. 그런데
어느 날 경상도 관찰사가 개간한 밭을 면세해주려 해도 새로 일군 땅을
구분하기가 쉽지 않다며 그냥 일괄해서 세금을 매기자는 보고를 올렸다.
이에 대해 세종은 일이 의심스러워도 백성들과 더불어 도모하면 문제될
것이 없다면서 면세 원칙을 고수하라고 이른다. 특히 흉년으로 굶주리
는 백성을 위해 세금을 면제하고 행정절차를 최대한 줄여 긴급하게 구휼
하라고 지시한다. 자연재해 때문에 조세를 감면하면 나라의 곳간이 비게
된다는 관리의 말에 세종은 다음과 같이 말한다.

"임금으로 있으면서 백성이 굶주린다는 말을 듣고도 조세를 징수하
는 것은 차마 못 할 일이다. 더군다나 묵은 곡식이 이미 다 떨어져 창
고를 열어 곡식을 나누어준다고 해도 굶주린 배를 다 채우지 못할

지경인데 거기에다 세금까지 내게 해서야 되겠는가?"

- 재위 1년 1월 6일의 《세종실록》

세종은 맹자가 말한 왕도정치를 온몸으로 실천한 군주였다. 세종에게 백성 구휼은 어떤 명분도 필요 없는 하늘의 명령이었다. 세종은 과도한 재정 지출로 나라 살림이 위태로워지면 왕실의 사재를 털어 곳간을 채우는 방식을 택했다. 백성에게 부담을 지우는 대신 노블레스 오블리주를 실천했던 것이다.

"재앙과 이변은 사람의 힘으로 통제할 수 없다. 그러나 부의 재분배는 사람이 할 수 있는 일이다. 과인이 덕이 없어 백성이 굶주리게 되었으니 심히 부끄럽다. 왕실의 재산 가운데 직계들의 과전科田을 줄이면 나라 살림에 다소라도 보탬이 될 것 같은데 경들의 생각은 어떠한가?"

- 재위 19년 1월 12일의 《세종실록》

일만 하고 쉬지 않으면 힘이 쇠하게 된다

두 농부가 벼를 베고 있었다. 한 농부는 허리도 한 번 제대로 펴지 않고 쉼 없이 벼를 베었고, 다른 농부는 틈틈이 쉬어가면서 벼를 벴다. 일을 마치고 수확량을 비교해보니 틈틈이 쉬어가면서 벼를 벤 농부의 수확량이 더 많았다. 쉬지 않고 일한 농부가 물었다. "아니 어떻게 자네 수확량이 나보다 더 많을 수가 있나? 나는 허리 한 번 펴지 않고 열심히 일했는데?" 그러자 다른 농부가 이렇게 대답했다. "쉬는 동안 나는 낫을 갈았다네."

죽어라고 일만 한다고 생산성이 높이지는 게 아니다. 열심히 일한 후에는 충분히 쉬면서 재충전하는 시간을 가져야 한다. 그래야 일의 능률이 높아지고 삶의 만족도도 높아진다. 4차 산업혁명 시대에는 '일과 삶의 균형'이 그 어느 때보다 중요한 가치로 떠오르고 있다. 세종은 일찌감치 워라밸의 필요성을 내다봤다.

재위 17년에 벼 수확량이 예년보다 늘어나자 공조판서 성억은 술로 인한 곡식의 허비를 막기 위해 금주령을 내려야 한다고 건의했다. 하지만 세종은 "경작이 끝난 후 모처럼 한가한 날을 얻어 술을 마시면서 서로 즐거워하는 것은 백성들의 정상적인 태도. 지나치지만 않다면 굳이 막을 필요가 없다"라며 반대했다. 그리고 다음과 같이 덧붙였다.

> "백성은 오랫동안 일하고 쉬지 않으면 그 힘이 쇠하게 되고, 오랫동안 쉬고 일하지 않으면 마음이 해이해진다. 일과 휴식의 균형이 필요하다."
>
> – 재위 17년 8월 11일의 《세종실록》

출근하지 않고 집에서 책을 읽을 수 있도록 하는 사가독서제를 도입해서 집현전 학자들에게 연구 활동의 재량권을 부여한 것도 같은 맥락으로 볼 수 있다. 집현전에 나와서 다른 업무를 겸하다 보면 아무래도 집중해서 책을 보거나 창의적인 연구 성과물을 낼 수 없다는 게 세종의 생각이었다.

> "과인이 경들을 집현전 관원에 제수한 것은 나이가 젊고 장래가 있으므로 글을 충분히 읽어서 국정 운영에 실제 효과를 내기 위해서였다. 그러나 각자 맡은 직무 때문에 아침저녁으로 독서에 전심할 겨를이 없으니 지금부터는 집현전에 출근하지 말고 집에서 전심으로 글을 읽어 성과를 드러내 나의 뜻에 부응하도록 하라. 글 읽는 원칙에 대해서는 변계량의 지도에 따르도록 하라."
>
> ─ 재위 8년 12월 11일의 《세종실록》

하늘을 흠모하는 마음으로 백성을 공경하라

세종에게는 하늘 아래 만물이 모두 백성의 것이었다. 임금이라는 자리는 하늘을 대신해 만물을 다스리는 자리이므로 천지자연의 운행 원리와 이치를 잘 살펴 하늘이 맡긴 백성을 골고루 잘살게 해야 한다는 것이 세종의 통치철학이었다. 천체관측기기인 일성정시의^{日星定時儀}를 만들고, 이순지와 김담 등에게 《칠정산^{七政算}》을 편찬해 역법^{曆法} 체계를 완성하게 한 것도 그러한 믿음에서 비롯되었다. '역^曆'이라는 한자가 의미하듯 나라의 근본인 백성에게는 벼^禾를 심고 벼^禾를 거두는 날짜^日만큼 소중한 것이 없다.

세종은 천추전^{千秋殿}이라 불리는 집무실 옆에 흠경각^{欽敬閣}을 설치하고 그곳에 물시계를 보관하도록 했다. 만백성의 팀장으로서 세종의 생각과 철학을 상징적으로 보여주는 이름이 바로 흠경각이다. 거기에는 하늘을 흠모하듯 백성을 공경한다는 의미가 담겨 있기 때문이다.

하늘이 만물에 차별을 두지 않듯 세종도 신분의 귀천과 남녀 성별에 차별을 두지 않았다. 출산한 노비에게도 100일간의 출산휴가를 주도록 했으며, 출산한 아내와 아이를 돌볼 수 있도록 노비의 남편에게도 한 달간 유급휴가를 주게 했다. 이전에 이런 파격적인 복지정책이 있었던가? 이것이 진정 왕조시대의 이야기인가? 눈이 의심스러워 다시 살피고 살펴도 틀림없는 사실이다. 소문에 기댄 야사가 아니라 《세종실록》에 기록된 정사다.

덕금이라는 여종이 주인*에게 모진 매를 맞고 학대를 당한 뒤 길거리에 버려지는 사건이 발생하자 세종은 철저한 수사를 지시해 진상을 규명하고 다음과 같이 말했다.

---

* 집현전 학사이자 문신이었던 권채의 아내가 그 주인이다. 권채는 명문장가로 매사에 반듯해 존경을 받았으며 《삼강행실도》를 편찬하기도 했다.

"임금의 직책은 하늘을 대신해 만물을 다스리는 것이다. 만물이 그 자리를 얻지 못하는 것도 마음이 아픈데 하물며 사람은 어떠하겠는가? 임금이 다스림에 있어서 진실로 하나같이 보살펴야 하는데 어찌 양민과 천민을 차별하겠는가?"

– 재위 9년 8월 29일의 《세종실록》

세종의 귀는 늘 백성을 향해 열려 있었다. 적극적으로 백성의 고충을 들었고 의심스러운 것이 있으면 직접 물었다. 해답을 찾지 못할 때는 책속으로 들어가 선인들의 지혜를 빌렸다. 왕위에 있었던 31년 6개월간 세종은 단 하루도 이 원칙을 버리지 않았다. 세종이 듣고 질문하고 공부하는 모든 이유는 오직 백성을 위해서였으며, 이 원칙이 그를 조선왕조 최고의 성군으로 만들었다. 그리고 4차 산업혁명 시대를 살아가는 오늘날의 우리가 그를 주목하지 않을 수 없게 만들었다.

"이 경우라면 플라톤은 어떻게 행동했을까? 에파메이논다스는 뭐라고 했을까? 리쿠르고스 자신이나 아게실라오스는 어떻게 행동했을까? 이와 같은 거울들 앞에서, 비유적으로 말하면, 그들은 치장하고 습관을 고치며, 천한 말을 자제하거나 정념의 발동을 끈다네."

– 플루타르코스, 《플루타르코스의 모랄리아》

일이 막힐 때, 진로가 막막할 때, 인간관계 때문에 힘들 때, 우리는 어떤 거울을 들여다보며 나의 치장과 습관을 고치는가? 어떤 거울을 보며 천한 말을 자제하고 정념의 발동을 끌 것인가? 우리에게는 군주 세종이 남긴 거울이 하나 있다. 그가 남긴 거울을 보면서 이렇게 물어보자. "이 경우라면 세종은 어떻게 행동했을까? 뭐라고 말했을까?"

다섯 명의 영화감독, 다섯 개의 세계

박일아

한 구절, 한 장면을 가지고 음미하기를 좋아하는 사색가. 영화이론을 전공하고 한양대, 인하대, 숭의여대에서 강의를 한다. 서울시교육청 고전인문아카데미 '고전 인문학이 돌아오다' 등에서 대중 강연도 하고 있다. 공저로 《21세기 한국영화》 《휴전과 한국영화》가 있다. 영화를 통해 다양한 사람들의 시선을 공유하는 것이 보다 넓은 세상을 이해하는 한 걸음이라고 믿는다.

지적 유희를 즐기고 싶을 때,
크리스토퍼 놀란

모처럼 극장에 갔는데 뭘 봐야 할지 몰라서 한참을 고민했던 적이 있는가? 뤼미에르 형제가 최초의 필름을 상영한 지 120년이 넘은 지금, 우리는 손안에 쥔 모바일 디바이스로 다양한 플랫폼에 접속해 수많은 콘텐츠에 접근할 수 있다. 그러나 누구도 간섭하지 않는 자유로운 선택지 앞에서 우리는 때로 자유로워지지 못한다. '괜히 새로운 거 시도했다가 지루하기라도 하면 시간도 아깝고 돈도 아까운데' 하는 두려움에, 늘 보던 장르나 혹은 누군가 추천한 영화를 선택하기 쉽다.

내가 축적해온 경험에는 내 취향이 반영되는 게 당연하다. 하지만 어쩌면 예전에는 도통 이해도 안 되고 지루하기만 했던 영화가 5년 혹은 10년 뒤 마음에 깊은 울림을 주는 작품이 될지도 모른다. 같은 영화여도 내가 놓인 상황이나 고민에 따라 영화를 이해하는 정도가 달라지니 말이다.

인간의 보편적 정서를 관통하면서도 대중성을 확보한 이 시대의 세계적인 감독 5명을 선정했다. 각각의 감독은 세계를 바라보는 관점과 질문이 매우 다를 뿐 아니라 이를 표현하는 방식에서도 독보적인 스타일을 보여준다. 이 강의를 통해 서로 다른 그들의 매력을 엿보고 내 취향이 아닌 영화를 과감히 선택하는 기회로 작용하면 좋겠다. 새로운 자극은 취향의 반경을 넓힐 뿐 아니라 세상을 바라보는 깊이에도 영향을 줄 것이다.

시간 조작을 통한
지적 유희

> "옛날에는 한 영화를 여러 번 봤어요. 요즘에는 그렇지 않잖아요. 저
> 는 사람들이 여러 번 보고 싶어 하는 영화를 만들고 싶어요."
>
> — 크리스토퍼 놀란

유독 크리스토퍼 놀란Christopher Nolan 감독의 영화는 많은 관객이 여러 번 보면서 새로운 단서를 찾아내기로 유명하다. 놀란 감독이 초기작 〈메멘토〉와 관련된 인터뷰에서 언급하듯, 그는 관객이 여러 번 봐도 질리지 않고 오히려 더 많은 해석의 여지를 찾아낼 영화를 만들고 싶어 했다. 그리고 〈배트맨〉 시리즈와 〈인셉션〉을 보면 그 목적을 달성한 듯 보인다. 볼거리가 범람하는 시대에 놀란 감독은 어떻게 또 보고 싶은 영화를 만드는 데 성공했을까?

크리스토퍼 놀란 감독은 시간의 구성을 재배열함으로써 독특한 방식

으로 이야기를 진행한다. '해 아래 새것이 없다'는 말처럼 그간 인류가 쌓아온 수많은 이야기는 원형의 서사를 크게 벗어나지 못한다. 대부분의 훌륭한 이야기꾼들은 그런 유사한 구조에 약간의 변형을 주는 것만으로도 충분히 재능을 인정받는다. 그러나 놀란 감독은 '무엇을 보여줄 것인가'보다는 '어떻게 보여줄 것인가'에 집중한다. 물론 많은 감독이 모든 영화에서 어떻게 각 장면을 보여줄지 고민하지만, 여기서 말하는 '어떻게' 란 단순히 장면 연출이 아니라 '어디서부터 보여줄 것인가'에 더 가깝다.

우리의 신체는 시간을 거스를 수 없기 때문에 이야기가 시간순으로 진행되는 데 익숙하다. 때로 결말이 먼저 나오고 과거로 돌아가서 이야기가 진행되거나 순간순간 플래시백을 통해 과거의 기억 또는 꿈을 배치하는 경우도 있지만, 크리스토퍼 놀란 감독이 시간을 배열하는 방식은 차원이 다르다. 놀란 감독은 인간의 정신이 신체와 다르다는 사실을 이용한다. 정신이 시간을 얼마든지 거스를 수 있고 주어진 정보를 조작할 수 있는 능력을 갖췄기 때문에 이해할 수 있는 인과관계를 파악하기 위해 스스로 노력한다는, 바로 그 정신의 힘이다.

놀란 감독은 첫 번째 장편영화 〈미행〉에서부터 남다른 시간 배열을 시도했다. 등장인물의 외모가 변하고 빈집 털이 수법이 유사해 장면과 장면이 어떤 관계인지 유추하게 만들다가 후반에 반전이 펼쳐지는 이 서사 구조는 이후 〈메멘토〉에서 매우 정교한 형식미를 갖춘 모습으로 진화했다.

〈메멘토〉는 되감기로 보여주는 첫 시퀀스부터 흑백 시퀀스 22개와 컬러 시퀀스 22개가 교차로 진행된다. 이야기를 시간순으로 나열했을 때 〔1-2-3-4-5-6…43-44〕라고 한다면, 이 영화의 진행 구조는 〔44-1-43-2-42-3…23-22〕의 형태다. 즉 시간순으로 진행하는 흑백 시퀀스와 역순으로 진행하는 컬러 시퀀스가 번갈아 나온다. 그래서 관객은 처음에는 어떤 구조인지 갈피를 잡지 못하다가 동일한 루틴을 발견하고 나서야 지금까지 수집한 정보를 바탕으로 추적을 시작한다.

마지막 팽이(토템) 장면을 놓고 이것이 현실이냐 꿈이냐에 대해 많은 추측을 낳았던 〈인셉션〉의 경우, 꿈속의 꿈속의 꿈을 통해 시간의 속도가 제각기 다른 층위를 보여주면서 이전의 시도와는 다른 리듬감을 만들어냈다. 현실(비행기)에서 잠든 시간인 0.2초가 1단계 꿈(도로에서 차가 추락하는)에서는 4초가 되고, 2단계 꿈(호텔)에서는 1분 20초, 3단계 꿈(설원)에서는 27분으로 계산된다. 동일한 순간이지만 각 층위의 인물들이 체감하는 시간의 길이는 달라진다. 특히 3단계의 꿈은 급박한 상황이 속도감 있게 진행되는데, 그 사이사이에 팔이 늘어진 채 잠을 자는 인물들을 느린 속도로 배치한 편집은 관객이 숨을 참고 볼 정도의 서스펜스를 만들어낸다.

놀란 감독은 이처럼 시간을 자유자재로 조직하며 관객에게 지적 유희를 선사한다. 영화를 처음 본 관객은 시간이라는 줄로 꿰어지지 않은 장면들을 가지고 이해를 시도하며, 결국 군데군데 비어 있는 조각을 찾기 위해 영화를 다시 보게 되는 것이다. 마치 답을 확인하고 나서 틀린 수학

문제를 다시 풀고 싶듯이 말이다.

물리적 감각에 의존한
스펙터클

뛰어난 상상력 자체도 능력이지만, 그 상상을 이미지로 구현하는 건 더욱 어려운 일이다. 특히 슈퍼히어로물이나 SF 장르의 경우, 오늘날 더 나은 볼거리를 제공하기 위해 CG Computer Graphics 의 힘을 빌리는 걸 당연하게 여긴다. 그러나 놀란 감독은 가급적 아날로그적 방식을 고수하려 노력한다. 〈다크 나이트〉에서 대형트럭을 실제로 수직 전복시켰고, 병원 폭파 신에서는 실제 병원 세트를 지어 폭파했으며, 배트맨이 타고 다니던 특수 오토바이 역시 스턴트맨이 실제 주행을 할 수 있게 제작했다. 〈인셉션〉의 파리 거리 폭파 장면은 압축 공기를 이용해 찍었고, 무중력 상태의 호텔 복도 역시 세트를 만들어 360도 돌려가며 찍었다. 또 〈인터스텔라〉를 촬영하려고 3년간 옥수수밭을 가꾸고, 황사바람을 일으키기 위해 골판지를 갈아 선풍기로 날려보내는 등 그의 영화 제작 과정에 얽힌 일화는 그야말로 어마어마하다.

놀란 감독이 현실과 가장 비슷하게 장면을 구현하는 데 공을 들이고, 어쩔 수 없는 부분만 CG 처리를 하는 이유는 무엇일까? CG로 처리했다면 훨씬 빠르고 쉽게 진행되었을 텐데 말이다. 그 이유는 발명된 지 오랜 시간이 지났음에도 카메라가 아직 인간의 눈이 미세한 부분을 감지해내는 능력을 넘어서지 못하고 있어서다. 즉, 우리 눈이 현실과 가상 이미지를 구분해내기 때문이다.

놀란 감독이 우리에게 들려주는 이야기는 만화에서나 있을 법한 사건 혹은 꿈에서나 나올 법한 풍경이다. 현실과 너무나 동떨어진 이야기를 매끄럽게 처리된 영상으로 본다면 우리의 눈과 뇌가 쉽게 속지 않았을 것이다. 시각 이미지의 이질감이 이야기에 몰입하는 걸 방해하지 않도록, 다시 말해 관객을 더 잘 속이기 위해 우리의 눈에 가장 익숙한 장면을 연출하고자 했고, 그래서 물리적인 아날로그 연출법을 택한 것이다. 업계 기류에 휩쓸리거나 손쉬운 길을 선택했다면 많은 관객이 두고두고 다시 보는 영화는 나오지 못했을 것이다. 아무리 스토리가 좋아도 촌스럽거나 눈에 거슬리는 영화는 다시 보기 힘든 법이다.

단순 관람을 넘어 체험의 영역으로

놀란 감독이 영화를 '체험'이라는 한 단어로 정의한 건 아니지만, 적어도 10편이나 되는 그의 작품 DVD에 수록된 인터뷰에서 그는 '체험'이라는 단어를 정말 자주 사용한다. 놀란 감독은 자신의 작품을 보는 관객이 캐릭터에 공감하기를 바라지 않았다. 영화를 체험하기를 바랐고, 그래서 놀란 감독의 작품에서 영화적 체험을 했던 관객은 다시 보기를 선택했다.

〈덩케르크〉에는 크리스토퍼 놀란 감독이 그동안 만든 영화들과는 달리 복잡한 서사 구조가 없다. 영화는 덩케르크의 육해공에서 일어나는 사건의 연속이다. 덩케르크에 고립된 군인들의 1주일, 연합군을 구하기 위해 어업용 배를 몰고 가는 민간인들의 하루, 다이나모 작전을 엄호하는 공군 장교들의 한 시간을 필름에 담았다.

그간의 픽션이 감독의 상상을 체험하게 했다면, 제2차 세계대전에서 중요한 역사적 사건을 다룬 〈덩케르크〉는 실제 작전을 체험하게 한다는 데 차이가 있다. 등장인물들이 작전을 수행하면서 수많은 대화를 나눴던 이전 작품들과 다르게, 실제 전쟁을 묘사한 〈덩케르크〉는 대사가 적다. 폭탄과 총알이 난무하는 전쟁 통에서 인물들은 부서지는 배에서 뛰어내려 헤엄치기 바쁘고, 적의 격투기와 싸우기 바쁘고, 무엇보다 너무 지쳐서 말을 할 기력이 없다. 영화는 대사 대신 정신없이 들리는 폭음과 총성, 아우성으로 채워져 있다.

〈인썸니아〉에서는 불면증에 대한 지식을, 〈인터스텔라〉에서는 우주에 대한 지식을 뽐냈던 감독이기에, 역사물을 위한 고증 작업은 말이 필요 없는 수준이었을 것이다. 놀란 감독은 제2차 세계대전 당시 영국 공군의 주력 전투기였던 스핏파이어를 3대 확보했고 그 속에 아이맥스 카메라를 욱여넣어 촬영하느라 꽤나 고생했다고 한다.

무엇보다 이 역사의 공간으로 관객을 불러오기 위해 106분의 러닝 타임 동안 무려 100분을 아이맥스 필름카메라로 촬영했다. 1.43:1의 화면 비율을 구사하는 아이맥스 상영은 관객의 시야를 빈 공간 하나 없이 스크린으로만 가득 채웠다. 하늘을 나는 전투기와 성난 바다 위의 보트가 눈앞에 가득 펼쳐지는, 말 그대로 '스크린은 사라지고 실제를 체험하는' 역사적 순간인 셈이다.

관객은 감독이 제공하는 지적 유희와 작위적이지 않은 스펙터클을 다시 체험하기 위해 기꺼이 다시 보기를 선택한다. 이는 세계적으로 크리스토퍼 놀란 감독에 대한 지지가 두터워지고 있는 이유이기도 하다.

크리스토퍼 놀란 감독의 필모그래피

▶ 〈미행Following〉(1998)

▶ 〈메멘토Memento〉(2000)

▶ 〈인썸니아Insomnia〉(2002)

▶ 〈배트맨 비긴즈Batman Begins〉(2005)

▶ 〈프리스티지The Prestige〉(2006)

▶ 〈다크 나이트The Dark Knight〉(2008)

▶ 〈인셉션Inception〉(2010)

▶ 〈다크 나이트 라이즈The Dark Knight Rises〉(2012)

▶ 〈인터스텔라Interstellar〉(2014)

▶ 〈덩케르크Dunkirk〉(2017)

느슨한 일상에 충격이 필요할 때, 다르덴 형제

다르덴 형제Jean-Pierre Dardenne, Luc Dardenne는 벨기에 동부 왈롱 지방 리에주에 위치한 세렝에서 태어났다. 형제는 프랑스의 극작가 아르망 가티Armand Gatti 밑에서 영화를 공부하고 다시 고향으로 돌아왔다. 그리고 시멘트 공장과 원자력 발전소에서 일하며 저가 장비들을 사들여 다큐멘터리를 찍었다. 철강 산업이 기울고 직업을 잃은 노동자들이 대거 빠져나간 도시에서 청년실업과 노동문제, 불법 이민 등 무산계급의 불안정한 삶을 절감했던 것일까? 1986년 처음 만든 극영화 〈거짓〉을 시작으로 2016년 〈언노운 걸〉에 이르기까지, 10편에 가까운 그들의 작품은 주로 사회적 곤경에 처해 있는 인물을 다룬다. 1999년 〈로제타〉와 2005년 〈더 차일드〉로 두 번의 황금종려상을 수상한 형제는 현대사회가 봉착한 문제와 투쟁하는 개인의 삶을 쉼 없이 포착해낸다.

눈을 마주하고 듣는 우리의 속사정

〈아들〉〈로제타〉〈로나의 침묵〉〈더 차일드〉〈자전거 탄 소년〉〈언노운 걸〉……. 다르덴 형제의 영화에서 사람을 칭하는 고유명사나 대명사가 들어간 작품을 세어보면 그 중심에 사람이 있다는 사실이 분명해진다. 그리고 그들을 둘러싼 상황은 하나같이 어렵다. 〈약속〉은 밀입국 노동자를, 〈로제타〉는 알코올중독자 엄마를 부양해야 하는 청년 실업자를, 〈더 차일드〉는 아무런 보호 없이 출산한 10대 커플을, 〈로나의 침묵〉은 시민권을 얻기 위해 위장 결혼한 이민자를 그리고 있다.

이들은 고단한 삶의 끝에 친구를 배신하거나 절도 같은 범법 행위를 저지르고, 혹은 사람을 죽이거나 팔기까지 한다. 그러나 영화는 이들의 동기를 설명하지도, 그럴 수밖에 없었다고 호소하지도 않는다. 그저 여기에 이런 이들이 있음을 보여줄 뿐이다. 이들이 빠진 늪이 개인의 발버둥으로는 벗어날 수 없는, 예의나 교양이나 윤리의식 따위를 적용하기 어려운 사각지대임을 알린다. 우리는 이들을 보호할 사회안전망의 부재와 우리가 속한 사회 시스템이 제대로 작동하지 않고 있음을 확인할 뿐이다.

독일의 사회학자 게오르그 짐멜은《짐멜의 모더니티 읽기》〈대도시와 정신적 삶〉에서 내외적 자극이 많은 대도시에서 사물의 고유성과 본질에 둔감해지고 타인에게 무관심한 태도를 취하게 되는 현상에 관해 썼다.

실제로 SNS를 통해 얻는 단편적 정보를 가지고 타인의 삶에 왈가왈부하는 것은 자주 볼 수 있는 풍경이지만, 나의 이웃이나 직장 동료에게 무슨 일이 있는지 들여다보는 건 현대인에게 낯설면서도 피곤한 일이다. 표정과 눈 마주침, 목소리 어조 등을 마주할 수 있는 경우에는 그들을 둘러싼 훨씬 복잡한 맥락을 읽어낼 수 있기 때문에 어떤 사건에 대한 우리의 입장을 간단히 정리하기가 쉽지 않다. 내가 불리한 상황일 때, 혹은 피해자로 여겨지는 상황에서는 더욱 그러하다.

2002년에 제작된 〈아들〉은 소년원 직업훈련소에서 목공 일을 가르치는 중년 남성 올리비에와 5년 전 그의 아들을 죽이고 소년원에서 복역하고 나온 16살 프란시스의 만남을 그린다. 올리비에는 프란시스에게 목공 일을 가르칠 때마다 분노와 복수심으로 끓어오르지만 그를 지켜보며 차분하게 복수를 계획한다. 결국 인적이 드문 목재소에서 프란시스의 목을 움켜쥐었던 올리비에가 마지막 순간에 손을 거둔 이유는 그간 프란시스의 삶을 들여다볼 기회가 있어서였다. 사고가 우발적으로 일어났으며 주변에 도와줄 어른이 없어 자신에게 후견인을 부탁했던 걸 알게 된 올리비에는 차마 소년을 죽일 수 없었다.

비교적 최근 작품인 〈내일을 위한 시간〉은 건강상의 문제로 휴직을 했던 샌드라가 복직을 위해 투쟁하는 2박 3일을 그린다. 회사는 샌드라의 복직과 보너스 천 유로를 두고 직원 16명을 대상으로 투표를 한다. 민주주의사회에서 투표가 얼마나 투명해 보이는 비열한 방식인가. 동료들은 샌드라의 복직을 반대한 것이 아니라 보너스가 필요했을 뿐이라고 해명하지만, 투표 결과를 통보받은 샌드라는 자신이 천 유로의 보너스보다 가치 없다는 생각에 괴로워한다.

다행히 투표에 외압이 있었다는 정황이 밝혀져 재투표 기회를 얻은 샌드라는 다시 자신에게 투표해줄 수 있는지 부탁하기 위해 주말 동안 동료들을 찾아다닌다. 그러나 그들을 찾아간 샌드라가 마주한 것은 직장 동료들이 처한 상황과 그들이 직면한 문제, 혹은 그들의 필요다. 샌드라를 만난 동료들은 그녀에 대한 미안한 마음을 전하며 의견을 바꾸거나 반발하기도 한다. 그 과정에서 샌드라와 동료들은 서로의 입장을 이해하고 각자의 결정을 존중하는 순간을 경험한다. 결과적으로 샌드라는 복직에 성공하지 못한다. 하지만 영화 속에서 처음으로 미소를 띠며 남편에게 이런 말을 남긴다.

"우리 잘 싸웠지? 나 행복해."

정당한 이유로 권력에 맞서 투쟁했고 그 과정에서 자신을 이해받고 타인을 이해한 기억은, 앞으로 그녀의 삶에서 자존감을 지키면서 새로운 도전을 할 수 있는 자양분이 될 것이다.

삶의 단면 속으로
독자를 이끄는 방식

다르덴 형제의 영화는 '대뜸' 시작해서 '불현듯'

끝난다. 암전 이후 음악이나 자막과 함께 타이틀 시퀀스*로 서서히 관객을 끌어들이는 다른 영화에 비하면, 이들의 영화는 스크린에 갑자기 등장한 인물들과 부딪히듯 시작한다. 주인공을 따라가며 다음 장면을 기다리던 관객은 엔딩 크레디트가 올라오고 나서야 영화가 끝났음을 깨닫게 된다. 다르덴 형제의 영화를 처음 본 사람들의 반응은 대부분 이렇다.

일상을 무 자르듯 잘라 무심하게 툭 던져주는 것 같은 시작과 결말은 그들이 영화에 음악을 삽입하지 않는 이유와 맥락을 같이한다. 그들은 관객들이 영화를 단지 '현실이 아니니까'라는 말로 외면하기를 원치 않는다. 현실을 잠깐 잊기 위한 오락으로서의 영화가 아니라 우리가 사는 현실을 조금 더 잘 들여다보는 순간으로 영화가 작동하기를 바란다. 그래서 현실을 환상처럼 느끼게 해주거나 극적인 효과를 주는 음악 같은 장치를 배제해왔다.

카메라 역시 현실감을 높이기 위해 시종일관 인물들의 뒤를 쫓는다. 생계에 쫓기는 다급한 걸음을(《로제타》), 사태를 수습하기 위해 긴장한 걸음을(《더 차일드》), 선택의 기로 앞에서 불안해진 걸음을(《약속》 《로나의 침묵》) 바로 뒤에서 핸드헬드**로 따라간다. 뒤를 흘깃거릴 때마다 언뜻 얼굴이 보일까 싶은 그 뒷모습을 흔들리는 카메라로 찍을 때 인물들의 심

---

* 영화에 처음 등장하는 장면들로, 작품명과 감독, 제작자, 배우에 대한 소개와 함께 앞으로 전개될 이야기에 대한 함축적인 이미지와 사운드로 구성된다.

** 카메라를 들고 찍는 촬영 기법으로, 흔들림이나 움직임이 화면에 그대로 드러나 사실적이고 생동감 넘치는 묘사를 할 때 자주 사용한다.

리가 보다 잘 드러난다는 사실을 다르덴 형제는 알고 있다.

한편 다르덴 형제는 롱테이크* 미학으로도 유명한데, 이 역시 사실감을 높이는 장치로 기능한다. 그들은 관객들이 보고 싶어 할 위치와 보기 편한 각도로 장면을 편집하지 않는다. 마치 우리가 현실에서 지루한 일상을 보내거나 건너뛰고 싶은 순간을 꿋꿋이 견뎌내야 하듯, 다르덴 형제의 영화는 인물들의 시시콜콜한 습관적 동작마저도 가급적 끊지 않는다. 영화를 보는 동안 관객은 캐릭터가 걷고, 숨 쉬고, 추워하고, 배고파하는 데 동일한 시간을 할애하며 거기에 심리적으로 동참하게 된다.

우연을 인연으로, 연대에서 답을 찾기

2011년에 제작된 〈자전거 탄 소년〉을 기준으로 다르덴 형제의 작품세계는 변화한다. 이전 작품들이 변방으로 밀려난 약자들의 현실을 묘사했다면, 이후의 작품은 주변에서 쉽게 볼 수 있는 소시민의 선택에 집중한다. 곤경에 처한 인물을 만났을 때 우리는 어떤 선택을 하는가? 어려움에 빠진 사람과 별다른 친분이 없는 경우, 보통 우

---

* 카메라가 움직임 없이 한곳을 주시하며 길게 찍는 촬영 기법으로 사실적이며 이야기 흐름을 자연스럽게 이끌어갈 수 있다. 그러나 빠른 장면 전환에 익숙한 관객에게는 연출자의 의도나 미학적 기능이 전달되지 않을 수도 있다.

리는 책임감에서 벗어나기 쉽다. '모른다'는 사실에 근거해 내가 도와줄 의무가 없다고 치부하기 때문이다. 그러나 사심 없이 모르는 상태야말로 서로에게 도움을 줄 수 있는 관계일지도 모른다. 다르덴 형제는 별것 아닌 우연한 충돌로 시작된 개입이 작은 변화의 촉진이 될 수 있음을 보여준다.

〈자전거 탄 소년〉은 보육원에서 도망친 시릴과 시릴이 아버지를 찾겠다고 격렬하게 반항하다가 부딪힌 사만다의 만남을 그린다. 사만다는 자신에게 뛰어든 소년을 밀어내거나 성가셔하지 않는다. 오히려 소년이 천방지축으로 아버지를 찾아다닐 때나 아버지로부터 외면당할 때 옆에 있어주고, 범법 행위에 연루되었을 때나 위험에 내몰렸을 때 연락을 시도하고 보호한다.

마음이 무너져 내리거나 자전거에서 떨어지고 나무에서 추락해도 이제 시릴에게는 파고들 수 있는 사만다라는 품이 생겼다. 시릴에 대해 법적으로 어떤 의무와 책임도 없는 사만다는 그저 어린 소년에게 사랑을 베푼 이웃이었다. 사만다는 우연을 인연으로 만들어 소년의 위탁모가 되어주길 자청한다. 촛불처럼 불안하게 흔들리는 소년에게 이제 든든한 버팀목이 생긴 것이다.

〈언노운 걸〉의 제니 역시 우연한 만남을 그냥 지나치지 않는다. 신원 미상의 소녀가 살해당하기 직전 제니가 운영하는 병원 초인종을 눌렀고, CCTV에 그녀의 얼굴이 찍혔다는 것만으로 제니는 통렬한 책임감을 느낀다. 형사와 동료들 모두 진료가 끝난 시간에 병원 문을 열지 않은 건 네 잘못이 아니라고 말하지만, 제니에게 중요한 건 누가 얼마나 잘못했 느냐가 아니다. 제니는 만나는 사람마다 죽은 소녀의 사진을 보여주며 그녀를 아는지 묻는다. 범인을 찾는 게 아닌데도 제니가 협박당하는 건 죽은 소녀의 존엄과 명예보다 자신의 잘못을 숨기기에 급급한 사람들 때 문이다.

죽은 소녀를 아는 사람들은 자신의 이해관계 때문에 누구도 먼저 나서 지 않는다. 오히려 살아 있을 때 얼굴 한 번 보지 못했던 제니는 사심 없 이 그녀를 도울 수 있었다. 제니는 내 일이 아니라는 이유로 경찰에게만 사건을 맡겨두지 않았다. 공동체의 일원으로서 의무를 다하기 위해 시신 의 이름을 찾아 무덤을 만들고, 부모에게 부고를 알리는 등 인간으로서 할 도리를 다한다.

다르덴 형제는 작품을 통해 벼랑 끝에 내몰린 인물들이 현재 처한 상 황을 벗어나지 못하는 이유를 개인의 윤리적 문제나 교육 문제로 환원 할 수 없음을 보여준다. 다르덴 형제는 이 부조리하고 부당한 사회에서 구원에 대한 해답을 연대 의식에서 찾는다. 연대 의식을 가진 공동체에 서는 내가 아는 사람인지 모르는 사람인지 하는 문제는 중요하지 않다. 다르덴 형제가 포착한 타인의 뒤를 좇다 보면 내가 아닌 다른 사람의 삶 에 적극적으로 개입하는 행위가 얼마나 소중하고 필요한 일인지 느끼게 된다.

다르덴 형제의 필모그래피

▶ 〈**거짓**Falsch〉(1987)

▶ 〈**약속**The Promise〉(1996)

▶ 〈**로제타**Rosetta〉(1999)

▶ 〈**아들**The Son〉(2002)

▶ 〈**더 차일드**The Child〉(2005)

▶ 〈**로나의 침묵**The Silence of Lorna〉(2008)

▶ 〈**자전거 탄 소년**The Kid with a Bike〉(2011)

▶ 〈**내일을 위한 시간**Two Days One Night〉(2014)

▶ 〈**언노운 걸**The Unknown Girl〉(2016)

답답한 공간에서 숨쉬고 싶을 때,
알폰소 쿠아론

최근 할리우드를 주름잡는 멕시코 출신 감독들이 있다. '쓰리 아미고'라고 불리는 이들은 알레한드로 곤살레스 이냐리투Alejandro Gonzalez Inarritu, 기예르모 델 토로Guillermo Del Toro, 그리고 〈그래비티〉로 잘 알려진 알폰소 쿠아론Alfonso Cuaron 감독이다. 1988년 기네스 펠트로와 에단 호크가 주연을 맡았던 〈위대한 유산〉과 〈해리 포터와 아즈카반의 죄수〉, 2018년 베니스 영화제 황금사자상을 받은 〈로마〉까지, 쿠아론 감독의 필모그래피를 채운 영화는 하나같이 대중성과 예술성을 모두 성취했다. 쿠아론 감독은 장르 영화의 외피를 씌워 접근성을 높이면서도 장르적 관습에 얽매이지 않는 독창적 스타일을 만들어낸다. 그럼으로써 단순한 스토리 안에서 한 생명이 자신을 둘러싼 공간과 어떻게 호흡하는지 들여다보게 만든다.

배경을 넘어서는
공간의 힘

2014년 아카데미 시상식을 휩쓸었던 영화 〈그래비티〉는 무한한 우주 한가운데 있는 것 같은 착각을 일으키는 카메라 연출과 공간적 층위를 느끼게 하는 사운드로 극찬을 받았다. 이 영화의 촬영을 맡았던 엠마누엘 루베즈키는 〈그래비티〉를 시작으로 3년 연속 오스카상을 수상하기도 했다. 특히 롱테이크로 찍은 오프닝 장면은 가히 압도적이다.

푸른 지구를 배경으로 허블 망원경을 수리하는 라이언 스톤 박사와 일행들은 중력이 없는 우주의 특징을 뽐내듯 유유히 움직인다. 그러나 예상치 못한 위성 파편들이 날아오고 우주선과 줄로 연결되어 있던 사람들은 그 충격에 의해 이리저리 끌려다니다가 흩뿌려진다.

카메라는 이 상황을 속도감 있는 움직임과 전후경의 깊이를 통해 역동적으로 담아낸다. 또한 바람이 불어오듯 음량을 불규칙적으로 조절함으로써 긴장감을 유발하고, 빨려가는 듯한 소리의 세기를 조절해 급박함을 강조하다가 어느 순간 사운드를 정지시킴으로써 우주의 적막을 극대화한다.

갑자기 우주에 홀로 표류하게 된 스톤 박사의 상황은 딸을 잃은 뒤 누구와도 정서적으로 교류하지 않고 살아가던 그녀의 상태를 대변한다. 우주의 고요함이 좋다고 했던 스톤 박사는 막상 눈앞에 아무것도 보이지 않고 아무 소리도 들리지 않자 "누구 없어요"라고 외치며 간절하게 교신을 시도한다. 감독은 중력이 작용하는 공간과 그렇지 않은 공간을 대비해 존재와 존재 사이에 주고받는 힘 없이 사는 게 불가능함을 이미지화했다.

쿠아론 감독의 작품에서 롱테이크는 공간 속에서 인물이 처한 위치를 명확하게 보여주기 위한, 혹은 공간과 인간의 관계를 조망하기 위한 장치다. 먼저 〈칠드런 오브 맨〉의 유명한 롱테이크 장면 하나를 살펴보자.

전 세계가 불임인 시대, 이민자의 권익을 보호하기 위해 움직이는 피시당의 수장 줄리안 일행은 아들을 잃은 뒤 신념을 버린 줄리안의 전 남편 테오의 도움을 받아 기적처럼 임신한 불법 이민 소녀 키를 안전한 곳으로 옮기기 위해 자동차를 타고 해안가로 향한다. 이동하는 도중에 줄리안은 어색한 침묵을 깨고 테오에게 '탁구공 입으로 옮기기' 게임을 하자고 제안한다. 손사래를 치던 테오는 줄리안이 입으로 뱉은 탁구공을 정확하게 입으로 받아내고, 이내 모두가 신기해하며 즐거워한다. 그동안 누구도 자신이 뱉은 탁구공을 받아내는 데 성공하지 못했다는 줄리안의 대사는 피시당 수장인 그녀의 임무가 테오에게 성공적으로 이행되었음을 암시한다. 이내 무장단체가 이들을 급습하면서 줄리안은 피살당하고, 일행은 자동차를 후진해 도망간다. 해안선까지만 돕기로 했던 테오의 계산은 틀어지고 임무 수행에 깊이 관여하게 될 수밖에 없게 된다.

쿠아론 감독이 촬영까지 담당한 영화 〈로마〉는 인물을 감싸고 있는 공간을 집요하고 치밀하게 재현함으로써 인물이 속한 맥락을 더 잘 짚어낼 수 있도록 유도했다. 감독의 자전적 내용임에도 불구하고 그는 어린 시절 자기 남매를 돌봐줬던 입주 가정부를 주인공으로 내세워, 미화된 기억이 아니라 객관적인 사실을 담아내려고 노력했다.

이 영화 속 대부분의 장면은 롱테이크로 촬영되었는데 특히 팬*이 자주 사용되었다. 이는 단순히 가정부 클레오의 움직임을 따라가며 그녀를 설명하기 위해서가 아니다. 클레오가 속한 공간이 그녀의 노동과 인간관계는 물론, 이를 넘어서는 부분까지 구석구석 연결되어 있음을 보여주기 위해서다.

스크린에 비치는 공간의 중요성은 촬영 기법뿐만 아니라 촬영 장소를 구현한 감독의 노력에서도 알 수 있다. 쿠아론 감독은 자신이 실제 유년 시절을 보냈던 멕시코시티의 '콜로니아 로마'에서 1970년대 가옥 구조를 그대로 보존한 집을 찾아냈다. 또한 집 안의 가구 하나, 소품 하나까지 예전에 살던 집과 비슷하게 배치했다. 쿠아론 감독은 시각적 공간 연출뿐 아니라 청각 연출에도 신경을 많이 썼다. 음향팀에게 '그 동네(로마)에 사는 새소리'와 '그 동네의 칼갈이 아저씨 소리'를 녹음해 오라는 미션을 내렸을 정도였다. 화면 안팎에 등장하는 인물들의 대사에 쓰려고 멕

---

* 카메라 위치는 고정하고 앵글만 좌에서 우로, 우에서 좌로 촬영하는 기법을 말한다. 'Panoramic Viewing'의 약칭으로 풍경을 파노라마적으로 촬영하는 것을 말한다.

시코 현지인 350여 명을 섭외하기도 하는 등 사운드에 상당한 노력과 시간을 들였다. 이처럼 시청각적으로 촘촘하고 세밀한 연출은, 스크린에 재현되는 공간이 단순히 인물의 배경으로 존재하는 게 아니라 그 인물의 심리적이고 정서적인 상황을 드러내는 공간으로 작용하게 한다. 이로써 관객은 화면 속 공간을 다층적인 소리로 느끼면서 스크린에 보이는 스토리 이상의 맥락까지 이해할 수 있는 단서를 제공받는다.

삶과 죽음이 공존하는 바다

쿠아론 감독의 꽤 많은 영화에서 바다는 매우 상징적인 장소로 나온다. 클레오는 바다에 빠진 소피아의 아이들을 구하고(〈로마〉), 스톤 박사는 우주에서 비상탈출에 성공해 바다에 불시착하며(〈그래비티〉), 테오는 키를 휴먼 프로젝트가 진행되는 바다로 데려간다(〈칠드런 오브 맨〉). 〈위대한 유산〉의 결말에서도 주인공들이 바다에서 다시 만난다. 〈이 투 마마〉도 주인공들이 '천국의 입'이라는 바다를 찾아가는 로드무비다. 이를 모두 우연이라고 할 수는 없을 것이다. 쿠아론 감독의 작품들은 바다를 통해 드러나는 생명력을 이야기하고 있다.

〈로마〉의 첫 장면은 타일을 보여주는 것으로 시작한다. 어디선가 물 끼얹는 소리가 들리다가 이윽고 화면에도 물이 침범한다. 솔로 타일을 문지르는 소리가 점점 가까워지고, 물살이 거품을 씻어내며 화면 안으로 들어왔다 나가기를 반복한다. 이 장면은 클레오가 소피를 구하기 위해 바다로 뛰어들 때 거세게 몰아치는 파도와 겹친다. 모진 풍파 가운데 아기까지 유산한 클레오는 수영을 못하지만 물에 빠진 아이들을 보자 거침없이 파도를 헤치고 나아간다. 슬픔과 죄책감으로 침잠해 들어가던 그녀는 바다에 빠진 아이(소피아의 딸)를 구하기 위해 사력을 다하고, 이를 계기로 소피아의 가족과 마음속 깊은 아픔까지 터놓는 연대를 이룬다. 화면 안으로 들어오고 나가는 물살처럼 개똥을 치우는 클레오의 일상이 변하지는 않겠지만, 새롭게 맺어진 가족은 파도처럼 계속해서 찾아오는 역경을 이겨내는 동력이 될 것이다.

한편 〈그래비티〉 속의 많은 이미지는 탄생에 대한 은유로 해석된다. 위성 파편과 우주선 충돌로 혼자 표류하고 있던 스톤 박사에게 미션 사령관 맷 코왈스키가 찾아온다. 지구로 가는 방법을 알려준 맷은 스톤 박사를 우주선 가까이로 보내기 위해 그들을 잇는 줄을 끊는다. 원거리로 촬영된 이 장면에서 스톤 박사는 마치 탯줄이 끊어진 아기처럼 보인다. 유일한 생존자로 소유스에 도착한 스톤 박사는 우주복을 벗는다. 여기서 소유스의 아늑하고 둥근 천장과 둔탁한 우주복 속에 드러난 그녀의 살갗, 무중력에 몸을 맡긴 웅크린 자세는 자궁 속의 아기처럼 평안하고 신비로운 느낌을 자아낸다.

바다 위로 불시착하는 데 성공한 스톤 박사. 그녀가 물속에서 우주복을 벗고 수면 위로 올라가는 장면에서 개구리의 비상을 함께 보여주는 건 우연이 아니다. 스톤 박사가 해안가로 겨우 기어 나와 흙 위를 불안정하게 걸어가는 모습을 보면 막 터진 양수에서 나와 세상에 홀로서기를 시작하는 생명체의 탄생을 목도하는 듯하다.

물(바다)은 생명을 유지하는 필수 조건으로서 생명과 직접 연결되기도 하지만, 고유의 유동성으로 인해 자유로움이나 해방 혹은 희망으로도 읽힌다. 이렇듯 쿠아론 감독의 영화에 나오는 물(바다)은 일정한 의미로 소환되지 않는다. 쿠아론 감독의 영화에서 바다는 죽음과 생명이 공존하는 공간이다. 죽음 앞에 생명의 의지가 투철해지기도 하고, 죽음을 통과해 새로운 삶을 시작하기도 한다. 중요한 문제는 삶에서 마주한 바다를 우리가 어떻게 소화할 것인지다. 쿠아론 감독의 영화에서 바다(물)는 그러한 물질이자 공간이다.

알폰소 쿠아론 감독의 필모그래피

▶ 〈러브 앤드 히스테리Love in the Time of Hysteria〉(1991)
▶ 〈소공녀A Little Princess〉(1995)
▶ 〈위대한 유산Great Expectations〉(1998)
▶ 〈이 투 마마And Your Mother, Too〉(2001)
▶ 〈해리 포터와 아즈카반의 죄수Harry Potter and the Prisoner of Azkaban〉(2004)
▶ 〈칠드런 오브 맨Children of Men〉(2006)
▶ 〈그래비티Gravity〉(2012)
▶ 〈로마Rome〉(2018)

우리 사회의 해답을 찾고 싶을 때,
이창동

이창동 감독의 첫 데뷔작 〈초록물고기〉는 개봉 당시 사회적으로 큰 관심을 불러일으켰다. 도시 개발이라는 사회현상 가운데 빚어지는 비극을 탄탄한 시나리오와 탁월한 캐스팅으로 연출해 깊은 인상을 남겼기 때문이다. 이어진 작품 〈박하사탕〉에서는 주인공이 "나 돌아갈래!"라고 절규하는 장면이 수많은 패러디를 낳으며 회자되었다. 짓밟힌 박하사탕(첫사랑)과 팔아버린 카메라(꿈)처럼 순수함을 잃어버린 가장의 회한이 군사독재 시절을 겪은 사회적 트라우마의 결과로 해석된다는 지점에서 많은 사람의 공감을 얻어낸 결과다.

사회의 편견에 가려진 사랑의 판타지를 그린 〈오아시스〉, 아이를 잃고 절망에 빠진 엄마를 비추는 한줄기 빛 〈밀양〉, 비참하고 끔찍한 삶을 딛고 쓴 〈시〉, 미스터리한 세상에서 진실을 파헤치는 작가 지망생 이야기 〈버닝〉까지, 감독은 지금의 한국을 살아가는 사람들에게 집중한다. 영화는 개별 인물들이 그들을 둘러싼 현실 속에서 어떤 선택을 하는지, 또 어떤 반응을 하는지를 구체적이고 사실적으로 재현한다. 그들이 놓여 있는 상황은 우리 사회를 구성하는 다양한 계층과 세대가 부딪히는 주요 지점을 관통하고 있고, 그 속에서 관객은 자기 자신의 선택을 발견하게 된다.

시대의 젊은이를 위한 변론

2018년 개봉한 〈버닝〉은 리얼리즘의 대가 이창동 감독이 '미스터리'라는 장르물을 찍었다는 점 때문에 화제가 되었다. 수많은 상징과 메타포가 깔려 있고 그 얽힘을 다양하게 읽도록 의도하는 〈버닝〉은 미스터리를 그 자체로 다루고 있다. 하지만 범죄 사건(보통은 살인 사건)이 있고 그 사건을 해결하려는 추적자가 증거물을 수집해나가는 게 미스터리 장르의 일반적인 골격이라면 〈버닝〉은 여기에서 꽤 벗어나 있다. 혜미가 죽었는지조차 확실치 않은 상황에서 종수가 의심하는 모든 것은 단지 정황일 뿐 어떤 것도 증거가 될 수 없기 때문이다.

그런데 이런 상황은 '한국형 누아르'라고 홍보된 데뷔작 〈초록물고기〉와 유사하다. 어두운 뒷골목에서 행해지는 범죄를 주로 다루는 누아르에는 주인공을 파멸로 이끄는 치명적인 미모의 여성인 팜므파탈이 나오곤 한다. 막둥이 미애를 만나고 조직폭력배의 일원이 되어 비극적인 결말을 맞이한다는 구조는 누아르의 전형을 따른다. 하지만 논과 밭이 나오는 시골 풍경이나 아파트가 빼곡한 신도시의 풍경이 자주 나온다는 점에서

'검은'을 뜻하는 누아르noir의 이미지와 다소 거리가 느껴진다. 이런 무리수를 두면서도 이창동 감독이 '지금' 시대의 청년을 그린 두 작품을 장르물로 만든 데는 확실한 의도가 있어 보인다.

〈초록물고기〉와 〈버닝〉의 유사점은 20대 젊은이들의 내적 추동을 묘사하고 있다는 점, 그리고 그들이 저지른 살인 행위가 행위자가 처한 상황과 긴밀하게 맞물려 돌아간다는 점이다. 그러나 막동과 종수의 살인이 갖는 의미는 다른 결을 지니고 있다. 그리고 그 차이는 그들이 사는 사회에 대한 이해와 맞닿아 있다.

〈초록물고기〉에서 막동의 꿈은 온 가족이 모여 행복하게 사는 것이다. 막 군대를 제대한 막동은 몸이 불편한 큰형과 가정불화가 심한 둘째 형, 계란을 팔러 다니는 셋째 형, 다방 레지로 나가는 여동생과 함께 살기 위해 조직폭력배가 된다. 돈을 잘 벌 수 있기 때문이다. 그러나 막동의 희망과 열정은 신도시 개발을 위해 소모되었고, 미애를 향한 사랑은 가족 같은(?) 조직폭력배 두목을 위해 포기해야 했으며, 조직을 향한 충성은 배신으로 돌아온다. 막동이 살인한 대가로 그의 가족들이 함께 모여 식당을 하고, 임신한 미애가 일산 신도시에 거주한다는 마지막 장면은 무엇을 의미하는가. 우리는 미애의 오열에서 사회 발전과 가족이라는 명분이 20대를 그렇게 희생시켰다는 반성을 엿볼 수 있다.

〈버닝〉의 세상은 종수가 시종일관 읊조리듯 미스터리하다. 소설을 쓰고 싶은데 어떻게 해야 쓸 수 있을지, 벤은 일을 안 하는 것 같은데 어떻게 부자로 살아가는지, 혜미는 왜 자꾸 자기를 불러내는지 도통 알 수 없다. 답을 구하기 어려운 물음표 속에서 종수는 무기력했다. 그러나 혜미의 실종 이후 종수는 부지런히 달리고 움직인다. 그 결과 벤이 비닐하우스를 태운다고 했던 말과 벤의 집에 있는 고양이, 혜미에게 줬던 시계 등을 근거로 의심은 확신으로 바뀌어간다. 종수가 벤을 실제로 죽였든 상상 속에서 죽였든 그것은 중요하지 않다. 그 살인은 영화에서 종수가 처음으로 누군가의 부탁이나 요구 없이 주체적으로 벌인 행위였다.

막동과 종수의 살인 동기는 전혀 다르다. 막동은 아버지(구세대)가 이룬 가족을 계속 유지해야 하는 폭력적인 시대를 살았고, 종수는 사랑하는 여자가 살해당했을 거라는 정황 외에는 아무것도 이해할 도리가 없는 시대를 살아간다. 이에 감독은 그들이 인지하는 세계를 각각 누아르와 미스터리라는 장르로 치환했다. 누아르의 시대, 미스터리의 시대에는 그렇게 할 수밖에 없었노라고 당대의 젊은이들을 변론하듯 말이다.

위선(거짓)의 말,
순수(진실)의 행위

남편이 죽고 이사 온 남편의 고향에서 아들을 유괴당한 여인. 그녀처럼 가련하고 절망스러운 여인이 또 있을까? 영화 〈밀양〉은 이 비극의 주인공 신애를 따라간다. 신애는 죽은 남편이 생전에 바랐던 뜻을 따르고자 그의 고향 밀양으로 이사 왔다고 말하지만, 내막은 남편이 바람피웠다는 사실을 아는 주변 사람들로부터 도피하고 싶어서였다. 신애는 있는 척하기 위해 사람들에게 좋은 땅이 있으면 소개해 달라며 땅을 보러 다녔고, 그런 허세가 통했는지 아들이 유괴된다.

신애는 돈 있고 연줄 많은 회장님을 모시는 종찬을 보고 속물이라고 손가락질하지만 사실 그녀야말로 위선적이다. 밀양으로 이사 온 이유도, 땅을 보러 다닌 이유도, 심지어 유괴범을 찾아가 용서하겠다는 이유까지, 신애는 자신의 솔직한 심정보다 다른 사람에게 어떻게 보일까를 더 신경 썼다. 아들을 잃은 후 교회에 다니면서 새사람이 되어 매일 연애하는 기분이라고 간증하던 신애에게, 이창동 감독은 원작에는 없던 범인의 딸 정아를 마주하게 한다.

불량배들에게 맞고 있던 정아는 신애의 아들을 죽인 범인의 딸이었다. 도와줘야 한다는 생각의 이면에 아비의 죗값은 응당 딸이 치러야 한다는 계산이 섰던 것일까? 그 자리를 급히 피하던 신애는 사람을 칠 뻔한다. 그때 보행자가 "사람 치고 미안하다면 답니까? 사람 죽이고 미안하다면 다예요?"라고 화를 낸다. 그러자 신애는 억울하다는 듯 무섭게 쏘아본다. 그리고 모임에서 만난 교인들에게 교도소로 면회를 하러 가겠다고 말한다.

신애는 정아를 보고 가해자를 용서하지 못한 자신의 마음을 발견했다. 동시에 죄의 굴레를 가해자에서 그의 자식에게까지 확장하는 게 옳지 않다는 사실도 알게 되었다. 자신을 질책하는 듯한 보행자의 말을 듣자, 신애는 정아를 도와주지 않은 이유가 자신이 가해자를 용서하지 못했기 때문이 아님을 입증하고자 교도소를 찾아가기로 마음먹은 것이다.

신애는 정신병원에서 퇴원한 날 새로운 시작을 위해 들어간 미용실에서 다시 정아를 마주한다. 왜 하필 오늘 같은 날 정아를 만나게 했냐고 항변해보지만, 이미 정아를 만난 이상 신애는 더 이상 자신의 감정과 표정을 숨길 수 없다. '미친년'처럼 머리를 반만 자르고 나온 신애는 종찬이 들어주는 거울을 통해 자신을 찬찬히 들여다본다. 카메

라는 가진 것 없이 초라하고 남루한 신애의 처지 같은 하수구에도 아낌없이 쏟아지는 햇살을 비춘다.

〈밀양〉에서 피해자의 엄마가 위선적인 인물로 그려졌던 것과 달리, 〈시〉에서 가해자의 할머니인 미자는 순수한 인물로 묘사된다. 손자를 홀로 키우고 있는 미자는 꼭 시 한 편을 쓰고 싶다. 꽃을 좋아하는 미자는 아름다운 것을 보며 시상을 찾아 나서지만, 그녀의 일상은 온통 끔찍하거나 더럽거나 구질구질한 일뿐이다. 손자는 친구들과 한 여학생을 성폭행했다고 하고, 호스피스 일을 봐오던 회장은 그녀를 성추행하고, 급기야 그녀는 자신이 알츠하이머 초기라는 사실을 알게 된다. 죽은 여학생 부모와 합의할 돈이 필요한 상황에서도 각종 모임에 나가 어떻게 하면 시를 쓸 수 있는지 묻기 바쁜 미자를 보면, 혹시 노망이 난 건 아닌지 의심이 될 정도다.

그런 미자는 아무도 없이 혼자 있을 때면 희생자 학생을 좇고 있다. 가해 학생들의 아버지들은 말로는 피해자의 부모를 위해 보상금을 마련한

다고 하지만, 모두 사태를 조속히 마무리하기 위한 핑계일 뿐 죽은 여학생을 향한 존중과 미안함은 전혀 찾아볼 수 없다. 오히려 이 사건의 무게를 느끼며 진지하게 희생자를 추모하는 사람은 화려한 차림으로 시상을 얻겠다며 돌아다니고 노래방에서 신나게 노래를 부르는 미자다. 오직 미자만이 죽은 여학생의 장례식장을 찾고, 아이가 몸을 던진 다리를 가보고, 성폭행을 당했던 과학실에 찾아가 그 여학생이 되어본다.

감독은 그럴싸한 결과물로서의 시가 아니라 시를 쓰는 일련의 과정, 즉 알츠하이머로 인해 많은 것을 기억하거나 계산할 수는 없지만, 타인의 고통을 진심으로 이해하기 위해 노력하는 행동 자체를 말하고 있다.

진심은 어디에서 드러나는가. "미안하다면 답니까?"라는 〈밀양〉의 질문에 미자는 〈시〉를 쓰는 그녀의 행위로 답한다. 이창동 감독은 누구도 쉬이 대답할 수 없는 인생의 물음을 건네며 끊임없이 우리 자신을 그리고 우리가 속한 사회를 성찰하게 만든다. 그의 영화가 울림을 갖는 이유는 바로 여기에 있다.

이창동 감독의 필모그래피

▶ **〈초록물고기〉(1996)**
▶ **〈박하사탕〉(1999)**
▶ **〈오아시스〉(2002)**
▶ **〈밀양〉(2007)**
▶ **〈시〉(2010)**
▶ **〈버닝〉(2018)**

덕질의 미덕을 쌓고 싶을 때,
쿠엔틴 타란티노

"영화를 사랑하는 첫 번째 방법은 좋아하는 영화를 2번, 3번 보는 것 이고 두 번째 방법은 그 영화에 대한 평을 쓰는 것이다. 마지막 세 번째 방법은 직접 영화를 만드는 것이다."

– 프랑수아 트뤼포

1950년대 프랑스에서 젊은 영화인을 중심으로 일어난 영화운동 누벨바그를 이끌었던 감독 프랑수아 트뤼포의 '영화를 사랑하는 3가지 방법'을 그대로 실천한 감독이 있다. 바로 쿠엔틴 타란티노Quentin Jerome Tarantino 감독이다. 어렸을 때부터 운동이나 게임 어디에도 흥미가 없고 오직 영화만 좋아했던 타란티노 감독은 비디오 가게에서 오랫동안 아르바이트를 했다. 그곳에서 수많은 영화를 보며 손님에게 영화를 추천하다가 직접 시나리오를 쓰게 되고 결국 영화를 찍었다는 과거는 그에 관한 가장 유명한 이야기다.

"발상의 전환을 통해 진부한 것으로 환상적인 뭔가를 만들어내고 싶었어요." 그 말처럼 타란티노 감독은 B급으로 치부되는 하위 장르의 상투적인 클리셰나 관습을 뒤집어 현대적인 감각으로 재창조하는 재주가 있다. 타란티노 감독은 자신이 섭렵한 모든 영화적 지식과 정보를 이용한다. 장르적 변주를 두려워하지 않으며 자신의 상상력을 거침없이 밀어붙인다.

뒤집기와
밀어붙이기

1992년 〈저수지의 개들〉로 데뷔한 타란티노 감독은 두 번째 장편 영화 〈펄프 픽션〉으로 황금종려상을 받았다. 타란티노 감독은 사건의 순서를 뒤섞거나 챕터를 구분하는 등 독특한 방식으로 스토리를 만든다. 그 가운데 가장 독보적인 점은 갱스터, 액션, 무협, 사무라이, 서부극 등 다양한 장르의 전형을 자유자재로 인용하면서 자신의 스타일로 소화한다는 것이다. 영화를 보면 바로 원작을 떠올리도록 차용하되 본인의 스타일로 변형해 원작보다 더 극한으로 밀어붙이는 것이다.

갱스터 영화에 빠지지 않고 나오는 고문(〈저수지의 개들〉)이나 홍콩의 쿵후 영화와 일본의 사무라이 영화에 나오는 주먹다짐과 칼부림, 일대일과 일대다의 승부(〈킬빌〉), 서부극에 나오는 총싸움과 결투(〈장고: 분노의 추적자〉〈헤이트풀8〉) 등은 극한의 상황까지 치닫는다. 그 과정에서 죽어가는 인물들의 사지가 절단되고 유혈이 낭자하는 바람에 타란티노 감독은 '헤모글로빈의 시인'이라는 별명을 얻기도 했다.

한편에서는 영화 속에 난무하는 폭력이나 잔인함을 비판하는 시각도 있다. 이에 대해 타란티노 감독은 댄스 영화를 좋아한다고 모두 댄스를 추는 게 아니고 서부 활극을 좋아한다고 모두 총잡이가 되는 게 아니듯 영화 속 폭력이라는 취향에 대해 사회적 책임이 아닌 예술적 책임만 지겠다고 강조한 바 있다. 픽션에서만 가능한 폭력의 카타르시스를 가감 없이 드러내는 것은 그에게 자신의 취향을 반영한, 자신이 추구하는 쾌감의 절정인 셈이다.

오락 영화로서 유쾌한 B급 정서가 타란티노식 스타일을 형성하는 데 반해, 그가 선택한 스토리 소재는 가볍게 다루기 어려운 것들이다. 진중하고 엄숙하게 다뤄야 할 것 같은, 이를테면 나치즘이나 인종차별 같은 소재도 간단히 설정만 바꿔 극적인 복수를 꾀한다.

2012년 흥행에 크게 성공한 작품 〈장고: 분노의 추적자〉는 남북전쟁이 시작되기 2년 전의 텍사스와 미시시피를 배경으로 노예제도의 잔혹한 상황을 수위 높게 묘사했다. 흑인 노예였던 장고는 노예제도를 혐오하는 킹슐츠 박사를 만나 자유인의 신분이 되지만, 자신의 아내 브룸힐다를 찾아가는 여정에서 수없이 인종차별을 겪는다. 백인들은 흑인인 장고가 말을 타거나 식당을 출입하는 것을 보고 경악을 금치 못한다. 그러나 관객에게 당혹감과 안타까움을 불러일으키는 건 백인과 동일한 대접을 받는 장고를 보고 더욱 표독스럽게 구는 흑인 집사 스티븐의 모습이다. 레

오나르도 디카프리오가 열연한 캘빈 캔디는 노예들이 서
로 죽일 때까지 싸우는 만딩고 게임을 즐기는 극악무도한
인물이다. 그는 자신의 집안을 위해 일했던 흑인의 두개골
을 손에 쥔 채 흑인이 열등한 인종임을 설파하기까지 한다. 이런 끔찍한
재연에도 불구하고 〈장고: 분노의 추적자〉는 인종차별을 혐오하는 킹 슐
츠 박사의 유머와 끝까지 살아남아 악당을 처단하는 장고의 화려한 사격
솜씨를 보여주며 인종주의자들에게 통쾌하게 복수한다.

　타란티노 감독의 거침없는 상상력은 나치 소탕 작전을 그린 역사 가공
물 〈바스터즈: 거친 녀석들〉에서 생각지도 못한 방식으로 복수를 꾀한
다. 알도 레인 소위가 진두지휘하는 유대계 미군들은 나치 대원들을 소
탕하는 임무를 수행 중이다. 이들은 나치 대원들을 잡아서 머리 가죽을
벗겨내는 복수를 일삼는다. 이런 행위는 나치에 대한 미국의 복수로 읽
히는데, 계속되는 시도에도 불구하고 나치의 수장들을 죽이기 위한 이들
의 공모는 실패한다. 오히려 나치의 최고 통치자와 그 수하들을 처치하
는 데 성공한 사람은 어렸을 때 '유대인 사냥꾼' 한스 란다 대령의 손에
가족을 잃고 혼자 살아남았던 쇼샤나 드레퓌스였다. 그녀는 자신이 운영
하는 작은 극장의 문을 걸어 잠그고 독일 선전 영화에 심취한 나치들에
게 그녀 자신의 얼굴이 찍힌 필름을 영사한다. 마치 영화 〈잔다르크의 수
난〉에서 잔다르크가 복수라도 하듯 "나는 쇼샤나 드레퓌스다. 이것은 유
대인의 복수다!"라는 대사와 함께 쇼샤나의 커다란 웃음소리가 극장을
메운다. 그리고 불붙은 필름이 나치들이 가득한 극장을 태운다. 마치 타

란티노 감독이 제2차 세계대전으로 나치에게 필름을 압수당했던 수많은
영화인을 대신해 영화적 복수를 꾀하기라도 하듯.

디테일이 쌓아 올린
서스펜스

〈저수지의 개들〉은 할리우드에 쿠엔틴 타란티노
감독을 알린 첫 영화로 큰 반향을 일으켰다. 분명 홍콩 누아르를 연상시
키는 갱스터의 장르적 외피를 입고 있지만 무거운 분위기나 총싸움보다
는 양복 입은 아저씨들의 끊임없는 수다가 많은 분량을 차지한다. 특히
카페에서 식사하며 이어지는 갱들의 수다는 긴 분량에 비해 영화가 다루
는 사건과 직접적인 연관이 없다. 한쪽에서는 마돈나의 〈라이크 어 버진
Like A Virgin〉이 무슨 뜻인지 토론하고, 다른 쪽에서는 뺏어간 수첩을 다시
돌려달라며 티격태격하고, 카페의 종업원에게 팁을 주지 않는다는 신념
과 여급의 팁은 반드시 줘야 한다는 의견 대립이 이루어진다. 아주 일상
적인 만큼 불필요해 보이는 요소다. 그러나 이들의 수다 장면은 이후 캐
릭터별 과거 회상 장면과 연결되면서 그들이 어떤 인물인지 파악할 수
있는 실마리로 작용한다.

많은 캐릭터가 등장하는 타란티노 감독의 영화에는 그들의 관계가 어
떻게 얽히고 풀리는지를 따라가는 설정이 많다. 8명의 갱스터가 나오는
〈저수지의 개들〉과 옴니버스 영화 〈펄프 픽션〉 외에도 〈바스터즈: 거친

녀석들〉과 〈헤이트풀8〉 역시 8명의 이야기가 펼쳐진다. 이 때문에 타란티노 감독의 영화에는 일상적인 대화나 디테일한 제스처로 각 캐릭터를 묘사하는 연출 방식이 자주 보인다. 짧지 않은 대화에는 각 캐릭터의 가치관이나 경험이 녹아 있고, 이는 후에 인물들의 행동을 설명해주는 단서가 된다.

〈바스터즈: 거친 녀석들〉에서 독일 장교로 위장한 아치 히콕스 중위가 손가락으로 숫자 3을 표시하는 모습은 타란티노 감독의 기막힌 재치가 돋보이는 장면으로 많은 사람에게 회자되었다. 독일 장교의 유도신문으로 히콕스 중위의 신분이 탄로 나느냐 마느냐를 두고 고도의 긴장 상태가 이어지는데, 마침내 독일 장교가 의심을 거두자 히콕스 중위는 맥주 3잔을 시킨다. 하지만 안도하며 숫자 3을 표시한 히콕스 중위의 손가락 제스처는 독일인의 관습과 달랐다. 이로 인해 그의 정체가 탄로 나면서 살벌한 총격전으로 넘어가는 진행은 작은 디테일의 합으로 서스펜스가 극대화되는 연출이었다.

사회문화적 관습을 활용한 디테일은 다른 곳에서도 찾을 수 있다. 쇼샤나는 자신의 부모를 죽인 한스 대령을 레스토랑에서 우연히 마주친다. 한스 대령은 그녀에게 의례적인 질문을 던지며 슈트루델 둘과 우유 한 잔, 크림을 주문한다. 그리고 슈트루델에 크림을 얹어 먹어보라고 권한다. 한스의 정체를 알아본 쇼샤나는 침착하게 대령이 주문한 방식대로 디저트를 먹고, 이를 본 한스는 디저트 위에 담배를 비벼 끄고 자리를 뜬다.

이 장면을 배경지식 없이 보면 한스 대령을 알아본 쇼샤나의 심리적 압박 정도로 읽힐 것이다. 그러나 감독은 유대인이 유대 율법에 따른 식사인 코셔 푸드를 먹는다는 점을 응용해 코셔에 반하는 음식, 곧 돼지고기가 들어 있는 슈트루델과 유제품인 크림을 동시에 먹는지 테스트하는 장면을 연출했다.

〈헤이트풀8〉은 폭설로 갇힌 서부의 한 잡화점에서 만난 총잡이 8명의 이야기다. 150분이라는 짧지 않은 러닝 타임 동안 영화는 눈 속을 달리는 마차와 산속 잡화점 같은 폐쇄된 몇몇 장소만을 배경으로 삼는다. 악천후 탓에 마차를 얻어 타는 인물들이 늘어날 때마다 관객은 그들의 대화를 통해 각각의 배경과 정치적 성향을 파악하며 관계도를 그려나가게 된다. 그렇게 잡화점에 도착하면 새롭게 등장한 인물로 인해 관계 지형도에 큰 변화가 생기고 의심스러운 상황을 통해 의혹이 증폭된다. 좁은 공간에 모인 총잡이들은 서로의 총을 만지작거리며 언제, 누가, 누구에게 총을 쏠지 알 수 없는 긴장 상태를 유지한다.

놀라운 점은 감독이 개입(타란티노 감독의 내레이션)해서 살인 사건이 일어나는 동안 어떤 인물이 누군가를 죽이려는 음모가 있었음을 관객에게 알려줌으로써, 누가 왜 음모를 꾸몄는지 추리하는 미스터리 형식으로 영화가 흘러간다는 점이다. 타란티노 감독의 모든 영화가 그렇듯 차곡차곡 쌓아 올린 대사들은 액션이 시작될 때 폭발적 힘을 발휘하고, 전형적인 설정을 뒤집은 발상은 예측할 수 없는 재미를 선사한다. 타란티노 감독은 누구나 알지만 누구도 따라 할 수 없는 자신만의 스타일을 구축해냈다.

쿠엔틴 타란티노 감독의 필모그래피

▶ 〈저수지의 개들Reservoir Dogs〉(1992)

▶ 〈펄프 픽션Pulp Fiction〉(1994)

▶ 〈재키 브라운Jackie Brown〉(1997)

▶ 〈킬빌 Ⅰ Kill Bill Vol. 1〉(2003)

▶ 〈킬빌 Ⅱ Kill Bill Vol. 2〉(2004)

▶ 〈데쓰 프루프Death Proof〉(2007)

▶ 〈바스터즈: 거친 녀석들Inglourious Basterds〉(2009)

▶ 〈장고: 분노의 추적자Django Unchained〉(2012)

▶ 〈헤이트풀8 The Hateful Eight〉(2015)

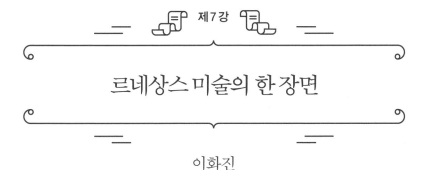

르네상스 미술의 한 장면

이화진

이화여자대학교 독어독문학과를 졸업하고, 동 대학원에서 독어독문학과 미술사학 석사학위를, 미술사학과에서 19세기 독일 낭만주의 풍경화에 대한 논문으로 박사학위를 받았다. 뮌헨 미술사 중앙연구소에서 해외연구장학금으로 박사학위 논문을 준비했고, 루트비히막시밀리안대학교에 방문 연구자로 체류하면서 유럽 미술관의 많은 보물을 만났다. 2016년 이화여대 페이스북에서 학생들이 뽑은 '이화의 명강의'에 선정되었고, 2018년 추계예술대학교에서 우수강의상을 받았다. 현재 〈어린이 조선일보〉의 '첫눈에 반한 미술사'를 감수하고 있으며, 한국항공대학교와 한국 방송통신대학교, 세종예술아카데미, 고전인문아카데미 '고전 인문학이 돌아오다'에서 강의한다.

피렌체의 상인들

미술가가 장인이 아니라 창작자로서 새롭게 자리매김하는 시기가 있었다. 바로 르네상스다. 'art'라는 단어가 기술을 의미하는 그리스어 'techne'에서 유래한 것처럼 중세까지 미술가는 '손재주가 뛰어난' 기능공에 지나지 않았다. 그러나 14세기부터 인간은 신성을 향했던 눈을 아래로 내려 현실을 바라보기 시작했고, 자의식이 깨어남에 따라 스스로를 창조자로 인식하게 되었다. 또한 이탈리아에 남아 있던 로마제국의 유산은 교회에 봉사해온 미술가에게 새로운 자극제로 다가왔고, 고대 문헌 발굴과 더불어 신들의 사랑과 질투, 증오와 복수의 순간이 시각적으로 변주되었다. 15~16세기 이탈리아 르네상스 미술은 신 중심 세계관에서 벗어나 고대 문화와 인간을 재발견한 시선을 의미한다. 그리고 당대의 정치, 경제, 사회, 종교 등 다양한 문맥과 결합한 흐름이었다.

괴테는 왜 훌쩍
로마로 떠났나

1786년 9월 3일

나는 새벽 3시에 카를스바트를 몰래 빠져나왔다. 그렇게 하지 않았다면 사람들이 나를 떠나지 못하게 했을 것이기 때문이다. 8월 28일 내 생일을 진심으로 축하해주려던 그 친구들에게는 나를 만류할 충분한 이유가 있었다. 그러나 나는 더 이상 그곳에 머무를 수 없었다. 여행 가방 하나와 오소리 가죽 배낭만을 꾸려서 홀로 우편 마차에 몸을 실으니, 아침 7시 30분에는 츠보타에 다다를 수 있었다. 안개가 가득 낀 아름답고 조용한 아침이었다. 하늘 위쪽 구름들은 부드럽게 줄이 간 양털 같았고, 아래쪽 구름들은 무겁게 처져 있었다. 그것은 좋은 징조로 보였다. 여름내 좋지 않았던 날씨가 지나가고 이제는 상쾌한 가을을 맞이할 거라는 예보 같았다.

— 요한 볼프강 폰 괴테Johann Wolfgang von Goethe의 《이탈리아 기행》 첫머리에서

1786년 9월, 37살의 괴테는 유명한 온천 휴양지 카를스바트(체코의 카를로비바리)를 떠나 약 2년에 걸친 이탈리아 여행에 나선다. 괴테는 이미 소설 《젊은 베르테르의 슬픔》을 출간한 당대 유명 작가였을 뿐 아니라, 바이마르 공국의 추밀 고문관으로서도 재능을 한껏 발휘하고 있었다. 하지만 정치가로서의 지위와 명성이 절정에 달했을 때, 괴테는 모든 것을

버리고 남쪽을 향해 달려간다. 그곳은 바로 고대 제국의 숨결이 살아 있는 곳, 르네상스 미술이 싹튼 이탈리아였다.

화가 요한 하인리히 빌헬름 티쉬바인Johann Heinrich Wilhelm Tischbein이 그린 〈로마 평원의 괴테〉는 독일의 문호가 남국으로 떠난 이유를 알려준다. 흰색 토가를 멋지게 차려입은 괴테는 챙이 넓은 모자를 비스듬히 쓴 채, 폐허 사이에 앉아 먼 곳을 바라본다. 부서진 고대 부조와 이오니아식 기둥의 잔해가 옆에 놓여 있고, 멀리 아피아 가도에는 체칠리아 메텔라Cecilia Metella의 무덤이 서 있다. 이 초상화는 괴테의 목적이 고대 문화를 직접 만나고 감상하는 데 있음을 말해준다.

기원후 79년에 일어난 베수비오 화산 폭발로 인해 화산재에 묻혀 있던 이탈리아 남부 도시인 헤르쿨라네움과 폼페이가 18세기 중반에 발굴되면서 고대 유적은 유럽인에게 뜨거운 관심거리로 부상했다. 괴테의 이탈리아 기행은 이런 시대정신의 반영이었다. 괴테는 온화한 이탈리아의 기후와 과거 예술의 체험을 통해 '질풍노도Sturm und Drang'의 시기를 벗어나 고전주의자로 다시 태어났다.

고대 미술을 통해 미적 취향을 향상시키고, 좀 더 성숙한 인간으로 성장하는 기회를 마련하는 것은 그랜드 투어Grand Tour의 중요한 목표였다. 16세기부터 미술가들은 예술의 보고를 찾아 이탈리아를 여행했고, 17세기 프랑스 미술 아카데미의 분교가 로마에 세워지면서 고대 제국의 수도는 예술가를 위한 살아 있는 학교가 되었다.

19세기 초까지 미술가 외에도 유럽 귀족과 지식인, 상류층 자제는 가정교사와 함께 피렌체, 베네치아, 로마, 나폴리 등을 순례하며 위대한 예술품과 만났고, 교양인으로 완성되기 위한 교육을 받았다. 특히 산업혁명으로 물질적 풍요를 누린 영국인들은 파리에서 세련된 예법을 익히고, 이탈리아에서 문명의 유산을 향유하는 교양 여행을 통해 상류 사회의 일원이 되기 위한 여정을 마무리했다.

한두 달이 아니라 2~3년에 걸친 장기간의 예술 여행이 관광산업 번성과 지역경제 활성화를 가져왔다는 건 누구나 예상할 수 있는 결과다. 19세기에 들어와 증기선과 철도가 빠르게 보급되고 도시 간 이동이 용이해짐에 따라 그랜드 투어는 일생에 '단 한 번'이라는 의미를 상실해갔지만, 오늘날 '패키지 관광'이라는 형태에서 그 명맥을 찾아볼 수 있다.

예술로 승화된
상인의 명예

유럽인에게 이탈리아는 르네상스 미술이 탄생하고 만개했으며 소멸해가는 장소다. 왜 15세기 이탈리아에서 르네상스 미술이 등장했을까? 첫째, 이곳에서는 알프스산맥 북쪽 나라들에 비해 손쉽게 고대 유산을 접할 수 있었기 때문이다. 중세 기독교 사상에 억눌려 있던 고대 문명이 이교도의 뿌리가 살아 있는 이탈리아에서 부활한 것이다.

이와 함께 15세기의 화폐경제를 또 다른 원인으로 꼽을 수 있다. 12세기 말부터 농업을 기반으로 한 장원제가 흔들리고 상공업이 발달하면서 토지가 아닌 돈이 경제의 핵심 요소가 되었다. 지중해 무역의 약진으로 이탈리아는 유럽 경제의 중심지로 우뚝 섰고, 특히 아르노강이 흐르는 피렌체가 금융 시장을 주도했다. 피렌체의 상인들은 자신들의 길드를 정치적 영역으로 확대하면서 새로운 지배 계층으로 부상했다. 피렌체의 부호들은 막강한 7개의 길드를 형성했고, 길드의 행정장관 프리오르prior가 도시의 정치 기구를 장악함으로써 권력을 매개로 자신들의 경제권을 보호했다. 정치와 경제를 독점한 부유한 상인 계층은 왕이나 귀족처럼 예술품을 수집하고, 경쟁적으로 작품을 주문했다.

대 일곱 길드의 사무실이 있었던 오르산미켈레의 외벽은 각 길드가 제작비를 부담한 가톨릭 성인이자 길드의 수호성인 조각상들이 장식하고 있다. 이를테면 양털(혹은 낙타털)로 짠 옷을 입고 있는 '세례자 요한'은 옷감 판매제조 상인조합의 수호성인이며, 악한 용을 용감하게 창으로 찔러 죽이고 공주를 구한 '성 게오르기우스'는 갑옷 제조업자들의 수호성인답게 방패를 든 늠름한 기사의 모습으로 등장한다. 성인상들은 길드의 위상을 나타냈기 때문에 은행가 길드는 자신들의 수호성인인 '성 마태'가 세례자 요한보다 크거나 적어도 비슷한 크기로 만들어져야 한다는 조건을 달았다. 오르산미켈레의 성인 조각상은 단순한 종교적 상징이 아니라 피렌체를 지배하는 상인조합을 시각화하고 그들의 자부심을 표출하는 미적 장치였다.

미술과 세속적 욕망의
결합

피렌체의 상인 가문 가운데 메디치가는 가장 강력하고 또 명실상부한 실세였다. 메디치가는 양모가공업과 외화 환전 등의 사업을 하면서 1397년 메디치 은행을 설립했고, 런던과 벨기에에도 지점을 세워 막대한 부를 축적했다. 특히 위대한 로렌초Lorenzo il Magnifico는 그의 조부 코지모 데 메디치Cosimo de' Medici가 후원한 플라톤 아카데미에서 인문주의자들과 정치적, 문화적 이상을 논의하며 피렌체를 새로운 아테네로 만들어갔다. 로렌초가 1482년 메디치 은행의 감독자로 임명한 프란체스코 사세티Francesco Sassetti가 주문한 벽화는 르네상스 미술이 개인의 세속적인 욕망과 얼마나 강력하게 결부되었는지 확인시켜준다.

1300년대 중반부터 환전업을 해온 사세티 가문은 그다지 평판이 좋지 않았지만, 메디치 가문에 봉사하며 산타 트리니타 수도원에 가족 예배실을 소유할 정도로 성장했다. 화가 도메니코 기를란다요Domenico Ghirlandaio는 이곳에 주문자의 수호성인인 성 프란체스코의 일생을 그렸는데, 세 단으로 나누어진 벽화의 가장 아랫부분에서 무릎을 꿇고 아기 예수와 마리아를 향해 두 손 모아 경배를 드리는 사세티 부부의 모습을 찾아볼 수 있다. 좌우 벽면에는 이들의 석관이 안치되어 있기 때문에 이곳은 무덤

예배당이기도 하다.

무엇보다 흥미로운 점은 첨두아치를 이룬 벽화의 맨 윗 부분에서 발견된다. 성 프란체스코는 로마 교황청이 아니라 피렌체의 로자 데이 란치Loggia dei Lanzi를 배경으로 교황으로부터 수도회의 정관을 승인받는다. 그리고 사세티 가족은 마치 신성한 사건의 증인처럼 그려져 있다. 그림 오른쪽에는 붉은 옷을 입은 프란체스코와 그의 막내아들이, 맞은편에는 그의 세 아들이 의젓하게 서 있다. 프란체스코 옆으로는 검은 머리를 한 로렌초 메디치와 사돈인 안토니오 푸치Antonio Pucci가 푸른 옷을 입고 성스러운 순간을 바라본다. 사세티는 많은 신도가 방문하는 교회에서 피렌체의 절대 권력자와 또 다른 명문가와의 연관성을 강조함으로써 가문의 명예를 드높였다.

이처럼 15세기 이탈리아에서는 경제적인 힘을 새롭게 획득한 상인 계층이 그들의 사회적 위치를 부각하기 위한 공공 매체로 미술품을 선택하고 주문했다. 경제적 번영이 이탈리아 르네상스 미술의 탄생을 전적으로 설명할 수는 없겠지만, 적어도 피렌체에서는 수많은 예술품을 이끌어낸 동인이 되었다.

하늘을 향한 둥근 지붕

제임스 아이보리^{James Ivory} 감독의 영화 〈전망 좋은 방〉은 1908년에 출판된 E. M. 포스터^{E. M. Forster}의 소설이 원작이다. 영화는 주인공 루시 허니처치가 숙소에서 아르노강이 보이지 않는다며 실망하는 장면으로 시작한다. 그리고 우여곡절 끝에 루시가 얻은 방은 영국인 여행객에게 왜 그토록 전망이 중요한지 말해준다. '전망 좋은' 방에서는 바로 산타 마리아 델 피오레^{Santa Maria del Fiore}, 즉 피렌체 대성당의 돔이 보이고 있었다.

판테온의
부활

'꽃의 성모'라는 이름처럼 아름다운 색색의 대리석으로 장식된 피렌체 대성당은 1296년에 착공되었지만 14세기 말까지 거대한 교차부 상단이 미완성인 상태로 남아 있었다. 1418년 성당을 완

공하기 위해 모직물 제조 조합인 아르테 델라 라나Arte della
Lana가 공모전을 주도했고, 이에 필리포 브루넬레스키Filippo
Brunelleschi가 제안한 반구형 지붕이 채택되었다. 브루넬레
스키는 로마에서 만난 판테온의 둥근 지붕을 아르노강 강변에 부활시켰
고, 이로써 피렌체는 이탈리아 르네상스 건축을 대표하는 건축물을 갖게
되었다.

판테온은 고대 로마의 중요한 일곱 신에게 바쳐진 신
전으로, 원형 몸통 위에 아치가 360도로 연결된 돔이 얹
혀 있었다. 브루넬레스키의 돔은 8개의 뼈대와 팔각 채광
창으로 마무리되어서 판테온의 계단식 돔과 달라 보이지만, 고대 구조
를 되살렸다는 점에서 근본적으로 중세 성당과의 이별을 의미한다. 이는
2019년 4월 화마로 피해를 입은 파리의 노트르담 성당과 비교해보면 명
확히 알 수 있다. 하늘을 향해 높이 솟아오른 중세 성당의 첨탑은 둥그런
돔으로 대체되었다. 브루넬레스키의 돔은 판테온 이후 가장 높고 큰 돔
이었으며, 피렌체의 새로운 번영기를 알리는 건축물이었다.

어린 시절 피렌체의 두오모Duomo를 보고 자란 미켈란젤로 부오나로티
Michelangelo Buonarroti는 로마의 성 베드로 대성당을 위해 다시 한 번 고대의
반구형 지붕을 되살린다. 로마 황제 콘스탄티누스가 베드로의 무덤 자리
에 세운 베드로 성당은 1506년 교황 율리우스 2세의 명령
으로 개축되기 시작했다. 뒤이어 교황 파울루스 3세의 위
촉을 받은 미켈란젤로는 89세로 세상을 떠날 때까지 성당

완공 작업에 힘을 쏟았다. 미켈란젤로는 16개의 뼈대와 코린트 양식의 쌍기둥을 지닌 돔을 교차부에 설계하고, 브루넬레스키처럼 작은 반구형 채광창, 즉 큐폴라cupola로 돔의 꼭대기를 장식했다. 비록 미켈란젤로는 자신의 돔이 완성되는 모습을 보지 못한 채 눈을 감았지만, 오늘날 성 베드로 대성당 앞에 선 모든 이들에게 르네상스 건축이 무엇인가를 분명히 확인시켜주었다.

위대한 고대 미술의 재탄생

'르네상스Renaissance'는 이탈리아 미술가 조르조 바사리Giorgio Vasari가 쓴 미술가 평전 《가장 뛰어난 화가, 조각가, 건축가들의 생애》에서 언급한 '리나시타(재생)rinascita'의 프랑스어 번역이다. 바사리는 알프스 이북의 야만인 고트족이 창안한 암흑시대의 고딕 양식을 극복하고 위대한 고대 미술을 재탄생시켰다는 의미에서 이 용어를 사용했다. 이후 스위스 출신의 문화·미술사학자인 야콥 부르크하르트Jacob Burckhardt가 펴낸 《이탈리아 르네상스 문화》를 통해 르네상스의 의미와 명칭이 확산되었다.

1400년대, 즉 콰트로첸토Quattrocento(이탈리아어로 400이라는 뜻, 15세기를 말한다)부터 등장하는 르네상스 미술은 고대 그리스와 로마 전통에 귀를 기울이기 시작했다. 당시 교회의 권위는 성직자의 과세 문제를 둘러싸고 교황과 프랑스 왕이 대립하며 발생한 아비뇽 유수로 인해 약화했고, 신의 이름 아래 잠들었던 인간의 자의식과 감각적인 현실 세계가 점차 깨어나고 있었다. 14세기는 조반니 보카치오Giovanni Boccaccio의 《데카메론》처럼 세속적인 삶의 이야기를 반기고 있었으며, 오스만제국의 위협을 받던 동로마제국 학자들이 이탈리아로 이주하면서 고대 문헌에 대한 관심 또한 커져갔다. 이런 정신적 변화는 15세기에 이르러 눈으로 감지할 수 있는 새로운 미술이 되었다.

고대 건축을
인용한 기둥

피렌체와 로마의 대성당 외에도 팔라초palazzo와 같은 세속 건축에서 르네상스의 건축 용어를 확인할 수 있다. 팔라초는 15~16세기 이탈리아 귀족이나 부유한 상인 등 명문 지배 계층이 살던 도시 저택을 가리킨다. 메디치 가문의 소유였다가 17세기 중반 리카르디Riccardi 가문에 팔린 팔라초 메디치-리카르디는 '사각형 3층 건물'이라는 팔라초의 기본 형태를 잘 보여준다.

코지모 메디치는 처음에 브루넬레스키에게 건축을 의뢰했지만, 지나치게 화려한 탓에 자신의 가문이 피렌체의 지배자처럼 보일 것을 우려해 미켈로조 디 바르톨롬메오Michelozzo di Bartolommeo에게 다시 설계를 부탁했다.

팔라초 메디치-리카르디의 가장 아래층 외벽은 다듬어
지지 않은 거친 돌이 접합된 루스티카Rustication 양식으로
인해 요새처럼 둔중한 인상을 주지만, 그 느낌은 위층으로
갈수록 매끈해지는 벽면에 의해 상쇄된다. 그리고 팔라초 곳곳에 달린
문장, 즉 메디치 팔레Medici Palle라고 불리는 6개의 공이 붙은 방패 장식은
이 저택이 누구에게 속했는지 알려준다.

　출입구를 지나 안으로 들어가면 원기둥으로 둘러싸인 네모난 중정
이 나타나는데, 하늘로 열린 이 공간은 고대 로마의 전통 가옥인 도무스
domus의 아트리움을 상기시킨다. 로마 원로원 귀족과 부유층이 살았던 도
무스는 팔라초와 마찬가지로 사각 구조였으며, 출입문을 통과하면 빗물
을 받는 넓은 수반 주위로 원기둥이 세워진 아트리움이 있었다. 팔라초
는 고대 로마의 유산이 어떻게 다시 인용되는가를 말해주는 구조를 취하
고 있었다.

　오늘날 프랑스대사관이 자리한 로마의 팔라초 파르네세Palazzo Farnese는
후일 교황 파울루스 3세가 되는 알레산드로 파르네세Alessandro Farnese 추
기경이 주문한 것으로, 소 안토니오 다 상갈로Antonio da Sangallo, the Younger의
설계와 미켈란젤로의 손길이 합쳐진 저택이다. 유서 깊은 귀족 가문의
위용은 좌우 대칭의 사각 건물 한가운데 자리한 문장에서 드러난다. 중
앙 출입구와 건물 모서리에는 루스티카 양식이 적용되었
고, 창문 위에서 교차하는 삼각형과 반원 장식은 수평선을
강조한 파사드facade에 율동감을 부여한다.

중정에 들어서면 각층 벽면에서 장식으로 덧붙여진 기둥을 발견할 수 있는데, 아래로부터 차례로 도리아 양식(좀 더 정확하게는 토스카나 양식), 이오니아 양식, 코린트 양식 순이다. 이런 기둥 양식은 모두 고대에서 유래했으며, 특히 콜로세움 외벽에서 이와 동일한 순서를 찾아볼 수 있다.

검투사들이 시합을 벌였던 콜로세움은 당시 가장 큰 원형경기장이자 로마 황제 네로의 황금궁전이 있던 자리에 세워진 대중 오락장이었다. 폭군을 몰락시킨 베스파시아누스 황제는 이 놀이터에 새로운 왕조의 이름을 따서 플라비아누스 경기장이라는 이름을 붙였지만, 네로의 '거대한 조각상colossus'으로 인해 '콜로세움'이라고 불리게 되었다. 50미터에 달하는 외벽은 각 층마다 80개의 아치가 연속되며 아치의 교향곡을 보여주는데, 도리아 양식과 이오니아 양식, 코린트 양식의 반원기

둥이 아래쪽부터 차례대로 올라온다. 로마의 팔라초 가운데 가장 장엄한 건물은 고대 로마제국의 영광을 알리는 콜로세움과 맞닿아 있었다.

도시 내에 팔라초가 있었다면, 도시 외곽에는 르네상스인의 휴식을 위한 별장이 있었다. 빌라villa라고 불리는 이런 건축물은 고대 로마인도 소유했었다. 이탈리아를 여행하던 괴테는 안드레아 팔라디오Andrea Palladio가 지은 빌라 로톤다Villa Rotonda를 방문하고 경탄을 아끼지 않았다. 파올로 알메리코Paolo Almerico 주교가 주문했기 때문에 '빌라 알메리코'라고도 불리는 이 정십자가형 건물은 사면에서 판테온과 동일한 형태를 보여준다.

비센차 근교의 언덕 위에서 아름다운 전원 풍경을 마주하고 있는 빌라

로톤다는 완벽한 대칭과 균형, 절제된 장식을 통해 르네상스의 미적 이상이 무엇인지 우리에게 일깨워준다. 인간의 시선 안에 담겨지는 크기, 합리적이고 논리적인 구조는 15~16세기 이탈리아 건축이 무한의 세계가 아니라 사람의 손으로 측정 가능한 세상을 재현하고 있음을 상기시킨다.

다윗은 어떻게 조각되었나

브루넬레스키의 돔이 높이 솟아 있는 피렌체 대성당 앞에는 작은 팔각형 건물이 서 있다. 산 지오반니 세례당이다. 피렌체의 수호성인이자 세례성인인 성 요한에게 바쳐진 이 건물은 3개의 청동문으로 장식되어 있다. 그 가운데 산타 마리아 델 피오레의 서측 파사드와 마주하는 동쪽 문은 미켈란젤로가 '천국의 문Gates of Paradise'이라고 부를 만큼 아름다운 자태를 뽐낸다(사실 세례당과 성당 출입구 사이의 공간을 이탈리아어로 'paradiso'라고 부르기 때문에, 미켈란젤로의 언급은 일종의 언어유희라고 할 수 있다). 청동에 금박을 입힌 이 화려한 문은 1424년 세례당 건축 위원회와 옷감 판매제조 상인조합인 아르테 디 칼리말라Arte di Calimala가 로렌초 기베르티Lorenzo Ghiberti에게 주문한 조각으로, 3개의 문 가운데 가장 마지막에 제작되었다.

스스로를 인식하고
창조하는 인간의 시대

피렌체의 모직물 제조 조합인 아르테 델라 라나가 피렌체 대성당과 종탑을 담당했다면, 칼리말라 길드는 세례당을 꾸미는 작업에 착수했다. 세례당 남쪽의 오래된 목조문은 1330~1336년 안드레아 피사노Andrea Pisano에 의해 세례자 요한의 일생을 다룬 청동문으로 바뀌었고, 이와 짝을 맞추어 1401년 칼리말라 길드는 북쪽의 청동문을 공모했다. 당시 피렌체는 밀라노의 위협을 받고 있었기 때문에, 도시의 수호성인을 형상화한 예술품은 시민을 단결시키는 구심점이 될 수 있었다.

공모전 주제는 창세기에 등장하는 이삭의 희생이었다. 최종 심사에 모두 7명의 예술가가 올랐다. 그 가운데 브루넬레스키도 있었지만 우승자는 갓 20살을 넘긴 기베르티였다. 기베르티는 균형 잡힌 인물 배치와 자연스러운 인체 표현 외에도 청동을 하나의 틀에 부어 굳히는 새로운 기법을 구사했다. 이를 통해 재료의 무게를 획기적으로 줄일 수 있었는데, 제작비용이 절감되는 이런 방식이 칼리말라 길드에게 얼마나 매력적이었을지 상상해보라.

기베르티가 예수의 일생을 다룬 청동 부조(한 면에서만 형상이 도드라지게 표현된 조소 형식)를 완성했을 때, 그 문은 탁월한 아름다움을 인정받아 예정된 북쪽이 아니라 대성당과 마주 보는 동쪽에 배치되었다. 한 가지 흥

미로운 점은 공모전 실패로 울분에 찬 브루넬레스키가 로마에 가서 건축
을 공부하고, 피렌체 대성당의 돔을 설계하는 설욕의 기회를 얻었다는
것이다. 서로 얼굴을 맞댄 피렌체 대성당과 세례당은 르네상스 미술가
사이의 자존심 대결을 보여주는 듯하다.

1424년 칼리말라 길드는 기베르티에게 세례당에 쓸 마지막 청동문을
주문했고, 이 문이 바로 미켈란젤로가 천국의 입구에 세워둘 만하다고
칭송한 동쪽 문이다(기존 동쪽 문은 원래 자리인 북쪽으로 옮겨졌다). 기베르티
는 사각의 문을 10개의 화면으로 나누고, 세계 창조부터 솔로몬과 시바
의 여왕이 만나는 장면까지 왼쪽에서 오른쪽으로, 그리고 위에서 아래로
배열했다.

특히 각 장면은 조각의 높낮이 차이를 통해 공간적 거리감을 드러낸
다. 예를 들면 첫 번째 부조에서 뱀의 유혹을 받는 아담과 이브는 화면
하단의 아담보다 얕게 조각되었기 때문에 마치 먼 곳에 서 있는 것처럼
보인다. 인간의 눈에 가까이 놓인 것은 크고 선명하게, 멀리 떨어진 것은
희미하고 흐릿하게 보인다는 물리적 사실을 떠올린다면,
기베르티의 청동문에서 현실 공간이 재현되기 시작했음을
알 수 있다. 르네상스인은 자신이 살고 있는 세계를 지각
하고, 이를 가시화한 것이다.

아울러 청동문에 등장한 예술가의 초상은 새롭게 깨어난 인간의 자의
식을 확인시켜준다. 청동문 테두리에는 구약성경의 선지자들이 조각되

어 있는데, 사람들의 시선이 가장 잘 닿는 높이에 기베르티의 얼굴이 새겨져 있다. 이제 예술가는 단순히 손재주를 지닌 기능공이 아니라 전지전능한 신처럼 무엇인가를 만들어내는 창조자로서의 자아를 표현하게 된 것이다.

다윗으로 빚어진
르네상스의 인간상

기베르티가 청동문 부조를 통해 르네상스 조각이 무엇인지를 알려준다면, 도나텔로Donatello의 다윗은 환조(3차원의 입체감을 지닌 조소 기법으로, 사방에서 감상할 수 있다)를 통해 르네상스 조각의 혁신성을 보여준다. 팔라초 메디치의 중정에 세워졌던 이 조각상은 거인 골리앗을 제압한 어린 소년 다윗을 묘사하고 있다. 여기서 다윗은 돌팔매질에 사용할 돌을 왼손에 쥐고 오른손으로 골리앗의 머리를 베어낸 칼을 짚고 서 있다.

도나텔로는 사울 왕이 준 갑옷을 벗어버린 이스라엘 목동을 완전한 알몸으로 재현함으로써 고대 이후 사라졌던 누드 환조상을 다시 제시했다. 중세 미술이 우상 숭배의 위험이 있다며 거부했던 등신대의 환조가 도나텔로의 작업과 함께 '되살아난' 것이다.

게다가 인체를 누드로 조각한다는 것은 몸에 대한 해부학적 관심을 전제로 하기 때문에 도나텔로의 다윗은 지상의 존재를 사실적으로 관찰한 15세기의 눈을 이야기한다. 특히 다윗은 오른쪽 다리로 몸을 지지하고 왼쪽 무릎을 구부려 골리앗의 머리 위에 발을 올려놓고 있는데, 이 자세는 고대 그리스의 조각가 폴리클레이토스Polykleitos가 만든 〈창을 든 사나이〉, 즉 도리포로스Doryphoros를 떠올리게 한다.

폴리클레이토스는 완벽한 균형과 비례를 갖춘 인체 조각을 만들기 위해 《캐논》을 저술했고, 자신의 이론을 시각화하기 위해 청동으로 〈창을 든 사나이〉를 제작했다. 폴리클레이토스는 인체가 머리 크기를 기준으로 7등신일 때 가장 이상적이라고 규정했으며, 수학적인 체계를 통해 몸 전체와 각 부분, 또 부분과 부분의 조화를 추구했다. 창을 멘 왼쪽 어깨가 긴장된 상태를 보여준다면 반대쪽 어깨는 부드럽게 이완되어 있다. 또 곧게 뻗은 오른쪽 다리가 몸을 단단히 받치고 있다면 반대쪽 다리는 발꿈치를 들어 올린 채 느슨하게 무릎을 구부리고 있다. 걸어가는 듯 혹은 멈춰서 쉬고 있는 듯 보이는 모습은 긴장과 이완, 정지와 이동의 완벽한 균형을 드러낸다.

이런 자세는 콘트라포스토contrapposto라고 불리는데, 고대부터 19세기 말에 이르기까지 서양 조각의 전범이 되었다.

내면의 조화를
완성하다

　　　　　　　　르네상스 조각을 정점으로 끌어 올린 미켈란젤로 또한 1501년 피렌체 대성당 건축 위원회의 주문을 받아 대리석으로 다윗을 조각했다. 5.18미터에 달하는 이 거대한 환조상을 과연 26살의 미켈란젤로가 완성할 수 있을지가 초미의 관심사였다. 이 다윗상은 원래 피렌체 성당의 부벽 위에 올리기로 했는데, 지나치게 크고 어울리지 않는다는 의견 때문에 팔라초 베키오 앞 시뇨리아 광장에 세워졌다.

　　　　　　　　이로써 당시 피렌체의 불안정한 정치 상황에서 유대 민족을 구한 영웅은 적으로부터 시민을 보호하는 피렌체 공화국을 상징하게 되었다. 오늘날 우리가 피렌체 시청 앞과 미켈란젤로 광장에서 만날 수 있는 다비드는 복제품이고, 원본은 피렌체 아카데미아 미술관에 소장되어 있다.

　　젊은 미켈란젤로에게 커다란 명성을 안겨준 다윗은 고개를 돌려 골리앗을 바라본다. 다윗은 오른손에 돌을, 왼손으로는 무릿매를 잡고 있다. 상체와 하체에 배분된 긴장과 이완은 몸 전체를 흐르는 S형 곡선과 함께 콘트라포스토 자세를 만들어낸다. 미간을 찌푸린 다비드는 적을 바라보며 긴장한 모습이다. 하지만 그는 자신의 두려움과 공포를 결코 밖으로 드러내지 않는다. 굳게 다문 입, 매끄러운 볼, 고요한 얼굴. 다윗은 내면의 불안을 극복한 표정이다.

만약 르네상스의 형식미가 정지와 이동, 긴장과 이완의 완벽한 균형을 이룬 콘트라포스토에서 발견된다면, 르네상스의 인간상은 내면의 조화를 완성한 다윗에게서 체화된다. 르네상스의 미적 이상은 감정의 과잉이 아니라 감정의 절제 및 승화된 정신을 통해 구현되며, 형태 또한 그에 상응하고 있었다.

열린 창으로 바라본 세계

시간의 신은 큰 낫을 휘둘렀다. 대지의 여신 가이아의 아들 크로노스는 어머니의 복수를 위해 아버지 우라노스를 죽음으로 몰아넣었다. 하늘의 신 우라노스가 비극적인 최후를 맞이했을 때, 잘려진 그의 성기는 바다에 떨어져 물과 만났고 거품이 일면서 고대 그리스 신화에서 가장 아름다운 신이 탄생했다. 바로 아프로디테, 로마 신화에서는 베누스로 불리는 사랑과 미의 여신이다. 하지만 그녀의 이름이 '거품'을 뜻하는 고대 그리스어 '아프로스aphros'에서 유래하듯 비너스 여신은 영원한 아름다움도 영원한 사랑도 없으며, 오직 물거품과 같은 허망한 욕망만이 있을 뿐이라는 사실을 일깨워주기도 한다.

공간의 감각을 재현하라

산드로 보티첼리Sandro Botticelli는 거품에서 태어난 여신 아프로디테를 소재로 〈비너스의 탄생〉을 제작했다. 이 작품을 누가 주문했는지 정확하게 알려져 있지 않지만, 16세기 중반 카스텔로에 있는 메디치 별장에 걸려 있었다는 점 때문에 메디치 가문의 일원이 의뢰했다고 여겨진다.

화면 중앙에는 비너스 여신이 긴 머리를 휘날리며 조개껍질 위에 서 있는데, 그녀는 서풍의 신 제피로스가 일으키는 바람을 타고 키프로스 해안으로 옮겨지고 있다. 보티첼리는 호메로스Homer뿐 아니라 당시 피렌체에서 활동하던 시인 안젤로 폴리치아노Angelo Poliziano의 작품도 인용했다고 알려져 있다. 그래서 볼을 한껏 부풀린 제피로스에게 안긴 여인이 꽃의 여신 플로라가 아닌 새벽의 미풍을 묘사한 아우라라는 해석도 의미를 얻는다.

이들 주변으로는 비너스 여신을 상징하는 장미꽃들이 여신의 탄생을 축복하듯 쏟아져 내린다. 화면 오른쪽에서는 흰옷을 입은 계절의 여신 호라이가 발끝으로 춤추듯이 걸어와 여신의 벗은 몸을 붉은 천으로 감싸주려 한다. 비너스는 부끄러운 듯 두 손으로 몸을 가리고 있다.

한 손으로는 가슴을, 다른 손으로는 음부를 감춘 모습을 '푸디카pudica' 라고 부르는데, 이 자세는 고대로부터 누드의 비너스를 묘사할 때 자주 사용되었다. 특히 메디치 가문은 비너스 푸디카, 즉 수줍게 몸을 가린 비너스상을 소유하고 있었기 때문에 이 고대 조각의 형식을 보티첼리가 '재생' 또는 '부활'시켰음을 유추해볼 수 있다. 창백한 피부, 순결한 얼굴, 황금빛 머리칼을 늘어뜨린 비너스는 줄리아노 데 메디치Giuliano de' Medici의 연인이었던, 그리고 보티첼리도 흠모했다는 시모네타 베스푸치Simonetta Vespucci를 투영하고 있다. 이 비너스 여신은 중세 이후 이탈리아 미술에서 신화적 주제를 담은 첫 번째 여성 누드로 여겨진다.

레온 바티스타 알베르티Leon Battista Alberti는 1435년《회화론》에서 "회화란 열린 창finestra aperta으로 바라본 세계다"라고 규정했다. 르네상스 이후 서양 회화의 가장 중요한 규범이 된 '열린 창'의 의미는 과연 무엇일까? 창문을 활짝 열고 세상을 바라본 화가가 캔버스 앞에 섰을 때 부딪힌 가장 큰 문제는 무엇이었을까? 아마도 2차원 평면 위에서 3차원의 현실, 말하자면 가까이에 서 있는 키 큰 나무와 저 멀리 흐릿하게 펼쳐진 산맥의 거리감을 어떻게 재현해야 하는가라는 고민일 것이다.

이런 난제를 해결하기 위해 미술가는 원근법을 사용하기 시작했고, 화면 안에서 사물의 크기와 색채 변화를 통해 공간감을 완성했다. 원근법은 인간이 '나'로부터 가까운 것과 먼 것을 자각하고, 측정하고, 재현하려는 방식이었으며, 하나의 통일된 공간 속에서 모든 사물을 한눈에 파악하려는 회화 체계였다.

마사치오^{Masaccio}가 피렌체의 산타 마리아 노벨라 성당 벽에 그린 〈성 삼위일체〉는 3차원 공간을 표현한다는 점에서 르네상스 회화의 출발점이다. 이 벽화의 주문자는 분명하지 않지만, 피렌체 출신의 도메니코 렌치^{Domenico Lenzi}와 그의 부인으로 추측된다. 한때 그림 앞 성당 바닥 아래에 이들의 무덤이 있었기 때문이다. 따라서 석관에 누워 있는 해골 위로 무릎을 꿇고 앉아 기도하는 인물은 렌치 부부일 것이다.

그들 뒤로 코린트 양식과 이오니아 양식의 기둥이 세워진 아치형 건물이 있고, 그 안에 십자가에 못 박힌 예수가 등장한다. 하나님은 피 흘리는 예수의 뒤에 서서 십자가를 양손으로 받치고 있으며, 성령을 상징하는 흰 비둘기가 황금 후광이 드리운 예수의 머리 위로 날아온다. 십자가 아래에는 성모와 복음사가 요한이 마주 서 있는데, 오른손을 든 마리아의 몸짓은 마치 관람객에게 그녀 뒤의 예수를 바라보라고 말하는 듯하다. 마사치오는 소실점을 향한 피라미드 안에 인물을 배치함으로써 화면 안으로 들어가는 듯한 환영감을 완성하고 있다.

균형과 절제를 추구한 르네상스 정신

공간에 대한 표현은 시각적 집념이 되었다. 레오나르도 다빈치^{Leonardo da Vinci}는 밀라노의 산타 마리아 델레 그라치에 교회 부속 식당 벽에서 완벽한 눈속임을 이루어냈다. 피렌체 근처 빈치 마을에서 사생아로 태어난 레오나르도*는 17년간 밀라노의 스포르차 가문에 종사했다. 그리고 1495년 루도비코 스포르차Ludovico Sforza의 주문으로 〈최후의 만찬〉을 그리게 되었다.

벽화를 제작할 때는 젖은 회벽에 수성 물감을 입히는 프레스코 기법이 가장 안전하지만, 마르는 속도가 빨라 작업 속도가 느린 레오나르도에게는 적합하지 않았다. 그래서 레오나르도는 유채와 템페라의 혼합 기법으로 벽화를 채색했다. 벽화가 완성되고 나서 20여 년이 채 지나지 않은 1517년경부터 물감이 떨어지고 탈색되었는데, 이로 인해 〈최후의 만찬〉은 복원 과정을 여러 번 거쳐야 했으며, 나폴레옹 군대의 침략을 비롯해 제2차 세계대전의 폭격까지 겪었다. 심지어 수사들은 벽화 하단부를 뚫고 문까지 달았다. 따라서 지금 우리가 보는 〈최후의 만찬〉이 원작과 얼마나 유사한가라는 의문이 제기되는 것은 당연한 일인지도 모른다.

레오나르도는 예수가 12명의 제자와 저녁식사를 하던 중 그들 가운데 한 사람이 자신을 배신할 거라고 예언하는 장면을 선택했다. 두 손을 들며 화들짝 놀라는 제자, 손가락으로 하늘을 가리키는 제자, 옆 사람과 마주보며 수군거리는 제자 등 경악과 혼동의 순간이 인물의 다양한 몸짓과 표정을 통해 드러난다.

* '다빈치'는 가문의 성을 따른 것이 아니라 빈치 마을 출신이라는 뜻이다.

예수를 중심으로 좌우에 6명, 다시 3명씩 균등하게 분할된 구성은 균형과 조화를 추구한 르네상스의 미감을 전달한다. 가로로 길게 놓인 식탁은 수평 구도를 강조하면서 화면의 안정감을 강화한다. 예수의 머리에 소실점을 둔 원근법으로 인해 관람자는 예수와 열두 제자가 바로 눈앞에 앉아 있으며, 그들 뒤로 열린 3개의 창을 통해 풍경이 펼쳐진다는 착각에 빠진다.

여기에서 은화 30냥에 예수를 고발하는 유다가 누구냐고 묻는다면, 베드로에게 밀려 앞으로 몸을 숙인 인물을 찾아야 한다. 그는 예수의 폭탄선언으로 당혹감에 빠진 제자들과 달리, 오른손으로 돈주머니를 꽉 쥔 채 빵을 잡으려고 왼손을 뻗고 있다.

레오나르도는 1517년 프랑수아 1세의 초청으로 이탈리아를 떠나 프랑스로 갔다. 그리고 앙부아즈 근교의 클루에서 생을 마감했다. 레오나르도가 피렌체에서 가지고 갔던 〈모나리자〉는 신비로운 미소와 함께 서양 미술사에서 가장 유명한 초상화로 손꼽는다. 초상화의 주인공은 누구일까? 레오나르도의 자화상이라는 설 등 여러 가지 가설이 떠돌지만, 일반적으로 피렌체의 부유한 상인 프란체스코 델 조콘도Francesco del Giocondo의 부인이라고 알려져 있다. 그래서 이 초상화는 '조콘도의 부인'이라는 의미로 '라 조콘다La Gioconda'로 불리기도 하고, 리사 게라르디니Lisa Gherardini라는 본명을 따서 '귀부인 리사'라는 뜻의 '모나리자Mona Lisa'라고도 한다.

당시 피렌체에서 유행하던 옷차림을 한 이 여인은 의자 팔걸이에 손을 얹고 앉아 고개를 살짝 틀어 관람자를 바라본다. 이런 모습은 피에로 델라 프란체스카Piero della Francesca가 그린 〈우르비노 공작 부부의 초상〉처럼 옆얼굴을 담은 15세기의 측면 초상화와는 다른 자세다. 레오나르도는 비스듬히 돌린 몸, 가지런히 모은 두 손, 허리 아래까지 담은 화면을 통해 대상을 더 장엄하고 기념비적으로 만든다.

〈모나리자〉의 오묘한 얼굴 표정은 레오나르도가 즐겨 썼던 스푸마토sfumato 기법으로 설명할 수 있다. 스푸마토는 '연기와 같은'이라는 뜻으로 어두운색에서 밝은색으로의 변화를 매우 섬세하게 단계적으로 표현해 윤곽선을 사라지게 만들고, 사물이 연무에 감싸인 듯 흐릿하게 보이도록 묘사하는 채색 기법이다. 말하자면 모나리자의 모호한 입가는 스푸마토의 부드러운 색채 효과가 낳은 표정인 셈이다. 지금 막 웃으려는 듯 보이기도 하고, 방금 전에 웃음을 그친 듯 보이기도 하는 모나리자의 얼굴은 어느 한쪽으로도 치우치지 않는 내적 균형감과 절제된 감수성을 지향한 르네상스인의 이상적인 모습이었을 것이다.

바티칸의 영광, 교황들의 찬가

피렌체에서 탄생한 이탈리아 르네상스 미술은 로마에서 전성기를 맞이한다. 로마는 고대 제국의 수도이자 전 유럽인의 종교적 수장인 교황이 머무는 도시였다.

교황의 광휘와
종교의 타락

16세기 초 로베레Rovere 가문 출신의 교황 율리우스 2세는 바티칸 안뜰에 아름다운 조각 정원 '벨베데레Belvedere'를 만들고, 수집한 고대 조각을 열정적으로 전시했다. 또한 베드로 대성당을 개축하는 거대한 토목 공사에 도나토 브라만테Donato Bramante 같은 당대 최고의 건축가들을 동원해 로마의 찬란한 영광을 부활시키는 데 심취했다.

이처럼 1500년대, 즉 친퀘첸토Cinquecento(이탈리아어로 500이라는 뜻, 16세기를 말한다)의 르네상스 미술에는 교황의 후원이 있었다. 교황은 신앙심을 북돋아주는 사제가 아니라 부와 명예, 권력을 추구하는 세속 군주와 같았고, 세계 각국의 대사가 몰려드는 교황청은 유럽 외교의 중심지였다. 교황은 신의 영광을 찬미하면서 자신의 위용을 과시할 수 있는 기념비적인 예술품을 주문했고, 고위 성직자들은 건축가와 조각가, 화가를 고용해 팔라초를 세우고 미술품으로 화려하게 장식했다.

이런 감각적인 열망은 1513년 교황으로 선출된 위대한 로렌초의 아들 레오 10세에 이르러 절정에 달했다. 레오 10세는 악화한 교황청 재정을 회복하기 위해 대대적으로 면죄부를 판매했다.

돈으로 모든 죄가 용서받을 수 있다는 종교적 타락은 결국 1517년 종교개혁으로 이어졌다. 아우구스티누스 교단 소속의 수사 마르틴 루터 Martin Luther는 비텐베르크 성당 문에 면죄부 판매의 부당함을 알리는 95개조 반박문을 게시하면서 교황청의 부패에 반발했다. 이로 인해 유럽 사회는 구교와 신교로 나뉘게 되었고, 서구의 오랜 종교적 통일성이 해체되었다. 1527년 신성로마제국의 황제인 카를 5세의 신교도 용병들이 로마를 공격하자 교황 클레멘스 7세는 산타첼로 성으로 피신했다. 8일 동안 로마가 약탈당하면서 전성기 르네상스 미술 또한 서서히 종말로 나아갔다.

인간은 결코
신이 될 수 없다

피렌체에서 다윗상을 성공적으로 완성한 미켈란젤로는 1508년 율리우스 2세의 부름을 받아 로마로 왔다. 카펠라 시스티나, 즉 식스투스 예배당에 들어갈 천장화를 주문받았기 때문이다. 이 예배당은 율리우스 2세와 마찬가지로 로베레 가문 출신인 교황 식스투스 4세가 15세기 말에 재건한 작은 건물로서, 오늘날 로마 가톨릭교회에서 교황을 선출하는 콘클라베^{Conclave} 장소로 사용된다.

미켈란젤로가 천장화 작업을 시작하기 전에 이미 양쪽 벽면에는 모세의 일생과 그리스도의 생애가 그려져 있었다. 하지만 천장은 푸른 바탕에 금색별로만 칠해진 상태였다. 미켈란젤로는 회화가 자신의 전문 분야가 아니라고 생각해 율리우스 2세의 주문을 내켜하지 않았지만 결국 받아들였고, 21미터 높이의 거대한 원통형 천장을 프레스코로 제작했다.

프레스코 기법에는 거의 경험이 없었음에도 불구하고 미켈란젤로는 단 4년 만에 길이 39미터에 달하는 기념비적인 회화를 완성했다. 천장화에 묘사된 창세기의 사건들을 누가 결정했는지는 아직까지 정확히 알려져 있지 않지만 교황과 신학자들, 그리고 미켈란젤로의 역할을 생각해볼 수 있다.

무엇보다 복잡한 천장화 구성에서 가장 핵심적인 부분은 9개로 나누어진 가운데 부분인데, 각 장면 좌우에는 메시아가 올 것을 예언한 구약성경의 선지자들과 이교도의 무녀들이 등장한다. 아홉 장면은 다시 크고 작은 화면으로 분할되고, 작은 화면 주위로는 누드 남성 4명이 앉아 있다. 이들은 열왕기와 사사기가 묘사된 커다란 원형장식을 들고 있다. 한편 이들은 도토리 열매가 달린 참나무 잎도 들었는데, 참나무(도토리나무)는 천장화를 주문한 율리우스 2세의 가문 로베레를 상징하는 문장이다.

주문자의 위상은 예배당으로 들어오는 입구에서도 발견된다. 예언자 자카리아의 발아래에는 교황이 쓰는 삼중관과 대각선으로 교차된 베드로의 열쇠, 그리고 로베레 가문의 참나무가 새겨진 방패 장식이 붙어 있다. 천장화 곳곳에 등장하는 참나무 잎과 도토리는 르네상스 미술에서 주문자의 역할이 얼마나 중요했는지를 새삼 깨닫게 만든다.

천장화는 제단 위쪽의 천장에서부터 출입구를 향해 ① 빛과 어둠의 분리, ② 태양, 달, 천체 창조, ③ 물과 땅의 분리, ④ 아담 창조, ⑤ 이브 창조, ⑥ 낙원 추방, ⑦ 노아의 번제, ⑧ 홍수, ⑨ 노아의 만취로 이루어져 있다. 서사적인 흐름은 제단에서 입구를 향해 진행되지만 미켈란젤로는 입구에서 제단 쪽으로 작업해나갔다. 특히 흥미로운 점은 사건 전개에 맞지 않는 홍수의 위치다. 구약성경에 따르면 홍수→ 노아의 번제→ 노아의 만취 순서로 구성되어야 하지만, 홍수와 번제의 위치가 바뀌어 있다. 원래는 누드 남성 4명이 감싼 작은 화면에 홍수가 그려져야 하는데, 미켈란젤로가 인간 세상을 삼켜버린 홍수를 대형 화면에 묘사하기 위해 이야기 순서를 바꾼 것으로 추측된다.

천장화 가운데 가장 커다란 감동을 주는 장면으로 하나님이 아담을 창조하는 순간을 꼽을 수 있다. 천사들과 함께 수염을 휘날리며 날아오는 하나님은 오른손을 힘껏 뻗고 있다. 하나님의 왼쪽 팔 아래에는 아직 태어나지 않은 이브가 금발머리를 내밀고 호기심 어린 표정으로 아담을 바라본다. 한쪽 무릎을 구부리고 앉은 아담은 하나님을 향해 왼팔을 들고 있는데, 힘없이 늘어진 손목은 그가 아직 생명이 불어넣어지지 않은 진흙임을 알려준다.

하나님과 아담의 손은 서로를 향해 있지만 아직 닿지 않았다. 두 손가락 사이의 작은 틈은 우리가 신이 될 수 없음을, 지상의 인간이 결코 신성한 존재가 아니라는 사실을 깨닫게 한다. 이 간극은 거대한 천장화를 홀로 완성한 미켈란젤로가 예술가로서 지니고 있었던 겸손함을 떠올리게 만든다.

르네상스 미술의 절정

미켈란젤로가 식스투스 예배당의 천장화를 작업하는 동안, 율리우스 2세는 우르비노 출신의 화가 라파엘로 산치오 Raffaello Sanzio에게 교황의 스탄차Stanza, 즉 접견실에 들어갈 벽화를 그려달라고 주문한다. 1509년부터 1511년까지 라파엘로가 작업한 첫 번째 장소는 '서명의 방Stanza della Segnatura'으로, 교황의 서재였다.

라파엘로는 반원형의 네 벽면에 철학, 법학, 신학, 문학을 주제로 프레스코화를 제작했는데, 그중 유명한 장면이 바로 철학을 다룬 〈아테네 학당〉이다. 그리자유grisaille 기법으로 채색된 건물들이 화면 안으로 들어가면서 르네상스 회화의 열린 창을 완벽하게 실현하는 가운데, 고대의 철학자들이 등장한다. 라파엘로는 수평으로 늘어선 사람들과 화면 양끝을 향해 V 자 형태로 대칭을 이룬 인물 배치를 통해 레오나르도가 보여준 균형감과 미켈란젤로의 역동성을 조화롭게 절충한다. 우아한 윤곽선과 섬세한 옷 주름, 자연스러운 율동감은 서구 회화가 최고조에 달했음을 보여준다.

화면 중앙의 소실점에는 두 철학자 플라톤과 아리스토텔레스가 서 있다. 플라톤은 하늘을 손가락으로 가리키며 이데아를 찾는 철학 사상을 알려주고, 정면을 향해 손바닥을 펼친 아리스토텔레스는 인간의 윤리적 행동에 주목한 현세적인 관심사를 드러낸다.

라파엘로는 플라톤의 얼굴에 레오나르도 다빈치를 그려 넣었고, 화면 앞쪽에서 턱을 괴고 고심하는 헤라클레이토스의 얼굴에 당시 식스투스 예배당의 천장화를 작업하던 미켈란젤로를 그려 넣었다. 또한 라파엘로는 자기 자신도 위대한 철학자들 사이에 세워놓았는데, 화면 오른쪽 모퉁이에서 관람자를 향해 시선을 보내는 젊은이가 바로 그다. 라파엘로의 초상은 르네상스 미술가의 자부심을 다시 한 번 확인시켜준다.

위대한 천재들의
시대

이탈리아 르네상스 미술은 인간의 근대적 자의식이 시각적으로 표출되는 15세기에 발현되어 16세기 전반에 절정에 달했다. 150여 년에 걸친 르네상스 미술은 고대 미술의 찬란한 부활을 보여주었으며, 부유한 상인과 군주, 교황들의 후원을 받아 피렌체에서 태어나고 로마에서 꽃을 피웠다. 특히 16세기는 르네상스의 만능인 레오나르도 다빈치, 조각을 비롯해 건축과 회화 등 모든 미술 장르에서 탁월한 재능을 보여준 미켈란젤로, 그리고 미술 아카데미가 범례로 삼은 라파엘로 산치오가 활동한 시대였다.

아르놀트 하우저Arnold Hauser가 이야기한 것처럼 르네상스 이래로 예술가는 존경과 숭배의 대상으로 올라서게 되었다. 그리고 후원자는 예술가를 칭송함으로써 그의 광휘에서 뿜어져 나오는 빛을 반사시켜 자신을 고상하게 만들었다. 나아가 르네상스 미술은 예술의 만개가 종교개혁과 같은 사회적 변화 인자가 될 수 있음을 증명하는 시대정신이었다.

이탈리아 기행을 마친 괴테는 독일로 돌아오기 전, 로마의 보름달을 바라보며 오비디우스Ovid의 비가를 떠올린다. 로마를 떠나는 심경이 로마에서 추방당한 고대 시인의 슬픔과 다르지 않았기 때문일 것이다. 영원의 도시와 작별을 고하는 건 결코 쉽지 않은 일이다. 그러나 로마는 언제나 그 자리에 있기에, 다시 만날 약속을 하는 것 또한 어렵지 않다.

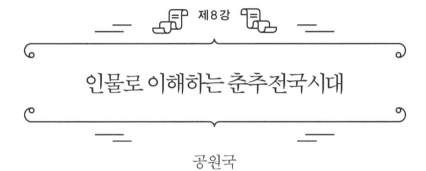

제8강

인물로 이해하는 춘추전국시대

공원국

서울대학교 동양사학과를 졸업하고, 동 대학교 국제대학원에서 중국지역학을 전공했다. 현재 중국 푸단대학교에서 인류학을 공부하고 있다. 생활·탐구·독서의 조화를 목표로 십수 년간 중국 오지를 여행하고, 이제 유라시아 전역으로 탐구 범위를 넓혀 역사 연구와 '유라시아 신화 대전' 저술에 몰두하고 있다. 지은 책으로《춘추전국이야기 1~11》《옛 거울에 나를 비추다》《유라시아 신화 기행》《여행하는 인문학자》《나의 첫 한문 공부》《삼국지를 읽다, 쓰다》《통쾌한 반격의 기술, 오자서병법》《인물지》《귀곡자》《장부의 굴욕》 등이 있고, 역서로《말, 바퀴, 언어》《중국의 서진》《중국을 뒤흔든 아편의 역사》《조로아스터교의 역사》 등이 있다.

정당한 통치권이란 무엇인가

회식을 마치고 한밤중 집으로 가는 길, 공터에서 청소년 몇 명이 또래 한 명을 구타하고 있다. 술이 약간 올랐지만 정신이 퍼뜩 든다. 어떻게 할 것인가? 어떤 이는 '그래도 내가 어른인데' 하며 상황에 개입하고, 어떤 이는 '젊은 애들을 건드리면 위험하니 경찰서로 연락하자' 하고 전화를 걸 것이다. '저희끼리 무슨 일이 있겠지' 혹은 '나서 봐야 어쩔 도리가 없어' 하고 그냥 지나치는 이도 있을 것이다. 무엇이 바람직한 행동인지에 대해서는 저마다 의견이 다르겠지만, 이 상황에서는 누구라도 나름대로 어떤 선택이든 해야 한다.

위와 같은 상황을 접하기 드물다면 이런 상황은 어떤가? 초등학생 아들이 저녁이면 엄마 휴대전화를 집어 들고 게임 삼매경에 빠진다. 손님이 와도 데면데면하고 그저 작은 화면만 내려다본다. 시력도 나빠져서 이미 두꺼운 안경을 꼈는데 이래저래 아빠는 걱정이다. 게임을 아예 금지할 것인가? 함께 게임을 즐겨본 뒤 결정할 것인가? 게임할 시간을 못

내도록 학원에 보내버릴 것인가? 아니면 애들 일이라 치고 관여하지 않을 것인가? 도대체 어디까지가 부모로서의 정당한 권한 행사일까? 이렇듯 비단 조직의 수장이 아니더라도 남에게 권위를 행사해야 할 상황은 많아서, 통치권 행사 문제는 누구도 피해갈 수 없다.

인문학의 통치권은 다르다

인문학의 언어를 빌린다면 '정당한 통치권 행사'에 대해 고민하는 사람들을 '사상가思想家'라 부를 수 있다. 흔히 자연계와 인간계의 구조 전반을 논리적·언어적으로 고찰하는 이를 철학자, 수리적·물리적으로 고찰하는 이들을 과학자라 부른다. 사상가는 철학자와 과학자가 쓰는 방법을 이용하지만, 이를 인간 사회에 응용하는 데 관심이 있다. 사상가는 통치권을 행사하는 이와 통치를 받는 이 가운데 어느 쪽 편도 들지 않는다. 정당함은 사상가의 이런 특수한 위치 때문에 생긴다.

예로부터 수많은 사람이 '정당하다'의 기준이 무엇인지 고민해왔다. 그중 최고 선배 격으로서 가장 뚜렷한 발자국을 남긴 3천 년 전의 사상가 조로아스터는 자연계와 인간계를 아우르는 불멸의 원칙을 고민하면서 그 사이에 '크샤트라 바이리야Khšathra Vairya', 즉 '바람직한 통치권'을 집어넣었다. 조로아스터가 내세운 기준은 인간계를 넘어선 자연계 전체의 복지였다. 그의 사상 체계 안에서는 식물과 동물은 물론 물과 불 같은 무생물도 인간처럼 존중받을 자격이 있다. 인문학에서 말하는 '바람직한 통치권'의 척도는 인류 전체의 복지다. 그래서 남을 이끄는 힘을 말하는 리더십과는 의미가 다르다.

카이사르나 히틀러가 위대한 리더였는지 모르겠지만 인문학적 의미에서 그들의 리더십은 바람직한 통치권의 반열에 올릴 수 없다. 그들의 침략을 통해 로마나 독일이 얼마나 이익을 얻었는지 모르겠지만, 그로 인해 죽고 다치고 재산을 잃은 사람들의 복지 손실이 그에 못지않았기 때문이다. 인문학이 말하는 통치권은 침략 행위를 전반적으로 배격한다. 그러나 히틀러가 일으킨 전쟁을 수수방관하는 것은 '바람직하지 않은 통치권'을 인정하는 격이므로 인문학자라면 이런 전쟁에 대항해 행동할 것이다. 여기에는 물론 직접 무기를 드는 방식도 포함된다.

인문학은 인류 전체의 물질적·정신적 복지 증진을 고민하는 학문이므로 어떤 집단의 이익을 기준으로 사고하지 않는다. 예컨대 경제학은 국민국가의 물질적 복지를 다룬다. 그러므로 경제학적 리더십은 인문학에서 말하는 '바람직한 통치권'과 가끔 충돌한다.

또한 인문학은 인간 사회에서 고착된 질서를 불변의 것으로 인정하지 않는다. 정치학의 예를 들면, 두 차례 세계대전을 겪은 뒤 서구의 세계 지배가 확립된 20세기 초반의 특수한 상황 때문에 '현실주의'라 불리는, 강자의 질서를 거의 불변의 것으로 인정하는 기계적인 사고가 지배하는 실정이다. 그러나 인문학은 강자에 의한 약자 지배를 강자의 우월성으로 읽지 않고 '비정상적 통치'로 읽는다. 현실주의자들은 어떤 집단에 깃든 우월성의 근거를 찾고자 노력하겠지만, 인문학은 그런 노력 자체를 인정하지 않는다.

마찬가지로 인문학의 통치권은 경영학적 리더십과는 더욱 큰 차이가 있다. 경영학은 기업의 지배권과 이윤을 다룬다. 자본주의사회에서 이윤은 대단히 몰가치적이어서 인류의 전반적인 복지를 고려할 이유가 없다. 그런 까닭에 아마도 대다수 인문학자는 근래 유행하는 이른바 '인문 경영'에 회의적일 것이다.

어떤 사상으로
정당한 통치를 논하는가

인문학의 영역에서는 '리더십이란 과연 필요한 것인가' 그 자체를 문제 삼는다. 남성의 여성 지배, 부자의 빈자 지배, 군인의 민간인 지배, 제국의 약소국 지배, 한 인종의 타 인종 지배는 분명 어떤 리더십의 지원을 받아 고착되었을 것이다. 오늘날 자본가의 비자본가 지배 현상은 나날이 심화해 자본을 상속받은 이들의 이른바 '흙수저' 지배는 이제 막 사회에 진입하려는 젊은이들을 절망으로 몰아넣고 있다. 2019년 현재 세계 최강국 미국의 대통령은 상속자본가이면서 지대地貸자본가인 도널드 트럼프다. 중국의 현 주석 시진핑은 혁명 1세대인 이른바

공산당 성골聖骨의 아들이고, 스스로 임기를 늘려 종신집권체제를 이룩
했다.

카이사르는 "모두가 자유 상태를 더 좋아한다"라고 하면서도 자유를
쟁취하고자 대항한 갈리아인들을 노예로 팔아먹는 행위를 주저하지 않
았다. 히틀러는 자신의 '투쟁'이 아리아인이 타 인종을 다스려야 한다는
인종주의와 소수가 다수를 힘으로 제압하는 전체주의를 위한 것임을 숨
기지 않았다. 트럼프의 '협상'은 약한 상대를 꺾기 위한 것이고, 시진핑
의 꿈은 중국인만을 위한 것이다. 그들의 강력한 리더십은 정평이 나 있
지만 인문학은 그런 리더십을 인정하지 않는다.

인문학적인 리더십은 사상가라는 집단의 사유를 거친다. 사상가라 불
리는 집단은 철학과 과학을 논리적 기반으로 삼는데, 이 두 학문은 특정
집단을 위하는 대신 보편 원리를 지향한다. 그래서 바람직한 통치와 겹치
지 않는 리더십, 즉 사상을 결여한 리더십은 오히려 해롭다고 주장한다.

다시 한밤중의 공터로 가보자. 우리는 여러 방식으로 폭행을 당하고
있는 청소년을 구할 수 있다. 당장 달려들어 주먹을 날릴 수도 있다. 동
양에서는 묵가라는 사상가 집단이 그렇게 해야 한다고 가르쳤다. 좌면
우고하거나, 혹시 당하고 있는 아이가 먼저 잘못하지는 않았을까 따위를
따지다가 한 아이가 크게 다치거나 목숨을 잃을 수도 있지 않을까?

힘 있는 자 다수가 소수의 힘없는 이를 먼저 공격한다면 이를 막는 것
이 묵가의 첫 번째 행동 원칙인 비공非攻이다. 법가 사상의 영향을 받은

경우, 당장 경찰에게 전화를 걸 것이다. 만인에게 적용되는 공정한 법이 있는데 사적으로 구제하려 해서는 안 된다는 것이 법가의 제1원칙이다. 필자는 법가는 궁극적으로 지배계급을 옹호하므로 사상가의 반열에 오르기는 힘들다고 판단하지만, 그들 역시 공익을 추구하므로 사상가에 근접한 것은 사실이다.

한편 도가나 유가 사상가라면 달려가 맞고 있는 이를 감쌌을 것이다. 유가 인사는 측은지심의 발로에서 그렇게 행동할 것이고, 이는 도가의 몸에 밴 반폭력주의 탓이 분명하다. 그러나 '그건 내 일이 아니야'라고 여기거나, '내 힘으론 어쩔 수 없어'라고 포기하는 이는 정당한 통치권을 포기한 사람, 즉 사상이 없는 사람이다.

게임에만 몰두하는 아이의 행위에 개입하거나 통제하려는 행동도 마찬가지다. 아이의 건강을 해친다는 확신이 있는데도 개입하지 않는 부모 역시 정당한 통치권을 포기한 사람이다. 그러나 아이와 모든 사람의 복지를 상관하지 않고, 게임이라는 행위 자체가 못마땅해 엄금하는 이도 정당한 통치권의 의미를 잊은 건 마찬가지다. 개입은 모두의 복지라는 관점에서, 즉 중립적인 사상의 스펙트럼을 통과한 후 이뤄져야 한다.

패자를 보좌한 중국의 사상가들

이제부터 춘추시대부터 한漢나라 건국에 이르기

까지 중국의 군주 역할을 담당한 4명의 통치자를 여기에 불러낼 것이다. 그리고 그들의 단순한 리더십이 어떻게 정당한 통치로 이어지는지 고찰해보겠다. 진시황 영정嬴政도 반면교사를 위해 잠깐 언급하겠다. 중국의 고대를 예로 든 것은 기록이 많이 남아 있으며, 필자의 연구 분야이기 때문이다. 다행히 그때는 중세나 근세에 비해 사상적으로 덜 경직된 시기였고, 바람직한 통치에 관한 논쟁이 꽃필 때라서 통치자의 행적이 비교적 선명하다. 하지만 우리는 일생 동안 통치자가 될 가능성이 매우 낮으므로, 우리가 고찰하려는 이는 통치자가 아니라 그 통치권에 의미를 부여하는 사상가다.

제환공은 관중의 그늘 아래, 진문공은 호언의 가르침 아래, 초장왕은 손숙오의 보좌 덕에 패자霸者가 될 수 있었다. 패자는 힘으로 남을 제어하되 상대로부터 바람직한 통치권을 행사한다는 동의를 얻어내는 사람이다. 패자가 사상가의 보좌를 받으면 동의라는 수단을 폭력의 위에 둔다. 그들은 사상가의 반열에 오를 수 없으나 사상가의 위상을 높이는 역할을 한다. 진시황 다음으로 언급할 한고조 유방은 선배 묵가와 도가 등 여러 사상가들의 영향을 체현한 인물이다. 그는 여러 사조를 받아들이면서 나름대로의 사상을 만들어냈으니, 일종의 공리주의다.

효과가 명확하다고 하더라도 바람직한 통치는 목적보다 수단이 먼저다. 아무리 자식의 장래를 위해서라지만 감히 자식을 군법으로 다스릴 수는 없지 않은가? 바람직한 통치는 전체의 복지를 단순 보존하는 것이 아니라 증진하는 것이어야 한다. 조직의 안녕을 위해 개인의 중용이 중요하다고 해서, 물리학 연구자가 중용을 기준으로 연구한다면 무슨 발전이 있겠는가? 현대사회에서 생산력은 날로 증가하고 있다. 이제 옛날 사람들의 행적을 역사적인 맥락에서 고려하되, 온전히 오늘날을 사는 우리의 눈으로 살펴보자.

관중,
말과 감정을 비틀지 않는다

문자가 생기기 전까지 지구상의 많은 민족은 말의 구속력이 강력하다고 생각했다. 말은 자기실현의 힘이 있으므로 정확하게 사용해야 한다. 예컨대 자기 문자가 없던 시기 인도-유럽인은 정확한 방식으로 어떤 신의 이름을 부르면 그 신이 나타난다고 생각했다. 말은 공기公器이므로 제멋대로 비틀어 쓸 수 없다. 공자가 정치를 시작하는 기본으로 '이름을 바르게 한다正名'고 한 것도 그런 이유다. 공자는 말의 형식과 내용 모두가 개인이 처한 입장에 따라 임의로 바꿀 수 없는 공적 영역에 속한다고 생각했고, 이를 인정하는 것이 '바람직한 통치권'의 출발이라 말했다.

이치에 맞는 말이니
따를 수 있다

관포지교管鮑之交의 고사로 유명한 관중은 기원전

8세기 말에서 7세기 중반까지 살며 춘추시대의 초석을 놓은 사람이다. 당시는 중국에 100개 이상의 크고 작은 나라가 난립하던 시기였다. 종주국 주나라가 있었으나 유명무실했고, 그 대신 제후국 중 가장 힘이 센 군주가 회맹會盟이라는 협의체의 맹주가 되어 국제법을 확정하고, 참가국들이 허용하는 범위에서 분쟁을 용인하고 중재했다. 이런 체제가 국제관계의 핵심이었다.

이 맹주를 패자라고 한다. 물론 이웃나라까지 서로 침탈하는 게 다반사였지만, 최소한 패자의 사후 승인을 얻어야 했다. 패자 자신이 이웃나라를 병탄하는 일도 흔했지만, 역시 그도 회맹 참가국들에게 이유를 설명해야 했다.

관중은 제나라 환공을 보좌해 패자의 자리에 오른다. 여러 사적 기록을 종합하면 관중은 생산력 증대를 통한 강군 육성으로 국력을 키웠다. 또한 '국제 하천의 물길을 막거나 함부로 돌리지 않는다' '기근 발생 시 국제 곡물 거래를 방해하지 않는다' 등 오늘날의 국제하천법이나 인도주의적 국제기구의 강령과 크게 다르지 않은 국제법을 만들어낸다.

물론 출발부터 쉬웠던 건 아니다. 제나라 옆에 노나라가 있었다. 노나라는 제나라가 중원으로 가는 길목에 있었고, 또 주나라 왕실의 일족인 희姬성 제후국이라 목이 뻣뻣했다. 관중은 정권을 잡고 나서 패권을 쥐기 위해 노나라로 출병했고, 국력이 약한 노나라는 당해내지 못하고 상당한 땅을 잃었다. 이후 양국 군주가 회맹 장소에 나타났다. 화친을 하고 새 국경선을 확정하는 자리였다. 그때 노나라의 신하 조귀曹劌가 양 군주가 만나는 단상으로 뛰어올라 제환공의 옷깃을 잡고 칼을 뽑았다.

"빼앗아간 땅을 다 내놓으시오."

"두 군주가 만나는 자리에 칼을 들고 뛰어들다니 무엄하다."

관중이 나서서 꾸짖었지만 조귀는 땅을 되돌려 받을 때까지 물러날 생각이 없어 보였다. 환공은 위협을 못 이겨 땅을 돌려주겠다고 허락하고 말았다. 어렵게 군사를 내어 얻은 땅인 데다 말단 관리에게 모욕을 당해 화가 치민 환공은 복수를 하고 싶어 했다. 그때 관중이 환공을 타일렀다.

"비록 위협을 당해 허락했지만 이미 약속을 했습니다. 땅을 포기하는 대신 신뢰를 세우십시오."

그 후 환공과 관중은 이른바 화하華夏라 불리던 중원의 국가들을 규합해 북방의 이민족(융적)과 남쪽 이민족 초로부터 이들을 보호하는 맏형 역할을 자처했다. 먼저 북방 민족에게 멸망하려던 형나라를 구하고, 기원전 657년 초가 정나라를 칠 때 중원의 여러 나라를 모아 진격했다. 초는 이 대군의 형세에 두려움을 느껴 대신 굴완屈完을 사자로 보냈다.

"제나라는 북해에 있고 우리는 남해에 있어 서로 거리가 천 리요. 발정난 말과 소가 서로 미칠 수 없는데 어찌 이리 오셨습니까?"

관중이 환공을 대신해 대답했다.

"우리는 선조 태공(강태공) 이래 주나라 왕실의 명을 받아 동서남북으로 왕법을 받들지 않는 이들을 정벌한 권한을 가지고 있습니다. 귀국이 왕실의 제사에 포모包茅를 들이지 않아 술을 거르지 못해 제사를 올릴 수 없으니 과인이 이를 벌하고자 합니다. 또 소왕昭王께서 남정을 나섰다가 아직 돌아오지 못했으니, 이 차에 그 연유를 묻고자 합니다."

초의 군주는 스스로 왕이라 칭했으니 주나라 왕실의 제후국이 아니었다. 그러나 관중은 지금 주나라 왕에게 공물을 바쳐 신복하라고 초에 강요하는 동시에, 옛날 주나라 왕이 남정을 떠났다가 실패하고 죽은 일을 구실로 침략을 정당화했다. 물론 주나라 왕실은 유명무실하고 제나라가 실권자였다. 굴완이 대답했다.

"공물을 들이지 않은 것은 실로 과인(초왕)의 죄입니다. 어찌 감히 안 들일 수 있겠습니까? 그러나 소왕께서 돌아가지 못한 일일랑 저 강물에 물어보십시오."

옛날 소왕은 초나라를 치려 한수漢水를 건너다 익사했다. 그래서 굴완은 먼저 패자로서 제나라의 우위를 인정하고 왕실에 공물은 올리겠지만, 그 옛날 물에 빠져 죽은 사람의 일을 우리에게 물으면 어떻게 하느냐며 우아한 언사로 간곡히 뜻을 전달한 것이다. 관중은 탄복했지만 군대에 진군을 명해 재차 위협했다. 굴완이 다시 사자로 오자 환공이 일갈했다.

"이 많은 군사로 싸우면 누가 막을 것이오? 이 많은 군사로 성을 치면 어느 성인들 남아나겠소?"

굴완이 다시 대답했다.

"군주께서 선善으로 여러 제후를 어루만지신다면 누가 감히 복종하지 않겠습니까? 그래도 기어이 힘으로 하시겠다면 우리 초나라는 방성方城을 성으로 삼고 한수를 해자 삼아 싸울 테니 무리가 많아도 쓸모가 없을 것입니다."

과연 반박할 수 없을 정도로 이치에 맞는 말이었다. 관중과 환공은 다만 끌고 들어온 군대에 변명할 구실을 찾고 있는 중이었기에, 초나라의 화친 제의를 받아들이고 철군했다. 굴완의 말이 이치에 맞았기 때문이다.

통치권을 행사하는 이가 이치에 맞는 말을 따르지 않는다면 말이 바로 서지 않는다. 말과 글로 약속하고, 그 약속을 기반으로 통치권을 행사하는 것이 문치文治다. 반면 입장에 따라 말을 계속 바꾸는 이가 믿을 것은 오직 힘뿐이다. 힘이란 뭉쳐야 나오는 것인데, 믿을 수 없는 이 주위로 누가 모이겠는가? 그래서 임기응변하는 이는 힘도 없는 것이다. 관중은 말의 힘을 믿었고, '아홉 번 제후를 모아 회맹하면서 한 번도 힘을 쓰지 않았다'는 평가를 얻을 수 있었다.

감정과 본성의 정도를 따르라

관중이 보기에 말이 사회적 관계를 유지하는 공기라면 감정은 서로 다른 인간들이 사회를 만들어가는 최소한의 단위였다. 관중은 환공보다 먼저 병이 들었다. 전적으로 관중에 의지하던 환공은 걱정이 되어 후계자 일을 물었다. 관중은 환공이 총애하던 역아易牙, 수조竪刁, 계방啟方을 멀리하라고 충고했다. 환공이 되물었다.

"역아는 자기 아들을 삶아서라도 내 입맛을 맞춰준 이요. 이런 사람의 충심을 어떻게 의심할 수 있겠는가?"

"사람은 본성상 누구나 자기 자식을 아낍니다. 자식도 삶아 바치는 이가 군주를 아끼겠습니까?"

"수조는 자기 남근을 자르고 나를 모시는 이요. 어찌 그의 충심을 의심하겠는가?"

"사람은 본성상 자기 몸을 아낍니다. 자기 몸도 해할 수 있는 이가 군주의 몸을 아끼겠습니까?"

"계방은 아버지를 여의고도 가지 않고 15년 나를 섬긴 이요. 그는 충신이 아닌가?"

"자기 아비의 상도 돌보지 않는 자가 군주께 무슨 짓을 못 하겠습니까?"

유가의 시작은 수신修身이다. 효에서 충으로 나아가며, 효의 시작은 어버이가 물려준 신체를 잘 보전하는 것이다. 수신-제가-치국-평천하는 순서대로 이루어져야 한다. 자기 몸을 해쳐 수신의 원칙을 어기고 자식을 삶거나 아비 상을 돌보지 않는 등 제가의 기본을 망각한 자의 충성은 뿌리가 없어 믿을 수 없다. 관중은 인간 본성이라는 대원칙 아래 논의를 전개하고, 논의의 수단인 말의 공적인 힘을 인정했다.

그러니 관중 입장에서 보면 "나는 회사와 결혼했다"라고 말하는 노동자나, "절대로 노조를 허용할 수 없다"라고 외치는 경영자는 모두 바람직한 통치권과 거리가 멀다. 전자는 감정의 정도를 잃었고 후자는 인간의 본성을 인정하지 않는 이다.

호언,
사람의 본성을 거스르지 않는다

춘추시대 두 번째 패자라 불리는 진문공晉文公은 관중보다 한 세대쯤 늦은 시기를 살았다. 진문공은 남방 초나라와의 대결에서 이겨 북방의 패자가 되고, 비록 사냥터에서 만든 임시법이지만 국가의 정식 법령을 만들었다. 또한 군제를 개혁하여 병단을 늘렸으니 굳이 분류하자면 법가에 가깝다. 또한 그는 제환공처럼 담백한 인간도 아니었고 오히려 권모술수가 많은 이였다. 만약 진문공이 법가에 멈췄다면 리더십의 표본으로 언급할 필요도 없을 것이다. 다행히 그의 옆에는 비록 관중처럼 통치권의 의미를 깊이 고찰하지는 못했지만 역시 사상가의 면모를 갖춘 외숙부 호언狐偃이 있었다.

희로애락의 절도를 거스르고
어찌 임금이 되겠습니까

진문공은 파란만장한 삶을 살았다. 아버지 헌공獻公은 음험한 이였지만 나름대로 자기 나라를 건사하고 키웠다. 하지만 그는 성품이 곧지 못했다. 헌공은 새로 얻은 여희라는 여인에게서 아들이 태어나자 장성한 아들들을 고깝게 바라보기 시작했다. 여희는 자기 아들을 군주로 세우기 위해 무슨 일이든 할 수 있는 여자였다. 여희는 먼저 여러 아들들을 변방의 읍으로 보내 부자 사이에 거리를 두게 만들었다. 그러고 나서 우선 태자 신생申生이 군주를 암살하려 했다고 모함해 그를 제거했다. 헌공은 여인의 말을 듣고 아들을 죽일 만큼 잔혹했다. 또한 변방에 있던 동생들인 중이重耳(진문공)와 이오夷吾(진혜공晉惠公)에게 신생의 모의에 가담했다는 누명을 씌워 살해하려 했으나 둘은 실수를 피해 달아났다. 중이는 아쉬운 대로 어머니의 나라인 적狄으로 도망쳤고, 호언이 그를 수행했다.

그러다 얼마 후 헌공이 죽자 여희의 자식을 군주로 인정하지 않는 대신들이 난리를 일으켜 여희 모자를 제거했다. 대신들은 중이를 원하는 파와 이오를 원하는 파로 나뉘었고, 정변의 주역인 대신 이극李克과 비정丕鄭이 중이에게 사신을 보내 고했다. 《국어》라는 사서에 그날의 대화가 기록되어 있다. 이극이 보낸 사자가 말한다.

"나라에 난리가 나서 백성이 걱정에 휩싸여 있습니다. 나라는 난리를 틈타 얻는 것이고, 걱정에 빠진 백성은 다스리기 쉽습니다. 공자께서는 돌아가시지 않으렵니까? 제가 길을 안내하겠습니다."

중이는 솔깃했다. 그러나 일이 어긋날까 두려워 참모이자 외숙인 호언에게 조언을 구했다.

"이극이 나를 받아들이려 합니다. 어찌할까요?"

호언은 강하게 반대했다.

"안 됩니다. 무릇 나무가 튼튼하게 서려면 시작이 좋아야 합니다. 처음 줄기를 견고하게 해두지 않으면 뒤에는 반드시 마르고 잎이 떨어집니다. 나라의 우두머리 된 이가 알아야 할 바는 오로지 희로애락의 범절이니, 이것으로 백성을 이끄는 것입니다. 죽음을 슬퍼하지 않고 나라를 차지하기는 어렵고, 난을 기회로 들어가면 위태롭습니다. 죽음을 틈타 나라를 얻는다는 것은 분명 죽음을 기뻐한다는 뜻이요, 죽음을 기뻐한다는 것은 분명 삶을 슬퍼한다는 이야기입니다. 난을 틈타 들어가는 것은 난을 즐긴다는 뜻이요, 난을 즐긴다는 것은 분명 덕을 태만히 한다는 것입니다. 이는 희로애락의 절도를 바꾼다는 것인데, 그렇게 해서 어찌 백성을 인도하겠습니까? 백성이 나의 인도를 받아들이지 않는데, 도대체 누구의 우두머리가 된단 말입니까?"

중이가 반문했다.

"(선대가) 죽지 않으면 누가 그를 대신할 것이며, 난리가 없으면 누가 나를 받아주겠습니까?"

호언이 대답했다.

"상란喪亂에도 크고 작음이 있습니다. 큰 상과 큰 난의 예봉을 침범해서는 안 됩니다. 부모께서 돌아가심이 큰 상이고, 형제가 서로 참소하는 것이 큰 난입니다. 지금이 바로 그때이니 어렵습니다."

중이는 깨닫는 바가 있어 사자에게 가서 대답했다.

"도망 다니는 저를 생각해주셔서 고맙습니다. 그러나 저는 아버지께서 살아 계실 때 거소를 청소하는 일도 못 하고, 돌아가신 후에 장례도 드리지 못해 죄를 거듭 지었습니다. 대부께 송구스러우나 저는 차마 돌아가 자리를 차지할 수 없습니다."

한편 동생 이오는 중이와 달리 이미 뇌물을 잔뜩 준비하고 들어갈 준비를 마친 상태였다. 이윽고 이오가 들어가 자리를 이으니 바로 혜공이다. 혜공은 즉위하자 자객을 보내 형을 제거하려 했다. 그 또한 아버지 못지않게 잔인했다. 목숨을 지키고자 중이는 또다시 달아났고, 그 후로 간난의 망명객 생활을 이어갔다. 그리고 혜공이 죽은 뒤 입국해 짧은 시간에 패자의 위업을 이룬다. 문공 이후부터 전국시대까지 진은 명실공히 중원의 최강자였다.

통치의 기본, 보통 사람의 상성

호언이 말한 희로애락이란 소위 인지상정이다. 도가 중 특히 장자는 이 인지상정을 지극히 귀하게 여겨서 '도道'라 불렀다. 도가의 설을 정리하면 자연계의 도는 일월성신이 다니는 천상의 길과 자연의 법칙을 따라 흐르는 물의 길이 있다. 해와 별이 정해진 길을 벗어나지 않듯 물은 낮은 곳으로 흐르는 본성을 절대로 바꾸지 않는다. 이는 《일주서逸周書》에 "하늘은 고정된 성품이 있고, 사람에겐 따라야 할 고정된 도리가 있다"라고 한 바와 서로 통한다. 자연의 법칙을 인성까지 확장해 만든 사상서가 바로 《장자》다. 그중 〈마제〉 편에 인간의 보편적인 심성을 뜻하는 '상성常性'의 의미에 대한 설명이 나온다.

> "백성에게는 상성이 있으니, 옷을 짜서 입고 밭을 갈아먹는 것을 이르러 모두에게 통하는 동덕同德이라 한다. (크게 하나 되어) 서로 편 가르지 않으니, 이를 하늘이 부여한 대로 맡기는 것이라 한다."

장자는 논지를 이어가며, "이렇게 지극한 덕이 행해질 때는 사람이 금수는 물론 만물과 더불어 함께 살아간다. 이러니 어떻게 군자(지배자)니 소인(피지배자)이니 하는 구분이 있을 것인가"라고 말한다.

앞서 필자는 사상가가 지배자와 피지배자 한쪽이 아니라 그 가운데 서 있다고 말했다. 장자의 주장 자체가 바로 사상가에 대한 필자의 정의와 맞아떨어진다. 하지만 소수이자 특권층인 지배계급이 피지배계급에 맞춰야 한다는 것이 핵심이다. 인간의 상성은 짐승과 크게 다르지 않아 먹고 자고 울고 우는 소박한 욕망으로 이루어져 있으며, 그러므로 지도자가 욕심을 버리고 소박해져야 백성의 마음을 얻을 수 있다고 한다. 장자가 말한 상성은 호언이 말한 '희로애락의 기본 규칙'과 별 차이가 없다. 보통 사람의 상성을 거스르지 않는 것을 통치의 기반으로 삼아야 한다는 건 묵자의 상동相同 사상과도 통한다.

통치의 기본은 희로애락의 상성을 따르는 것이며, 다수 백성의 물질적·정신적 복지를 해치지 않는 것이 정당한 통치다. 문공은 패자가 된 뒤 모든 전략가나 장군들을 제치고 호언을 1등 공신으로 올리며 "호언은 인의로 나를 이끌었으니 가장 훌륭하다"라고 칭찬했다. 여기서 인의란 보통 사람의 희로애락을 긍정하는 데 지나지 않는다.

손숙오,
해치지 않고 키운다

진문공에 이어 춘추시대 세 번째 패자로 인정되는 이는 남방 초나라 땅에서 나왔으니, 바로 장왕이다. 당시까지 초는 중원과 문화가 다른 만이蠻夷 취급을 받았지만, 그가 자리에 오른 이후 중원의 열강들을 제압했다. 장왕은 여러 역사서에 문화군주의 표본으로 등장한다. 그러나 그는 대단히 괄괄하고 다혈질이어서 누군가의 제어가 필요했다. 초장왕 옆에는 손숙오孫叔敖라는 이가 있어 보좌했는데, 그는 명문가 출신이 아닌 시골 사람으로 중국 최초의 수리기술자였다.

싸움에 임하되
예를 다하라

초장왕은 등극 직후 거대 족벌들에게 휘둘려 오랫동안 권력을 잡지 못하다가 몇 년 후 기회를 봐서 대숙청을 감행하고 내정을 다졌다. 그리고 그때 손숙오를 등용했다. 장왕은 호승심이 커서 싸움을 마다하지 않았지만, 손숙오는 대체로 싸움은 말리고 농업 생산량을 늘리는 데 집중하는 재상이었다. 물론 전투 현장에서도 공병대장이자 사령관으로서 장기전에 대비한 새로운 전법을 만들어 국제적으로 이름을 떨치던 전략가이기도 했다.

당시 초는 북방의 진晉과 대치하고 있었고, 그 매개 고리는 정나라였다. 정나라는 중원 한가운데 자리 잡고 있어서 이 나라를 자기편으로 끌어들이는 쪽이 패자가 되는 형국이었다. 기원전 597년 필邲의 싸움이 결정적인 전투였다. 당시 정나라는 초와 진 사이에서 갈팡질팡하고 있었는데, 그중 한 일파는 초를 끌어들이고 다른 일파는 진을 끌어들였다.

이런 상황에서 초가 빠른 속도로 올라가 정나라를 굴복시키고 맹약을 맺는 사이, 진은 황하 북쪽에서 우물쭈물하다 개입 시기를 놓쳤다. 그러나 진군은 주전파들이 득세하면서 기어이 황하를 건넜고, 이에 오삼伍參 등 초의 주전파들은 싸움을 하고 싶어 안달이었다. 손숙오는 싸움을 피하고자 결연히 경고했다.

"근래 우리에게 싸우지 않은 날이 없었다. 싸워서 이기지 못하면 내 오삼 자네의 살을 씹어 먹은들 성이 풀릴 것 같은가?"

오삼은 싸우면 반드시 이긴다며 사령관에게 대들었다. 손숙오는 상황을 관망하면서 좋은 시기에 후퇴하고 싶었고, 초장왕도 내심 전면전을 피하려 했다. 양측에서 사신이 오갔지만, 어쨌든 두 나라가 대치하고 있는 상황이었고 진나라 진영의 군심이 일치되지 않아 국지전은 심심찮게

일어났다. 초는 왕이 출전하고 있어 상대가 먼저 굴복하지 않으면 체면
상 돌아설 수도 없었다. 그때 진나라 주전파의 소규모 분견대가 초나라
진영을 습격했고 장왕이 적을 직접 추격하는 사태가 벌어졌다. 그때 진
나라 진영에서 대응 움직임이 포착되자 손숙오가 선수를 쳤다.

"진격하라! 선수를 내주지 마라. 저들보다 먼저 진격해 사기를 꺾어
라."

이리하여 싸움이 벌어졌는데, 군심이 갈라진 진의 진영은 왕이 직접
출전한 초군을 당하지 못하고 대패해 황하에 내몰렸다. 초군이 거세게
몰아치니 진군의 병사들은 황하를 건너기 위해 배에 다투어 올랐고, 사
람이 너무 몰려 배가 기울자 군관들은 뱃전을 붙들고 매달리는 병사들의
손을 마구 찍었다. 비명이 하늘을 찔렀다. 이 비참한 상황을 본 장왕은
군사를 물리라고 명했다. 초나라 장수들을 진군을 섬멸하고자 안달이 났
지만 장왕의 생각은 달랐다.

"우리가 지금 저 나라를 멸망시킬 수 있는 것도 아니다. 저들이 무슨
죄가 있겠느냐."

그 덕분에 나머지 진군은 무사히 황하를 건널 수 있었다. 대승 직후 좌
우에서 적의 시체를 모아 경관京觀을 만들자고 건의했다. 경관은 대첩을
기념하기 위해 적의 시체로 쌓은 인공 산이다. 그러나 장왕은 반대했다.

"무武란 창戈을 멈춘다止는 뜻이다. 나는 이 싸움으로 전쟁을 멈추지도
못했고, 저들은 자기 군주에게 충성을 다하다 죽었을 뿐인데, 어떻게 경
관을 만든단 말이냐?"

그렇게 이야기하고 간단히 제사를 지낸 뒤에 퇴군했다.《좌전》등 여러 역사책에서 이 일을 기록해 장왕의 사후 처리를 칭찬했다. 비록 싸움은 처절했지만 먼저 공격을 멈추었고 적도 인간으로 인정하며 목숨을 가엽게 여겼기 때문이다.

이 일 이후로 초나라가 상당 기간 패주의 자리를 차지할 때 중원 국가들도 이의를 제기하지 못했다. 초나라 사람들을 야만인이라고 부를 근거가 사라진 것이다. 초나라 출신 노자가 쓴 사상서《노자》에서는 '무기는 상서롭지 못한 것'이라 배격하며 이렇게 주장한다.

"전쟁은 많은 사람을 죽이는 일이기에, 슬프게 곡하는 심정으로 임하고, 이겼다 해도 장례의 예법으로 처리하라."

《노자》의 이야기는 아마 장왕의 고사를 염두에 둔 것으로 보인다.

이기는 것을 좋아하는 장왕이 이렇게 절제하는 군주의 면모를 보인 건 바로 손숙오 같은 사상가가 보좌했기 때문이다. 손숙오의 기본 방침은 싸움을 피하고 복잡한 법령을 줄여 백성을 괴롭히지 않는 것이었다. 필의 전쟁터에서 장왕이 더욱 빛났던 이유는 손숙오의 의견을 따라 끝까지 전면전을 피하려 군대를 물리다가 싸워 이겨서다.

가능하면 해치지 말고
살리면서 늘려라

손숙오에 관해 이런 일화가 전한다. 당시 초나라 사대부들은 낮은 수레를 선호했다. 그러나 낮은 수레는 말을 쉽게 지치게 하고, 싸움이 벌어질 때 전차로 활용할 수도 없었다. 장왕은 법령을 만들고 이를 어기는 자를 처벌하려 했으나 손숙오는 문제를 다른 방식으로 해결했다. 손숙오는 마을로 들어가는 대문의 문지방을 높였다. 낮은 수레로는 문지방을 넘지 못하자, 사대부들은 다시 수레의 높이를 고쳤다. 걸어 다니는 백성은 아무 영향도 받지 않았다.

또《신서新序》라는 책에는 이런 재미있는 이야기도 전해진다.

손숙오가 어렸을 때, 밖에 나가 놀다가 머리가 둘 달린 뱀을 만나고는 죽여 묻고 집으로 돌아왔다. 손숙오가 집에서 울고 있으니 어머니가 연고를 물었다.

"듣자니 머리 둘 달린 뱀을 본 사람은 죽는다고 합니다. 죽어 어머니를 다시 못 뵐까 겁이 납니다."

"그래? 그 뱀은 어디에 있느냐?"

"남이 볼까 봐 죽여 묻었습니다."

"몰래 덕을 쌓은 사람은 하늘이 복으로 갚는다고 하더구나. 너는 죽지 않을 것이다."

　어린 손숙오는 머리 둘 달린 뱀을 죽여 다스렸지만 물론 자신은 죽지 않았다. 이렇듯 정당한 통치는 타인의 복지를 해치지 않는 소극적인 수준을 넘어 적극적으로 해악을 제거해 그들의 복지를 증진하는 방향으로 나아갈 수 있다.

　손숙오는 재상으로 있으면서 동쪽 땅에 많은 저수지를 만들고 수천만 평을 관개지로 만들었다. 고대 수전水田의 생산력은 한전旱田의 2배 이상이었다. 초나라는 힘을 바탕으로 성장했지만, 정작 초나라가 강해진 것은 이처럼 높은 생산력 덕분이었다. 오늘날 중국에는 손숙오가 만들었다는 저수지가 아직도 상당히 남아 있는데, 주민들은 지금도 가뭄이나 수해를 걱정하지 않고 안정적으로 농사를 짓고 쌀밥을 먹는다. 손숙오의 저수지는 통치권을 가장 생산적으로 사용한 예다. 이렇듯 정당한 통치란 해치고 줄이는 게 아니라 살리고 늘리는 것이다.

유방,
조직이 아닌 사람의 입장에서 판단하다

기원전 221년, 기나긴 전쟁의 역사를 끝내고 중국에 첫 통일제국이 들어섰으니 바로 진秦이다. 하지만 기원전 210년 진시황이 죽자 제국은 급속한 해체의 길을 걷게 된다. 이유는 명확했다. 통일 전쟁 시기 인명 피해가 너무 컸으므로 사람들은 이제 평화롭게 살고 싶었다. 그런데 진은 통일을 완수하자마자 남쪽의 월越과 북쪽의 흉노匈奴를 치고자 대규모 원정군을 조직했다. 또 싸움터에서 돌아온 백성을 다시 궁궐 축조에 동원했다. 죄인의 처자까지 연좌시켜 노비로 만드는 악법이 백성은 물론 제국의 지도부까지 옭아매고, 특별한 경우가 아니면 토지를 떠나지 못하게 하는 법령 탓에 농민은 지쳐갔다. 가난해지면 법을 범하기 쉽고, 일단 법에 걸리면 인생이 힘들어졌다.

진시황은 지치고 헐벗은 백성의 수고로움은 안중에도 없는 냉혈한이었지만, 생전에는 그의 카리스마에 눌려 아무도 바른말을 하지 못했다. 이사李斯와 같은 중신조차 자기 몸을 보존하느라 바빴고, 모리배가 불로 장생 따위를 약속하며 접근했다. 이렇게 지친 농민이 살기 힘들어 일어나니 진은 삽시간에 멸망했다. 그때 농민 기의군起義軍을 이끌던 수많은 파벌 중의 한 사람이 다시 통일제국 한을 세우는 유방劉邦이다.

무고한 죄수를 고려한 이상한 관리

　　　　　　　유방은 출신이 미천한 까닭에 제대로 된 기록조차 없다. 그래서 그의 조상이 무엇을 했는지 알기 어렵다. 유방은 진나라에서 정장亭長이라는 말단 관직을 차지했는데, 정장은 포졸 몇을 데리고 다니는 하급 치안관이었다. 외상 술꾼에다 경전을 배운 바도 없어 무뢰배에 가까웠고, 치안을 담당하는 관리면서 칼싸움을 하다 친구를 다치게 한 적도 있었다. 다만 성격이 호쾌해 따르는 이들이 제법 있었다고 한다.

　때는 진나라 말기라 혹법酷法에 걸려 죄수들이 무더기로 양산되던 시절이었다. 유방에게 죄수들을 멀리 여산으로 호송하는 임무가 맡겨졌다. 당시 가혹한 요역을 감당하지 못해 죽는 사람이 수두룩했다. 그래서 혹독한 진나라의 법으로도 도망자들을 막지 못하는 지경이었다. 유방이 이끌고 가던 죄수 무리도 마찬가지였다. 출발 직후부터 도망자들이 생겨서 목적지에 도착하면 한 명도 안 남을 지경이었다. 당시에는 죄수를 잃으면 호송자가 죄수의 죄를 대신해야 했다. 유방은 여러 명을 잃었으니 중형을 받을 게 뻔했다. 보통 사람이라면 도망자를 추적하든지, 즉결 처분해 탈주를 막았을 것이다. 그러나 유방은 그렇게 하지 않았다. 유방은 한참을 가다가 풍읍의 어느 소택지에서 여정을 멈추고 술을 마셔댔다. 그러다가 좌중을 불러 선포했다.

"자, 모두 달아나라. 나도 도망갈 것이다."

이렇게 말하고는 도망치는데 장사 10명 정도가 뒤를 따랐다. 그러나 유방은 도중에 술을 더 마시고 드러누워버렸다. 비유하자면 경찰이 죄수를 다 풀어주고 자기도 달아나는 희한한 일이 벌어진 것이다.

지금부터 유방이 누구의 입장에서 통치권을 행사하는지 주목하기 바란다. 유방은 진이라는 조직이 아니라, 부조리한 사회 탓에 죄를 짓고 고통받는 죄수의 입장에 서서 통치권을 행사한다. 유방은 앞서 언급한 세 사상가보다 더 급진적이면서 보편적인 태도를 보이고 있다.

그렇게 도망가 있는 사이에 진나라에 반대하는 반란의 불길이 거세게 타올랐다. 패현에서도 유방의 친구들이 진나라 관리들을 죽이고 성을 점령한 뒤 유방을 불러들였다. 그러나 모두 목숨이 아까워 반란군의 우두머리가 되지는 않으려 했다. 무서운 진나라 군대가 언제 돌아와 보복할지 모르는 상황이었다. 사람들은 몸을 사리면서 유방을 부추겼다. 유방은 그들에게 설명했다.

"지금 장수를 잘못 뽑아 한 번 지면 땅바닥에 피칠갑을 하고 말 겁니다. 내 목숨이 아까운 게 아니라 재주가 모자라 여러분을 지켜주지 못할까 두려워 사양하는 것입니다."

그러나 기어이 아무도 나서지 않자 유방은 결국 반군의 우두머리가 되어 전선에 나선다. 사실 처음부터 천하의 우두머리가 되겠다고 마음먹는 야심가는 없다. 주어진 상황에 계속 대응하면서 여러 사람의 능력이 드러나고, 여러 사람이 능력을 인정하고 몰려들면서 유력한 세력이 되는 것이다. 처음부터 천하를 얻겠다는 이는 목적을 달성하기 위해 희생도 마다하지 않는 괴물에 불과하다. 심지어 칭기즈칸에게도 처음부터 세계를 정복하겠다는 야심은 없었다.

기록을 보면 유방은 처음부터 천하를 노리는 괴물이 아니었다. 그럼에도 그는 인간적인 매력을 발휘해 서서히 사람들을 끌어모으고, 진나라의 가혹한 법을 세 장으로 줄인다는 약법삼장約法三章의 의제를 내세워 천하 사람들의 마음을 얻으며 다시 통일제국을 세웠다. 제왕의 자리에 오른 이후에도 유방은 초심을 이어갔다. 대규모 사면령으로 감옥을 비우고 대외 팽창은 포기했다. 과연 그 옆에는 어떤 사상가가 있어 보좌했을까?

통치권의 정당성에 관해 생각하라

《사기》〈역생육가열전〉에 육가陸賈와 유방이 나눈 재미있는 대화가 나온다. 유방은 무력으로 왕조를 세웠기에 말을 업으로 삼는 이들을 무시하는 경향이 있었다. 조정에서 육가가 종종 《시詩》와 《서書》 등의 경전을 인용하자 유방이 역정을 냈다.

"과인은 말 위에서 천하를 얻었는데, 《시》나 《서》 따위를 어찌 떠받들겠는가?"

육가가 대답했다.

"말 위에서 얻었다고 어찌 말 위에서 다스릴 수 있겠습니까?"

유방은 언짢아했지만 육가는 말을 이었다.

"만약 진이 천하를 병탄한 후 인의를 행하고 옛 성현을 본받았다면 폐하가 어찌 천하를 얻었겠습니까?"

유방이 부끄러워하며 말했다.

"그렇다면 그대가 진이 천하를 잃고 내가 얻은 연유와 옛 나라들이 성하고 패한 이유를 밝혀보라."

이리하여 탄생한 책이 육가의 《신어新語》인데 한 편씩 올릴 때마다 유방은 대단히 기뻐하며 칭찬했다고 한다. 그 내용 일부를 발췌하면 이렇다.

"무릇 무위無爲보다 큰 도는 없고, 삼가고 공경하는 것보다 큰 행동은 없다. 어찌 그리 말할 수 있는가? 옛날 우임금과 순임금께서 천하를 다스릴 적에는 오현금을 타고 〈남풍南風〉을 노래했다. 평온하기가 마치 나라를 다스릴 뜻이 없는 듯하고 조용하기가 마치 백성을 걱정하는 마음이 없는 듯했으나 천하는 잘 다스려졌다. 주공께서는 예악을 만들고 천지에 제사를 지내며 산천에 망제를 지내고 군대를 쓰지 않으며 형벌을 내버려두었다. 그래도 사해 안의 여러 나라가 몰려와 공물을 진상하고 남방 월상越裳의 군주가 통역을 몇 번 거치면서까지 내조했다. 그러므로 아무것도 하지 않음으로써 (오히려) 못하는 것이 하나도 없었던 셈이다."

육가는 진시황이 한 짓을 보라고 말한다.

"진시황은 황제가 되어 거열형으로 죄인의 사지를 찢고 세금을 마구
거둬들이고 장성을 쌓아 호를 막고 원정을 하니 그 위엄이 천하를
뒤흔들고 군대가 종횡해 외국을 굴복시켰다. 몽염蒙恬이 밖의 난리를
진압하고 이사가 안에서 법을 주관했다. 하지만 일이 번다해질수록
천하는 어지러워지고 법이 자세해질수록 간사함이 늘고 군대가 늘
수록 적도 늘었다. 진이 다스리지 않고자 한 게 아니건만 실패한 것
은, 백성을 폭력으로 다스리고 형벌을 극한까지 썼기 때문이다."

진시황도 리더십을 발휘했지만 그의 리더십은 정당하지 않았다는 말
이다. 조직 자체를 위한 리더십은 인민의 목숨과 복지를 해한다. 굳이 말
하자면 육가는 도가적인 유가 사상을 설파하고 있는데, 유방은 행동으로
이를 증명한 셈이다.

유방 곁에 사상가가 없고 이사와 같이 타협하는 이들만 있었으면 한의
운명도 진과 별반 다르지 않았을 것이다. 유방이 위대한 점은 스스로 사
상가가 되지는 못했지만 통치권의 의미를 밝혀줄 사상가들의 의견을 경
청할 줄 알았다는 것이다.

제국을 세운 직후 유방은 흉노 원정에 나섰다가 포위되어 낭패를 본

적이 있었다. 진시황이었다면 어떤 식으로든 잃어버린 위신을 세우기 위해 다시 전쟁을 일으켰을 것이다. 그러나 유방은 육가의 조언을 그대로 받아들여 모욕을 무릅쓰고 화친 정책을 이어갔다. 그 덕분에 한은 국고가 풍부해지고 급격히 인구가 늘어 부유한 제국이 될 수 있었다. 안타깝게도 훗날 진시황을 흠모하는 한무제가 등장해 기존 정책을 깨고 수십 년간 흉노와 싸우면서 제국은 쇠락의 운명을 걷는다. 싸움 자체가 목적이 되면 결국 멸망할 뿐이다. 전쟁은 서로 죽이고 부수는 행위이기 때문이다.

에둘러 왔지만 결론은 단순하다. 결국 정당한 통치권의 기반은 일차적으로 피통치자의 인정이다. 하지만 그건 필요조건에 불과하다. 전쟁 배상금을 통해 이익을 얻던 제국 로마의 신민처럼 피통치자가 부당한 통치권의 기반이 되는 경우도 많다. 일제의 제국주의 전쟁을 지원하던 수많은 보통 시민에게는 전쟁의 책임이 없는가? 폭탄을 비행기에 싣고 적함으로 돌진하는 가미카제 특공대원은 단순히 천황의 희생양이 아니다. 그들은 반성하기를 포기했기에 자기 몸을 죽이고 남을 죽여가며 부당한 통치를 도왔다. 그들은 인간의 보편적인 복지를 고민하는 인문학적 관점에서 통치권의 의미를 고민하지 못하고, 천황이나 국가 혹은 가족의 이익을 기준으로 생각했다. 극단적인 배제와 혐오가 득세하는 오늘날, 단순한 리더십을 이야기하기 전에 그 정당함의 의미를 되새기는 자세가 더욱 절실하다.

PART 3

시장과 문화

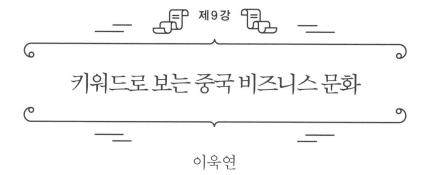

제9강

키워드로 보는 중국 비즈니스 문화

이욱연

우리 삶과 우리 현실을 위해 중국 문학과 문화를 우리 시각으로 연구하고 풀어내는 책을 쓰고 있다. 고려대학교 중어중문학과와 대학원을 졸업했고, 서강대학교 중국문화전공 교수로 있다. 지은 책으로 《이만큼 가까운 중국》《중국이 내게 말을 걸다》《이욱연의 중국수업》《곽말약과 중국의 근대》 등이 있다. 루쉰의 작품과 위화, 모옌의 소설, 산문 등을 번역했다.

'차별'의 문화

중국 여행을 다녀오고 나서 "중국인은 다 사기꾼"이라며 불만을 터뜨리는 사람들이 적지 않다. 기념품 하나를 사도 물건 값이 천차만별이라, 결국 어떤 가격에 사더라도 사기를 당하고 바가지를 쓴 것 같은 기분이 들어서다. 그런데 사람과 때에 따라 제각기 다른 중국의 요금 체계는 한국인 관광객에게만 해당하는 게 아니다. 중국에서 외국인이나 외지인에게 다른 가격을 부르는 건 흔한 일이다.

상하이에는 이런 우스갯말이 있다. "물건을 살 때 영어를 쓰면 정가의 4배를 부르고, 표준말인 보통화를 쓰면 2배, 상하이 사투리를 쓰면 제값을 부른다." 이 말은 사람에 따라 가격을 다르게 부르는 일이 비단 외국인에게만 해당하지는 않는다는 사실을 알려준다.

중국인에게는 익숙한
다른 등급, 다른 대우

그런데 중국 사람들은 왜 이렇게 사람에 따라 제각기 다른 값을 부르는 걸까? 중국에 대해 잘 모른다면 "중국인이 원래 사기꾼 기질이 농후해서 그래"라고 단정 지어버릴 수도 있다. 혹은 중국이 아직 낙후되어 글로벌 기준에 이르지 못한 탓이라고 생각할 수도 있다. 하지만 여기에는 좀 더 깊은 문화적 코드가 작동하고 있다. 단순히 중국인의 사기꾼 기질로만 해석할 수 없는 중국 특유의 생활 문화와 인간관계 차원의 심층적인 원리라 할 수 있다. 중국인의 독특한 인간관계 개념이 차등적인 가격 메커니즘에 반영되어 있다는 말이다. 한국인은 이런 경우를 당하면 대부분 화를 내지만 중국인은 담담하게 받아들이는 차이가 여기에서 발생한다. 중국인은 이를 중국 생활 문화의 일부로 여기기 때문이다.

상하이의 상인들은 물건을 사는 사람의 말투에 따라 가격을 달리 부르지만 여기에도 나름의 원칙이 있다. 물건을 사려는 사람이 외국인인지, 중국인이지만 외지인인지, 아니면 상하이 토박이인지에 따라 가격이 달라진다. 상하이 사람을 기준으로 더 멀어질수록 부르는 가격이 높아진다. 상하이 사람, 중국 외지인, 외국인 순으로 차등을 두어 서열을 정하고 이를 바탕으로 다른 가격을 매기는 것이다.

중국 속담에 이런 말이 있다. "사람은 날 때부터 연결되어 있지만 서로 평등하지는 않다." 서구 기독교 문화에서는 신 앞에 모든 사람이 평등하다고 생각하지만 유교 전통문화가 깊숙이 자리 잡은 중국 사회에서는 모든 사람이 각기 다른 등급으로 나뉘어 있다고 본다.

유교 사회에서 등급을 나누는 일은 매우 중요하다. 등급을 나눈 뒤 임금은 임금에게, 군자는 군자에게, 아비는 아비에게, 자식은 자식에게 그에 맞는 합당한 행동과 도덕적 의무를 요구한다. 사람을 대할 때나 판단할 때, 혹은 예를 행할 때도 "안과 밖을 가르고, 친한지 소원한지를 정하고, 어른과 아이의 순서를 정하고, 귀한지 천한지 표현하는 것"을 근본으로 삼는다. 먼저 구분부터 하는 것이다. 각각의 지위에 속하는 사람들은 그 지위에 걸맞은 합당한 행동을 해야 하고, 지위에 따라 대우를 받는다. 친한 사람과 친하지 않은 사람은 지위가 다르며, 어른과 아이는 지위가 다른 만큼 다르게 대우하고 상대해야 한다는 논리다.

저와 얼마나
가까우신가요

중국인은 회식을 할 때 커다란 원탁 테이블에 둘러앉아 먹는다. 원탁이니까 높고 낮음이 없는 것 같지만 여기에도 차등의 원리가 작동한다. 서열에 따라 자리가 정해져 있어서 한눈에 봐도 누가 높은 사람인지 알 수 있다. 문에서 제일 멀리 떨어진 안쪽 중앙이

주인이 앉는 자리고, 주인을 기준으로 오른쪽이 손님 중에서 제일 높은
사람이 앉는 자리다. 그런 뒤 문 쪽을 향해 서열이 내려가면서 주인 측과
손님 측이 번갈아가면서 차례로 앉게 된다. 만약 중국에서 식사에 초대
받아 원탁에 앉을 때는 서둘러 빈자리를 찾아 앉기보다는 내 서열이 어
디인지부터 생각해야 한다.

전통 유교 사회에서 등급 질서는 가장 높은 곳에서 가장 낮은 곳으로
수직적 위계에 따라 차별적 서열을 이룬다. 그런데 사회적 인간관계에서
등급 질서는 개인을 중심으로 수평적으로 퍼져나가면서 차별적이 될 수
밖에 없다. 다시 말해 친소관계에 따라 수평적으로 확대되는 질서다.

호수에 돌을 던지면 돌이 떨어진 지점이 중심이 되어 여러 개의 동심
원이 생기는 원리와 같다. 내가 중심점이 되고, 나를 중심으로 하여 내
게서 가까운 지점에 생긴 동심원은 굵고 진하다. 그러나 점차 밖으로 갈
수록 동심원이 흐릿해지게 마련이다. 그렇게 형성된 동심원을 바탕으로
인간관계가 이루어지고, 각 동심원의 굵기에 따라 다르게 대우하는 것
이다.

요컨대 내가 출발점이고, 나를 중심과 기준으로 삼아 내 주위 사람들
을 등급을 나누어 배치한다. 그리고 등급에 따라 대우한다. 나와 맺은 관
계에서 가까운 쪽에 있는 사람은 그 등급에 맞게 성심성의껏 대접해야
하고, 바깥쪽에 있는 사람은 역시 거기에 맞게 소홀히 상대하는 것이다.
상하이에서 상하이 말을 하는 사람, 표준말을 하는 외지 사람, 그리고 영
어를 쓰는 외국인에게 각기 다른 등급을 정하고 가격을 다르게 부르는

건 이 차등 원리에 따라서다.

　흔히 중국인들은 인간관계 등급에 따라 사람을 3가지로 달리 대우한 다고 말하곤 한다. 첫째, 가족은 누가 뭐래도 가장 친한 사람들이다. 그 래서 자녀가 돈을 요구한다든가 형제가 부탁하면 무조건 들어주어야 한 다. 물론 요즘은 그렇지 않은 경우도 많지만, 적어도 이치로는 그렇다. 가족 구성원의 요구는 최우선 고려 사항으로, 여기에는 '요구 법칙need rule'이 적용된다.

　둘째, 자기가 아는 사람이나 자기와 관계가 있는 사람이다. 이들에게 는 당연히 인정을 발휘한다. 하지만 이런 인정은 서로 주고받는 가운데 형성된다. 서로 주고받는 '균등 법칙equality rule'이 작동하는 영역이다.

　셋째, 잘 모르거나 자신과 관계가 없는 사람의 경우다. 이들에게는 아 주 공정한 원칙이 적용된다. 즉 냉담하게 대한다. 이런 인간관계에는 '공 평 법칙equity rule'이 적용된다. 이때는 법의식이 강하게 작동한다. 철저히 법과 규정, 원칙에 따라 대우하고 일을 처리하는 것이다. 그러므로 중국 인 비즈니스 파트너가 법과 규정, 원칙을 자꾸 거론하면 아직 서로의 관 계가 남남 수준이라고 해석해도 좋다.

　이처럼 나와의 관계에 따라 차등 대우를 하는 중국식 인간관계에서는 모든 사람을 똑같이 대하는 보편 원리가 작동하지 않는다. '나'와 맺는 관계에 따라서 법이나 도덕이 다르게 적용되기 때문이다. 모든 사람을 동등하게 대하지 않는다는 점에서, 일종의 특수주의 인간관계다.

　따라서 중국인들의 인간관계에는 기본적으로 인정이 흐르기도 하지만 부정이 개입되기도 한다. 법이나 원칙이 모든 사람에게 똑같이 적용되지 않는 문제나 비리가 발생하는 이유도 이렇게 차등을 두어 사람을 대우하는 문화와 관련이 있다. 중국인의 인간관계에서 인맥, 이른바 '꽌시'가 중요해지는 건 이런 배경에서 비롯된다.

'꽌시'에 죽고 사는 중국인

중국인들이 인간관계에서 가장 소중하게 생각하는 건 '꽌시'다. 중국인에게 꽌시가 얼마나 중요한지를 보여주는 농담이 있다. "중국인에게는 세상에 오직 두 부류의 사람밖에 없는데, 하나는 자기와 꽌시가 있는 사람이고 다른 하나는 자기와 꽌시가 없는 사람이다." 중국인들의 인간관계는 꽌시로 복잡하게 얽혀 있다. 일상생활에서도 그렇지만, 비즈니스 세계에서는 더욱 정도가 심하다.

우리 사이엔
아직 꽌시가 없습니다만

꽌시는 한자 '관계關係'를 중국어로 읽은 것이다. 한국이나 일본에서도 음은 다르지만 같은 뜻으로 애용하는 말이어서, 동아시아의 인간관계를 상징하는 단어라 할 수 있다. 동아시아 사람들 중

에서도 꽌시를 가장 중요하게 생각하는 사람들은 역시 중국인이다. 중국
에서 꽌시는 부정적인 단어가 아니다. 오히려 인간관계의 기본이자 개
인의 능력과 연결되는 단어다. 사업이나 프로젝트 제안이 아무리 좋아도
꽌시가 받쳐주어야 힘을 받는다. 중국에서 사업을 하려거든 먼저 꽌시를
맺으라고 조언하는 건 이런 사정 때문이다.

　중국에서 비즈니스를 하려면 꽌시를 중요하게 생각하지 않을 수 없
다. 꽌시를 맺는 게 중국 비즈니스의 시작이다. 그런데 간혹 중국의 꽌
시를 잘못 이해하는 경우가 있다. 우리나라도 나름 인맥을 중시하기 때
문에 자칫 중국의 꽌시를 우리의 인간관계 수준으로 이해하는 사람들이
많다. 한국 사람들은 중국에서 중국인을 대할 때 한국에서처럼 인맥을
만들고 관리하려고 한다. 이를테면 술자리 끝에 서로 '민증'을 까고 호형
호제하면 친해진다고 생각하거나 상대방의 체면을 세워줄 수 있는 비싼
물건을 선물하면 꽌시가 맺어진다고 단정 짓는 경우가 대표적이다. 하
지만 이는 착각이다. 사회생활에서 관계와 인맥을 중요하게 생각한다는
점은 한국과 중국 두 나라 모두 비슷하지만 그에 못지않은 중요한 차이
가 있다.

　무엇보다 가장 큰 차이는 인간관계의 범주에 있다. 한국인의 인맥이
학교나 지역 같은 집단을 매개로 연결되는 인간관계라면, 중국의 꽌시
는 개인 차원에서 맺어지는 인간관계라 할 수 있다. 한국 사회에서는 출
신 학교의 졸업 연도가 같다면 통성명을 나눈 뒤 별도의 친분을 쌓지 않

고도 도움을 주고받는 경우가 다반사다. 개인적으로 잘 알지 못하는 선후배 사이지만 한때 같은 집단에 속해 있었다는 이유만으로 관계가 발전해 돈독한 인맥을 형성하기도 한다. 동질의 집단을 매개로 집단의 모임에서 자연스럽게 먼저 만난 뒤 인맥을 형성하고 집단이 하나로 뭉치는 구조다.

이에 비해 중국인의 꽌시는 개인 차원의 인맥이다. 집단이 아니라 내가 중심이 되어 나와 친한 사람들로 인맥 집단을 이룬다. 우리 사회처럼 같은 집단에 속해 있다는 동류의식에서 출발해 인맥을 형성하는 게 아니라 내가 아는 사람들 위주로 모여 개인의 인맥 집단을 형성하는 것이다. 중국이 우리보다 학연 같은 집단을 매개로 한 인간관계가 덜 발달한 건 이런 이유에서다. 같은 학교를 나오고 같은 동아리에서 활동했어도 나와 친하지 않았거나 나를 모르면 꽌시가 성립되지 않는다. 개인 한 사람 한 사람이 독자적인 일대일 관계로 인간관계를 형성하는 것이다.

중국인의 꽌시 문화는 집단으로 뭉치는 한국식 집단주의와도 다르고 서구의 개인주의와도 다르다. 중국 학자들은 이런 꽌시 문화를 '자아주의自我主義'라고 부른다. 나를 중심에 두고 인맥 집단을 형성하는 점이 독특하다. 그러니 중국에 출장을 가서 파트너를 몇 번 만났다고 해서 꽌시가 형성될 리 만무하다. 군이 한국인의 입장에서 의미를 두자면 그저 일면식이 있는 정도일 뿐, 아직 중국적 의미의 꽌시가 맺어졌다고 볼 수 없다. 어느 회사에 속해 있는 '어떤' 사람으로 만나는 차원에 머무를 뿐, 개인적 관계로 발전하는 중국인의 꽌시 속으로 들어가지 못했기 때문이다.

비즈니스를 생각한다면
'꽌시'를 넘어 '슝디'로

두 번째 차이는 꽌시에도 등급이 있다는 것이다. 나와 꽌시가 있는 사람이라고 해도 모두 같은 비중과 의미를 지니는 게 아니다. 꽌시 안에 있는 사람들 간에도 나를 중심으로 서열에 차등이 있다. 그리고 차등 서열에 따라 대우를 달리한다. 중국인이 사람을 대할 때 작동하는 차등 서열 구조가 꽌시라는 인맥 안에서도 그대로 작동하는 셈이다.

이 때문에 중국인을 만날 때 꽌시가 더욱 중요해진다. 또한 꽌시 밖에서 안으로, 꽌시 주변부에서 가장 깊은 곳으로 깊숙이 들어가려고 노력하게 된다. 중국에서 인간관계란 내가 원하는 사람과 꽌시를 맺고, 그와의 꽌시를 통해 점점 더 많은 대우와 혜택을 받기 위한 노력이다.

물론 꽌시를 맺을 때도 누구나 처음에는 서로 모르는 낯선 관계에서 출발한다. 낯선 관계에서 출발해 점점 안으로 깊숙이 들어가는 단계로 넘어가야 한다. 낯선 사람에서 출발해 '아는 사람熟人'을 넘어 '친구朋友'의 단계로, 친구 단계에서도 '좋은 친구好朋友'를 거쳐 '오래된 친구老朋友' '진심을 나누는 친구眞心朋友', 그리고 마침내 한 핏줄 같은 친구인 '슝디兄弟'까지 계속 진화해나가는 게 중국인의 꽌시 문화다.

꽌시의 최고 단계인 가족이나 형제 같은 친구, 즉 슝디가 되면 뭐가 달라질까? 꽌시는 원래 이익과 혜택을 서로 주고받으며 형성되는 인간관계다. 그런데 슝디 단계에 이르면 똑같이 주고받는 이익 교환 관계를 초월하게 된다. 슝디 관계가 되면 상대방의 가족을 내 가족처럼 돌보고, 상대방이 원하는 게 있으면 언제든지 주어야 하며, 상대의 이익을 철저히 지켜주어야 한다. 받지 말아야 할 돈은 절대 받아서는 안 된다. 친구가 내 일에 애를 써주었다고 돈으로 감사를 표시한다면 그건 되레 친구에 대한 모독이다.

이렇게 말하면 중국의 꽌시를 《삼국지》에서 유비, 관우, 장비가 맺은 도원결의 같은 걸로 이해할지도 모르겠다. 이익을 초월한 순수한 의리 관계 말이다. 하지만 중국의 꽌시는 기본적으로 이익 교환이자 이익 동맹이다. 중국에서 인간관계는 이익을 서로 주고받는 교환 관계를 바탕으로 한다. 《예기禮記》에서는 "예는 오고 감을 중요하게 생각한다. 갔는데 오지 않으면 예가 아니고, 왔는데 가지 않으면 역시 예가 아니다"라고 했다. 이런 주고받음을 바탕으로 한 인간 교제의 원리가 꽌시 문화에서는 이익을 상호 교환하는 관계로 적용된다.

중국인들이 중요하게 생각하는 꽌시는 철저히 개인을 중심으로 한 인간관계다. 따라서 그 사람이 어느 나라 사람인지는 중요하지 않다. 중국인이 아니어도 개인적인 꽌시를 맺으면 진심을 나누는 형제 같은 친구인 '슝디'의 경지로 들어갈 수 있다. 중국에 진출해 비즈니스에 성공한 한국 기업인들에게서는 '슝디' 수준으로 꽌시를 맺은 중국인 친구를 두고 있다는 공통점이 발견된다. 성공적인 중국 비즈니스의 시작은 꽌시다. 중국인의 인간관계는 기본적으로 서로에게 득이 되는 교환을 기본으로 하는 이익 상호 관계다. 일종의 이익 동맹이다. 우리와는 비교할 수 없을 만큼 매우 현실적이다. 중국인과 꽌시를 맺고자 할 때 꼭 염두에 두어야 할 점이다.

같이 '밥'을 먹어야 친구지

중국 비즈니스에서는 '꽌시'가 중요하다고 말한다. 그렇다면 어떻게 꽌시를 맺어야 할까? 꽌시를 맺으려면 오랜 시간을 투자해야 한다. 특히 친구와 같은 관계를 맺기 위해서는 더욱 그렇다. 한두 번의 만남으로 이루어지는 건 없다. 오랜 기간 이익과 신뢰를 주고받아야 한다.

보통 꽌시는 같이 밥을 먹는 데서 출발한다. 상대가 한 번 사면請, 다음에는 내가 한 번 사는回請 방식으로 관계가 오간다. 그게 꽌시의 출발이다. 중국인들은 꽌시를 위해 밥 먹는 자리, 이른바 '반국飯局'의 중요성을 무척 강조한다. 중국인들에게 밥 먹는 자리는 모든 것이 이루어지는 자리다. 그래서 중국에는 이런 말이 있다. "같이 일을 하려면 먼저 친구가 되어야 하고, 친구가 되려면 먼저 밥을 먹어야 한다."

우리는
같은 음식을 나누던 사이

그런데 왜 하필 밥일까? 우리 문화를 생각해보면 어느 정도 짐작할 수 있다. 우리는 흔히 "언제 밥 한번 먹어요"라는 인사말을 입에 달고 산다. 직장에서도 회식을 많이 한다. 우리는 왜 회식을 중요하게 생각할까? 여기에는 한국과 중국이 공유하는 문화적 공통점이 있다.

중국인들은 대개 우리나라에 오면 교회가 많다면서 깜짝 놀란다. 한국인 모두가 교회에 다니는 줄 안다. 반면 한국인이 중국에 가면 큰 규모의 식당이 많아 깜짝 놀란다. 중국인은 먹기 위해 사는 사람들이라고 여길 정도다. 중국인 사이에서는 "우리 종교는 식교食敎"라는 농담도 있다. 이처럼 중국인이 먹는 걸 중요하게 생각하는 데는, 모든 게 풍족하지 않던 시절에 먹는 것만큼 큰 고민도 없어서 백성들이 먹는 것을 하늘처럼 여긴 점도 작용하고 있다.

그렇다고 같이 밥 먹는 이유가 단편적이지만은 않다. 한자리에 둥그렇게 모여 앉아 같은 음식을 먹는 행위에는 화해를 도모하려는 목적도 있다. 함께 밥 먹는 일이 인간관계의 시작이자 모든 것이라고 생각하는 문화도 작용한다. 중국의 전통 가족 관념에 따르면 가족이라면 누구든 원하는 것을 제공받을 수 있어야 한다. 일종의 요구 법칙이다. 그렇다면 가족끼리는 왜 이렇게 무조건 주고받는 관계가 성립할까? 같은 어머니 젖을 먹었기 때문이다. 적어도 중국인의 생각은 그렇다. 한 어머니에게서 같은 젖을 먹었기 때문에 가족 간에 유대가 생긴다고 생각하는 것이다.

중국인의 가족 관념은 같은 동네, 같은 지역 출신을 특별하게 생각하는 의식과도 맞닿아 있다. 중국은 한국처럼 학연이 강하지 않지만 같은 동네 사람, 같은 지방 사람끼리 서로 돕는 동향 의식은 강하다. 중국인들은 처음 만나면 흔히 이렇게 묻는다. "어디 사람이세요?" 어느 지방, 어느 성 사람인지를 묻는 것이다. 그런 뒤 같은 지역 출신이면 금방 가까워진다.

이런 동향 의식도 사실 먹는 것과 연결되어 있다. 같은 지역, 한동네 사람끼리 친하고 서로 챙기는 건 같은 우물, 같은 냇물을 마셨기 때문이다. 같은 출신을 뜻하는 '고을 향鄕' 자는 동네 사람들이 같이 모여 술을 마시고 잔치를 벌인다는 뜻인 '잔치할 향饗' 자와 통한다. 같이 술과 음식을 먹으면서 잔치를 한 사람들이어서 한동네 사람들끼리 서로 친하다는 의미다.

중국어로 동료를 뜻하는 단어에도 같이 먹는다는 의미가 들어 있다. 중국어로 회사나 직장의 동료를 '훠반伙伴'이라고 한다. 한자로 읽으면 '화반'이다. 여기서 '화伙' 자를 찬찬히 뜯어보면 사람들이 둘러서서 불을 피우고 무엇인가를 구워 먹는 모습을 형용하고 있음을 알 수 있다. 결국 동료란 같은 것을 먹는 데서 시작한다는 의식을 반영하고 있다.

이처럼 중국에서는 가족이든 동향이든 직장이든, 모든 인간관계가 서로 모여 같은 음식을 먹는 것을 토대로 이루어진다.

술도 좋고 차도 좋고
비즈니스는 식사 후에

중국인들도 종종 '혼밥'을 한다. 평소에는 혼밥하는 사람이 우리보다 많다. 하지만 기본적으로 다들 함께 모여 시끌벅적하게 먹는 회식을 중요하게 생각한다. 요즈음 우리나라에서는 젊은 세대를 중심으로 회식을 꺼리는 경우가 많다. 특히 회식 자리에서마저 강력하게 작동하는 서열 문화, 그리고 윗사람 위주의 권위적 문화가 회식의 즐거움을 앗아가기 때문이다. 회식이 화합을 도모하는 자리라면 업무보다 편한 수평적 분위기가 조성되어야 하는데, 업무의 연장이거나 업무보다 더 힘든 자리가 되어버리는 것이다. 이에 비해 중국의 직장 문화는 한국보다 덜 권위적이고, 나이와 직위에 따른 위계질서가 엄격하지 않다. 회식 자리 또한 한국보다 덜 부담스럽다.

업무차 중국에 가면 대개 먹는 일정이 끝없이 이어진다. 같이 식사하는 걸 인간관계의 시작으로 보는 중국 특유의 식문화 때문이다. 보통 밥자리는 술을 동반하기 마련이어서 밥자리 때문에 중국 출장에서 스트레스를 받는 경우가 많다. 더구나 중국인은 쉬지 않고 술을 권하기 때문에 술을 못하면 힘들 수 있다. 하지만 술을 억지로 마실 필요는 없다. 중국인은 술을 강권하지 않는다. 차는 술을 대신하는 역할을 한다. 대개 술을 못하는 사람에게는 차나 음료수를 권한다. 술을 하는 사람에게만 술을 권하는 게 우리 술자리 문화와 중국의 문화가 다른 점이다. 술을 못하는 사람이라도 술 대신 차나 음료수를 들고서 술을 마시는 파트너에게 함께 건배하자고 권하는 것이 중국식 테이블 매너다.

함께 밥 먹기를 중시하는 문화적 특성상, 중국에서 손님이 왔을 때는 식사를 꼭 대접하는 편이 좋다. 식사 시간 전에 미팅을 한 뒤 식사를 같이 해야 자신들이 대우를 받았다고 생각하기 때문이다. 미팅만 하고 헤어진다면 중국 측 파트너가 매우 서운하게 여길 수 있다.

그런데 한 가지 유의할 점이 있다. 꽌시를 맺기 위해서 같이 밥을 자주 먹는 건 좋다. 그러나 도움을 청할 일이 생겨서 갑자기 밥을 먹자고 청하기보다는 평소에 자주 밥을 먹어두는 편이 낫다.

중국인들은 "일이 없을 때 같이 밥을 먹고, 일이 있을 때는 일만 처리한다"라고 말한다. 밥으로 맺은 관계가 쌓이다 보면 그것이 자연스럽게 일처리로 연결되는 셈이다. 우리가 흔히 "내가 밥 한번 살게. 이번 건 좀 부탁해"라고 말하는 것과는 일의 처리 순서가 다르다. 밥을 같이 먹어서 친구가 되고, 친구가 된 뒤에 같이 이익을 주고받는 사업을 도모한다. 이게 중국인이 인간관계를 맺는 순서다.

꽌시를 고려할 때 식사와 더불어 중요한 또 다른 한 가지가 있다. 바로 선물이다. 중국 사람들은 처음 집이나 회사를 방문할 때 꼭 선물을 들고 간다. 물론 가족 같은 수준의 꽌시로 발전하면 굳이 선물이 필요 없다. 하지만 그런 경우가 아니라면 반드시 선물을 준비해야 한다. 중국어로 선물을 '예물禮物'이라고 부르는 데서 알 수 있듯이, 선물은 기본 예의이고 빈손은 결례다.

선물에는 비용을 좀 써야 한다. 중국인은 비싸고 귀할수록 좋은 선물이라고 여기며, 그만큼 상대가 나를 존중한다는 의미로 받아들이기 때문이다. 트럼프 미국 대통령이 외국 정상에게 받은 선물 중에 시진핑 중국 주석이 보낸 게 제일 비쌌다는 이야기가 있다. 꽌시를 맺는 데 선물의 의미가 얼마나 중요한지 따지는 중국 문화의 사례라 할 수 있다.

'체면'이 목숨보다 중하다

문화적인 차원에서 한국과 중국은 비슷한 점이 적지 않다. 지리적으로 밀접해 오랫동안 교류하면서 두 나라 문화가 많이 섞였을 뿐만 아니라, 전통문화를 공유하기도 했다. 농업문명에서 유래했고, 유교의 영향을 많이 받은 점도 그렇다.

두 나라의 문화에 비슷한 점이 많다 보니 우리는 종종 중국과의 문화적 차이점을 소홀히 여기기 쉽다. 비슷한 점만 떠올리고 서로 다른 점은 꼼꼼하게 따져보지 않은 채, 중국도 우리와 비슷하거나 같을 거라고 지레짐작해버린다. 그러다가 막상 다른 점을 접하면 당혹스러워한다. 낭패를 보는 경우도 있다. 한중 비즈니스 현장에서 이런 상황은 흔하다. 언뜻 비슷해 보이지만 속을 들여다보면 많이 다르기 때문이다. 아예 다르면 처음부터 조심할 수 있지만, 크게 볼 때 비슷한 것 같아 세부적으로 다른 면을 놓치기 쉽다.

체면부터 세워드리는 게 인지상정

체면을 중시하는 문화가 대표적인 사례다. 중국 사람들이 목숨처럼 중요하게 여기는 체면 문화는 한국에도 있다. 요즘은 덜하지만 우리도 과거에는 "볼 낯이 없다"거나 "체면이 서지 않는다"라는 말을 자주 했다. 한국과 중국 두 나라 모두 체면을 중요시하는 문화가 있다. 집단주의 문화 속에서 자신의 정체성을 먼저 생각하고 다른 사람에게 자신이 어떻게 평가받는지를 중요하게 생각한다.

하지만 한국은 근대 이후 서구 문화, 특히 미국의 영향을 많이 받으면서 현대화와 도시화를 빠르게 추진했고 그 과정에서 체면 문화가 상대적으로 약해졌다. 이에 비해 중국은 서구 문화에 노출된 정도가 적었고, 자국 문화에 대한 자부심이 높아서 체면 문화가 우리보다 훨씬 강하다. 중국의 체면 문화는 지금도 일상생활, 특히 인간관계에 깊숙이 자리 잡고 있다.

중국인은 체면을 목숨처럼 소중하게 생각한다. 그런데 우리는 그들의 체면 문화를 자칫 지나치게 단순화해버리기 쉽다. 중국인의 체면 문화를 비싼 명품 소비라는 차원에서만 진단해버리는 식이다. 그래서 중국인이 체면치레를 위해 고가의 사치품을 구매한다고 이해하는 경우가 많다. 하지만 중국인의 체면 문화는 인간관계 전반에 깊이 스며들어 있다. 그들의 체면 문화를 이해하지 못하면 중국인과 관계를 맺거나 교류할 때 치명적인 문제에 부딪히게 된다.

"살면서 고통을 당하더라도 죽어도 체면을 지킨다"라거나 "일부러 자기 얼굴을 때려서 살찐 사람인 척한다"라는 속담만 봐도 중국인이 체면을 얼마나 중요하게 생각하는지 알 수 있다. 체면 의식 탓에 허례나 과소비에 빠지는 등 사회적인 부작용이 있지만, 중국에서 체면을 중시하는 문화는 좀처럼 바뀌지 않는다. 남의 집에 초대를 받아 식사를 할 때도 가능하면 음식을 남긴다. 상대방의 체면을 고려해서다. 손님이 음식을 남기지 않고 깨끗이 비우면 주인의 체면을 깎는 격이 된다. 주인이 인색해서 음식을 조금밖에 준비하지 않았다는 인상을 주기 때문이다. 중국 정부가 환경 보호와 자원 절약 차원에서 '음식 남기지 않기'와 '음식 조금만 주문하기' 캠페인을 벌이고 있지만, 음식을 남기는 문화는 좀처럼 사라지지 않는다. 이것만 봐도 중국인의 체면 문화가 얼마나 뿌리 깊은지 알 수 있다.

체면을 중요시하는 중국인 사이에서 인간관계를 맺는 일은 서로의 체면을 세워주는 과정에서 벌어지는 일종의 연극이자 게임이다. 자신의 체면도 존중받아야 하고, 상대의 체면도 세워주어야 한다. 이런 체면 세우기 게임 속에서 인간관계가 연출되는 것이다. 이를 위해서는 일종의 연극을 해야 한다.

연극 무대에서 배우의 역할은 자신의 정체성이나 사고방식과는 상관없이 주어진 행동과 대사를 소화하는 것이다. 중국에서 비즈니스로 사람을 만날 때도 배우처럼 행동해야 한다. 내가 상대를 진심으로 어떻게 생각하는지가 중요한 게 아니다. 만나는 순간 상대의 체면을 세워주는 말과 행동을 충실하게 하는 게 중요하다. 이 역할극을 잘해야 인간관계가 매끄러워진다. 자신이 어떻게 생각하느냐는 그리 중요하지 않다. 지금 이 순간 상대의 체면을 높여주거나 적어도 손상하지는 않을 말과 행동을 먼저 생각해야 한다.

특히 상대의 체면을 살려주는 대화법을 터득한다면 중국에서 인간관계를 맺기가 훨씬 수월해진다. 상대의 장점을 지나치다 싶을 정도로 칭찬하고 능력도 한껏 부풀려주어야 한다. 혹시 상대가 대접한 음식이 맛이 없더라도 "정말 맛있는 음식을 먹었다. 최근 들어 제일 맛있게 먹은 음식이다"라고 말해주는 게 좋다. 물론 아부하는 것처럼 속이 불편할 수 있다. 솔직한 것을 좋아하는 한국인은 더욱 그렇다. 하지만 중국인은 '체면 차리기' 대화술과 사교술이 몸에 배어 있어 부풀려 말하는 데 뛰어나다. 특히 에둘러 말하는 화술이 뛰어나다. 이 또한 상대의 체면을 고려하기 때문이다. 한국인이 중국에 대해 조금만 아는 척을 해도 상대 중국인은 그를 당장 '중국통'으로 추켜세우고, 《삼국지》를 대화 소재로 꺼내기만 해도 '중국 문화 전문가'라며 칭찬한다.

자신은 낮추고
상대는 높인다

필자의 경험담이다. 요즈음 한국 대학에 유학을 오려는 중국 학생들이 많고, 우리나라 대학에서도 서로 경쟁하듯 중국인 유학생을 유치하다 보니, 중국 유학생 입시 면접을 자주 하게 된다. 어느 날 베이징에 있는 유학 준비반에서 지원자 인터뷰를 하고 나오는데, 담당 중국인 주임이 중국 학생들의 수준을 물었다. 마음 같아서는 "이번에 지원하는 학생들은 수준이 예전만 못하네요. 형편없어요" 하고 말하고 싶었지만 터져 나오려는 속마음을 꾹 누른 채 이렇게 말했다. "학생들이 참 열심히 하네요. 좋은 학생들을 가르치고 계십니다. 인터뷰 자리를 마련해주셔서 감사합니다." 주임의 얼굴이 환해졌음은 굳이 말하지 않아도 알 수 있을 것이다. 이런 식의 체면치레는 중국인과 관계를 맺을 때 매우 중요하다.

중국에서 사업 관련 제안을 할 때 중국인은 면전에서 거절하지 않는다. 역시 상대의 체면을 세워주려는 교제술이라고 봐야 한다. 상대방이 어떤 제안을 하면 불가능한 일인 줄 뻔히 알면서도 면전에서 거절하는 법이 없다. 만약 중국인에게 사업을 제안했는데, "한번 고민해보겠습니다" 혹은 "앞으로 상황을 봅시다"라는 말을 들었다면, 내 체면을 살려주기 위해 에둘러 거절하는 화법이라고 이해하면 된다. 이를 호의적인 반응으로 착각해서는 곤란하다.

중국인은 다른 사람이 하는 말을 들을 때 '좋다'는 뜻인 '하오^好'를 남발한다. 하지만 이는 말하는 사람을 듣기 좋게 만드는 응대일 뿐, 완전한 동의를 뜻하지 않는다. 중국인이 부사장이나 부회장을 호칭할 때 '부' 자를 빼고 부르는 것도 체면을 중시하는 문화와 관련이 있다. 듣는 상대방을 곧 사장이나 회장으로 승진할 사람처럼 대접해 체면을 세워주기 위해서다.

중국인은 상대방을 잘 추켜세워주는 사람을 좋아하고 호감을 갖는다. 그러므로 평소 아부한다는 소리를 들을까 봐 차마 꺼내지 못하는 말도 중국인 앞에서는 자연스럽게 자주 해야 한다.

중국인과 인간관계를 맺을 때 상대의 체면을 세워주는 기본 원리는 의외로 간단하다. 체면은 상대가 마음속으로 생각하는 지위와 관련된다. 그러므로 먼저 자신을 낮추고, 이어 상대를 높여주면 된다. 이것이 체면을 세워주는 기본이다. 살펴보니 한국인이 중국인을 만나면서 제일 어려워하는 대목이 바로 자신을 낮추는 부분이었다. 하지만 체면 연극이 연출되는 사교에서는 자신을 낮추는 것과 상대를 높이는 것이 하나로 연결되어 있다.

중국인은 개인의 체면도 중요하게 생각하지만, 자신이 속한 집안이나 직장, 국가의 체면도 중요하게 생각한다. 그래서 개인은 추켜세우면서도 면전에서 그의 가족이나 국가 체면을 깎아내리는 언급이나 행동을 한다면 이를 자신의 체면을 손상한 일이라고 여기기도 한다. 자신의 정체성을 자신이 속한 집단 속에서 정의하는 중국 특유의 집단주의 문화가 낳은 현상이다.

체면을 중시하는 문화에서 만약 누군가 나의 체면을 훼손한다면 그것은 더없는 모욕이자 수치가 된다. 설사 학교나 직장에서 잘못을 했다 하더라도, 다른 사람들이 보는 앞에서 꾸중을 들으면 나의 체면은 심각하게 손상을 입는다. 수치와 모욕을 겪은 사람은 그 경험을 가슴 깊이 새기게 된다. 둘 사이의 인간관계는 거기에서 끝난다. 나를 꾸중한 사람은 내 체면을 깎고 모욕을 준 사람으로 평생 기억된다. 극단적인 경우 복수를 하기도 한다. 개인 차원에서든 국가나 민족 차원에서든 상대의 체면을 존중해주는 게 중국인과 원활한 관계를 맺어나가는 실마리가 된다.

은혜도 원한도 '되갚는' 게 도리

혹시 무협을 좋아하는가? 예전에는 소설이나 영화로 무협을 많이 즐겼지만 요즘에는 게임으로 즐기는 사람도 많다. 무술이 나오는 소설이나 영화, 게임을 '무술'이 아니라 '무협'이라는 말로 표현하는데, 이는 무술을 뜻하는 '무武'에 '협俠' 자를 결합한 것이다. 협이라는 글자는 '유협遊俠' '협사俠士' '협객俠客' '임협任俠' 등의 말에서 나왔다. 세상을 떠돌아다니면서 약자를 돕고 세상의 불의에 저항하면서 정의를 실현하는 사람들을 가리킨다. 이들은 기존 법이나 질서의 폐해에 굴종하지 않고 도움이 필요한 약자나 정의를 위해 스스로 희생한다.

이런 무협에는 복수도 흔히 등장한다. 모욕을 당하거나 인격에 손상을 입었을 때, 정의롭지 못한 세력에 타격을 입었을 때, 나라나 가문 혹은 자신이 속한 무술 문파가 악한 세력에 의해 무너졌을 때 절치부심해 기어이 복수하고야 만다. 설령 자신의 목숨을 버리는 한이 있더라도 말이다. 여기서 복수는 자신의 존엄과 명예를 지키고 잘못된 세상을 원래 상태로 되돌려놓기 위한 수단이다.

시간이 걸려도
반드시 갚아드립니다

　　　　　　　무협에는 줄거리 진행에 일정한 패턴이 있다.
먼저 약자나 착한 사람 혹은 어떤 가족이나 국가가 악한 세력으로부터
수난을 당한다. 크게는 나라를 잃거나 가문이 멸족하고, 작게는 친구나
연인 혹은 부모가 목숨을 잃기도 한다. 이때 협객이 영웅으로 등장해 나
쁜 세력을 응징하고 피해를 입은 사람이나 가족 혹은 국가를 구하며 복
수한다. 때로는 협객이 조연으로 등장해 주인공이 영웅으로 성장하는 과
정을 도와서 복수하는 경우도 있다.

　무협은 중국인에게 최고의 대중문화 장르다. 중국인은 왜 이렇게 무협
을 좋아할까? 무협이 대중에게 사랑받는 이유 가운데 하나는 무협의 줄
거리 대부분이 복수하는 과정이라는 점이다. 〈랑야방〉처럼 개인이나 가
족, 집단 차원에서 복수하는 경우도 있고, 〈정무문〉이나 〈엽문〉〈무인 곽
원갑〉처럼 가족과 민족, 국가 차원의 복수가 결합한 경우도 있다. 물론
무협이 사랑받는 이유에는 그 밖에도 여러 가지가 있다. 영웅을 학수고
대하는 심리, 일이 뜻대로 되지 않는 불합리한 현실에서 느끼는 불만과
좌절에 대한 대리 만족, 평범하고 무료한 일상에서 비범한 협객 영웅이
가져다주는 신선한 매력 등도 작용한다.

중국 대중문화에서 가장 강력한 장르인 무협에서 보듯, 중국인에게 복수는 매우 익숙한 문화적 코드다. '와신상담^{臥薪嘗膽}'이란 고사를 떠올리면 쉽게 이해할 수 있다. 장작더미에 누워 잠을 자고 쓸개를 핥으면서 기다리다가 마침내 원수를 갚고 복수를 실현하는 이야기는 중국 문화의 원형 중 하나로 꼽힌다.

물론 복수하는 문화 코드만 있는 건 아니다. 받은 은혜를 되돌려주려는 문화 코드도 있다. 한마디로 중국에는 은혜든 원한이든 내가 받은 것은 반드시 되돌려주는 '보답' 문화가 대중적 정서로 자리 잡고 있다. "물방울로 입은 은혜를 솟아나는 샘물로 갚는다." "군자가 원한을 갚는 데는 10년이 걸려도 늦지 않다." "은혜가 있으면 은혜로 갚고, 원한이 있으면 원한으로 갚는다." "은혜를 입고 갚지 않으면 소인이고, 원한이 있는데도 갚지 않으면 군자가 아니다." 이런 속담은 모두 중국인의 보답 문화 코드를 알려주는 단서다.

자신이 입은 은혜를 잊지 않고 오랜 시간이 걸려 갚는다는 이야기도 흔하다. 한신^{韓信}은 어려서 고아로 자라면서 갖은 고생을 했다. 먹을 것이 없어서 끼니를 구걸하며 하루하루를 연명했다. 그러던 어느 날 어떤 할머니가 한신을 불쌍히 여겨서 자신이 먹을 밥과 반찬을 그에게 주었다. 한신은 출세한 뒤에 백방으로 할머니를 찾았고, 많은 돈을 주어 보답했다.

2004년 중국에 사스가 유행했을 때, 많은 외국 기업이 중국을 떠났다.

그런데 그때 중국에 남아서 중국인과 어려움을 같이하고 사스 퇴치를 위해 협력한 외국 기업이 있었다. 사태가 진정된 뒤에 중국이 그 기업에 특별 혜택을 주었는데 이 또한 중국의 보답 문화에서 이유를 찾을 수 있다.

우리 기업들이 사드 사태가 일어난 뒤에 중국에 대규모 보복을 당한 것도 같은 맥락에서 이해할 수 있다. 중국인의 인간관계는 기본적으로 이익을 주고받는 가운데 성립하는데 중국은 한국이 자국의 국가적 이익을 침해했다고 판단했다. 그래서 보복한 것이다. 중국의 사드 보복은 우리 경제에 20~30조 원에 이르는 막대한 피해를 주었다. 특히 면세점에서 중국인 관광객을 통해 많은 돈을 벌던 한국의 모 기업이 큰 피해를 입었는데, 이 기업이 미국의 사드 배치를 위한 부지를 제공했다고 판단한 중국인들이 보복에 나섰기 때문이다. 당시 중국에 진출한 우리 기업들은 하루아침에 온갖 안전 검사와 위생 검사, 세무조사가 밀려드는 바람에 고역을 치렀다. 자신의 이익을 침해당했을 때 기필코 복수하는 중국의 문화 코드를 여실히 느낄 수 있는 대목이다.

한편 은혜에 대한 보답과 원한에 대한 복수가 결합한 경우도 많다. 2018년 설날에 중국에서 일어난 끔찍한 살인 사건이 그렇다. 산시성에 사는 30대 청년이 같은 동네에 사는 일가족 3명에게 흉기를 휘둘러 숨지게 하고 자수한 일이 벌어졌다. 놀랍게도 발단은 20여 년 전 사건이었다. 청년이 어렸을 때, 동네에서 자신의 어머니가 다른 사람과 다툰 끝에 맞아 죽는 사건이 벌어졌다. 어머니가 끔찍하게 돌아가시는 광경을 목격한 청년의 나이는 18살이었다. 어머니를 여의고 갖은 고생을 하면서 청년은 오직 복수의 일념으로 살았다. 그리고 20여 년이 지나서 어머니를 죽게 만든 사람을 찾아 복수한 것이다. 여기에는 어머니의 은혜에 대한 보답과 어머니를 해친 흉수에 대한 복수가 결합되어 있다. 흡사 까마득한 옛날을 배경으로 한 무협지에나 나올 법한 이야기 같지만 실제 2018년에 일어난 일이다.

중국 시장 진출 성공 전략

유교 사상 가운데 '예禮'는 오고 가는 것을 중요하게 생각한다. 오가는 대상에는 은혜와 복수도 포함된다. 인간의 삶이란 서로 주고받는 상호 관계로 이루어져 있기 때문이다. 부모는 자식을 돌보고 자식은 부모를 섬기는 상호 관계의 원리가 중국 인간관계의 기본 질서다. 물론 우리 문화에도 남아 있지만 중국에서는 훨씬 강력하게 작동한다. 현실의 삶과 이익을 중시하는 중국인의 현실주의 인생관은 여전하다.

비즈니스를 위해 중국인을 만날 때는 우리와 다른 점, 특히 같은 뿌리에서 출발했지만 미묘하게 다른 점에 주의를 기울일 필요가 있다. 중국인의 문화 코드를 섬세하게 이해하는 노력이 바로 문화적 현지화 전략의 기본이자 출발점이다. 중국과 비즈니스를 할 때는 문화적 소통을 반드시 염두에 두어야 한다. 중국 현지 문화에 깊숙이 접속해야 중국인의 마음을 사로잡고 중국 시장에서도 통하는 기업이 될 수 있다. 중국인의 문화 코드를 제대로 이해하여 중국에서 성공하는 우리 기업이 많이 나오기를 기대한다.

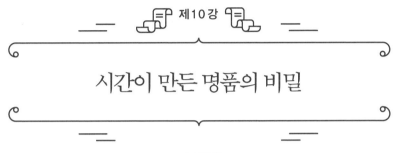

시간이 만든 명품의 비밀

민혜련

'르네상스적인 인간'을 인생의 모토로 삼고 살아가는 프랑스 문화예술 전문가. 프랑스 캉대학교에서 불문학 박사 수료, 서경대학교 와인발효공정공학 전공으로 공학박사를 마쳤다. 호기심과 열정이 가득해 번역과 글쓰기, 강의는 물론 레스토랑 '작은 프랑스' 등을 운영했다. 현재 기획사 엘리욘느 대표를 맡고 있다.

지은 책으로 《게스트하우스 France》《일생에 한 번은 파리를 만나라》《장인을 생각한다 이탈리아》《민혜련의 파리 예술 기행》《관능의 맛, 파리》《르네상스: 빛과 꽃의 세기》《와인 양조학》(공저) 등이 있으며, 옮긴 책으로 《와인 디바의 와인 이야기》, 장 그르니에 전집 중 《거울 계단》 등이 있다.

명품의 조건

명품 브랜드에 끌리는 이유는 무엇일까? 여러 이유가 있겠지만, 여기서는 프랑스 정신분석학자인 자크 라캉의 '거울 단계 이론'에서 답을 찾아보려 한다. '거울 단계'란 어린아이가 거울에 비친 자신의 신체 이미지를 깨닫기 시작하면서부터 이를 통해 외부 세계를 구성한다는 주장으로, 인간의 정체성은 자기 모습으로부터 시작한다는 논리다.

자신의 신체를 확인하기 이전의 어린아이는 그저 어머니 품에 안겨 젖을 먹을 뿐, 배 속의 태아와 크게 다를 바 없는 단계다. 자아가 형성되어 있지 않으니 거울에 비친 자기 모습도 인식하지 못한다. 하지만 어느 순간, 마치 강아지가 거울을 보고 깡충깡충 뛰듯 자신의 이미지를 붙잡으려 한다. 인간의 모든 심리 발달은 이 순간 만난 자신의 이미지에서 출발한다.

예술과 명품,
인간 욕망의 표현

인간은 절대 자기 모습을 직접 볼 수 없다. 거울을 통해서만 가능하다. 우리는 거울에 비친 모습을 통해 존재를 형성하지만, 거울 속의 모습은 물질적인 신체일 뿐 그 속에 정신이나 영혼은 없다. 타인이 보는 시선 속의 내가 서 있을 뿐이다. 거울에 비친 형상은 내 모습이지만 진정한 내가 아닌 '타인이 보는 나', 즉 '타자'라는 의미다. 그래서 라캉은 "내가 나를 발견하고 가장 먼저 느끼는 곳은 타인으로부터다"라고 말한다.

나를 확인하고 존재를 인정받기 위해서는 '타인'의 존재가 필요하므로 인간은 사회적 동물일 수밖에 없다. 우주 공간에 홀로 떠 있다면 거울이 왜 필요하겠는가. 옷도 가방도 아무 의미가 없다. 타인의 시선이 없는 인간의 육체란 그저 의식이 들어 있는 물체일 뿐이다. 결국 인간의 욕망이란 나의 순수한 본질적 욕망이라기보다는 타인이 원하는 것에 대한 욕망이다. 본능적 욕망 위에 커가는 것은 타인과의 관계에서 오는 욕망이다.

거울에게 자신의 미모를 확인받고자 했던 에피소드는 동화에서도 찾아볼 수 있다. 《백설 공주》의 조연 격인 마녀 계모는 누구에게도 뒤지지 않는 미모를 자랑한다. 하지만 마녀는 거울에게 늘 자신의 미모를 확인받는다. 이 또한 타자를 통해 자신의 아름다움을 인정받고자 하는 욕망에서 비롯된다. 남은 다 속여도 자신은 속일 수 없다. 타인에게는 그럴듯하게 인정받아도 거울 속의 자신이 "세상에서 제일 아름다운 사람은 백설 공주입니다"라고 답하는 순간, 자신감 넘치던 계모의 내면은 뒤틀리기 시작한다.

명품의 조건이 여기에 있다. "타인들이 욕망해야 한다." 나는 내가 욕망한다고 믿지만, 사실은 타인이 욕망하기 때문에 그것을 가진 거울 속의 나를 욕망하는 것이다. 군이 타인이 욕망하지 않는 대상을 애써 가지려 에너지를 소비할 필요가 없다. 명품의 본질은 신화와 같은 스토리텔링, 예술성, 꿈으로 포장된 인간의 욕망을 작동하는 스위치인 셈이다.

인간이 동물과 다른 진화의 길을 걷기 시작하면서부터 명품은 언제나 존재했다. 처음엔 결핍된 물건이 명품이었다. 소금이 나지 않는 지역에서는 소금이 명품이고, 철이 나지 않는 지역에서는 철기가 명품인 시대도 있었다. 하지만 변치 않는 사실이 있다. 고대부터 중세까지의 엄격한 신분 사회에서 명품은 권력자만 소유할 수 있는 신성한 것이었다는 점이다.

그런데 중세의 신분 사회를 지나 르네상스 시대가 되면서 상업만을 목적으로 한 도시가 하나둘 생겨나기 시작했다. 이곳을 중심으로 신흥 부자bourgeois 계층이 싹트기 시작했다. 부를 축적한 상인 집단이 모여 그 지역 지주들에게 땅을 매입하고 아예 자치 공화국을 만든, 이른바 도시 공화국이 탄생한 것이다.

그런데 도시에서는 명품의 의미가 이전과 달라지기 시작했다. 이전의 명품은 "거울아, 거울아 세상에서 누가 제일 예쁘니?" 하고 물으면 "당연합죠! 주인님이 가장 아름답습니다"라고 머리를 조아리는 목소리였지만, 동등한 상인 계층이 만든 도시 안에서는 "당신도 저렇게 아름다워질 수 있어요"라는 부추김이 고개를 든 것이다. 돈이 권력의 기반이 된다는 건 돈으로 경쟁해서 신분이 상승할 수 있다는 의미다.

평민 출신 권력자들은 자신들의 입지를 다지기 위해 도시의 미관을 꾸미고, 교회 등에 기부를 하고, 거장의 작품을 소유하기 시작했다. 당시 거장들은 중세 시대까지 수공업자로 천대받던 장인 출신이었다. 궁전이나 성당의 벽과 천장을 꾸미던 레오나르도 다빈치, 미켈란젤로 같은 화가나 조각가, 섬세한 보석을 만드는 첼리니 같은 수공업자, 아름다운 섬유와 옷을 만드는 직조공과 재봉사, 그리고 구두공까지, 이들의 손을 거쳐 만들어진 물건은 천상의 아름다움을 표출한 듯한 신화가 되고 모든 이가 욕망하는 작품으로 자리매김하기 시작했다. 예술과 명품은 한배에서 태어난 형제인 것이다.

욕망은
멈추지 않는다

19세기 산업혁명 이후 대량생산이 가능해지면서, 부르주아 계층은 대자본가가 되었고, 수공업으로 물건을 만들던 장인들은 공장 노동자가 되었다. 국가 시스템이 비대해지자 더 이상 금,

은, 동과 같은 금속으로 화폐를 만들 수 없게 되었다. 그러자 금본위제도 등 상호 신용을 기반으로 실물과 화폐의 교환가치가 만들어졌다. 이제는 눈에 보이지도 않는 주식이나 신용카드도 모자라 사이버 공간에서 오가는 숫자에 사로잡힌 금융자본주의 시대가 도래했다.

돈이란 실제 물건과 교환할 수 있는 또 다른 실물 가치가 아니라 한 사회 구성원 또는 사회와 사회 사이의 약속이다. 한 발짝만 떨어져 바라보면 엄청난 위험을 내포하고 있는 환상이라는 사실을 알 수 있다. 어느 한 곳에서 신용을 깨뜨리거나, 원래 있는 금의 가치보다 너무 많은 돈을 찍어내면 화폐에 적힌 숫자는 한순간 아무 의미 없는 기호로 전락할 수 있다.

지금의 브랜드도 지난 시대의 브랜드와는 의미가 달라졌다. 브랜드 역시 사회 구성원 간의 약속이다. 인간이 어떤 브랜드를 명품으로 의식하는 까닭은 그것이 지폐와 같은 일종의 기호라는 인식에서다. 이제 장인이 한 땀 한 땀 손으로 두드려 만들던 실물이 명품이 되던 시대는 지나고, 자본주의의 흐름에 맞추어 명품도 주식처럼 진화했다. 대기업이 뛰어든 명품 시장에서는 실물이 아닌 '브랜드'라는 상징적 가치를 소비한다. 부동산처럼 말이다. 시골의 수만 평 임야보다 강남에 있는 100제곱미터짜리 아파트가 더 비싸다. 이 사실이야말로 르네상스 이후 상업과 자본으로 이루어진 도시화가 현대까지 내려오며 만들어낸 신기루다.

과거에는 땅에서 얼마나 많은 곡식을 거두어들이는가 하는 실물적 가치가 우선이었다. 그러나 이제 거기에 인간의 욕망이 개입되면서 수요와 공급의 법칙, 환경 요인 등 눈에는 보이지 않는 무언가에 의해 가격이 정해지고 사회 구성원끼리 그 가격을 인정하기로 약속한다. 문제는 약속에 동의하지 않는 사람에게는 그 가치란 게 아무 의미가 없다는 사실이다. 명품 에르메스 버킨백 혹은 트럼프타워의 펜트하우스가 아프리카 오지에 사는 원주민에게 무슨 의미가 있겠는가. 명품에 대해 아는 바가 없는 시골 할머니에게 루이비통의 모노그램은 이 세상 어디에나 널린 비닐 가방에 그려진 알 수 없는 그림과 별 차이가 없다.

명품의 본질은 무엇인가

들뢰즈나 가타리가 인간의 욕망을 가리켜 '리좀 rhizome과 같다'고 한 이유를 알 수 있을 것 같다. 리좀이란 뿌리나 줄기가 아닌 감자처럼 줄기인 채로 땅속에 숨어 있고, 그 자체로서 하나의 완전한 독립체를 이루며 다른 것들과 끊임없이 연관되어 있는 실체를 의미한다. 개미집이나 두더지굴, 벌집 등도 리좀에 해당하고, 역사적으로는 그리스도 교인들이 박해를 받을 때 피난처로 사용했던 지하 묘소인 카타콤 Catacomb도 리좀이라 할 수 있다. 인간의 인체에서는 림프관이나, 더 작게 들어가면 하나의 DNA도 일종의 리좀이다. 이들은 단독으로 완전체이면서도 끊임없이 상호작용하며 자기를 복제하고 새로운 단백질을 만들어낸다.

금융자본주의에서 인간의 욕망은 자본이며 이는 리좀을 이룬다. 개개인의 욕망이 모여 덩어리가 되고 복제를 거듭해 하나의 거대한 신기루를 만들어간다. 기계의 단추처럼 한번 작동하면 멈추지 않고, 멈출 수도 없다. 그것은 마치 생명이 있는 듯 진화해간다. 세상 만물처럼 여기에는 순기능과 역기능이 있다. 인간의 문명은 바로 이 욕망 위에 건설되어왔다.

문제는 여기서부터 시작된다. 욕망이란 하나의 대상을 향할 때는 환상이지만 그 대상을 얻고 난 후에는 현실이라는 것이다. 만족감은 환상을 가질 때만큼 지속될 수 없다. 오르가슴은 느끼고 나면 점차 떨어지고, 별은 손에 쥐면 이미 별이 아니다. 환상과 현실 사이의 차이는 또다시 욕망을 작동시킨다. 인간이 의지로 심장을 멈출 수 없는 것처럼 끊임없이 복제되며, 타인의 욕망과 결합해 거대한 욕망의 리좀을 만들어낸다.

오늘날 자본은 권력과 종교의 힘을 넘어선다. 이런 시대에 명품이란 인간의 욕망이 만들어낸 리좀이다. 에르메스 가방은 가방 자체의 가치가 아니라 브랜드가 상징하고 있는 사회적 가치, 즉 타인들이 욕망하고 있는 그 가치를 소유하고 싶은 욕망을 자극한다. 욕망은 소유를 넘어 또 다른 환상을 향해 줄기를 뻗어나간다. 이것이 다른 소비를 줄여서라도 갖고 싶은 명품의 본질이다.

감각의 모자이크, 이탈리아

이탈리아 로마는 기나긴 중세 천 년 동안 서유럽의 정신적 지주로 군림했다. 고대 로마제국의 신화가 시작된 도시이자, 로마제국이 멸망하며 마지막 유산을 물려준 도시이기도 하다. 그 유산은 기독교였고, 기독교의 상징인 예수의 제1 제자 베드로는 이 도시에서 순교했다. 로마 가톨릭과 동방정교회에서는 그를 초대 교황으로 인식해 교황은 대대로 로마에 머물렀다. 그래서인지 이탈리아에는 신성과 세속, 강렬한 태양이 주는 삶의 열정과 문명의 흥망성쇠로 인한 허무가 뒤섞여 있다.

나의 입지와 위상을 표현하는 예술

이탈리아는 고대 그리스부터 카르타고를 거쳐 중세에는 이슬람, 비잔틴, 독일과 바이킹, 이후로는 프랑스, 스페인 등 여러 세력의 지배를 받았다. 그러다 보니 이탈리아 역사는 하이브리드이자 혼돈 그 자체다. 하지만 이런 역사가 상처만 남긴 건 아니다. 수많은 이질적인 문명이 부딪치면서 만들어낸 문화는 이탈리아인의 DNA에 예술적 감각을 각인했다. 그래서 이탈리아 문화는 다양한 문명의 조각이 어우러져 모자이크처럼 정교하게 조화를 이룬다.

게르만의 이동으로 로마제국이 멸망하면서 서유럽에 건설했던 대부분의 식민지 도시는 모두 폐허가 되었다. 화폐제도마저 자취를 감추면서 땅을 기반으로 하는 농업 지자체인 봉건 경제가 주를 이루었다. 하지만 사냥과 채집으로 생활을 유지했던 원시시대 같은 자급자족 경제체제는 불가능했다. 금속, 소금, 어류, 향신료, 염료 등은 교환을 통해서만 얻을 수 있었던 까닭에 이탈리아 항구 도시에는 볼품은 없었지만 화폐경제가 존재했다. 또한 봉건 영주마다 자치적으로 다스리던 장원 안에서는 전문 수공업자들이 필요한 물품을 대고 있었다.

11세기에 이르자 유럽 내륙에도 서서히 무역으로 부를 축적하는 마을 시장이 형성되기 시작했다. 상인들이 모여들면서 사람들이 헤쳐 모이는 일시적인 시골 장터가 생겼다. 그러다가 정착하는 사람들이 생기면서 촌락을 형성하더니 점차 규모가 커져 도시의 면모가 갖춰졌다. 원격 교역을 하는 도시의 공기는 활기차고 자유로웠다. 도시에 일자리가 늘어나면서 농촌인구가 자연스럽게 유입되고 머리를 쓰거나 기술을 가진 자들이 도시로 모여들어 농업 대신 수공업과 상업으로 활기를 불어넣었다.

12세기에 이르러 규모가 커지자 도시 상인과 수공업자는 분야별로 협동조합의 일종인 길드를 조직하게 되었다. 길드는 맨 처음 공동의 이익과 안전을 위해 출발했지만, 점차 시스템을 갖추면서 세력이 강해졌다. 자본을 많이 축적한 금융업이나 법률, 무역 분야의 길드는 자신들이 삶의 터전을 이루고 있는 도시의 자유와 자치권을 획득하기 위해 토지 소유주인 영주와 협상하여 가격을 지불할 정도에 이르렀다. 이것이 바로 도시 공화국의 출발이었다.

피렌체를 통치하던 메디치 가문도 르네상스 시기 영국의 거친 모직과 양가죽을 수입한 뒤 피렌체의 아르노강 강가에서 염색하고 가공해 유럽의 귀족들에게 비싼 값에 되팔았다. 이로써 막대한 부를 축적했고, 이후 금융업으로 성장했다. 이슬람이 동방 무역을 차단하고 예루살렘 성지순례를 봉쇄했다는 이유로 11세기부터 13세기까지 유럽이 십자군 원정에 나서자 이탈리아는 보급로를 열면서 더욱 번성했다. 게다가 십자군 전쟁을 통해 뜻하지 않게 아랍 세계와 문화 융합을 이룬 것도 이때다. 14세기부터 200여 년간 유럽에 예술과 문화 그리고 경제를 꽃피운 르네상스가 바로 그 과정에서 쌓인 문화적 융합의 결과였다.

르네상스의 최선봉에서 이탈리아 문화를 이끈 곳이 바로 도시국가 피렌체였다. 유럽 도시가 대부분 그렇듯, 피렌체의 면적은 고작 서울시 종로구 정도다. 이런 작은 도시에서 보카치오, 첼리니, 보티첼리, 레오나르도 다빈치, 미켈란젤로, 라파엘로, 마키아벨리 같은 천재들이 동시대에 거리를 활보하며 인사를 나눴다고 상상해보라. 이탈리아는 그런 나라였다.

자치 도시의 통치자는 가문의 기반이 없었다. 상업이나 수공업을 하는 평민 가문 출신이었던 이들은 자신들의 위상을 높이기 위해 도시를 꾸미고 건축하는 데 기부했다. '노블레스 오블리주'라는 개념이 생겨난 것도 르네상스 시대였다. 드러낼 것 없던 가문 출신의 실세들 사이에서는 돈보이고자 하는 욕망이 끓어올랐다.

끝없이 펼쳐지는 농토를 소유한 지주라도 도시에 가면 자신을 알릴 길이 없었다. 시골에 얼마나 많은 땅을 가지고 있는지, 얼마나 오래된 가문인지 설명해도 소용없었다. 아무도 알아주지 않으니 말이다. 도시에서 돋보이려면 쓸데없는 장광설을 늘어놓기보다는 사람의 눈을 사로잡을 특별한 물건을 보여주는 게 효율적이었다.

거장의 작품을 소유하고자 하는 인간의 욕망은 회화와 초상화, 조각 등 정교하고 섬세한 수공업의 발달을 가져왔다. 이를 만들던 천민 장인들의 사회적 입지도 확고해졌다. 유명세를 치른 사람의 이름을 걸고 만든 금은 세공품이나 벽화는 명품이 되었다. 스타 장인은 이렇게 탄생했다. 무지한 수공업 장인이 사회적 변화에 힘입어 예술가로 탈바꿈한 것이다. 이탈리아어에서 '아르테Arte'는 예술이라는 뜻으로 영어의 '아트Art'와 같다. 즉, 예술이자 기술을 뜻한다. 예술과 명품은 동격이며, 장인과 예술가는 한배에서 태어난 형제와 같다.

자본주의의 위협,
부활의 가능성

이탈리아는 르네상스의 싹을 틔우고 꽃을 피웠으며, 르네상스는 유럽에 거대한 문화·경제적 변혁을 가져왔다. 하지만 이후의 정황을 들여다보면 마냥 긍정적인 면만 있는 건 아니었다. 16세기 이후 유럽의 중심축이 대서양으로 향하면서 이탈리아는 쇠퇴의 길을 걷기 시작했다.

유럽 대부분의 나라가 중세 봉건주의를 벗어나 민족이라는 유대감으로 무장한 채 중앙집권체제를 이뤄가던 시기였다. 이제 근대라는 새로운 역사의 국면이 열리기 시작했지만 이탈리아는 도시국가로 나뉘어 과거의 영광을 구가하며 살고 있었다. 1870년에 간신히 통일을 이룩한 이탈리아는 유럽의 변방으로서 가난한 20세기를 맞았다.

그러던 이탈리아는 다시 변신을 꾀하게 된다. 다른 유럽 국가들보다 출발은 늦었지만, 도시국가의 귀족들이 누렸던 독특한 라이프스타일, 로마라는 제국을 품었던 대국적 시야, 여기에 다양한 문화가 빚어내는 감성과 색채가 누구도 흉내 내기 어려운 디자인 감각으로 되살아났다. 로마제국의 후예이자 기독교의 정신적 지주였던 이탈리아인의 예술적 감성은 그들의 DNA에 그대로 살아 있었던 것이다.

19세기까지 이탈리아 명품의 가장 큰 장점은 중세부터 장인 길드를 중심으로 내려오는 전통이었다. 이는 피혁, 보석 세공, 종이, 원단, 염색 등

재료에 관한 깊은 이해로 이어졌다. 20세기 중후반까지 프랑스 명품의 OEM을 담당하던 경험은 이들의 감성에 실질적인 비즈니스 마인드를 심어주었다. 그 결과 독특한 미적 감각에 상업성을 가미한 페라가모, 구찌, 베르사체, 아르마니, 프라다, 돌체&가바나 같은 세계적인 명품이 탄생했고, 밀라노 컬렉션은 파리와 뉴욕 등과 어깨를 나란히 하는 패션 컬렉션이 되었다.

지난 세기 이탈리아가 창조한 수많은 명품에 열광한 나라는 미국이었다. 귀족 계층이 존재하지 않았던 미국은 19세기까지 도시 공국이 존재했던 이탈리아의 매력에 흠뻑 취했다. 이탈리아의 뜨거운 태양과 '돌체 비타(아름다운 인생)'의 분위기는 상류층의 로망이 되었다. 〈로마의 휴일〉이나 〈태양은 가득히〉 등의 영화는 이탈리아를 더욱 환상적으로 만들었고, 이때부터 이탈리아는 할리우드 스타와 유명 인사들이 드나드는 휴양지가 되었다.

그러나 이탈리아도 20세기 후반의 금융자본주의를 비껴가지는 못했다. 이재에 밝지 못한 장인들이 창업한 수많은 브랜드가 프랑스를 비롯한 외국 대기업으로 넘어갔다. 구찌, 지안프랑코 페레, 펜디, 보테가 베네타, 로로피아나, 에밀리오 푸치 등이 그 예다. 게다가 명품에 눈뜨기 시작한 중국이 이탈리아의 공장을 매입하고 있는 마당이라 더 이상 과거의 영광은 찾아보기 어렵다. 1990년대에 돌풍을 일으켰던 프라다와 여전히 가족 경영을 하고 있는 페라가모의 옛 명성도 퇴색되어가고 있다.

대기업화한 프랑스에 비해 중소기업 수준이다 보니 글로벌한 시장에서 뒤처질 수밖에 없다. 아르마니 정도가 이탈리아의 자존심을 지키고 있을 뿐이다.

이제 시대가 바뀌어 친환경적인 삶에 대한 세계적인 관심이 뜨겁다. 동식물의 성장 속도를 조절하지 않고 자연적으로 생산해낸 음식을 천천히 음미하며 살아가는 슬로 라이프가 주목받는다. 와인과 치즈, 올리브 등 이탈리아에는 자연 친화적인 라이프스타일에 어울리는 식재료가 많다. 그래서일까? 지역에서 생산되는 식재료의 맛과 향을 재발견하고 효율적인 생산 지상주의를 거부하는 슬로시티 운동의 발상지가 이탈리아다. 옛날 방식으로 올리브를 압착해 나오는 기름으로 파스타를 만들고, 포도주 생산 과정에서는 별다른 화학 첨가물 없이 공해와 쓰레기 발생을 최소화하면서 세월이 빚어낸 자연 그대로의 와인을 얻는다. 새로운 사회적 가치에 맞춰 등장한 라이프스타일로 이탈리아가 다시 일어날 수 있을지 기대해볼 일이다.

르네상스의 용광로, 프랑스

이탈리아가 르네상스의 꽃을 피웠다면, 열매를 수확한 나라는 프랑스였다. 15세기까지 이탈리아가 화려하게 문화를 꽃피우는 동안 프랑스는 중세의 어두움에서 벗어나지 못한 채 과거에 머물러 있었다. 환전과 무역을 중심으로 부를 축적한 피렌체나 베네치아 등과 비교하면 파리는 덩치만 클 뿐 어둠침침하고 우울한 중세 도시였다. 그러다 보니 1483년 왕위에 오른 샤를 8세 이후 16세기 중반까지 프랑스의 왕들은 큰 소득도 없이 문화 선진국인 이탈리아 원정에 열을 올릴 수밖에 없었다.

무식한 파리에 다빈치를 초대하다

이탈리아 전쟁(1494~1498)에서 프랑스는 승리를 거두지 못했지만, 결과적으로 적자가 나는 원정은 아니었다. 이탈리아를 휩쓸며 많은 시간을 보낸 프랑스의 국왕들은 예술적 감성이 부족한 전사였지만 적어도 이탈리아에서 무르익던 예술과 문화의 현장을 눈으로 똑똑히 보았다. 그런 까닭에 왕정이 차차 자리를 잡아가자 이탈리아 인문학자들을 프랑스로 초대해 왕실 교육을 맡기기 시작했다.

16세기의 프랑스를 물려받은 프랑수아 1세가 대표적 사례다. 피렌체 출신의 스승들에게 가르침을 받으며 인본주의적 사고에 익숙해진 프랑수아 1세는 국가가 강대해지기 위해서는 문화가 근본이 되어야 한다는 사실을 깨달았다. 그는 이탈리아 전쟁 당시 밀라노에서 만난 레오나르도 다빈치를 프랑스로 초청해 저택을 내어주고 아낌없이 후원했다. 이는 〈모나리자〉〈세례자 성 요한〉〈암굴의 성모〉 등 다빈치의 걸작이 루브르 박물관 벽면을 장식하는 계기가 되었다.

프랑수아 1세의 문화적 업적은 한둘이 아니다. 라틴어 대신에 프랑스어를 공식어로 선택하고, 현재 프랑스학술원인 콜레주드프랑스Collège de France의 전신인 왕립학술원을 설립해 프랑스어를 갈고닦는 데 전념했다. 또한 훗날 뒤를 이어 앙리 2세가 될 아들을 문화 선진국 피렌체 메디치가의 공녀 카트린 드 메디치와 혼인시켜 문화 발전의 초석을 놓았다. 카트린 드 메디치가 프랑스 궁정으로 가지고 온 지참금은 선진 이탈리아의 문화 그 자체였다. 프랑수아 1세는 이렇게 말했다. "짐 이전의 파리는 모든 것이 거칠고 촌스럽고 무식했도다."

그 후 루이 14세의 시대로 넘어오며 프랑스는 문화의 절정기에 이르렀다. 루이 14세는 파리에서 남서쪽으로 30킬로미터 정도 떨어진 베르사유에 지상 최고로 화려한 궁전을 짓고, 인간이 누릴 수 있는 온갖 향락과 사치를 모두 끌어들였다. 이때부터 18세기 프랑스대혁명 전까지 프랑스의 궁중 문화는 융성했고, 프랑스 명품의 모태가 되었다.

재능은 있지만 사회적으로 딱히 할 일 없는 멋진 귀부인들은 너도나도 살롱을 운영했다. 살롱은 예술가와 문학가를 후원하는 일종의 사교클럽이었다. 이곳에서 그 시대 유럽의 유행을 이끌던 우아한 예절과 격식, 패션과 라이프스타일 그리고 가장 프랑스적인 심미안이 창조되었다. 오늘 베르사유에서 왕족이 입은 드레스와 그들이 먹고 마신 요리가 내일이면 러시아 궁전에서 유행하던 시대였다.

궁중에서 정교하게 다듬어진 우아한 프랑스어와 예법은 20세기 초까지 전 세계 외교의 기초가 되었다. 프랑스는 자신들이 인간 욕망의 꼭대기까지 끌어올려 만들어낸 '명품'이라는 상징을 이때부터 상품화했다. 궁중의 라이프스타일이 국가의 전략 산업이 될 수 있다는 사실을 프랑스인들은 일찌감치 알고 있었던 것이다. 루이 14세의 재정관이었던 콜베르는 중상주의 정책을 폈고, 길드를 보호해 지금까지도 프랑스 명품업체를 지원하는 범국가적 정책의 배경을 만들었다.

끝날 줄 모르던 왕실의 사치는 결국 프랑스대혁명의 도화선이 되어 왕정을 무너뜨리는 결과를 초래했다. 하지만 뒤집어보면 귀족적인 상류 문화의 민주화라는 순기능이 있었음도 부정할 수 없다. 가난에 찌든 민중이 일으킨 혁명이지만 '계몽철학'이라는 탄탄한 이데올로기와 인간이 지닌 사고의 차이를 모두 수용한다는 톨레랑스tolerance(관용)는 프랑스인의 정신에 깊이 뿌리 내렸다. 프랑스는 적어도 지난 세기까지 이런 관용의 정신 아래 변치 않는 통치 철학을 이어갔다.

문화의 민주화,
예술과 연결되다

혁명으로 인해 텅 빈 국고만 물려받은 대부분의 신흥국가와 달리, 프랑스에서는 문화라는 위대한 유산이 민중의 머리 위로 쏟아졌다. 그동안 귀족들만 향유하던 요리나 패션, 언어 등의 상류 문화가 갑자기 궁 밖으로 쏟아져 나오기 시작한 것이다. 궁중 요리사들이 파리 시내에 레스토랑을 차리고, 귀부인들의 옷을 짓던 의상실은 일반 부인들을 고객으로 받아들였다.

프랑스혁명 이후 사회의 주체로 떠오른 부르주아 계층은 상업으로 부를 축적해 상류 사회에 진입한 평민들이었다. 이들은 부와 명예와 권력 모두를 소유했지만 단 하나 갖지 못한 게 있었다. 바로 오랜 전통으로 축적된 우아한 '후광'이었다. 이는 일종의 사회적 트라우마가 되어, 과거 귀족이 지녔던 가풍에 대한 보상 심리로 작용했다. 어떤 부르주아 집안은 몰락한 귀족가의 자제와 결혼해 심리적 신분 상승을 꾀했지만, 이런 기회마저 얻지 못한 이들에겐 대리만족할 수 있는 뭔가가 필요했다. 바로 과거 귀족들이 썼다는 물건이나 라이프스타일이었다.

필요는 공급을 낳았다. 옛날 귀족들이 쓰던 물건에 마음을 빼앗긴 부르주아들은 돈으로 귀족의 삶을 살 수 있다고 믿게 되었다. 절대왕정 아래의 베르사유 시대처럼 19세기 파리의 사교계는 여전히 귀족의 예법과 품격을 배워야 살아남을 수 있는 치열한 전쟁터였고, 이 덕분에 파리는 패션의 중심지라는 명성을 유지할 수 있었다.

프랑스 귀족의 사치와 불평등을 상징했던 루이 14세는 모순되게도 다음과 같은 칙령을 내린 것으로 유명하다. "옷만 깨끗하게 입고 온다면, 평민들도 모두 궁에 입장시켜라." 그의 칙령에 따라, 전 지구의 모든 평민이 프랑스의 명품을 사러 파리에 입장하게 된 셈이다.

상류층만 향유했던 문화가 대혁명으로 민주화, 평준화되어 길거리로 쏟아져 나온 예는 전무후무했다. 이는 이탈리아와 달리 프랑스의 명품 산업이 자유로운 거리의 예술과 연결된 깊은 전통을 설명할 수 있는 모티프가 된다. 예술과 명품이 한배에서 태어난 형제라는 의식이 강한 이탈리아적인 뿌리에, 혁명을 겪은 이데올로기의 자유라는 감수성이 하나 더 얹힌 것이다.

거대 자본에 맞선 국가 정책으로

19세기 영국에서 시작된 산업혁명이 북유럽까지 확산되었던 때에도 프랑스는 쉽게 뛰어들지 않았다. 지정학적으로 최고의 위치에 놓여 있어 기후가 좋다 보니 목축업과 와인 제조업 등 농업이 안정적으로 발달했기 때문이다. 또 역사적으로 오랜 경쟁 상대였던 영국에 뒤이어 후발 주자로 섬유산업에 뛰어드는 게 무모하다는 사실도 알았다. 그래서 프랑스는 면직물을 대량생산하는 대신 실크와 망사, 레이스 등 특수섬유와 고급 맞춤복인 오트쿠튀르haute couture 분야에 주력했다. 당시엔 이 분야가 블루오션이었다.

프랑스는 인문학과 예술적 바탕 위에 개인의 창의력이라면 그 무엇이건 허용한다는 톨레랑스를 바탕으로 20세기를 맞이했다. 여기에 대적할 자는 없었다. 이때의 1세대 장인 브랜드로 루이비통과 에르메스가 있었다. 이들은 수공예로 가죽을 다루던 장인의 마지막 후예들이었다.

뒤를 이은 샤넬은 코르셋 대신 자유분방한 옷으로 여성 패션계에 대혁명을 일으켰다. 여성들은 코르셋을 벗어던지고, '샤넬 라인'이라는 우아한 스커트 아래로 다리를 내놓았다. 또 거추장스럽게 들고 다니던 핸드백에 줄을 달아 어깨에 멤으로써 손까지 해방시켰다. 소재에도 혁명이 이어졌다. 그때까지 남성복에나 사용하던 트위드로 정장은 물론, 여자용 바지인 판탈롱까지 만들었다. 샤넬이 여성에게 선사한 건 유행이 아니라 '자유'였다. 그래서일까? 전 세계 여성들은 지금도 샤넬의 새로운 광고를 두근거리는 마음으로 기대한다. 샤넬의 전통은 프랑스의 명품 중에 아직도 대기업에 속하지 않고 독자적인 경영 체계를 갖춘 특별한 브랜드의 위치를 말해준다.

샤넬 이후 등장하는 디자이너들은 장인정신으로 무장한 '크리에이티브 디렉터'라는 전문 디자이너 그룹이다. 크리스티앙 디오르, 이브 생로 랑, 존 갈리아노 등 기라성 같은 신인 디자이너 그룹이 나타난 것이다. 이들은 미국이라는 거대한 마켓을 시작으로 아시아의 상류층까지 공략 했다. 이들이야말로 예술이나 철학만큼 프랑스를 빛나게 한 20세기 일등 공신들이다.

그리고 시대가 바뀌었다. 오늘날 프랑스 명품은 '브랜드'라는 상징 아 래 찬란한 별들의 아우라만 남아 있다. 예술혼을 지녔던 디자이너들은 거대 자본으로 인수합병을 일삼던 기업 사냥꾼들의 손아귀를 피하지 못 했다. 과거 창업자들이 이름을 내걸었던 메종은 이제 대그룹에 소속된 계열사로 위치가 바뀌었다. 루이비통모에헤네시LVMH그룹과 케링 그리 고 리치몬트그룹이 대표적 사례다. 이제 유럽의 패션 전문지에서는 전 유럽의 명품 브랜드를 휩쓸어간 LVMH의 베르나르 아르노 회장을 나폴 레옹 황제에 비유하며 풍자하곤 한다.

수많은 여성의 꿈이 된 프랑스의 명품 브랜드들은 그저 어느 한순간 탄생한 게 아니다. 범국가적인 전략과 자만하지 않는 기업의 끝없는 노 력이 축적된 결과물이다. 현재 프랑스에서는 코미테 콜베르Comité Colbert 라는 명품 브랜드 협회가 패션, 화장품, 향수, 보석, 포도주, 도자기, 호텔 등 다양한 분야의 명품 브랜드를 육성하고 관리한다. 17세기 루이 14세 의 재정관이던 콜베르의 이름과 정신을 이어받은 셈이다. 우리에게 익숙 한 에르메스, 라코스테, 크리스티앙 디오르, 뒤퐁, 랑콤 등이 회원사다.

코미테 콜베르는 신인 디자이너 발굴을 위한 콩쿠르를 개최하고, 짝퉁 방지법을 법제화하고, 마케팅 인재를 키우기 위해 경영대학을 설립했다. 장인의 나라 이탈리아가 로마라는 천 년의 유산과 천부적인 DNA를 바탕으로 세워졌다면, 프랑스는 국가가 주도적으로 정책을 세우고 이를 바탕으로 수백 년간 명품 라이프스타일을 축적해왔다고 할 수 있다.

앵글로색슨 왕실의 자존심, 영국과 미국

입헌군주제를 유지하고 있는 영국의 상징은 '왕실'이다. 영국 왕실에는 왕실조달허가제인 '로열 워런트Royal Warrant'가 있다. 왕족에게 상품이나 서비스를 납품할 수 있도록 허가하는 제도로서, 품질보증이라기보다 왕가에서 사용하는 상품이라는 의미가 짙다. 왕족의 취향이 반영된 상품이니 명품 반열에 오르는 건 당연지사다. 품위 있고 유행에 휩쓸리지 않는 상품, 세월이 흘러도 변함없는 상품이라는 이미지는 생각보다 오랜 역사를 갖고 있다.

전통과 혁신,
로열 워런트의 자부심

로열 워런트 제도는 12세기 중세 수공업자들이 왕가에 물품을 납품하던 전통에서 출발했다. 18세기 빅토리아 여왕 시대에는 홍차와 음료 등 식음료부터 의상, 장신구, 기계에 이르기까지 다양한 분야에 로열 워런트를 수여했다. 2019년 4월 현재 800여 개의 업체가 로열 워런트를 받았으며, 백화점 포트넘&메이슨, 음료 회사 슈웨페, 홍차로 유명한 트와이닝 등이 150년 이상 로열 워런트 자격을 유지하고 있다.

로열 워런트를 수여할 권리는 엘리자베스 여왕, 남편인 에든버러 공 그리고 찰스 황태자 세 사람으로, 각각 '퀸The Queen' '듀크 오브 에든버러 The Duke of Edinburgh' '프린스 오브 웨일즈The Prince of Wales' 등 3개의 카테고리로 구성된다. 현재 이 세 사람 모두에게 로열 워런트로 지정받은 업체는 아웃도어 브랜드인 바버&선, 금은 세공업체인 베니, 우리나라에서도 유명한 의류업체 닥스, 자동차업체인 재규어 랜드로버 등 8개뿐이다.

영국 브랜드 하면 트렌치코트의 대명사인 버버리가 가장 먼저 떠오를 것이다. 1856년 포목상에서 일하던 토머스 버버리는 잉글랜드 햄프셔주에 있는 작은 마을에 의상실을 열었다. 이후 버버리는 방수 처리를 한 혁신적인 원단 개버딘을 개발했는데, 세탁이 쉽고 습기의 영향을 덜 받아 안개와 비가 잦은 영국 기후에 매우 적합했다. 1891년, 헤이마켓 30번지에 부티크를 연 버버리는 장교들이 입었던 트렌치코트에서 착안한 개버딘으로 만든 체크무늬 트렌치코트를 내놓았다. 이것이 버버리의 상징 '헤이마켓 체크'다. 1955년 버버리는 엘리자베스 2세로부터 로열 워런트를 받았으며, 1989년 찰스 황태자로부터 두 번째 로열 워런트를 얻었다.

영국은 한마디로 전통과 혁신이 공존하는 나라다. 왕족이라는 전통이 민주주의와 공존하고 있듯, 영국 신사의 클래식한 분위기 속에 비틀스나 펑키 스타일 같은 아방가르드한 문화가 공존하기 때문이다. 유럽 대륙에서 떨어진 위치에 비가 잦은 기후가 주는 특별한 분위기 때문인지 남들이 생각지 못하는 새로운 것을 종합하거나 창조하는 능력도 뛰어나다. 예를 들자면 끝이 없다. 패션의 1번지로 파리, 밀라노, 뉴욕이 손에 꼽히지만, 세계 최고의 패션스쿨은 런던에 있다. 런던 센트럴 세인트 마틴은 월드 베스트 패션스쿨 1위 자리를 놓치지 않는다. 또 이탈리아 궁중에서 시작된 오페라나 독일의 교향곡이 유행할 때, 영국에서는 서민적이고 풍자적인 발라드 오페라라는 장르를 개척했다. 오디오나 스피커 분야에서도 세계 으뜸인 브랜드를 갖고 있다.

와인 분야도 강세다. 영국에서는 기후 탓에 명품 와인이 생산되지 않지만, 코트 오브 마스터 소믈리에 등 세계 최고의 소믈리에 학교가 런던에 있다. 프랑스나 이탈리아는 자국 와인의 맛에 너무 집착한 탓에 다른 나라 와인을 객관적으로 평가하기 어렵다. 경상도와 서울 토박이가 각자 자기 지역 김치를 최고로 치는 것과 비슷하다. 그런데 영국은 와인 생산이 어렵다 보니 중세 시대부터 최대 와인 수입국이었다. 유럽 각지의 와인을 두루 마시다 보니 객관적으로 맛을 평가할 수 있는 기준이 발달한 것이다.

유리나 도자기 분야에서도 창의력이 강하다. 16세기까지는 베네치아가 유럽 최고의 유리공예를 선보였지만, 17세기 영국에서 유리에 납을

넣어 더 강하면서도 맑은 크리스털을 발명했다. 이후 베네치아의 유리 산업은 쇠퇴의 길을 걸었다. 또한 유럽 대륙에는 흰색 고령토로 제조한 도자기 포슬린이 있었는데, 영국은 여기에 고래 뼈를 섞어 내구성이 강하면서 우윳빛이 감도는 본차이나를 발명했다. 웨지우드나 로열 덜튼 등 영국 도자기의 명가는 지금도 많은 여성의 로망이다.

산업혁명이 최초로 시작된 곳이 영국이라는 사실도 놀랄 일이 아니다. 신대륙과 아프리카를 대상으로 노예무역을 하며 대서양을 주름잡던 대영제국이 저물고 미국은 독립을 선언했다. 19세기를 맞이한 영국은 농업만으로는 과거의 영광을 되돌릴 방법이 없음을 깨달았다. 자연스레 기술 개발에 주력할 수밖에 없었다.

처음에는 모직 산업을 육성하기 위해 시작된 기술혁명이 점차 수입 면화를 가공하는 면직 공업으로 이어졌고 이후 방직 산업 분야에서 첨단 기술을 보유한 나라로 변신했다. 전통적으로 스코틀랜드나 아일랜드 등에서 거친 양모를 생산했지만 신대륙으로부터 엄청난 양의 면화가 수입되면서 가볍고 저렴한 면직물 수요가 폭발적으로 늘었고, 이것이 산업혁명을 이끌었다. 직조기와 방적기 등이 발명되면서 면직물이 본격적으로 대량생산되었고, 이어 대자본가가 등장했다. 이들은 대규모 회사를 만들어 상인 길드의 독점적 지위를 무너뜨리고 많은 이들을 기술직 노동자로 만들었다. 마침내 1851년 런던 만국박람회를 시작으로 패러다임이 바뀌기 시작했다.

런던에서는 18세기 말부터 은행가와 법률가 등 부르주아들이 모이는 젠틀맨 클럽이 유행했다. 멋진 슈트를 맞추어 입은 이들은 신사도를 자랑했다. 양복점이 들어선 곳은 런던 쇼핑가인 본드 스트리트와 리젠트 스트리트 사이의 작은 거리인 새빌로였다. 군복에서 착안한 영국식 슈트는 허리가 들어가서 몸에 딱 맞고 소매는 좁고 짧아 와이셔츠 끝이 조금 보이는 형태였다. 마치 작은 옷을 억지로 입은 듯한 이런 디자인을 비스포크bespoke라 불렀는데, 이는 곧 전 세계 남성의 로망이 되었다. 아직도 수많은 유명 인사가 이곳 양복점에서 옷을 맞춘다. 영국의 넬슨 제독, 처칠 수상, 프랑스의 나폴레옹 3세도 이 거리에 단골 양복점이 있었다.

영화 〈킹스맨〉에 등장하는 헌츠맨&선즈, 알렉산더 맥퀸의 테일러숍도 새빌로 거리에 있다. 새빌로 3번가에 있는 지금의 애플 스튜디오 옥상은 50년 전 비틀스가 해체 직전 즉흥 공연을 벌인 장소로 유명하다. 1969년 1월 30일 점심, 비틀스는 사전에 아무런 홍보도 없이 카메라맨과 스태프 정도가 지켜보는 가운데 30분 정도 연주를 했는데, 갑작스러운 음악 소리에 일대 소란이 일었다. 건너편 건물에서 비틀스를 알아본 사람들이 내지르는 환호성이었다. 그러자 새빌로 거리 양복점에 있던 신사들이 거리가 소란스럽다며 경찰에 신고를 했다고 한다. 진보적인 성향의 비틀스와 보수적인 고품격 신사들이 대조를 이루는 광경이었다.

눈높이를 낮춘
친화형 명품

한편 영국으로부터 독립을 쟁취한 미국은 19세기부터 경제성장을 거듭했고 제1차 세계대전이 일어날 즈음에는 영국을 제치고 세계 최대 강국이 되어 있었다. 스콧 피츠제럴드의 원작을 바탕으로 제작한 동명의 영화 〈위대한 개츠비〉는 이 시대 영국적 전통을 이은 미국 백인의 순수 혈통, 앵글로색슨 상류층의 허무하고도 씁쓸한 삶을 그려냈다.

흙수저 개츠비는 명문가 집안의 딸인 데이지를 사랑했지만 신분의 차이를 극복하지 못하고 헤어진다. 데이지는 신분 높은 모태 금수저 집안의 아들과 결혼해 뉴욕 상류층 주거 지역에 살고 있다. 개츠비는 옛사랑을 잊지 못한 채 엄청난 부를 축적해 백만장자가 되었고, 데이지가 사는 동네 맞은편에 대저택을 사들인다. 이 지역은 근본은 없지만 졸지에 돈을 번 신흥 부자들이 모여 사는 곳이다. 개츠비는 행여나 데이지가 파티에 올까 봐 매일 밤 화려한 파티를 열며 사교계의 총아가 된다. 마침내 귀부인이 된 데이지와 재회를 해 자신의 저택에 그녀를 초대한 날, 개츠비는 2층에서 데이지를 향해 수백 장의 셔츠를 흩뿌린다.

이때 개츠비가 마구 던지던 셔츠는 런던의 저민 스트리트에 있는 턴불앤아서 제품이다. 턴불앤아서는 찰스 왕세자가 어릴 때부터 셔츠를 맞추어 입던 곳이다. 이후 왕세자가 로열 워런트를 부여할 권리를 갖게 되자 맨 처음 수여한 곳이 바로 턴불앤아서였다. 당시 영국 수제 셔츠는 지금의 루이비통이나 에르메스 핸드백과 맞먹는 가치를 지니고 있었다.

미국은 이렇게 영국의 라이프스타일을 깔고 명품 시장에 진입했다. 몇년 전 파리에 갔을 때, 샹젤리제 거리에 아베크롬비앤피치가 오픈했다고 해서 들러본 적이 있다. 샹젤리제 중에서도 아주 드물게 고풍스러운 개인 주택을 개조한 매장이었다. 대문을 들어서니 조약돌이 깔린 길 양옆으로 회향나무가 늘어서 있고, 높고 육중한 현관에서 귀에 이어폰을 낀 경호원들이 고객을 맞이했다. 젊은 층을 겨냥한 고급스러우면서도 모던한 실내에서는 모델 뺨칠 정도의 근육질 몸매를 지닌 동양인, 백인, 흑인 점원들이 고객을 기다리고 있었다. 미국적 감각이 물씬 배어났다.

아베크롬비앤피치는 1892년 데이비드 아베크롬비와 에즈라 피치가 창립해 뉴욕 맨해튼에 문을 연 작은 상점으로 최고급 캠핑, 낚시, 사냥용품을 취급했다. 루스벨트와 아이젠하워 대통령을 시작으로 페리 제독, 헤밍웨이, 케네디 대통령, 영국 윈저 공 등이 단골이었다. 그러고는 유럽의 제1호 플래그숍을 새빌로 거리에 연 것이다.

미국은 원래부터 없었던 귀족적인 품위를 갈망하며 이탈리아와 프랑스 명품에 매료되었다. 어쩌면 현재의 이탈리아와 프랑스 명품을 유명하게 만든 곳은 미국이라 할 수 있다. 하지만 개척자들의 나라 미국은 광활한 영토와 자본을 중심으로 한 산업국가다. 정작 자신들의 명품은 되레 실용적이고 대중적이다. 폴로 랄프 로렌, 타미힐피거, 캘빈클라인 등은 대중의 손에 닿지 않는 고가의 명품을 아래로 끌어내린 브랜드로 평가받는다. 이른바 중저가 명품이라는 새로운 시장을 개척하면서 상대적으로 저렴하고 단순하며 편안한 옷을 통해 보통 사람들이 상류층의 꿈에 한 걸음 더 가까이 다가갈 수 있도록 한 것이다.

간결과 실용 그리고 일상, 북유럽

르네상스 시대를 즈음해서 유럽의 2대 상권은 남부의 지중해와 북부의 북해와 발트해를 중심으로 하는 해상무역의 발달 과정에서 비롯되었다. 스칸디나비아 국가와 독일 등의 북유럽 국가는 프랑스, 이탈리아, 스페인 등 지중해 국가처럼 축복받은 기후 조건을 지니고 있지 않다. 와인보다는 맥주, 그리고 보드카를 더 많이 소비하는 나라들이다. 독일에서는 레드와인이 거의 생산되지 않는다. 흑포도는 따뜻한 지중해에서 나기 때문이다. 척박한 기후 속에 살던 스칸디나비아의 바이킹들은 배를 타고 험한 바다를 가로지르며 프랑스와 이탈리아 등을 침략해 나라를 세웠다.

검소하게,
실용성을 우선으로

지중해가 동방이나 아시아에서 들어온 실크, 향

신료, 금 등 사치품이 교역되는 바다였다면, 발트해는 한자^{Hansa}의 상인들이 북유럽에서 생산되는 모피, 청어, 목재, 광물, 곡물 등을 서유럽의 소금, 양모, 모직물 같은 생필품과 교역하던 생계형 바다였다. 생필품 무역으로 근대 국가를 이룬 북유럽인이 세계를 바라보던 인식은 '실용적인 현실'이었다. 게다가 북유럽의 게르만이나 바이킹적인 과묵한 성향에 신교가 우세하다 보니 더운 나라 사람들보다 더 경건하고 금욕적이었다.

이는 예술이나 생활에서도 두드러져 주로 평범한 일상화나 풍경화, 초상화가 많이 발달했고, 서민적인 생활이 강조되었다. 작은 도시의 구불구불한 길과 지붕들, 작은 집 사이로 보이는 가구, 직물 공예, 단정하게 정리된 식탁 그리고 각종 조리 기구로 가득한 집 내부는 기능적이었고 간소한 장식으로 현실적인 아름다움을 주었다. 게다가 위도가 높은 북유럽 특유의 색채는 19세기 말까지 화가들이 끊임없이 묘사한 주제들이었다. 그래서인지 북유럽은 모든 것이 심플하고 군더더기가 없어 자연과 어우러져 산다는 게 무엇인지를 느끼게 해준다. 신교의 전통 아래 전통적으로 청빈한 삶을 추구해온 역사도 무시할 수 없다. 남녀, 소수자 등에 대한 차별이 유럽 국가 중에서 상대적으로 낮아 평등한 사회를 유지할 수 있는 사회적 분위기가 조성된 것이다.

그래서일까? 이티스와 아크네 스튜디오처럼 남녀 공용 컬렉션을 생산하는 패션 브랜드가 많다. 실용과 기능을 중시하다 보니 상품은 대부분 미니멀하고 튼튼하다. 독일과 스웨덴 등에서 생산된 자동차를 보자. 사브, 볼보, 벤츠 등 모두 안전성과 내구성이 우선이다. 북유럽 유모차가 고가인데도 한국에서 날개 돋친 듯이 팔리는 이유를 알 것 같다.

북유럽의 하늘은 한국과는 다르다. 위도 48.5도 이상에 위치하고 지구의 축이 23.5도 기울어진 탓에 여름에는 온종일 해가 지지 않는 백야 현상이 일어나고, 겨울에는 해가 뜨지 않아 온종일 깜깜한 극야 현상이 일어난다. 북반구에서 백야나 극야 현상이 지속하는 기간은 지역마다 조금씩 다르지만 길게는 6개월에 이른다. 추운 자연환경에서 살다 보니 바깥 활동보다 실내 활동에 더 관심이 많다.

아울러 삶에서 가장 중요한 부분은 집과 가족이다. 내가 소유하고 있는 브랜드를 자랑하며 길거리를 활보하기보다 가족 중심으로 가까운 이웃과 더불어 살아간다면 바랄 게 없는 것이다. 편안하고 따뜻한 집, 그리고 문을 열고 나오면 맞이하는 눈과 전나무로 뒤덮인 설원에서는 "휘바 휘바(좋아. 좋아)"라는 감탄사가 절로 나온다. 외출할 때의 옷은 스칸디나비아가 공통으로 자랑하는 명품 사가폭스 외투 한 벌이면 충분하다. '사가폭스'란 북유럽의 설원에 사는 여우의 모피를 덴마크, 핀란드, 노르웨이, 스웨덴의 생산자들이 공동으로 마케팅하기 위해 설립한 협동조합이다. 폭스로는 세계 최대 생산량을 자랑하며, 품질이 좋아 모피계의 명품으로 여겨진다.

중세 시대부터 유럽 국가들에게 중국의 도자기는 첨단 하이테크로 만든 명품이었다. 백자를 만드는 기술이 없었기 때문에, 상류층은 실크로

드로 중국 도자기를 수입했다. 험한 육로를 거쳐 온 도자기는 도착점에 이르면 태반은 깨져 있었다. 웬만한 귀족이 아니면 넘볼 수 없는 가격이 매겨지는 건 당연했다. 흰빛이 도는 도자기를 얼마나 사랑했으면 붉은 흙으로 만든 도기에 흰 칠을 해서 썼을까? 이를 '파이앙스Faïence'라 부른다. 중국의 도자기를 흉내 냈지만, 낮은 온도에서 구운 도기이다 보니 투박하고 쉽게 깨졌다.

파이앙스는 이탈리아 마욜리카에서 처음 제작해 17세기 중반까지 선풍적인 인기를 끌었지만, 각고의 노력 끝에 중국 도자기의 비밀을 풀어낸 이후에는 거의 사용하지 않게 되었다. 지금은 토산품 정도로 남아 있다. 백자의 비밀을 푼 사람은 17세기 독일의 요한 프리드리히 뵈트거였다. 작센의 선제후였던 아우구스트 2세는 열렬한 도자기광이었다. 그는 연금술사이던 뵈트거를 반강제로 억류해 중국 백자의 비밀을 풀라고 지시했다.

뵈트거는 마이센에 '백색의 황금'이라는 이름의 도자기를 생산하는 최초의 공장을 세웠다. 이 사례가 널리 전해져 이후 유럽 왕족들은 너도나도 자국의 도자기 공장을 후원했다. 이어 유럽의 명품 도자기가 잇따라 탄생하기 시작했다.

북유럽을 대표하는 도자기로 덴마크의 로열코펜하겐이 있다. 명품 도자기로 유명한 로열코펜하겐은 율리아나 마리아 왕비의 후원으로 1775년 설립됐다. 천연 재료만 사용한 도자기로 아직까지 세계 3대 명품 도자기라는 명성을 유지하고 있다. 대표 브랜드인 '플로라 다니카'와 '블루

플루티드' 시리즈는 핸드 페인팅으로만 제작하는 예술작품으로, 음식을 담기가 미안할 정도다. 현재 로열코펜하겐은 로열스칸디나비아그룹으로 몸집이 커져, 감각적인 유리공예 브랜드인 코스타 보다, 크리스털 브랜드인 오레포스, 현대적인 유리 오브제 브랜드인 홀메가드, 그리고 스칸디나비아풍의 고급스러운 보석 시계를 제작하는 조지 젠슨까지 5개의 명품 계열사를 거느린 북유럽의 대표 기업이다.

대중과 환경을 고려한
명품 브랜드

실내 생활이 중요한 부분을 차지하는 북유럽에서 가구가 발달한 건 당연한 일이다. 완제품의 비싼 유통 과정을 없애고 소비자 스스로 가구를 직접 조립하는 브랜드로 유명한 이케아가 스웨덴 제품인 것도 그만큼 가구에 관해 오랫동안 고민하고 만들어왔기 때문일 것이다.

1990년대 프랑스에서 유학하던 시절 나의 원룸을 채운 가구는 대부분 이케아 브랜드였다. 한국에서는 한 번도 보지 못한 크기의 가구부터 오밀조밀한 살림 용품까지 없는 게 없어 눈이 휘둥그레졌었다. 자개장롱과 온갖 장식이 달린 육중한 소파가 들어찬 한국의 가정집과 비교되었다. 미니멀한 북유럽의 디자인은 지금도 인기다. 1951년 한 디자이너가 자동차에 탁자를 넣기 위해 다리를 분리한 데서 착안해 DIY 가구를 만들기 시작했다고 하니, 필요는 발명의 어머니라는 말이 맞는 것 같다.

스웨덴 브랜드를 거론할 때 H&M을 빼놓을 수 없다. H&M은 저렴하고 실용적인 패스트 패션을 지향한다. 패스트 패션이란 신속하게 트렌드를 따라가는 합리적인 가격의 실용적인 옷을 말하는데, 디자인부터 판매까지 전 과정에서 중간 유통을 최소화해 비용을 절감한다. 몇 주에 한 번씩 신상품이 출시되며, 한번 출시한 제품은 재생산하지 않는 원칙으로 패션 시장에 돌풍을 일으켰다. 가장 먼저 스페인의 자라가 초기 패스트 패션의 포문을 열었다. 스페인도 이탈리아처럼 명품 OEM으로 성장했지만, 명품보다는 실용적인 '패션의 민주화'를 외쳤다. 사실 자라나 H&M은 소재나 재봉 등에서 디테일이 떨어진다. 하지만 명품을 입을 수 없는 대부분의 일반인들에게 디자인과 트렌드를 따라가려는 욕구를 동시에 충족시켜주며 전 세계 패션의 흐름과 마켓을 바꾸어놓았다. 이른바 '명품의 민주화'다.

H&M은 '그녀와 그'를 의미하는 '헤네스 앤드 모리츠Hennes & Mauritz'의 약자로, 파티 의상에서부터 기능성 스포츠웨어에 이르기까지 다양한 라이프스타일을 반영한 컬렉션을 선보인다. H&M은 의류는 물론 가방, 신발, 주얼리, 메이크업 제품, 속옷, 홈 컬렉션 등 다양한 패션 제품을 판매한다. H&M 자체는 명품 의상을 만드는 회사가 아니지만, 북유럽적인 철학을 고수하고 있어 고급스러운 이미지를 유지한다.

H&M은 세계적인 크리에이티브 디렉터나 유명인들과 협업해 서민들이 명품과 가까워질 수 있는 컬렉션을 선보이고 있다. 2019년 2월 타계

한 카를 라거펠트 이후 스텔라 매카트니, 꼼데가르송, 지미 추, 랑방, 베르사체 같은 럭셔리 브랜드는 물론이고, 마돈나, 데이비드 베컴, 비욘세 같은 다양한 분야의 유명 인사들과 협업해왔다. 한편 전 세계 H&M 매장에서 헌 옷을 수거해 재활용하는 등 지속 가능 경영 실천에도 힘쓰고 있다. 이런 노력도 브랜드 인식에 한몫을 해왔음은 물론이다. H&M은 천연섬유만 사용한 제품 라인도 따로 생산한다. 이런 경영 마인드에서 스칸디나비아인의 자연 친화적인 삶의 철학을 느낄 수 있다.

제11강

명의열전

김형찬

아이에게 부끄럽지 않은 아빠가 되고 싶은 마음에 딸의 이름을 따 한의원을 열었다. 생각과 생활이 바뀌면 건강도 변화한다는 믿음으로 아픈 사람들과 함께하고 있다. 지은 책으로 《텃밭 속에 숨은 약초》《내 몸과 친해지는 생활한의학》《건강한 노년을 위한 50 60 70 한의학》《시의적절 약선음식》(공저) 등이 있다.

공식 명의 1호, 편작

한의학을 두고 '신기하다' 혹은 '신비롭다'고 말하는 사람들이 많다. 치료 효과의 우수성에 대한 감탄이기도 하지만 현대과학과는 어울리지 않는 것이라는 말의 우회적 표현이기도 하다. 하지만 사물의 현상에 관한 보편 원리 및 법칙을 알아내고 해명하는 것을 목적으로 하는 지식 체계나 학문이라는 정의에서 보면 한의학은 충분히 과학적이다.

동서양을 막론하고 의학은 병을 고치고 건강하게 사는 것을 화두로 삼는다. 이 문제에 대한 해답을 얻는 과정은 인체관과 인간을 둘러싼 세상에 대한 인식론과 밀접한 관계를 갖는다. 한의학에서 기본으로 삼는 음양오행과 기에 관한 이론은 동양 사회에서 인간과 우주를 해석하는 하나의 도구였다. 도구가 다르다고 해서 목표까지 달라지지는 않는다. 달을 가리키는 손가락이 아니라 달을 본다면 지금 존재하고 있는 동서의학의 많은 갈등은 사라질 것이다.

이제부터 한의학의 역사에서 두각을 나타낸 의사 5명이 이룬 업적을 통해 한의학이 어떤 학문인지 살펴보고자 한다. 한의학에 씌워진 신비의 장막을 걷어내고 한의학이 비과학적이라는 오해를 조금이나마 해소할 기회가 되기를 바란다.

기술보다 인성,
경험이 만든 의술

아침에 까치가 울면 반가운 손님이 온다고 한다. 춘추시대 사람들에게 편작扁鵲이 자기 나라에 방문한다는 것은 가뭄에 단비 같은 기쁜 소식이었다. 당대 최고의 의사이자 한의학 진단의 기초를 완성한 편작의 일화는 자체로도 재미있는 이야깃거리지만 그 속에 숨은 의미를 알면 더 흥미롭다. 편작을 '공식 명의 1호'라 칭하는 건 정사인 사마천의 《사기》에 실린 최초의 의사이기 때문이다. 하지만 그 기록 또한 사실 확인을 해보면 허술한 부분이 눈에 띈다.

> 편작은 발해군渤海郡 정鄭 사람으로, 성은 진秦이고 이름은 월인越人이 다.
>
> – 《사기》 〈편작창공열전〉 중에서

발해군 정은 현재 허베이성 임구 일대 지역이다. 편작의 본명은 진월인으로, 젊은 시절 이 지역 객관의 책임자로 일하고 있었다고 한다. 진월인이 바로 역사적 실존 인물로서 편작이다. 그럼 편작이란 이름은 어디서 온 것일까? 연구자들은 편작이 상고시대의 명의를 가리킨다는 데 대체로 동의한다. 한곳에 머무르지 않고 여러 곳을 다니면서 치료했으며 고치지 못하는 병이 없어 사람들은 편작을 반가운 소식을 전하는 까치에 비유했다고 한다.

그림 속에서 편작은 새의 모습을 한 사람으로 등장하기도 하는데, 이는 앞서 말한 의미와 함께 그 의술이 인간의 것이 아닌 하늘의 것이라고 여길 정도로 뛰어남을 표현한 게 아닐까 하는 생각이 든다. 서양에 아스클레피오스*가 있다면 동양에는 편작이 있는 셈이다.

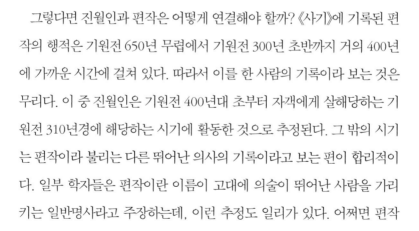

그렇다면 진월인과 편작은 어떻게 연결해야 할까? 《사기》에 기록된 편작의 행적은 기원전 650년 무렵에서 기원전 300년 초반까지 거의 400년에 가까운 시간에 걸쳐 있다. 따라서 이를 한 사람의 기록이라 보는 것은 무리다. 이 중 진월인은 기원전 400년대 초부터 자객에게 살해당하는 기원전 310년경에 해당하는 시기에 활동한 것으로 추정된다. 그 밖의 시기는 편작이라 불리는 다른 뛰어난 의사의 기록이라고 보는 편이 합리적이다. 일부 학자들은 편작이란 이름이 고대에 의술이 뛰어난 사람을 가리키는 일반명사라고 주장하는데, 이런 추정도 일리가 있다. 어쩌면 편작

* 그리스 신화에서 의학과 치료의 신으로 아폴론의 아들이다.

이 특정 학파 의사를 가리키는 호칭이었을지도 모른다. 다음의 내용을 보면 그런 의심이 더욱 짙어진다.

객관의 손님 장상군이 지나가면 편작은 그를 기이한 사람이라 여기고 항상 공손하게 대했다. 장상군 역시 편작의 비상함을 알았다. 그러기를 10여 년, 어느 날 편작에게 은밀히 말하기를 "나에게 비방이 있는데 내가 이제 늙어 자네에게 전하려고 하니 소문내지 말게나"라고 했다. 편작이 이에 응하자 장상군은 품에서 약을 꺼내 전하면서 "이 약을 이슬이나 빗물과 함께 복용하면 30일 후에 만물을 꿰뚫어 볼 수 있을 것이네"라고 말했다. 그러고는 비전의 의서를 모두 편작에게 주고 홀연히 사라지니 인간이 아닌 듯했다. 편작이 그 말대로 약을 복용하자 30일 후에 담장 너머의 사람이 보였다. 병을 볼 때도 오장이 훤히 보였지만 겉으로는 진맥을 해 아는 것처럼 했다. 의사가 되어 제나라와 조나라에 머물렀는데 조나라에 있을 때 편작이라 불리게 되었다.

이 이야기는 편작을 새의 모습을 한 사람으로 묘사한 것과 같은 맥락에서 읽힌다. 하지만 후대 사람들이 덧붙였을 신화적 요소를 살짝 걷어내면 재미있는 사실을 발견할 수 있다. 먼저 진월인이 장상군에게 이전부터 전해 내려오던 의술을 이어받았다는 사실이다. 그것도 10년이 넘게 사람을 봐오다가 은밀하게 전수한다. 인간성을 보아 법을 전하고 덕보다 재주를 우선해서는 안 된다는 '비인부전 부재승덕非人不傳 不才承德'의 전통을 확인할 수 있는 장면이다. 인성보다 기술과 재능을 중시하는 현대사회에서는 거의 잊힌 미덕이지만 말이다.

　다음으로, 편작이 전해 받은 내용을 살펴보자. 만물을 투시할 수 있는 능력을 갖게 하는 약과 의서. 이것은 의사로서 스스로를 수양하는 방법, 말하자면 일종의 양생법과 환자를 위한 치료법을 동시에 전수받았음을 의미한다. 오장이 훤히 보였다는 부분에서는 진월인이 전수한 의술이 환자를 진단하는 데 강점이 있고, 그중에서도 눈으로 관찰해서 병을 알아내는 망진望診에 뛰어났다고 생각할 수 있다. 또한 조나라에 있을 때 편작이라 불리게 되었다는 부분에서는 실제 임상 경험이 쌓이면서 전수받은 의학이 완숙한 경지에 이르고, 이때부터 편작이란 칭호를 얻게 되었음을 알 수 있다.

인간에게
6가지 불치병이 있으니

　　　　　　이후 편작은 신의라는 명성에 걸맞은 많은 일화를 남긴다. 그중 제나라 환후를 진단한 이야기는 편작이 의사로서 이룬 경지와 당시 의학이 어떻게 인체를 파악하고 있었는지에 대한 단서를 제공한다.

편작은 제나라에서 환후의 빈객으로 머물면서 그를 진찰했다. 처음 보는 자리에서 피부에 병이 있으니 지금 치료하지 않으면 심해질 거라 경고했다. 환후는 자신에게는 병이 없으며, 주변 신하들에게 의사가 이익을 탐해 없는 병으로 공을 세우려 한다고 말했다. 닷새 후 편작은 환후에게 병이 혈맥에 이르렀으니 치료 시기를 놓치면 더 깊은 곳까지 이를 것이라 말하지만, 돌아오는 대답은 같았다. 다시 닷새 후, 편작은 병이 장과 위까지 들어갔다고 하지만, 이제 환후는 들은 척도 하지 않았다. 그 뒤 편작은 환후를 보기만 하고 아무 말도 하지 않고 그냥 나왔다. 이를 궁금히 여긴 환후가 사람을 보내 물으니 편작은 다음과 같이 답했다.

"병이 피부에 있을 때는 탕약과 고약으로 고칠 수 있다. 혈맥에 있을 때는 침으로 가능하고 위장에 있을 때는 약술로 고칠 수 있다. 하지만 병이 골수에까지 미치면 신도 어쩔 수 없다. 지금 환후의 병은 골수에 이르렀기 때문에 더 이상 말할 것이 없다."

그로부터 닷새 후, 환후는 병이 난 것을 느끼고 편작을 불렀지만 편작은 이미 제나라를 떠난 뒤였다.

제나라 환후와의 대화에서 우리는 편작의 의술이 환자가 스스로 느끼지 못하는 수준에서 일어나는 병의 경과를 알아차릴 정도로 뛰어났음을 확인할 수 있다. 또한 춘추시대 한의학이 형이상학적 철학 개념이 아니라 피부와 혈맥, 위장 그리고 골수 등 해부학적 개념을 바탕으로 인체를 파악하고, 병이 변화함에 따라 그에 맞는 적절한 치료법을 동원했음을 알 수 있다.

편작은 사람들이 걱정하는 건 병이 많은 것이고 의사들이 걱정하는 건 치료법이 적은 거라고 하면서 6가지 불치병에 대해 말한다. 첫째, 교만 방자해서 이치를 논하지 않는 것. 둘째, 몸을 가볍게 여기고 재물을 중하게 생각하는 것. 셋째, 먹고 입는 것과 같은 일상생활을 부적절하게 하는 것. 넷째, 음양이 순조롭지 못해 오장이 안정되지 못한 것. 다섯째, 몸이 극도로 허약해서 약을 먹을 수 없는 것. 여섯째, 무당을 믿고 의사를 믿지 않는 것. 편작은 이 중 하나만 있어도 병을 고치기 매우 어렵다고 했는데, 이 점은 현대에도 크게 다르지 않을 것이다.

편작은 망진뿐 아니라 진맥에도 뛰어났다. 사마천이 세상에서 말하는 진맥은 모두 편작으로부터 시작되었다고 평가할 정도였다. 편작은 얼굴색을 살피는 망색望色, 소리를 듣는 청성聽聲, 물어서 파악하는 사형寫形, 맥을 짚어보는 절맥切脈 등 한의학의 기본 진단법인 망문문절望聞問切의 사진四診법을 높은 수준으로 활용했다. 현대의학은 공학의 발달에 힘입어 고도로 발달했다. 담장 너머를 꿰뚫어봤다는 편작의 능력 정도는 우스운 것이 되어버렸고, 점차 기계가 의사를 대신하는 부분이 늘어나고 있다. 하지만 보고, 듣고, 냄새 맡고, 묻고, 만져보는 등 인간의 감각을 동원한 이학적 검사는 질병을 파악하는 데 여전히 유효하다. 의료는 어디까지나 사람이 사람을 대하는 행위이기 때문이다.

뛰어난 의술 때문에
재앙을 입다

　　　　　　　　편작은 전문의가 아니라 훌륭한 일반의이기도
했다. 한단에서는 산부인과 의사가 되고, 낙양에서는 피부과와 안과, 이
비인후과 의사를 자처했으며, 함양에서는 소아과 의사로 활약했다. 각
지역의 인정이나 풍속에 맞춰서 그 지역 사람들에게 반드시 필요한 의사
로서 활동했다. 물론 뛰어난 의술이 바탕이 된 덕분이었겠지만, 자꾸만
더 세분화하다 보니 전체를 놓치고 왜 나누었는지조차 잊게 된 오늘날의
현실에서 편작의 행적은 되새겨볼 만하다.

　의사로서는 완벽했지만 편작의 인생은 해피엔딩이 아니었다. 그는 함
양에서 진무왕을 진료하고 떠나던 중에 진나라 궁중의학의 최고 권력자
인 이혜가 보낸 자객에게 살해당하고 만다. 당대의 명의이자 한의학 역
사에 큰 족적을 남긴 사람의 죽음이 개인의 질투에 의한 것이었다니 허
망하기도 하다.

　이에 대해 사마천은 다음과 같이 말한다. "여자는 아름답든 못생겼든
궁에 들어가면 사람들의 질투를 받고, 선비는 현명하든 그렇지 않든 조
정에 들어가면 의심을 받는다. 편작은 그의 뛰어난 의술 때문에 재앙을
입었다." 그러고 보면 인간의 본성 자체가 참으로 고치기 어려운 병이 아
닐까 싶다.

명불허전의 명의, 화타

《삼국지》에는 관우와 조조를 치료한 화타華陀라는 의사가 등장한다. 천하를 두고 벌이는 난세의 영웅담 속에서 일개 의사의 이야기는 쉽게 묻힐 수 있지만, 의학사에서 화타의 명성과 업적은 가볍게 넘기기 어렵다. 또 죽음으로 자신의 위용을 자랑하던 전란의 시대에 사람을 살림으로써 이름을 떨친 점도 높이 평가할 만하다. 정사의 기록을 따라가며 전설의 명의라는 이름 아래 가려진 당대의 한의학과 화타라는 인물을 살펴보자.

학문으로 완성된
정밀 의학

화타의 전기는 진수의 《삼국지》〈위서〉 방기전方技傳과 《후한서》 방술전方術傳에서 볼 수 있다. 《삼국지》〈위서〉는 역사 시간에 많이 들어본 동이전이 실린 편이기도 하다. '방기'는 구체적인 방법과 기술을 의미하는데, 주로 의학과 천문학, 점술·관상·해몽 그리고 음악이 여기에 속한다. 요즘으로 치면 일상생활에 도움이 되는 일종의 실용서로서, 분서갱유에서도 농업에 관한 책과 함께 제외되어 살아남았다.

> 화타는 자가 원화이고 패국 초현 사람으로 일명 부旉라고도 한다. 서주 일대를 두루 돌아다니며 학문을 했으며 여러 경전에 통달했다. 패국의 상인 진규가 효렴孝廉*으로 천거했고 태위 황완이 불렀지만 모두 나아가지 않았다. 화타는 양성養性의 방법에 밝았다. 화타의 나이가 100세 가까이 되었지만 당시 사람들은 그가 장년의 용모를 갖고 있다고 생각했다.

《삼국지》 화타전에 소개된 화타의 간략한 프로필이다. 패국 초현은 지금의 안후이성 북쪽 보저우시로 화타는 노자, 장자와 함께 이 지역이 배출한 위인 중 한 명으로 꼽힌다. 그런데 보저우시는 예부터 조씨 일가의 집성촌으로 알려져 있다. 조조 또한 이곳 출신이다. 화타와 그를 죽음으로 몰고 간 조조가 고향에서 현대인에게 동시에 추앙받고 있는 모습은 상당히 아이러니하다. 이 지역은 수운을 이용한 물류 중심지면서 많은 한약재 산지이자 약재 시장으로 유명하다. 물류가 모이는 곳에는 사람과 자본, 많은 정보가 모이기 마련이다. 거기에 약재까지 풍부하니 이 지역

---

* 중국 전한 시대에 관리를 임용할 때 보던 과목 중 하나. 부모에게 효도하는 몸가짐과 청렴한 자세를 의미한다. 주로 유교적 소양을 갖춘 자가 선발되었다.

은 화타가 의학을 연구하고 펼치기에 좋은 여건을 제공했을 것이다.

하지만 화타가 처음부터 의학에 뜻을 둔 건 아니었을 것이다. 학문을 연구하고 경전에 통달했으며, 효렴에 천거하고 태위가 추천했다는 점을 보면 본래는 관료가 되기 위한 공부를 했을 것으로 추정된다. 진수의 기록에도 화타는 본래 선비였으므로 의술을 직업으로 삼은 사람으로 간주되자 마음속으로 항상 부끄러워했다고 나온다. 화타가 어떤 이유에서 정계 진출이라는 입신양명의 뜻을 접고 의사가 되었는지는 알 수 없다. 하지만 이런 학자적 자존심이 어쩌면 훗날 그의 운명에 결정적 영향을 주었을지도 모를 일이다.

학문을 익히다가 의사가 되었다는 대목은 생각할 거리 하나를 남겨놓는다. 즉, 당시 의학이 문자로 습득할 수 있는 체계를 갖추었다는 점이다. 다시 말해 단편적인 경험이 개인이나 집단으로 전해지는 게 아니라 학문적 체계를 갖추어 광범위하게 유통되었다고 볼 수 있다. 조선시대에도 '유의儒醫'라고 해서 유학자면서 의학에 밝은 인물들이 등장한다. 대표적인 인물이 정약용이다. 문자 해독 능력을 바탕으로 삼아 의학을 실용적 학문으로서 익힌 집단이라 할 수 있다.

화타가 활동했던 시기는 동한 말기에서 삼국시대로 넘어가는 무렵이었다. 앞서 이야기한 편작이 활동했던 시대와 약 500년 정도의 시간차가 있다. 춘추전국시대에서 진한을 거치는 동안 다른 사상과 마찬가지로 의학도 취사선택을 거치면서 발전했다. 이 과정에서 나온 대표적인 책이 바로《황제내경》이다. 학자들은 이 책이 황제라는 상고시대의 인물을 빌려 과거에서부터 내려온 의학 지식을 편집해 수록한 것으로 보고 있다. 화타는 아마도 이런 의학 지식을 접하고 익혔을 확률이 높다. 전기에 수록된 화타의 치료 기록을 보더라도 편작보다 훨씬 구체적이고 정밀한 측면이 있다. 오랜 기간 축적된 임상 데이터를 바탕으로 질병을 진단·치료하고 예후를 예측하는 측면에서 과거보다 진일보했음을 의미한다.

경험이 만든
해부학 지식

화타는 한의학 역사에서 '외과의 효시'로 일컬어진다. 화살에 맞은 관우를 수술한 것 외에도 그의 전기에는 현재의 개복수술과 같은 기록이 여럿 등장한다.

만일 몸속에 병이 있는데 침과 약으로는 환부에 미칠 수 없어 반드시 절개해야 할 경우에는 환자에게 마취약을 먹여 잠시 취한 듯 혹은 죽은 듯 지각하는 바가 없게 하고 환부를 잘라 꺼냈다. 만일 창자에 병이 있다면 창자를 잘라 깨끗이 씻어내고, 다시 봉합해 고약을 붙였다. 네댓새면 치료가 되어 통증이 사라지고, 환자 또한 이상을 느끼지 못하게 되며 한 달 만에 완전하게 나았다.

"당신의 병은 깊습니다. 배를 갈라 환부를 절제해야만 합니다. 앞으로 수명이 10년을 넘지 못할 것이나 병이 당신을 죽일 수는 없을 것입니다. 10년 동안 병을 참아낼 수 있다면 수명과 함께 병이 다할 것이므로 특별히 절제할 필요가 없습니다." 그러나 고통을 견디지 못한 사대부는 반드시 절제해달라고 부탁했다. 화타는 어쩔 수 없이 수술을 했고 환부는 매우 빨리 좋아졌는데, 사대부는 10년이 지나 결국 죽었다.

이와 같은 수술 기록 외에도 침을 놓을 때 특정 깊이까지만 놓았다는 내용이나, 다른 의사들은 4푼(1푼은 약 0.3㎝) 이하의 깊이로 침을 놓을 때 화타의 제자인 번아는 1~2촌(1촌은 2~3㎝) 혹은 5~6촌 깊이로 놓아 병을 치료했다는 내용도 나온다.

이런 기록을 통해 화타가 활동하던 시기의 의학이 현대와 같은 미시적 수준까지는 아니더라도 육안으로 확인할 수 있는 범위 내에서 상당한 수준의 해부학적 지식을 바탕으로 이루어지고 있었음을 확인할 수 있다. 특히 화타는 외과 수술에 뛰어났다. 이 사실로 미루어보면 당시 한의학은 더 이상 단순한 경험 축적이나 음양오행 같은 사변적 사고의 산물이 아니었다. 인간의 몸에 대한 실질적인 관찰을 바탕으로 한 생리와 병리 그리고 치료 경험이 더해지면서 한의학은 점차 발전하고 있었다.

화타의 죽음과
조조의 후회

뛰어난 의사였지만 화타의 말로는 비극적이었다. 편작이 동료 의사의 시기와 질투 때문에 죽었다면, 화타는 환자를 잘못 만난 탓에 죽음을 맞이한다. 그가 바로 조조다. 조조가 동한의 실권을 쥐고 직접 나랏일을 처리하는 시기에 극심한 두통에 시달려 화타를 부른다. 의사로서의 명성은 물론이고 동향 사람인 데다가 자신의 부하를 치료한 경력과 주변의 추천까지 있었으니 자신의 주치의로서는 그만한 사람이 없었을 것이다. 요즘으로 치면 대통령 주치의로 화타를 차출한 셈이다.

화타는 처음부터 조조의 병이 단기간의 치료로는 나아지기 어렵고 오랜 기간 치료해야 수명을 연장할 수 있다고 말한다. 그리고 일정 기간 곁에서 치료하다가 오랫동안 고향을 떠나 있었다는 이유를 들며 휴가를 얻어 떠난다. 그러나 그곳에서 부인의 병을 핑계로 머무르며 조조에게 돌아가지 않는다. 화타가 이런 행보를 보인 데 대해서는 여러 설이 있지만, 《삼국지》와 《후한서》에서는 화타가 다른 사람을 모시고 녹을 먹는 것을 싫어했다고 공통적으로 기록하고 있다. 말하자면 자존감이 높은 자유로운 영혼이었던 셈이다.

요즘 같으면 권력에 찍혀서 부와 명예를 잃는 정도로 끝났겠지만, 당시 권력자의 눈 밖에 난다는 건 죽음을 의미했다. 주치의는 환자에 관해 가장 많은 정보를 알고 있는 사람 중 한 명이다. 그런 사람이 자신에게서 등을 돌린 듯 보였을 때 조조에게도 다른 선택지는 많지 않았을 것이다. 하지만 조조의 섣부른 선택은 얼마 되지 않아 후회로 이어졌다. 자기 아들이 중병에 걸려 죽게 되었을 때 조조는 '화타가 있었다면 고칠 수 있었을 텐데……'라며 후회했고, 조조 자신도 적절한 치료를 받지 못한 채 병이 악화해 죽음에 이르고 말았다.

조조의 눈 밖에 날 것을 두려워한 탓에 화타가 저술한 의서와 외과 수술에 썼던 마취약 처방 그리고 동물의 움직임을 본떠 창안했다고 하는 도인체조의 일종인 오금희五禽戲의 기록 또한 모두 사라지고 말았다. 화타의 죽음은 개인적 불행임은 물론이고 의학의 발전 측면에서도 안타까운 일이다. 화타의 일생을 되돌아보면, 학문이 권력을 가까이하면 위험에 처하게 된다는 사실을 떠올리게 된다.

식이요법의 선구자, 전순의

인간이 건강하게 사는 데 가장 중요한 것은 무엇일까? 유전자를 조작해 질병 발병 가능성을 원천봉쇄한 맞춤형 아기 출산을 눈앞에 둔 시대지만, 그래도 가장 중요한 건 음식과 공기, 감정 조절 그리고 숙면과 적당한 운동을 꼽을 수 있다. 그중에서도 음식의 중요성에 관한 인식은 동서양에서 오래전부터 공통적으로 전해 내려왔다. 한의학에서는 의약과 음식의 근원이 같다는 '의식동원醫食同源'의 관점에서, 질병을 예방하고 치료하는 데 음식이 중요함을 강조해왔다. 많은 의서에서도 약을 쓰기 전에 먼저 음식으로 다스리고, 그것으로 안 될 때 약을 사용하라고 말한다. 잘못된 식생활에서 생겨나는 병도 많다. '무엇을 어떻게 먹을 것인가' 하는 문제는 질병의 문을 닫고 건강의 문을 여는 매우 중요한 열쇠다.

음식이 최선이고 약은 차선이다

조선 초 올바른 식습관을 강력하게 피력하고, 그 방법을 제시한 의사가 있었다. 바로 전순의全循義다. 세종을 시작으로 문종, 단종을 거쳐 세조에 이르기까지 4대에 걸쳐 30여 년간 어의御醫를 지냈으며, 정2품 지위까지 오른 화려한 경력의 소유자다. 또한 각종 의서 편찬 사업의 중심에 서 있었으며,《식료찬요食療纂要》《산가요록山家要錄》 등의 저서를 남겼다. 전순의를 조선시대를 대표하는 명의 중 하나로 꼽는데는 부족함이 없지만, 의외로 업적이나 이력에 비해 알려진 사실은 적다. 전순의라는 인물과 그가 남긴 기록을 통해 당시 한의학의 흐름과 그가 강조한 식치食治에 대해 살펴보자.

1460년(세조 6년), 당시 어의로 재직 중이던 전순의는 책 한 권을 엮어 왕에게 바친다. 세조는 책에 손수 이름을 지어 내리면서 공을 치하하는데, 이 책이 바로《식료찬요》다.《식료찬요》는 이름에서 알 수 있듯이 음식으로 질병을 치료하는 방법에 관한 책이다. 판본에 따라 약간 차이가 있지만 총 45문 399항목에 걸쳐 평소 쉽게 구할 수 있는 음식을 이용해 질병을 치료하는 처방을 소개하고 있다. 다음은《식료찬요》서문의 앞부분이다.

사람이 세상을 살아가는 데 있어 음식이 첫째고 약은 그다음이다. 때에 맞추어 기후변화에 잘 적응하고 음식과 남녀관계에 절도를 지킨다면 병이 어떤 이유로 생기겠는가. 하지만 간혹 계절이 질서를 잃어 평온한 날이 적고 어지러운 날이 많으면 병에 걸리는 사람이 생길 수밖에 없다. 이런 이유로 옛사람이 처방을 할 때는 먼저 음식으로 다스리고, 음식으로 낫지 않은 뒤에야 약으로 다스렸다. 그러면서 음식에서 얻는 힘이 약에서 얻는 힘의 절반 이상이 된다고 하였다. 또 말하기를 "병을 치료하는 데 마땅히 곡식과 고기, 과일과 채소로 다스려야지 어찌 마른 풀과 죽은 나무의 뿌리나 씨를 쓰겠는가"라고 하였다. 이로써 옛사람들이 병을 다스릴 때는 반드시 음식으로 치료하는 것을 우선으로 삼았음을 알 수 있다.

건강 유지와 질병 치료에 음식이 최선이고 약은 차선임을 강조한 이 내용은 전순의의 주장이면서 세조의 의견이기도 했다. 실제 세조는 평소 병을 치료할 때 음식을 이용하는 식치의 중요성을 의관들에게 강조했다고 한다. 전순의가 책을 지어 올리고 세조가 제목을 친히 내린 사실을 보면 《식료찬요》는 세조의 관심과 전순의의 의학적 지식이 만나 탄생했을 확률이 높다.

사실 의학에 관심을 가진 왕은 세조뿐만이 아니었다. 조선시대 의서 편찬은 요즘으로 치면 국책사업과 같은 형태를 띤다. 백성이 배고프지 않고 건강하게 사는 것은 왕의 능력을 가늠하는 잣대이기도 했지만, 안정된 국력 유지 및 민란과 같은 사태를 방지하는 데 가장 기본이 되는 조건이었다. 이런 차원에서 의학서 편찬과 유통은 왕조를 유지하는 데 매우 중요했다.

하지만 당시 중국에서 들어온 의서에 수록된 약재들은 대부분 조선에서 구하기 어려운 것들이었다. 사대부들이 약계藥契(약재 판매업자들의 동업 조합)를 들어가면서 약재를 구하거나 중국에 가는 사신이나 상단에 약재를 부탁했다는 기록을 보면 일반 백성은 그 고충이 더했을 것이다. 따라서 우리 땅에서 나는 약재에 대한 연구와 우리 실정에 맞는 의학의 필요성이 대두되었고, 이런 차원에서 이루어진 것이 향약과 한국형 한의학 연구였을 것이다. 뒤에서 다룰 허준의 《동의보감》 또한 이런 흐름의 연장선에서 이루어졌다고 볼 수 있다.

《식료찬요》는 여기서 한 걸음 더 나아가 일상에서 먹는 음식을 통해 병을 치료하려 한 시도라고 할 수 있다. 주변에서 쉽게 구할 수 있는 식재료를 이용할 수 있도록 고려한 점은 물론이고, 재료 이름에 훈민정음을 붙여 혼동을 막고 일반 백성의 접근성을 높인 점에서 그러한 의도를 짐작할 수 있다.

물론 책에 수록된 내용이 모두 전순의의 독창적 견해는 아니다. 과거에 발간된 서적을 바탕으로 당시 상황에 맞게 자신의 경험과 관점을 더해 한 권으로 엮어낸 것이다. 하지만 요즘 말하는 짜깁기 편집 같은 수준은 결코 아니었다.

《식료찬요》보다 10년 정도 앞서 발간된 것으로 추정되는 《산가요록》

또한 전순의가 편찬했다. 《산가요록》은 현재까지 알려진 우리나라 종합 농서 중 가장 오래된 책이며 그중에서 식품 부분은 현존하는 식품서 중 최초의 고전으로 평가받고 있다. 《산가요록》에는 창덕궁 후원에 있는 창순루蒼筍樓 이야기가 나온다. 창순루는 《성종실록》 제13권에도 등장하는, 이른바 궁중 온실이다. 세계 최초라고 알려진 독일 하이델베르크 온실(1619년)보다 최소 179년이 앞서 있다. 전순의의 식이요법에 대한 관심과 연구는 식재료 생산과 가공에까지 영향을 미칠 정도로 광범위하고, 이 결과물이 바로 《식료찬요》다.

현대에도 유효한
섭식의 메시지

그런데 왜 이렇게 뛰어난 의사가 업적에 비해 평가나 인지도가 상대적으로 떨어질까? 그동안 전순의의 생몰연도나 본관에 관해서 알려진 바는 별로 없었다. 그런데 최근 연구 결과에 따르면 본관이 진안鎭安인 것으로 밝혀졌다. 그에 대한 기록은 세종 22년(1440년) 처음 실록에 나오고 세조 12년(1466년) 9월에 궐내에서 벌어진 대렵도 놀이에 참여했다는 것을 끝으로 공식적인 역사에서 사라진다. 조선 초 무려 4명의 임금을 섬기면서 천민 신분에서 정2품의 자리까지 오른 전순의의 삶은 의사로서의 업적뿐만 아니라 한 인간의 삶이란 측면에서도 특별하다.

의원 신분이 중인 계급에 속하긴 하지만 신분 구분이 철저했던 조선시대에 천민 출신인 전순의가 내의원 의원이 되기란 매우 어려웠을 것이다. 여기에는 세종이 실시한 의서습독제도의 도움이 컸다. 노비 출신인 장영실을 집현전 학사로 중용할 만큼 인재 등용에서 능력을 우선시한 세종은 의원을 양성하기 위해서 조선시대 의료기관인 내의원, 전의원, 혜민서 등 기존의 삼의사三醫司 외에 신분에 상관없이 뛰어난 인재를 뽑아 의서를 읽게 하고 시험을 보아 의관으로 채용하는 제도를 마련했다. 전순의는 이 제도를 통해 의원의 길에 들어섰다.

어의로 활동하는 동안 전순의는 치료를 잘해 상을 받기도 했지만 문종의 병을 치료하다가 갑자기 문종이 서거함에 따라 병세를 오판한 죄로 의금부에 하옥되고, 이후 전의감 말단으로 강등된다. 단종이 즉위하자 방면되어 내의원에 일시 복귀하기도 했지만 이후로도 문종의 죽음에 대한 책임과 관련해 갖은 풍파를 겪는다. 그러다 세조의 즉위와 함께 일등공신에 오르면서 탄탄대로를 밟는다. 왕의 총애 아래 의사로서 왕성한 연구와 활동을 함은 물론, 벼슬길에서도 승승장구하다가 나이가 들어 은퇴한 것으로 추정된다.

문종의 죽음과 관련해 전순의의 오진이 과연 실수였는지 아니면 의도적이었는지는 여전히 의문에 싸여 있다. 하지만 세조 즉위 당시 일등공신이 된 사람들이 한명회와 신숙주 등 혁혁한 공을 세운 사람들이고 의관으로는 전순의가 유일한 것을 보면 의심이 짙어진다. 신분제도가 엄격했던 사회에서 성공에 대한 욕망에 휩싸여 당시 상황에 대한 정치적 판단을 했을 가능성도 있다. 상상할 여지는 충분하지만 어쨌든 확인하기 어려운 추측에 불과하다. 어쩌면 이런 의혹 탓에 그의 업적이 가려지고 퇴색된 건 아닐까?

그럼에도 불구하고 의학자이자 의사로서 전순의가 《식료찬요》에 담아낸 메시지는 오늘날에도 여전히 시사하는 바가 크다. 특정한 약물이나 요법에 의존하기보다는 평소 어떤 삶을 사는지가 중요하다는 것. 그중 무엇을 먹는가 하는 문제가 병의 예방과 치료뿐만 아니라 질병을 앓고 난 이후의 회복 단계에서도 매우 중요한 기능을 담당한다는 것이다. 음식과 약은 건강을 유지하고 질병을 치료하는 데 있어 수레의 두 바퀴와 같은 역할을 한다고 할 수 있다. 수레가 앞으로 나아가려면 두 바퀴가 온전하고 균형이 맞아야 한다. 마찬가지로 건강하게 살아가기 위해서는 음식과 약이라는 2가지 요소를 소홀히 하지 않고 서로의 균형을 맞추어야 하는 것이다.

한국형 실용의학의 정립, 허준

우리나라 의학사에서 최고의 스타를 꼽으라면 당연히 허준許浚일 것이다. 허준과 그의 저서 《동의보감》은 여러 차례 인기 드라마의 소재가 되었고, 그의 생애를 다룬 소설 또한 큰 인기를 얻었다. 한때 한의대 면접에서 소설을 읽고 감동을 받아 지원했다는 학생이 있을 정도였다. 《동의보감》은 2009년 유네스코 세계기록유산으로 등재되어 그 가치를 다시 인정받았다.

하지만 허준과 《동의보감》에 대한 사람들의 생각은 민족문화의 우수성에 대한 자화자찬이거나 대중적 흥미에 머무르는 경우가 많다. 때로는 일부 내용에서 드러난 오류를 근거로 현대 한의학이 《동의보감》의 인식 수준에서 벗어나지 못했다고 공격하는 사람도 있다. 이처럼 극단적인 접근은 허준과 《동의보감》을 정확하게 바라볼 수 없게 만든다. 여기서는 역사적 기록을 바탕으로 《동의보감》의 진정한 가치와 허준이라는 인물을 살펴보자.

시대 과제를 위한
국책사업

《동의보감》은 출간 이후 한국 한의학의 기준이 되었으며 중국과 일본에서도 가치를 인정받아 인기를 끈 동아시아의 스테디셀러 의서였다. 《동의보감》이 단순히 과거의 기록을 편집하는 데서 머무르지 않고 의학적으로 동의東醫로 표현할 만큼 독창적인 면이 있으며, 또한 보감寶鑑이 될 만한 보편타당한 요소를 두루 갖추고 있었기 때문일 것이다.

우리 소경대왕께서는 자신의 병을 다스리는 법을 미루어 뭇사람을 구제하는 인술을 펴리라 생각하시어 의학에 마음을 두고 백성의 고통을 불쌍히 여기셨다. 그리하여 일찍이 병신년(1596)에 태의 허준을 불러 하교하셨다.

"근자에 중국의 방서를 보니 모두 초집抄集한 것들이라 자질구레하여 볼 만한 것이 없었다. 그대가 제가諸家의 의술을 두루 모아 하나의 책을 편집하도록 하라.

사람의 질병은 모두 조섭을 잘하지 못한 데서 생기니, 섭생이 먼저고 약석은 그다음이다. 제가의 의술은 매우 호번하니, 모쪼록 긴요한 부분을 가려 모으라. 외진 시골에는 의약이 없어 요절하는 사람이 많다. 우리나라에는 향약이 많이 생산되는데도 사람들이 알지 못하고 있으니, 그대는 약초를 분류하면서 향명을 함께 적어 백성이 쉽게 알 수 있도록 하라."

허준이 물러나 유의 정작과 태의 양예수, 김응탁, 이명원, 정예남 등과 더불어 실무 부서를 열고 책을 찬집해 중요한 내용은 그럭저럭 갖추어지게 되었다. 이때 공교롭게도 정유년(1597)의 왜란을 만나 의원들이 뿔뿔이 흩어지는 통에 일이 그만 중단되고 말았다.

그 후 선왕께서 허준에게 하교해 혼자 찬집을 완수하라고 하시는 한편, 내각에 소장하고 있던 방서 100여 권을 내어 참고할 수 있게 하셨다. 찬집이 반도 채 이루어지기 전에 선왕께서 승하하셨고, 성상께서 즉위하신 지 3년째인 경술년(1610)에 허준이 찬집을 완수하여 책을 올리고 제목을 《동의보감》이라 하니, 책은 모두 25권이다.

– 이정구의 《월사집》 권39 〈서상〉 동의보감서 중에서

《동의보감》의 서문을 쓴 대제학 이정구는 당시 내의원 제조를 맡고 있었으며 당대 최고의 문장가였다. 이 기록에는 《동의보감》을 편찬하게 된 이유와 과정이 명확하게 정리되어 있다.

여기서 우리가 첫 번째로 눈여겨봐야 할 부분 편찬을 시작한 시기다. 1596년은 임진년에 발발한 전쟁이 잠시 소강상태를 맞은 때였다. 식량과 물자가 부족한 상황에서 백성의 삶은 피폐해지고 온갖 병이 유행하고 있었지만 의사도 의약품도 절대적으로 부족했다. 또한 전쟁 중에 각종 의서가 소실되어 의료적으로 매우 취약한 상황이었다. 세금 감면이

나 죄수 석방 같은 민심 회복 정책과 함께 무너진 의료 체계를 정비할 필요가 있었다. 아마도 그 일환으로《동의보감》편찬을 시작했다고 추정할 수 있다.

이와 같은 당면 과제 외에도 당시 혼재되어 있던 의학 이론을 정리할 필요가 대두되었다. 중국은 금과 원을 거쳐 명나라에 이르는 과정에서 다양한 학파의 의학이 발달했다. 당시로 치면 최신 의학이었겠지만 잘못되거나 상충하는 내용이 섞여 있었고, 지방에서는 변화된 내용을 접하지 못하고 과거의 것을 답습하는 등 혼란스러운 상황이었다. 서문에서 자질구레하여 볼 것이 없다든가, 제가의 의술이 매우 호번하니 긴요한 부분을 가려 모으라 한 것은 이런 이유에서였을 것이다.

아직 평화가 찾아오지 않은 위기 상황에서 새로운 의서 편찬을 시작한 건 전쟁으로 무너진 의료 체계를 회복하고 다양하고 번잡해진 의학 이론을 정리해야 하는 시대적 과제를 해결하기 위한 시도였던 것이다.

조선 땅에 맞춘 실용의학

그다음으로 주목해야 할 대목은 "사람의 질병은 모두 조섭을 잘하지 못한 데서 생기니, 섭생이 먼저고 약석은 그다음이다"라는 내용이다. 다양한 병증과 이에 대한 치료법을 세분화하는 설명이 늘어나면서 전통적으로 한의학에서 중시해온 양생 방식은 상대적으로 퇴색해가고 있었던 듯하다.

하지만 앞서 편작과 화타 그리고 전순의에게서 보았듯, 삶의 방식을 중시하고 인간 본연의 생명력과 기능을 증진하기 위한 양생법은 한의학의 기본이자 치료의학이었다. 《동의보감》은 이런 시류에 대한 반성으로 우리 몸을 이해하고 이를 다스리는 양생법을 기본으로 삼았다. 그리고 여기에 치료의학의 내용을 결합하는 방식으로 제작되었다. 이런 편집 방식은 《동의보감》이 추구하는 의학이 무엇인지를 드러내는 부분이다. 예방의학적 개념이나 질병 치료와 관련해 정신적·심리적 측면을 강조하는 동양의학의 총체적 접근법을 담고 있다는 점은 세계기록유산 등재에도 영향을 주었다.

이 같은 양생의 강조는 《황제내경》에서 주장하는 한의학의 근간인 동시에 당시 조선사회의 지도층이었던 사대부들의 높은 관심이 반영된 결과로 추정된다. 다양한 관련 서적이 출간되고 왕실에서 논의될 정도로 이미 양생법에 관한 활발한 연구가 이루어지고 있었다.

정유재란이 일어나기 전까지 편찬위원으로 활동한 정작鄭碏은 조선시대 도가적 양생법의 대가로 알려진 정렴鄭礦의 동생이자 자신도 평생을 수양에 전념한 인물로 알려져 있다. 서적 집필 초기에 차례를 먼저 정한다는 사실에 비춰볼 때 정렴으로 대표되는 당시 조선의 양생 관련 연구가 《동의보감》에 깊이 스며들었을 것이다.

이와 더불어 《동의보감》에서 중시한 것은 바로 향약, 즉 조선 땅에서

나는 약초였다. 전란 시기를 제외하고도 약재 수급은 결코 쉽지 않았다. 게다가 중국의 의서는 그 지역에서 나는 약재를 기반으로 하고 있어 이를 대체할 향약 연구가 절실했다.

　사실 향약을 중심으로 한 질병 치료는 고려 중엽부터 지속된 의학적 흐름이었고, 조선 초기의《향약집성방》편찬 또한 같은 맥락에서 이루어진 사업이었다.《동의보감》은 이런 흐름에서 한 걸음 더 나아가 의학 이론을 높은 수준으로 재정립하고, 여기에 그동안 발전해온 향약의학을 더했다. 또한 민간에서 실제 사용하는 약초의 이름을 적어 쉽게 이용할 수 있도록 했고, 응급의학이나 전염병 그리고 구황의학 같은 내용을 실어 일반 백성의 실제 삶에 도움이 되도록 했다. 이처럼《동의보감》은 단순히 중국 의학을 수입해서 이용하는 데서 벗어나 있었다. 의학의 기본에 충실하고 조선에 맞는 형태로 최적화함으로써, 이 땅의 현실에 맞는 실용의학인 '동의'를 탄생시킨 것이다.

백성을 위해 집결한 정책과 사람

　　　　　　《동의보감》의 탄생은 허준이란 인물을 빼놓고 생각할 수 없다. 드라마나 소설에서는 허준이 서자라는 신분 제약으로 인해 고난과 역경을 겪는다고 표현된다. 물론 허준이 서자이기는 하다. 그러나 생모인 영광 김씨가 양반가의 사람이었고, 허준은 어려서부터 꽤 괜찮은 인적 네트워크 속에서 보통의 양반이 그러하듯 과거 준비를 위한 교양을 쌓은 것으로 알려져 있다. 실제 허준이 공식 의사로서 내의원에 들어가는 것 또한 당시 대사성이던 유희춘의 천거에 따라서였다.

허준의 인물됨에 관해서는 조선 선조 때 편찬된 역대 의학자들의 전기인 《의림촬요醫林撮要》에 "허준은 본성이 총민하고 어릴 때부터 학문을 좋아했으며 경전과 역사에 박식했다. 특히 의학에 조예가 깊어 신묘함이 깊은 데까지 이르렀으며, 사람을 살린 일이 부지기수다"라는 기록에서 확인할 수 있다. 이쯤 되면 허준이 단순한 임상의에 머무르지 않고 보다 큰 역할을 할 수 있는 위치로 올라설 수 있었던 토대가 무엇인지 짐작할 수 있다. 좋은 인적 네트워크와 학문적 성취 그리고 실제 진료에서 드러난 뛰어난 실력이 바로 그것이다.

초기 《동의보감》 편찬에 참여한 사람들 가운데 정작은 앞서 말한 대로 양생의학을 토대로 한 《동의보감》 편제에 큰 영향을 주었으며, 양예수는 당대 최고의 임상의로서 풍부한 경험을 제공했을 것으로 추측된다. 나머지 김응탁, 이명원, 정예남 등 3명은 실무를 맡았을 것이다. 허준은 임상의 의료 지식과 풍부한 배경지식 및 문장력을 바탕으로 《동의보감》 편찬을 주도하고 조율하는 역할을 했을 것으로 보인다.

이렇게 시작된 작업은 정유재란으로 멈췄다가 이후 재개되는데, 허준은 급히 진행되는 다른 의서 작업과 진료로 인해 《동의보감》에 집중할 수 없었다고 한다. 그러다가 선조의 죽음에 대한 책임을 지고 의주로 유배

되었을 때, 1년 8개월 동안 집필에 전념해 책을 완성하게 된다. 만약 이 고립의 시기가 없었다면《동의보감》은 지금 우리가 보는 것과는 다른 모습이었을지도 모른다. 또 초기에 당대 명의들이 모여 편찬의 방향과 기본 틀을 정하고 이후의 과정은 허준 한 사람이 전담한 점이 어쩌면《동의보감》의 완성도를 높이는 원인이 되지 않았을까 하는 생각도 든다.

《동의보감》 편찬은 전쟁으로 흩어진 민심을 수습하고 조선의 현실에 적합한 의학을 완성하기 위한 목적으로 진행된 국가적 사업이었다. 여기에 당대 최고 의사들이 참여해 내경의학의 중심이 되는 양생의학을 근간으로 고금의 의학 이론을 정리하고 향약을 접목해 보편적이면서도 독창적인 의서를 완성해낸 것이다. 그 중심에는 의술뿐만 아니라 역사와 경전에 풍부한 지식을 지닌 허준이란 인물이 있었다. 시대적 상황과 국가적 지원, 그리고 그것을 가능하게 한 사람이 만나 한국형 실용의학의 전범인《동의보감》이 완성되었다.

의학에 담아낸 혁명 사상, 이제마

한국 한의학의 독창성을 말할 때 빠지지 않는 게 사상의학과 사암침이다. 이 중 전문적 치료법의 성격이 강한 사암침에 비해, 체질 구분과 섭식 등 일반적 내용을 함께 아우르고 있는 사상의학에 대중적 관심이 높다. 하지만 사상의학이 담고 있는 본질에 비해 접근의 깊이는 얕은 편이다. 보통 '△△인이니 ○은 몸에 좋고 ◇은 몸에 나쁘다'라는 식의 단편적 접근이 주를 이루고, 체질 구분은 체크리스트를 통해 이루어지는 심리검사 정도로 가볍게 여겨지는 상황이다.

하지만 이제마가 창시한 사상의학은 단순히 체질을 구분하고 몸에 좋은 것을 먹어 건강하게 오래 살자는 수준이 아니다. 이제마의 여러 저서 가운데《동의수세보원》*의 내용을 바탕으로 사상의학의 본모습과 그것

---

* 《동의수세보원》이란 책 제목에 대해서는 이견이 존재한다. 실제 책의 내용 중 한의학의 흐름에 대해 기술한 '의원론'에서 이제마는 다음과 같이 말하고 있다. "나는 의약 경험이 있은 지 5~6천 년 후에 태어나 옛사람들이 저술한 의서를 통해 우연히 사상인 장부성리臟腑性理를 발견하게 되었다. 이에 한 권의 의서를 저술하니 이

을 통해 이제마가 추구했던 바를 살펴보자.

사상의학을 넘어
인간의 성정을 다루다

《동의수세보원》은 '동의東醫'와 '수세壽世' 그리고
'보원保元'으로 나누어 볼 수 있다. 책 제목에 '동의'라는 단어를 쓴 것은
조선 후기 의서 중 이 책이 유일하다. 이런 측면에서 허준이 《동의보감》
에서 말한 '동의'라 표현되는 우리 의학을 계승하고 발전시켰다는 것, 즉
중국 의학의 아류가 아니라 독립적이고 발전된 형태의 우리 의학임을 강
조했다고 볼 수 있다. 실제 당시의 의학을 보면 조선은 《동의보감》에서
정립된 형태의 의학을 중심으로 발전해간 반면, 중국은 청나라 때 대두
된 온병학과 고증학의 학풍에 따른 복고의학 그리고 서양의학을 수용한
이론이 혼재되어 있는 상황이었다.

이제마는 이제까지의 의학을 정리하면서 의학사의 큰 공적을 이룬 인
물로 《상한론》의 장중경, 《활인서》의 주굉, 그리고 《동의보감》의 허준을
으뜸이라 표현했다. 그리고 직접 표현하지는 않았지만 자신이 사상의학
의 계보를 이으면서 전에 없던 이론을 통해 한층 더 발전시켰다는 자부

름하여 《수세보원》이라 하였다." 또한 이제마의 묘비에도 《수세보원》이라고만 적혀 있다고 한다. 하지만 그가
의사로 활동하던 시기에 나온 판본에 《동의수세보원》이라 적힌 것을 보면 '동의'라는 단어에는 이제마의 생각
이 반영되었을 것으로 유추해볼 수 있다.

심을 갖고 있었던 것 같다. 즉, 이제마가 '동의'란 단어를 채용한 데는 중화에서 벗어나 조선을 중심에 두었다는 것, 그리고 이를 자신이 계승·발전시켰다는 의미가 함께 담겨 있는 셈이다.

그럼 이제마는 그의 의학에 어떤 내용을 담았을까? 단초는 바로 '수세'와 '보원'에 있다. '수세'는 그가 쓴 다른 저서인 《제중신편》에서 나온 말이다. 그중 '오복론'에 다음과 같은 구절이 나온다.

> 인생의 지극한 즐거움은 5가지이니, 첫째는 장수壽, 둘째는 고운 마음 씀씀이美心術, 셋째는 좋은 독서好讀書, 넷째는 집안을 일으키는 것家産 그리고 다섯째는 사회에 나가 일정한 역할을 수행하는 것行世이다.

'수세'라는 단어는 5가지 요소의 처음과 마지막 글자를 따서 만들었는데 위의 내용 전체를 아우르는 것이라고 할 수 있다. 위의 구절에 이어 이제마는 다음과 같이 말한다.

> 살아 있지 못하면 마음을 좋게 가져도 유익함이 없고, 마음가짐이 바르지 않으면 책을 읽어도 소용이 없다. 책을 읽지 않으면 집안의 재산을 쌓을 수 없고, 재산이 없으면 사회에 나가도 얻을 것이 없다.

이렇게 보면 '수세'라는 말은 한 사람이 개인적 차원에서 가정 그리고 사회로 나아가는 과정을 담고 있다고 할 수 있다. 《대학》의 팔조목八條目과도 일맥상통하지만, 내용은 훨씬 우리 일상에 가깝다. 이제마가 《제중신편》을 말년에 썼다는 점을 고려하면 '오복론'에는 그가 경험한 현실적인 삶의 모습이 반영되어 있다고 판단할 수 있다. 실제 《동의수세보원》은 인간의 성정과 사회 구조, 역할 분석에 많은 부분을 할애한다. 이제마는 이런 요소가 개인과 사회의 건강을 결정하는 중요한 원인이라고 여겼을 것이다.

한편 '보원'은 근원을 지킨다는 의미다. 우리가 사상체질이라 부르는 것에 대한 보다 직접적인 표현이라 할 수 있다. 각 체질은 고유의 특성에 따라 좋은 건강을 유지하는 데 핵심적인 요소가 있는데, 이를 잘 지켜야 한다는 말이다. '보원'은 일상에서의 섭생을 포함해 앞서 이야기한 인간의 성정과 매우 밀접한 관련이 있다.

이상을 통해 보면 '동의수세보원'이란 제목은 이제마가 생각한 사상의학의 위치와 의미, 그가 바라본 인간과 사회 그리고 이에 대한 새로운 해석으로서의 사상체질을 상징한다고 할 수 있다.

인간과 자연에서
인간과 사회의 문제로

이제마가 인간을 타고난 성정과 장부 기능의 차이에 따라 4가지로 구분하고 그에 대한 치료법을 제시했다는 점은 매우 독창적이고 높이 평가할 수 있는 부분이다. 하지만 사상의학이 기존 의학과 구분되는 가장 큰 특징은 바로 '관점의 전환'이다.

《황제내경》이래로 한의학은 자연과 인간의 관계를 중시했다. 즉 자연의 일부인 인간이 어떻게 하면 자연의 흐름에 잘 순응할 수 있을지가 가장 큰 주제였다. 《동의보감》에서 강조한 양생도 여기에 기초를 두었다. 이제마는 이것을 인간과 사회의 문제로 전환한다. 일종의 패러다임 전환을 시도한 셈이다.

이런 시도는 당시 조선 사회의 모습에서 기인한 결과일 수도 있다. 세도정치가 만연하고 정치는 불안했다. 외세의 침탈로 인해 백성의 삶은 피폐해지고, 사회적 구조 또한 붕괴하고 있었으며, 영원할 것 같던 중국이 무너진, 혼돈 그 자체였다. 기존 해석은 이런 혼란을 해결하는 데 답이 될 수 없었다. 바야흐로 새로운 사상에 대한 요구가 높아지고 있었다. 만약 사회운동으로서 동학이 등장했다면, 의학에서는 이제마의 사상의학이 그런 역할을 했다고 할 수 있다.

하지만 단순히 이와 같은 사회적 요인만으로는 사상의학이 담고 있는 혁명적 변화를 모두 설명할 수 없다. 여기에는 이제마란 인물에 대한 설명이 반드시 필요하다.

이제마는 1837년 함경남도 함흥에서 출생했다. 어려서부터 학문적 성취는 물론이고 담력과 무예가 뛰어났다. 하지만 혼돈의 시기였던 탓에 이제마는 신분 차별과 지역 차별이라는 2가지 벽에 부딪혀야 했다. 집안에 아들이 없어 비록 적자로 입적되기는 했지만 어머니가 낮은 신분이라 서자라는 관습적 차별에 시달려야 했다. 여기에 '홍경래의 난'이라는 형태로 폭발한, 조선 건국 초부터 지속된 서북 지역 출신에 대한 차별 또한 이제마를 괴롭힌 요소 중 하나였다.

이제마는 가출과 방황의 시기를 거친 뒤 무관으로 등용되어 진해현감에 제수되고 병마절도사에 임명되었는데, 이때가 50세였다. 그 후 10년여를 관직에 있으면서 모반을 진압하는 등 공로를 세웠지만, 고원군수를 마지막으로 관직에서 물러났다. 만년에는 고향인 함흥에 한의원을 열고 진료와 제자 양성에 힘쓰다가 사망한 것으로 알려져 있다.

이제마가 처한 시대 상황과 타고난 신분 그리고 지역적 차별이란 요건이 그에게 현실을 변화시키고 싶은 강한 동기를 부여했을 것이다. 하지만 한번 기울어진 시대적 흐름을 되돌리기란 쉽지 않았고, 이런 생각은 관직 생활을 하면서 더욱 확고해졌다. 어려운 상황의 연속이었지만 이제마는 체질론에 대한 연구를 지속했고, 그의 연구 성과는《동의수세보원》탄생으로 열매를 맺었다. 여기에는 스스로가 태양인 체질의 지병을 앓고 있었던 점도 한 가지 요인으로 작용했다고 알려져 있다.

모든 것은
변화한다

이제마의 사상의학은 사상체질이라는 새로운

의학적 기준을 제시했고, '자연과 인간'이라는 의학적 패러다임을 '인간과 사회'로 전환하려 시도했다. 여기에는 어쩌면 태어나면서부터 경험한 불공평하고 혼란한 사회를 개혁하고자 했던 이제마의 의지가 투영된 게 아닐까 생각해본다. 타고난 신분과 지역에 관계없이 만인이 평등하고, 타고난 성정에 따라 각기 다른 개성과 장점을 발휘한다면 보다 조화로운 세상을 만들 수 있다고 생각하지는 않았을까? 만일 그랬다면 이제마의 사상은 단순히 의학적 차원에 머무르지 않고 이를 통해 사회를 개혁하고자 한 의지를 표현한 것이라 볼 수 있다. 이제마의 이런 생각은《동의수세보원》〈광제설〉의 다음 구절에서도 확인할 수 있다.

> 천하의 악 가운데 어진 사람과 능력 있는 사람을 이유 없이 질투하는 투현질능妬賢嫉能보다 더한 것이 없고, 천하의 선 가운데 현자를 좋아하고 선을 즐기는 호현락선好賢樂善보다 더한 것이 없다. 투현질능이 아닌데도 악이라 한다면 악이라 하더라도 그리 많지 않을 것이고, 호현락선이 아닌데도 선이라 한다면 그 선이 그리 크지 않을 것이다. 과거의 기록을 더듬어 생각해봐도 병에 걸린다는 것은 모두 투현질능에서 나오고, 병을 고치는 것은 모두 호현락선에서 나온다. 그러므로 투현질능은 세상에서 가장 많은 병이고, 호현락선은 세상에서 가장 큰 약이다.

편작과 화타를 거쳐 전순의, 허준 그리고 이제마까지. 고대에서 근세에 이르는 기간에 명의로 꼽을 수 있는 인물들을 거울삼아 한의학을 비춰보았다. 물론 이 다섯 사람만으로 한의학의 장구한 역사를 살펴봤다고 말하기는 어렵다. 이 외에도 명의라 칭할 수 있는 많은 의사들이 있었고, 다양한 학파의 의론이 명멸했으며, 이런 현상은 현재진행형이기 때문이다.

그토록 오랜 기간에 걸쳐 '인간의 병'이란 주제를 다루었는데도 의학이 끊임없이 변화하는 건 무슨 이유에서일까? 우리가 추구하는 모든 학문이 그러하듯 의학 또한 시대적 한계를 갖고 있기 때문이다. 세계를 해석하는 관점의 변화에 따라 인간과 병에 대한 인식이 변화하고, 의학은 이를 흡수하면서 쉼 없이 변화한다.

우리 세대 혹은 다음 세대가 기록하게 될 한의학의 명의는 아마도 현대과학의 발견과 방식을 토대로 그동안 누적된 한의학적 연구 성과를 시대에 맞게 해석하고 적용한 누군가가 되지 않을까 싶다. 그를 통해 진정한 환자 중심 의료가 실현되길 바란다.

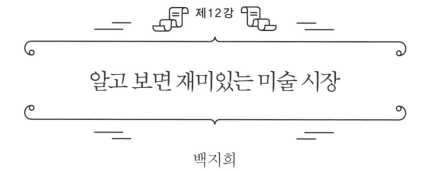

알고 보면 재미있는 미술 시장

백지희

이화여자대학교 철학과를 졸업하고, 캘리포니아주립대학교 롱비치대학원에서 미술을 전공하고 화가가 되었다. 무대미술감독, 갤러리스트, 화가로 활동하며 대학과 문화 기관에서 인문학과 예술을 접목한 강의를 해오고 있다. 미술 현장에서 얻은 경험을 토대로 미술은 세상과 동떨어진 독보적인 것이 아니라 사회적, 문화적 패러다임 안에서 해석되어야 함을 강조한다.

미술 쇼핑하기 좋은 날

시장에서 두부 한 모를 사더라도 제조일과 생산지 확인은 장보기의 기본이다. 콩이 농가를 떠나 두부로 형태가 바뀌어 이름 모를 소비자의 장바구니에 도달하기까지의 긴 여정이 숫자와 지역명에 갈무리된다. 요즘은 생산자의 이름과 얼굴 사진까지 붙여 소비자들의 신뢰를 얻고자 노력한다. 생산과 유통 과정을 거쳐 소비되는 상품이라는 차원에서 본다면 미술도 비슷한 과정을 거친다. 모네의 〈수련〉이나 피카소의 〈아비뇽의 처녀들〉 등 이른바 미술계의 명작도 마찬가지다.

미술품의 운명을 움직이는 사람들

작가가 작업실에서 완성한 작품을 화상gallerist이 전시하면, 관객이 관람하고 수집가가 구매한다. 상품 판매를 촉진하기 위해 많은 조건이 개입하듯 미술도 마찬가지다. 미술계에는 작가, 학예사, 화상, 비평가, 관객, 수집가, 언론매체, 경매 회사 등이 관여한다. 모두 작품을 제작하고, 소개하고, 비평하고, 판매하는 현장에서 각자 맡은 역할이 있다.

작품이 제아무리 좋아도 안목이 뛰어난 학예사가 없다면 전시가 확정되기 어렵다. 작품의 가치를 돋보이게 해줄 갤러리라는 공간도 빼놓을 수 없다. 인맥이 뛰어난 화상의 발 빠른 연결고리가 없다면 작품이 판매되기는 더욱 힘들다. 갤러리가 작품을 전시하고 판매하는 1차 시장이라면, 옥션은 중요한 2차, 3차 중고 시장이다. 미술품은 때로 중고 시장에서 가격이 더 높아진다. 시대의 흐름을 통찰하고 작가의 작품세계를 분석하는 건 비평가의 몫이다. 전시를 자료로 남기는 건 언론매체가 할 일이다. 또한 관객이 없는 전시는 의미가 없다. 이처럼 미술계라는 커다란 바퀴가 굴러가는 과정에서 무엇 하나 빼놓기가 어렵다.

제조일자와 생산자명이 제품의 품질을 담보한다면, 미술품에서는 제작연도와 작가의 서명이 같은 역할을 한다. 미술품은 판매될 때 작가 혹은 갤러리가 보증서를 반드시 발행한다. 진품을 증명하는 서류다. 팔렸던 미술품이 다시 시장에 나오고 누군가가 구입할 때마다 판매 기록을 남기는 게 원칙이다. 상황에 따라 차이가 있지만, 미술품 거래 과정에는 작가의 창작물이 중심에 있다. 작가가 미술품을 만들지 않는다면 모든 과정에서 각각의 역할은 존재 의미를 잃는다.

갤러리와 작가가 한 몸처럼 공존하는 것 같아도, 때로는 작가가 직접 판매에 나서는 경우도 있다. 하지만 작가가 작품 활동부터 판매에 이르기까지 전 과정을 맡아서 진행하기에는 역부족이다. 마케팅 기법이나 저간의 사정에 해박하지 못해 갤러리에게 일임하고, 그들의 전문성에 의존하는 경우가 대부분이다.

작가가 특정 갤러리와 전속 계약을 하면, 갤러리는 특정 장르의 작품을 제작하도록 권유하기도 한다. 그런데 작가가 갤러리의 마케팅에 힘입어 유명세를 치르고 나면 그 장르가 작가의 정체성이 되어버린다. 꽃을 그려 유명해진 작가는 이후 작품의 소재가 대부분 꽃이고, 인물화로 유명해진 작가는 계속해서 사람을 그리는 식이다. 인물화로 유명해진 작가가 풍경화를 내놓으면 미술계에서는 쉽게 받아들이지 못하고 당황스러워한다.

시장에 선풍적인 바람을 일으킨 작가의 작품에 대해서는 아류작이 나오거나 복제품이 등장하기도 한다. 작가의 독창성이 소비자의 취향에 따라 가공되어 상품이 되고, 이 작품이 시장의 트렌드를 좇아가기도 한다. 하지만 대량생산을 거쳐 유통되는 일련의 상품과 달리 미술품은 영역이 세분화되어 있다. 또 고도의 지식과 교양 그리고 전문성을 갖춰야 시장에 뛰어들 수 있다.

미술품도 백화점에서 상품을 구입하듯 쉽게 살 수 없을까? 왜 미술품 구매는 소위 있는 자들만 누리는 사치스러운 취미라고 단정해버리는 걸까? 실제 국내 미술계에서는 상위 1퍼센트, 소위 블루칩 작가들의 작품을 중심으로 거래가 이루어진다. 나머지 작가들의 작품은 상품이 되기 어려운 게 현실이다.

대부분의 전업 작가들은 최소 2~3년에 한 번 개인전을 연다. 운이 좋으면 몇 점 팔려나가기도 하지만, 전시가 끝나고 나면 대부분 고스란히 작업실로 되돌아온다. 생필품이라면 길거리 한구석에 앉아 '부도 땡처리' 같은 문구로 재고 정리를 하겠지만, 미술품은 이마저도 여의치 않다.

이제는 '갤러리스트'라는 용어로 더 익숙한 화상은 미술을 직접 판매하는 주체다. 작가의 작업실에 있는 미술품을 갤러리로 옮겨 관객에게 선보이거나 고객 취향에 맞는 미술품을 소개하는 등 구매를 촉진하는 역할을 맡고 있다. 갤러리스트는 작가의 후견인 역할을 하며, 때로는 가격을 직접 매기기도 한다.

일부 국내 유명 갤러리는 자사가 관리하는 전속 작가 제도를 운영하고 있다. 이들 갤러리는 지명도 있는 작가를 유치하기 위해 부지런히 작가들을 만나고 그들의 창의력을 눈여겨본다. 전속 작가 몇몇이 유명 갤러리의 주요 매출을 전담하고 있기 때문이다. 작가 입장에서는 유명 갤러리와 전속으로 계약하기는 어렵지만, 일단 계약을 하면 그만큼 큰 혜택을 누리는 길이기도 하다.

일반인과 동떨어진
미술 시장의 속내

공장에서 생산된 상품과 달리 미술 작품은 어디서 어떻게 거래되는지 알기 어렵다. 유통 방식에 따라 미술 시장을 구분하면 대략 세 갈래로 구분할 수 있다. 첫째, 작가가 직접 판매하는 직거래 방식이다. 둘째, 갤러리를 통해 처음 판매하는 1차 시장과 경매 등을 통해 한 번 거래가 된 작품을 다시 판매하는 2차 시장이 있다. 셋째, 미술계의 오일장이라 불리는 아트페어가 있다.

시장을 구분할 줄 알면 전혀 복잡해 보이지 않지만, 미술 작품은 공장에서 찍어내는 대량생산품이 아니라 작가의 창작물을 거래하기 때문에 사적으로 거래하는 경우가 있다. 또 최근에는 갤러리와 기업이 투자 목적으로 특정 작가의 작품을 반복적으로 거래하는 등 투명하지 않은 거래도 존재한다. 따라서 일반인들이 쉽게 작품을 구입하기는 쉽지 않다.

어쩌면 작품 가격은 소수 상류층 수집가들의 입맛에 맞춰 희소성을 유지하고자 높게 형성되는지도 모른다. 프랑스의 사상가 피에르 부르디외는 《구별 짓기》에서 다음과 같이 말했다. "취미는 계층을 구분하고, 구분한 자를 구분한다." 부르디외는 미술과 소비가 어떻게 사회적 신분의 차이를 정당화하는지에 주목했다. 고가 미술품을 감상하는 취미는 그가 상위 계층에 속해 있음을 보여준다. 미국의 현대미술가 제니 홀저Jenny Holzer의 작품 제목에서 힌트를 얻는다면 '돈이 취향을 만든다'와 일맥상통한다. 이 문구는 1982년 뉴욕 타임스스퀘어 전광판에 게재된 역설적 경구다.

1980년대 한국 상류 사회의 대명사로 불리던 압구정의 유명한 아파트 거실에 흔히 내걸린 그림이 있었다. 예술성과 대중성을 모두 겸비한 김창열 화가의 〈물방울〉 그림이었다. 당시 이 작품은 강남에 새로 들어서는 아파트로 이사하면서 갖춰야 할 필수품이 되었다. 김창열 화가는 밀려드는 주문에 영문도 모른 채 그림 그리기에 바빴다고 한다. 이 작품은 공급이 수요를 따라가지 못했던 몇 안 되는 작품으로 국내 미술계의 전설이 되었다. 부르디외의 말처럼, 자신의 취미를 선별하기 위해 작품을 고르기보다 자신의 신분이나 계층이 어디에 있는지를 증명하기 위한 열풍이 아니었을까?

내 마음이 느끼는 대로, 내게 들리는 이야기대로

미술 시장이 몇몇 갤러리에 좌우된다면 누구나 미술품을 구입할 수 있는 대중화는 요원해진다. 미술 작품의 희소성과 고객의 차별성을 유지하려는 갤러리의 위상만 높아질 뿐이다. 소수에 의한, 소수만을 위한 미술품 거래를 더 선호한다는 생각은 오해일까?

미술에 대한 대중의 관심은 꾸준히 높아지고 있지만, 갤러리를 찾아 편안히 작품을 감상하기는 어렵다. 유명 갤러리의 경우, 주요 고객만 대상으로 운영하다 보니 여전히 거리가 느껴질 수밖에 없다. 그래서일까? 미술사를 꿰뚫고 있어야 이해할 수 있을 정도로 작품 설명이 현학적일 때도 있다. 특히 개념을 중요하게 다루는 현대미술 작품이 그렇다.

미술에 관심이 많아 갤러리를 찾았다가 다소 불편한 경험을 해본 관람 객이라면 아트페어 방문을 권한다. 소비자와 갤러리스트가 모두 계급장을 떼고 만날 수 있는 행사라서 다소 친근하게 다가갈 수 있다. 여러 미술품이 고급 갤러리의 우아한 벽면 대신 임시로 설치한 칸막이에 걸려 있어 근엄하게 작품을 응시하지 않아도 되며, 눈치 보지 않고 가격을 물어볼 수도 있다. 미술 입문자가 편안하게 윈도쇼핑을 할 수 있는 곳이 바로 아트페어다. 수십억짜리 유명 작가의 작품부터 수십만 원짜리 젊은 작가의 드로잉이나 판화도 만날 수 있는 행사다.

미술은 설명서를 읽어야 작동법을 알 수 있는 기계가 아니다. 정확히 하나의 답을 산출하는 수학 공식도 아니다. 작품을 통해 저마다 다른 방식으로 작가의 생각과 경험을 만나면 된다. 사람이 생긴 대로 살아가듯 미술 작품은 관객에 따라 제각기 다른 목소리로 이야기를 걸어온다.

작품에 관한 이야기를 듣고 이해하고 싶을 때가 되면 이때부터 본격적인 관심을 가져도 좋다. 누구의 코칭이나 선행 학습이 필요한 공부가 아니다. 자신의 눈과 귀와 마음으로 읽어내려고 노력하면 그만이다. 무엇이든 익숙해지려면 시간과 노력, 관심이 필요한 법. 다른 사람의 분석과 해석은 지침서가 아니라 주석에 불과하다.

미술품 구매는 백화점에서 상품을 사는 일과 다르지 않다. 내가 원하는 상품을 백화점에서 고르듯 내 취향에 맞는 작품을 사면 그만이다. "미술품 구매는 사치다"라는 말은 "나는 미술품을 살 마음이 없다"를 에둘러 말하는 화법에 불과하다. 만약 자신의 취향을 발견하지 못했다면 그건 다른 차원의 문제다. 시간을 투자하고 관심을 보이면 자신도 모르는 사이에 취향이 만들어지기 때문이다.

전시를 앞둔 작가의 마음은 늘 떨리게 마련이다. 긴 시간 고민 끝에 탄생한 작품이 전시장으로 향하는 날이면 관객에게 어떤 이야기를 쏟아낼지 궁금하다. 작가의 손을 떠난 작품이 관람객과 소통하며 매번 새로운 이야기를 만들어내기에 더욱 그렇다. 그림 감상을 위해 작품 앞에 서 있는 관람객들에게 이런 말을 남기고 싶다.

미술은 아는 만큼 보이는 게 아니라 보면서 느끼는 것이다.
취향에 맞는 미술 쇼핑은 분명 남다른 가치를 지닌 소비다.

'호기심의 방'에서
라스베이거스 쇼룸으로

지난 2018년 12월 27일, 국립현대미술관이 과천관, 덕수궁관, 서울관에 이어 청주에 네 번째 분관을 열었다. 옛 연초제조창을 미술관으로 리모델링해 미술품 수장과 보존에 중점을 둔 미술관이다. 특히 미술품을 수장 상태 그대로 보여주는 개방형 수장고를 운영하고 있어 '열린 미술관'을 표방한다. 관객이 좌대와 선반에 놓인 작품을 가까운 거리에서 감상하도록 구성되어 있는 점도 눈에 띈다. 관객에게 가까이, 더 가까이. 미술품은 관객이 손을 뻗으면 닿는 곳까지 거리를 좁히고 있다.

미술품을
미술품답게

미술관은 수집과 보존, 작품 해석과 대중을 위한 전시 등 다양한 역할을 한다. 그중에서 수집과 보존은 미술관의 존재 이유이며, 미술관이 생겨난 주요 배경이기도 하다. 1492년 콜럼버스를 시작으로 서양에서는 대항해 시대가 열렸다. 이후 16세기에 항해술이 발달하면서 유럽에는 미지의 신대륙에서 발견한 신기한 물건이 많이 건너왔다. 이런 물건을 모아놓은 곳을 '놀라운 방' 혹은 '호기심 캐비닛'이라 불렀다. 박물관의 시초다. 자연사, 고고학, 인류학 등 역사적 의미를 지닌 물건과 골동품이 미술품과 함께 이곳에 수집, 보존되었다.

덴마크의 의사 겸 동물학자, 수집가였던 올레 보름^{Ole} ^{Worm}의 캐비닛에는 희귀 동물의 뼈나 화석, 지도와 신대륙에서 건너온 물건들이 가득 차 있었다. 로마제국의 황제 루돌프 2세의 캐비닛도 유명하다. 지구본처럼 생긴 물건, 측량기와 희귀본 서적 등이 미술품과 함께 보관되어 있었다.

이렇게 별도의 분류체계 없이 온갖 희귀품과 뒤섞인 채 쌓여 있던 미술품은 19세기 알테스 미술관(베를린 구 박물관)이 건설되면서 비로소 진귀한 사물들과 이별하게 된다.

뮤지엄이라는 말은 '뮤즈를 위한 신전'이라는 뜻의 '무세이온^{Mouseion}'에서 따왔다. 어원에서 알 수 있듯, 초기 미술관 건축물은 그리스 로마 시대의 신전을 떠올리는 형식이 대부분이었다. 신전 같은 미술관에 자리 잡은 미술품은 성스러운 신의 자리에 올라 있었다. 화려한 외관 덕분에 미술품이 경외의 대상이 된 것이다. 1880년에 개관한 뉴욕 맨해튼의 메트로폴리탄미술관은 지금도 이러한 느낌을 유지하고 있다. 웅장한 외부 건축은 관람객을 압도하고, 대리석이 받치고 있는 높은 천장과 화려한 장식이 관람객을 절로 숙연하게 만든다.

프랑스 루브르박물관은 루이 14세가 1682년 베르사유 궁을 짓고 거처를 옮기면서 그리스 로마 시대의 조각을 포함한 왕실 수집품의 보관소 역할을 하게 됐다. 루브르박물관이 대중에게 공개된 건 프랑스혁명 말미였던 1793년 첫 전시를 열면서부터다. 세계의 수많은 관광객을 끌어들이는 지금의 루브르박물관이 모습을 갖추는 데는 나폴레옹의 역할이 컸다. 수많은 전투를 통해 매입 혹은 약탈한 세계의 미술품이 여기에 모였다.

경외심이 넘치던 미술관은 현대로 넘어오면서 사회적 변화를 반영한 예술계의 트렌드에 따라 변화했다. 현대미술이 본격적으로 시작한 것이다. 1929년에 뉴욕에 문을 연 현대미술관Museum of Modern Art; MOMA은 신전의 모습을 벗고 과감한 현대식 건물을 선보였다. 뉴욕 맨해튼 5번가 건물에 위치한 MOMA는 고대 그리스의 유적 같은 미술품 대신 세잔, 고갱, 쇠라, 반 고흐 등 18세기 인상파 화가들의 전시를 필두로 근현대 미술 중심의 전시를 주로 개최했다. MOMA의 탄생은 당시 유럽 중심 미술 시장이 급격한 자본 이동에 따라 미국으로 건너왔다는 사실을 의미하기도 한다. MOMA를 계기로 미국 전역에는 모던아트를 표방하는 미술관이 우후죽순 생겨났다.

이후 칸딘스키, 몬드리안, 말레비치 등의 현대미술이 가장 돋보일 수 있는 최적의 조건을 갖춰 전시되기 시작했다. 과거 유럽의 살롱식 전시는 그림 액자를 천장에 이르기까지 빼곡히 채워 진열하는 형식이 일반적이라 현대미술을 돋보이게 만들기 어려웠다. 특히 구상미술 중심이던 과거와 달리 형태를 과감히 탈피한 추상미술은 이런 전시 방식이 적합하지 않았다. 이때 직육면체의 흰색 벽으로 둘러싸인 전시장이 본격적으로 등장했다. 이른바 화이트 큐브 전시장이다. 널찍한 벽면에 그림이 띄엄띄엄 걸리기 시작했다. 그러자 주변 이미지에 민감한 추상미술이 홀로 빛을 발할 수 있게 되었다.

전시 공간 변화와 20세기 추상미술의 발전은 깊은 상관관계가 있다. 화이트 큐브 전시장은 현대인들에게 미술관과 갤러리의 전형처럼 각인되어 있다. 모더니즘의 구호인 '예술을 위한 예술'*을 실현하기에 가장 적합한 공간이다. 화이트 큐브 안에서는 미술 작품을 감상하는 데 방해가 되는 모든 요소가 제거된다. 이곳에 들어서면 가구, 창문, 소화기, 심지어 전원 스위치마저 찾기 어렵다. 어지럽고 구체적인 면은 모두 감추어버리고 관조가 보편화되는 공간으로 탈바꿈한 것이다.

전시장을 찾은 관람객은 고요함을 잃지 않은 채 유유자적 작품을 감상하는 존재가 되어야 한다.

---

* 예술 작품은 순수하게 미 자체만 추구해야 하고, 그 이외의 영역, 예를 들면 종교적, 도덕적, 역사적, 사회적 기능이나 가치와는 분리되어야 한다는 주장이다. 프랑스의 소설가이며 시인이었던 고티에에 의해 처음 주창되었고 '인생을 위한 예술'이라는 개념에 대립한다.

자본주의 시대의
미술관 정신

　　　　　　　　　　1970년대 이후 미술관은 다시 한 번 모습을 바꾼다. 근대 이후 개관한 미술관은 자본주의의 원리를 적극 수용해 상업성과 수익성을 강조하기 시작했다. 그 상징은 미술관 출구 옆에 자리한 아트숍에서 확인할 수 있다. 엽서 등 기념품은 물론 명작의 이미지를 차용한 생활용품에 이르기까지 판매하는 품목도 다양하다. 작품 감상을 마친 관람객은 미술관 투어의 필수 코스처럼 아트숍에 들러 쇼핑한다. 미술관 내에 마련된 카페 혹은 레스토랑에서 여유를 즐기며 지갑을 여는 관람객의 모습도 자연스럽다.

　20세기 말 포스트모더니즘 시대에 들어서면서 미술관은 화이트 큐브 공간에서 잃었던 일상의 생활을 복원하고자 시도한다. 그동안 고고하게 작품 수집과 전시에 집중하면서 잠시 외면했던 세속적인 맥락을 끌어들여 적극적으로 이용한다. 포스트모던을 상징하는 미술관은 이제 관광 명소가 되고 레저 공간이자 쇼핑몰 역할도 한다. 전 세계적으로 도시가 늘어나면서 미술관의 숫자가 증가하고 크기도 확장됐다.

　그런가 하면 지리적 위치도 흥미롭다. 1970년대 전 세계 오일쇼크의 여파로 산업화를 주도했던 공장이 하나둘 도심을 떠나면서 도시가 슬럼화하자 빈 공장을 미술관으로 재건축해 대중을 끌어들이기 시작했다. 대표적 사례가 1997년 문을

연 스페인 빌바오 구겐하임 미술관이다. 스페인은 쇠락해가는 항만도시
를 살리기 위해 미술관을 유치하면서 도시재생 사업의 성공사례가 됐다.

테이트 모던 미술관은 영국 런던의 화력발전소를 리모델링해 개관했
으며, 프랑스 파리의 오를레앙 철도 종착역은 오르세미술관으로 재단장
해 시민들의 품에 안겼다. 국군기무사령부 건물을 리모델링한 국립현대
미술관 서울관도 같은 맥락에 놓여 있다. 경복궁과 이웃하고 있어 접근
성이 뛰어나다는 점에 착안해 카페 등 편의시설을 갖추고 관람객을 끌어
들이고 있다. 서울관은 MMCA 필름앤비디오, 멀티프로젝터홀 등의 문
화시설도 함께 갖추었다. 신전 입구를 연상시켰던 과거 미

술관과 달리 도도함과 거만함을 내려놓고 관광객과 관람
객 유치를 위해 홍보전에 열을 올린다. 관객의 접근성을
높이기 위해 다리를 놓고 편리성까지 더하고 있다.

해외 미술관의 상업성은 더욱 두드러진다. 분점을 개관하는 추세가 대
표적이다. 테이트 미술관은 15세기 이후부터 동시대의 미술품을 소장하
는 테이트 브리튼을 중심으로, 런던의 테이트 모던, 테이트 리버풀 그리
고 테이트 세인트아이브스를 포함한 4개의 미술관이 네트워크를 이루고
있다.

미국의 대표적인 현대미술관으로 꼽히는 구겐하임도 마찬가지이다.
뉴욕 맨해튼에 이어 구겐하임 빌바오, 아랍에미리트에 구겐하임 아부다
비 등을 건립했다. 2001년에는 러시아 상트페테르부르크에 있는 에르미

타주 미술관과 손잡고 미국 라스베이거스에 구겐하임 에
르미타주 전시장을 오픈했다. 라스베이거스는 대표적인
관광과 환락의 도시로, 세계에서 현금 유통이 가장 많은
도시 중 하나이기도 하다. 2008년 전시실이 철수하긴 했지만, 성스러움
을 자처하던 미술관이 카지노 도시에 입성한 건 이례적이었다. 포스트모
던 미술관들이 자본주의의 영리 추구를 적극 반영해 다국적 기업이 되어
가고 있는 모양새다.

　지금 미술관들은 세계 전역을 순회하는 전시를 기획·판매하고, 블록
버스터급 전시를 유치해 미술관 재정을 확보하고 있다. 세계적인 아티스
트를 유치하기 위해 경쟁하기도 한다. 2009년 인도 출신의 영국 작가 아
니쉬 카푸어는 전시장에서 캐논볼 폭탄을 쏘는 퍼포먼스를 선보였고, 중
국 작가 차이궈창은 2004년 9대의 차량을 구겐하임 미술
관 공중에 매달아 설치하기도 했다. 작가들의 작업 규모와
미술관의 전시 형태는 점점 커지고 대범해지는 추세다. 이
제는 영상, 설치, 오브제가 뒤섞여 미술관인지 테마파크인
지 구분하기 어려운 경우도 적지 않다.

　자본주의사회에서 미술관도 세속적 민낯을 드러내는 게 현실이다. 인
터넷과 기술 발달이 일상이 된 현대사회에서 관람객은 웬만한 전시를 보
고서는 감동을 받기 어렵다. 하지만 영리를 추구하는 기업과 미술관은
지향하는 목표가 분명 달라야 한다.

　1977년 개관한 뉴욕시의 뉴 뮤지엄은 드러내놓고 상업적이거나 세속

적인 미술관을 거부한다. 새로운 미술을 추구하며 미술관에 어울리는 독특한 아이디어와 작가를 발굴하고 소개하는 데 집중하고 있다. 미술관의 이름이 암시하듯 말이다. 알려지지 않은 작가들의 혁신적이고 창의적인 사고를 받아들이고, 국가·인종·성별 등의 차별을 없애고, 다양한 문화를 통해 새로운 창조성을 찾아가고 있다. 뉴 뮤지엄은 대중과 멀어지는 미술이 아니라 자유롭게 소통하는 문화를 지향한다. 많은 미술관이 이윤 창출에 매진하고 있는 이 시대에 예술의 소명이 무엇인지를 되돌아보게 한다.

미술품은 진정 그림의 떡인가

수십억이 넘는 미술품이 경매로 거래되었다는 뉴스를 보면 '그림의 떡'이라는 말이 떠오른다. 미술품은 진정 그림의 떡일까? 겉만 보면 일단 그렇다. 작품이 거래되는 작가들은 대체로 인지도가 높은 편에 속한다. 해외 전시에서 소개되거나 국내 갤러리와 전속 계약을 맺은, 이른바 알려진 작가가 아니면 국내 미술 시장에서 작품을 팔기 어렵다. 그만큼 우리는 어렵사리 작품 하나를 만나게 된다. 구매를 고민한다면 더욱 망설여지는 게 당연지사. 그렇다면 미술품을 고를 때 과연 어떤 부분을 눈여겨봐야 할까?

시간을 들여
안목부터 키워야

미술품을 고를 때는 보통 작가의 전시 경력, 수

상 경력, 학력, 포트폴리오 등을 꼼꼼히 따져본다. 그렇게 심사숙고한 후에도 거래가 이루어지지 않는 경우가 허다하다. 다른 상품을 고를 때보다 판단 과정이 더욱 엄중하기 때문이다. 컬렉터라고 해도 미술품 앞에서 선뜻 지갑을 열게 되지 않는다. 그러니 태어나 처음 작품을 구입하고 싶은 마음이 들었다고 해도 밀려드는 난감함은 어쩔 수 없다. 그렇다고 좌절하기는 이르다.

미술품이 어떻게 '그림의 떡'이 아닐 수 있는지 찬찬히 살펴보자. 옷을 한 벌 산다고 치자. 백화점 혹은 아울렛에 가면 명품과 중저가 상품 등 다양한 브랜드가 있고, 통로 가장자리에 마련된 행사장에서는 철 지난 상품을 팔기도 한다. 우리는 이미 자신의 형편에 맞는 쇼핑을 하는 법을 알고 있다. 나만의 스타일을 찾아 발품을 팔아가며 원하는 옷을 고르게 마련이다.

미술품 쇼핑도 마찬가지다. 나의 취향에 맞는 작품을 고르는 눈부터 키우는 게 필수다. 정장 한 벌을 살 때 꼼꼼히 비교하고 나서 결정하듯 미술품 쇼핑에도 정성과 수고가 필요하다. 여기서 중요한 키워드는 바로 '안목'이다. 안타깝게도 안목은 자고 나면 생기는 선물 같은 게 아니다. 오랜 시간 축적된 감성과 인성, 지성의 결정체다. 취향에 맞는 미술품을 골라내는 힘이기도 하다.

안목은 어떻게 키울 수 있을까? 처음에는 가볍게 윈도쇼핑하듯 작품 구경에 나선다. 틈나는 대로 전시를 보러 가면서 미술과 친해지는 게 우선이다. 가장 좋은 방법은 그림을 직접 보는 것이지만, 밀레니얼 세대처럼 인터넷에 익숙하다면 사이버 공간에서도 충분히 전 세계 미술 작품을 감상할 수 있다. 최근에는 작가의 신작을 인터넷으로 먼저 공개하는 경우가 늘고 있다. 가볍게 구경을 하다가 어느 순간, 뭔가 더 알아보고 싶은 작품이 눈에 들어온다면 이제 오프라인으로 나서야 할 때다. 직접 가서 보는 것이다. 특정 요일을 '미술의 날'로 정하고 전시장을 찾는 것도 좋은 방법이다. 이렇게 미술과 친해지다 보면 자연스럽게 더 끌리는 작품이 생긴다.

미술에 끌리기 시작하는 시점이 되면 그림을 한 점 구입하고 싶다는 생각이 들기 마련이다. 그러면 아트페어를 먼저 가보자. 아트페어는 작품 감상을 겸한 일종의 장터다. 다양한 작품이 거래되는 아트페어는 간혹 작가가 단독으로 참가하기도 하지만, 주로 갤러리들이 한 장소에 모여 작품을 판매하는 행사다. 화랑협회 등 미술계 단체가 주도적으로 개최해 소속된 갤러리가 참가하는 경우가 대부분이다. 아트페어의 개최 목적은 회원 갤러리 간의 정보 교환, 작품 및 작가 홍보 그리고 미술 시장 활성화에 있다.

경매는 접근하기 어렵고, 갤러리는 문턱이 높은 것 같아 망설여진다면 먼저 아트페어에서 작가와 시장을 살펴보고 작품을 구매해보길 권한다. 한자리에서 여러 작가의 다양한 작품을 직접 접하고 비교할 수 있으며, 다른 사람들이 어떻게 하는지 보고 배울 수도 있다.

이때 잊지 말아야 할 팁이 하나 있다면 사지 않아도 가격을 물어보는 것이다. 가격을 알고 나면 미술 시장의 흐름을 파악하는 데 도움이 되기 때문이다. 또한 내 예산으로 구매할 수 있는 작품을 선별하는 감각도 기를 수 있다.

눈여겨보면 좋을
세계의 아트페어

세계 3대 아트페어로 스위스의 바젤 아트페어, 미국의 시카고 아트페어, 프랑스의 피악을 들 수 있다. 국제 미술계의 흐름을 한눈에 볼 수 있는 국제아트페어에서는 회화를 비롯해 조각, 드로잉, 영상, 사진, 설치, 퍼포먼스까지 모든 장르의 작품이 집중적으로 소개된다.

바젤 아트페어는 1970년 처음 열린 뒤 세계에서 가장 권위 있는 아트페어로 성장했다. 매년 6월 개최하는데 세계 미술계를 선도하는 300여 개의 갤러리와 작가 4천여 명이 참여하는 대규모 행사로 '미술계의 올림픽'으로 불린다. 명성이 높아지자 뉴욕과 런던, 파리, 마이애미, 홍콩까지 영역을 확장했다.

대부분의 아트페어는 상업 중심지나 자본력을 갖춘 컬렉터들이 모이는 곳에서 열리게 마련이다. 매년 12월 미국 플로리다주에서 열리는 아트바젤 마이애미가 대표적인 사례다. 스위스 바젤 아트페어 조직위원회가 미국 부자들의 대표 겨울 휴양지인 마이애미에 미술 시장을 연 것이다. 아트바젤 마이애미는 미국을 대표하는 겨울 이벤트로 자리 잡았다. 2008년부터는 아시아의 지역적 특성을 살린 바젤 홍콩도 시작됐다. 2018년 총 매출액이 1조 원을 넘을 만큼 성황을 이뤘다. 아트페어를 시작하자마자 2시간 만에 추상표현주의 화가 월렘 드 쿠닝의 작품이 370억 원에 팔린 것으로도 유명하다.

베이징에서 열리는 중국 국제화랑박람회도 전통과 권위를 자랑하는 아트페어 가운데 하나다. 중국 최고의 갤러리는 물론 한국과 일본, 인도, 싱가포르 등 아시아 지역과 프랑스, 이탈리아, 스페인, 미국 등 유럽과 북아메리카 지역의 유수한 갤러리가 참여한다. 그 덕분에 이제는 멀리 스위스나 미국에 가지 않고도 가까운 이웃 나라에서 미술의 국제적 동향을 알아볼 수 있다.

물론 부자들을 위한 아트페어만 있는 건 아니다. 2000년대 들어 해외 시장에는 중저가 아트페어가 등장하고 있다. 메이저급 아트페어 주변에 위성 아트페어나 저가 아트페어가 동시에 열리기도 한다. 바젤 같은 초대형 페어와 함께 열리는 펄스나 아트 스코프가 대표적 사례다. 신인 작가, 에디션이 많은 판화, 드로잉 등 상대적으로 가격이 높지 않은 작품 소개에 초점을 맞추고 있어, 이런 위성 아트페어에서는 알맞은 가격대의 작품을 만날 수도 있다.

대표적인 국내 아트페어로는 화랑미술제, 마니프 서울 국제아트페어, 한국 국제아트페어, 아트부산 등이 있다. 미술 시장의 대중화와 활성화를 목표로 2002년 처음 열린 한국 국제아트페어는 동시대 국내외 미술의 정점을 보여준다. 화랑미술제는 매년 봄 서울에서 열리고, 아트부산은 매년 5~6월에 부산 벡스코에서 열린다.

나만의 안목,
스스로 찾아가는 기쁨

아트페어는 미술이 개념과 이론의 수식을 내려놓고 상품이 되어 시장에 나오는 행사다. 이곳에서는 갤러리 문턱에서 망설였던 기억은 잊어도 좋다. 가격이 궁금하면 당당하게 물어보자. 아트페어는 누구에게나 열려 있어 눈치 보지 않고 마음껏 둘러볼 수 있다. 미리 눈여겨본 작가의 판매 실적도 현장에서 확인할 수 있어 경제적 부담 없이 컬렉터가 될 수 있는 기회이기도 하다. 참가한 갤러리들의 작품 수준을 비교해볼 수도 있고, 해외 갤러리의 작품을 보면서 국제 동향도 파악할 수 있다. 수십만 원에서 수십억 원대에 이르는 여러 작품을 감상할 수 있는 호사는 덤이다.

두꺼운 미술사 관련 단행본 한두 권쯤 독파해야 안목을 얻거나 애호가가 될 수 있는 건 아니다. 많이, 그리고 자주 보면서 애정과 관심을 가지는 자세가 우선이다. 나만의 감상법을 통해 작품 구경에 익숙해지면 내가 무엇을 더 좋아하는지 스스로 알게 된다. 무턱대고 대세를 좇아간다고 나만의 컬렉션을 만들 수는 없다. 모두가 좋다고 말하는 작가의 작품들은 이미 돈 많은 컬렉터가 사들여 값이 오를 대로 오른 뒤다. 내 예산 범위를 뛰어넘는 가격대의 작품이 대부분이다.

요즘은 미술 작품이 재테크 수단이기도 한 탓에 특정 작가의 작품을 집중해 수집하는 컬렉터가 많아졌다. 결국 자본을 갖춘 컬렉터가 구입하는 소수 작가의 작품 중심으로 가격이 턱없이 상승해버린다. 아쉽다고 포스터나 인쇄물을 대신 구입하지는 말자. 인테리어를 위해서라면 모르지만 작품으로서의 가치는 없기 때문이다.

소소한 컬렉터가 되는 길은 이론적으로는 간단하지만 현실적으로는 오래 걸린다. 그래도 한번 시도해보고 싶다면 취향에 맞는 장르 중심 혹은 소재에 따라 작품을 골라보자. 예를 들어 산수화나 풍경화, 추상화 등 취향에 맞는 장르를 선택하거나 드로잉이나 판화 등 작품 소재를 정해서 장기적으로 관심을 키워보자. 남이 선택하는 작품을 덩달아 구입하는 수동적인 컬렉터가 아니라 나만의 안목으로 선택한 작품이 하나둘 늘어날 때의 기쁨은 돈으로 환산할 수 없다.

컬렉터가 되려는 동기가 무엇이든 좋다. 예술에 대한 애정도 좋고 미래를 위한 투자 개념이라도 상관없다. 작가를 격려하며 작품 활동을 지원하는 차원의 수준 높은 문화적 활동이라면 더욱 환영할 일이다.

알쏭달쏭 미술 게임

 팝아트의 대명사 앤디 워홀의 〈캠벨 수프 캔〉은 1962년 완성된 이후 오랜 세월 대중의 사랑을 받아왔다. 미국 식품 회사 캠벨의 통조림 수프를 그린 캔버스 작업이다. 토마토 맛, 치킨 수프 맛, 양파 맛 등 32종류의 통조림이 담긴 작품인데, 간결한 선과 선명한 색 덕분에 마치 인쇄물처럼 보였다. 처음 전시장에 선보일 때 진짜 수프 캔처럼 진열대 선반 위에 작품을 올려놓아 더욱 눈길을 끈 작품이었다.

앤디 워홀,
대중을 향한 실험 정신

당시 미술계를 이끌던 뉴욕 맨해튼에는 잭슨 폴록으로 대표되는 추상표현주의가 주류를 이루고 있었다. 폴록은 대형 캔버스를 바닥에 펼쳐놓고 물감을 흩뿌리거나 흘리는 방식으로 이미지를 만들어냈다. 비슷한 시기에 활동했던 네덜란드 출신의 추상표현주의 화가 윌렘 드 쿠닝은 이미지를 해체하고 복원하기를 반복하며 그림을 완성했다. 일그러지고 뒤틀린 이미지에서 작가의 고뇌가 느껴진다는 평단의 해석이 추상표현주의에 대한 인기를 더욱 높였다. 평론가들은 폴록의 붓 끝에서 뚝뚝 떨어지는 물감의 흔적과 드 쿠닝의 거친 붓놀림은 자유로운 영혼의 상징이라고 설명했다.

작가의 자아와 고뇌를 추상적으로 표현하는 작품이 유행하고 있던 뉴욕 미술계에 위홀이 내놓은 작품은 소재나 형식 면에서 파격이었다. 특히 순수미술과 상업미술의 경계를 분명히 구분하던 시기인 탓에 위홀의 작업은 미술 작품이라기보다 잡지나 신문, 광고 등에 실리는 삽화에 가까워 보였다.

미국 로스앤젤레스에 있는 페러스 갤러리에서 열린 위홀의 〈캠벨 수프 캔〉 작품의 첫 전시와 관련해 유명한 일화가 있다. 위홀의 작품을 본 이웃 갤러리 주인은 위홀의 작품이 탐탁지 않았다. 그는 가게에서 캠벨 수프 캔을 사서 다시 전시장에 왔다. 그러고는 "내가 사 온 실제 캔 수프가 훨씬 싸요. 심지어 먹을 수도 있어요."라고 말해 관람객을 당황하게 만들었다.

일반인이 작가의 감정과 영혼의 숭고함을 표현하는 추상미술을 이해하기는 쉽지 않다. 어쩌면 위홀은 대중의 가려운 곳을 긁어주었다고도 할 수 있다. 칸딘스키의 난해한 추상 이론이 위홀의 그림에서는 일상의 익숙한 사물로 대체되었다. 그의 그림은 솔직하고 군더더기 없이 담담했다. 대량으로 생산하고 소비하는 사회 현상을 고스란히 캔버스에 담은 것이다. 32개의 수프 캔 그림은 첫 전시를 열었던 페러스 갤러리가 워홀로부터 10개월에 걸쳐 1만 달러에 사들였다. 그리고 워홀이 사망한 뒤 MOMA에 팔았다. 가격은 15만 달러였다.

〈캠벨 수프 캔〉이 판매된 뒤 미술계에서 명성이 자자해지자 워홀은 마릴린 먼로, 엘비스 프레슬리, 재클린 케네디 등 유명 인사들의 이미지와 달러 화폐 이미지를 복제한 작품을 잇달아 내놓았다. 워홀은 직접 손으로 그리는 대신 실크스크린이라는 판화 기법을 이용해 작품을 찍어내기 시작했다. 그는 포스터나 광고 등 상업적 홍보물 제작에 사용되던 인쇄 기술을 미술에 접목했다. 사회적 명성과 가치가 형성되는 방식이 복제 기술의 발전과도 관련된다고 생각한 것이다. 어느 인터뷰에서 기자가 "비평가들은 당신의 그림이 오리지널이 아니라고 평가합니다. 직접 만들지 않고 복제하는 이유가 뭔가요?"라고 물었다. 워홀은 머뭇거리지 않고 대답했다. "내 작품들은 오리지널이 아닙니다. 복제는 매번 그리는 것보다 훨씬 쉽지요."

워홀은 부자 컬렉터들을 위해 만들어지는, 소위 알쏭달쏭한 작품을 내놓지 않았다. 일반인도 쉽게 이해할 수 있는 이미지를 미술의 경지에 올려놓았다. 그리고 '팝아트'라는 새로운 분야를 개척한 선구자가 되었다.

워홀의 미술 '게임'은 단순하고 명백했다. 워홀은 대중이 쉽게 이해할 수 있는 미술을 선택했다. 세상에 하나뿐인 그림으로 예술을 고급화하던 시대는 지났다는 사실을 그는 진즉 알고 있었을까? 오리지널을 찾는 사람이 이상할 지경이 된 디지털 시대, 복제된 다수의 파급 효과가 더 커진 시대적 흐름을 이미 예측했던 것일까?

1964년 워홀은 뉴욕 맨해튼 이스트 47번가에 창고형 작업실을 빌렸다. 그는 작업실을 '스튜디오'라 부르지 않고 공장을 의미하는 '팩토리'라 불렀다. 워홀의 팩토리는 스스로 작가, 영화 제작자, 레코드 프로듀서로 활동하기 위한 놀이터였다. 조수들을 고용해 마치 공장에서 상품을 생산하듯 쉴 틈 없이 판화를 찍어냈다. 팩토리는 할리우드 배우들뿐만 아니라 거리의 보헤미안에 이르기까지 맨해튼의 다양한 계층이 모이는 명소가 되었다. 1968년 임대했던 창고가 아파트 건축을 이유로 헐리자, 워홀은 유니언스퀘어에 위치한 데커 빌딩으로 팩토리를 옮겨 생을 마치기 직전인 1984년까지 실험적 도전을 이어나갔다.

코스타비,
또 다른 방식의 예술

앤디 워홀이 세계적으로 명성을 떨치던 1984년, 24살의 한 무명작가가 캘리포니아에서 뉴욕 맨해튼으로 이주했다. 마크 코스타비였다. 그는 앤디 워홀이라는 거장이 누린 아메리칸 드림을 꿈꾸며 뉴욕 맨해튼 이스트 빌리지에 자리를 잡았다. 당시 누구도 주목하지 않았지만, 코스타비는 지금 한 해에 600점이 넘는 작품을 만들고, 작품당 평균 가격이 500만 원을 웃도는 작가다. 무엇이 그를 오늘의 자리에 오르게 했을까?

코스타비는 눈, 코, 입이 없는 마네킹 같은 인물을 통해 정치적, 사회적 또는 심리적 메시지를 드러낸다. 캔버스에 아크릴 물감으로 그리는 이미지는 누구인지 혹은 무엇인지 정체를 알 수 없다. 심지어 유명 그림을 패러디하는 등 미술사에서 소재를 찾아 그리기도 한다. 엄밀히 말하자면 코스타비가 직접 그리는 작품도 아니다. 모두 그가 고용한 조수들의 작업이다.

의류 공장이 모여 있는 맨해튼 38번가 3층에 위치한 '코스타비 월드'에서는 옷 대신 미술 작품이 생산된다. 1층은 '싱크탱크'라 불리는데, 아이디어를 고안해내는 조수들이 모여 고객이 좋아할 만한 주제와 소재를 잡고 밑그림을 그린다. 싱크탱크의 조수들이 그린 밑그림은 3층에 있는 화가들에게 전달된다. 여기서 작업하는 대부분의 화가는 러시아나 동유럽에서 온 미대 졸업생들로, 대개 적은 보수를 받고 일한다. 제목을 제안해서 채택되면 20달러 정도의 보너스도 받는다. 이들은 밑그림의 색을 바꾼다거나 크기를 변경해 조금씩 다른 복사본 여러 개를 제작한다. 최종적으로 그림이 완성되고 검열이 끝나면 코스타비가 서명해 마무리한다.

2층은 완성된 작품을 전시하는 공간이다. 필자가 이곳을 방문했을 때 전시장 구석 선반에 유명 작가의 전집이 진열돼 있었다. 레오나르도 다빈치와 미켈란젤로 전집이었다. 그리고 이어서 코스타비 제1권도 나란히 놓여 있었다. 2권, 3권이 잇따라 나올 예정이라는 사실을 암시하는 듯했다. 다빈치와 미켈란젤로를 자신과 동급으로 여기는 코스타비의 자부심이 엿보이는 장면이었다.

'코스타비 월드'는 앤디 워홀의 '팩토리'에 대한 염원에서 시작되었다. 워홀의 팩토리는 각 분야의 협업에 의해 미술 작품이 생산되는 곳이었으며, 그를 문화계의 스타로 만들어준 무대였다. 코스타비는 워홀이 누렸던 명성과 사랑을 코스타비 월드를 통해 얻으려 했다. 주목받는 작가가 되기 위해 그는 그림을 그리지 않는 묘책을 고안한 것이다. 가십의 중심에 있으니 아이러니하게도 사람들의 관심이 이어졌다. 지난 20여 년간 코스타비가 약 2만 2천 개의 작품을 판매할 수 있었던 비결이기도 하다. 유명 TV 쇼에 출연한 코스타비는 "예술도 좋지만 나는 돈과 명예를 더 많이 사랑한다"라고 말했다. 정확히 워홀의 방식은 아니었지만, 어쨌든 부와 명성은 얻은 셈이다.

코스타비는 스스로를 '사기꾼 작가'로 부른다. 그리지도 않고 고민하지도 않는 그는 이미 1980년대 후반부터 사람들에게 가십거리였다. 하지만 어느 누구도 대놓고 논평하지는 않는다. 메이저 경매사인 크리스티나 소더비즈도 마찬가지다. 뉴욕 현대미술관이나 구겐하임, 메트로폴리탄미술관도 침묵한다. 여기서 주목할 점은 이들이 모두 코스타비 작품의 소장자들이라는 데 있다. 그리고 이들 중 어느 누구도 수장고에서 코스타비의 작품을 꺼내 전시하지 않는다. 코스타비를 비난했던 많은 비평가 중에 유명한 도널드 쿠스핏은 코스타비를 "대세가 되고 싶은 비주류"라고 평하면서 그의 작품을 한 시대의 농담으로 치부했다.

그간 세계 주요 미술관을 중심으로 1980년대 뉴욕 미술을 회고하는 전시가 여럿 열렸지만 그 어디에서도 코스타비의 이름을 찾아볼 수는 없었다. 이에 대해 코스타비는 잘 팔리는 작가에 대한 비평가들의 질투라고 대응해왔다.

코스타비는 1년의 절반은 뉴욕에서, 나머지 절반은 로마의 광장이 내려다보이는 아파트에서 지낸다. 이탈리아에서 아직도 꾸준하게 그의 작품이 판매되고 있고, 뉴욕보다는 훨씬 유연한 평가가 주를 이루기 때문이다. 레오나르도 다빈치와 미켈란젤로의 나라, 이탈리아. 돈과 명예를 더 사랑한다는 코스타비가 르네상스 거장들의 고향에 제2의 둥지를 튼 것은 자기 작품에서 부족한 면을 채워보려는 심정 아니었을까? 바로 예술성 말이다.

코스타비는 지금도 작품과 시장을 오가며 게임을 즐기고 있다. 비평가의 극찬이나 메이저급 미술관에서 열리는 화려한 회고전 대신 판매왕, 스타의 가십을 선택했다. 미술관들이 그의 그림을 수장고에 감춰둔 이유 중 하나는 만에 하나 그가 월드스타로 등극할지도 모른다는 기대 때문일 것이다.

쿠스핏이 농담이라고 생각했던 코스타비의 그림은 뉴욕에서 대단한 명예를 얻지는 못했지만 여전히 잘 팔리고 있다. 쿠스핏이 생각했던 것보다 더 많은 사람이 농담을 즐긴다는 얘기다. 코스타비가 훌륭한 현대 작가냐고 물으면 대답하기 어렵지만, 미술 시장과 아슬아슬한 게임을 즐기는 영리한 작가임에는 틀림없다.

미술, 이유 있는 밀당

미술이 작가의 독창적 창작물이 된 건 그리 오래전 일이 아니다. 19세기 이전의 작가는 대부분 왕실이나 귀족 또는 교회의 후원이나 주문으로 미술품을 제작했다. 시스티나 성당에 그려진 〈천지창조〉는 교황 율리우스 2세가 교황과 교회의 권위를 상징하기 위해 미켈란젤로에게 요청해 제작됐다. 세계에서 가장 아름다운 예술 건축물로 꼽히는 프랑스의 베르사유 궁전은 루이 14세가 자신의 절대주의 왕권을 상징하기 위해 40여 년에 걸쳐 건축했다. 예술이 온전히 예술가에게 속한 시대는 아니었다.

신진 작가들, 화상을 만나다

18세기 프랑스혁명과 미국독립혁명은 군주제와 봉건주의가 붕괴하고, 자유민주주의와 자본주의가 탄생하는 계기가 되었다. 이 시기에 미술도 근대로 전환하기에 이르렀다. 작가는 자신을 고용한 사람의 뜻에 따라 봉사하는 대신 스스로 창의적인 주제와 소재를 선택할 수 있게 되었다. 왕과 왕족, 귀족을 그리는 인물화나 교회를 장식했던 종교화에서 벗어나 자유의지로 미술을 창작하게 된 것이다. 19세기 작가들은 빠르게 변화하는 사회의 모습을 화폭에 담고자 했다.

그러나 자유를 얻은 작가들은 대가를 치러야 했다. 왕실이나 귀족 가문, 교회 등의 후원은 군주제 폐지와 함께 중단됐다. 스스로 작품을 팔아야 살아남는 시대를 맞이하게 된 것이다. 자본주의사회에서는 미술품도 교환가치를 갖는 상품이 되었다. 과학혁명과 산업혁명으로 인해 부르주아로 불린 신흥 부자들이 늘어났고, 예술계의 새로운 고객이 되었다. 이들은 과거 귀족 사회가 향유하던 문화적 혜택을 누리고자 했다.

한편 작가들은 장인 정신을 중요시했던 도제식 아카데미 교육을 거부하고 정부의 규제에서 자유로워지기 위해 노력했다. 이런 시도는 오랜 전통을 유지했던 아카데미들의 세력을 약화하는 결과를 초래했다. 그림의 크기는 작아지고, 새로운 양식과 기법이 등장했다. 인상주의, 야수파, 입체파 등이 대표적인 예다.

그리고 19세기 후반 드디어 화상과 화랑이 미술 시장의 한 축으로 등장했다. 화상들은 부르주아 계층의 잠재적 구매력을 파악하고 구매자 성향에 맞는 작가를 모으기 시작했다. 작가는 안정적인 생활을 꾸리기 위해 화상을 필요로 했고, 화상은 보다 넓은 구매층을 확보하기 위해 작가가 필요했다. 작가와 화상은 새로운 공생 관계를 형성했다. 화상과 작가

간의 계약서가 등장하고, 미술 시장에서 화상의 역할이 부상하는 것도
이 시기부터다.

하지만 새로운 작가들이 처음부터 성공 가도를 달린 건 아니었다. 아
카데미 출신 작가들의 작품에 익숙했던 관객들은 새로운 화풍의 그림이
낯설기만 했다. 그들이 선보인 작품은 '미완성'이나 '실패작'이라는 수식
어가 들어간 평단의 혹평을 견뎌야 했고, 정부가 주도하는 공모전에서는
출품과 동시에 탈락하기도 했다.

작가와 세상을 잇는 다리, 대표적인 화상들

18세기 이후 작가들을 세상에 선보인 대표적인
화상으로 앙브루아즈 볼라르Ambroise Vollard가 있다. 볼라르
는 피에르 르누아르, 폴 세잔, 에드가르 드가, 피에르 보나
르, 반 고흐, 폴 고갱, 파블로 피카소 등을 세상에 알린 인
물이다.

1893년 볼라르는 파리 중심가에 '루 라피테'라는 갤러리를 열었다. 그
는 크고 우락부락한 외모에 늘 시선을 내리깐 채 빈틈없이 일을 처리했
다. '싸게 사서 비싸게 팔라'는 사업가적 경영 철학으로 큰 성공을 거둔,
그야말로 그림 장사꾼이었다. 하지만 볼라르는 대중에게 알려지지 않은
작가를 발굴해 미술계에 선보이며 신예 작가의 성공을 돕기도 했다. 능

력 있는 작가를 알아보고 투자하는 데는 예리한 안목이 필요한 법이다.

볼라르는 1901년에 피카소의 첫 번째 개인전을 시작으로 수년 사이 마티스, 세잔을 소개하는 전시회를 잇달아 열었다. 당시 대중은 전위적인 작품 경향에 익숙하지 않았지만, 볼라르는 작가들의 소질을 알아보고, 적극적으로 그들의 작품을 사주며 후원했다. 재정적 지원을 위해 그림을 팔아주는 것은 물론, 작가가 작업에 몰두할 수 있도록 정신적인 버팀목이 되어주었다. 작가에게는 생존을 넘어 세상과 소통하는 게 중요하다는 사실을 볼라르는 잘 알고 있었다. 볼라르가 판화집(작품집)을 출간해주며 예술혼을 북돋아준 당대의 화가들은 르동, 드가, 루오, 보나르, 피카소 등 수없이 많다. 세잔과 드가, 르누아르의 전기를 쓴 사람도 볼라르다.

자본가와 상인으로 형성된 중산층이 등장했던 18세기, 인상주의 화가들은 동시대 중산층의 일상적인 모습을 주된 소재로 삼았다. 아카데미에서는 꿈조차 꾸지 못한 화두였다. 〈바티뇰의 아틀리에〉로 알려진 앙리 팡탱 라투르Henri Fantin Latour의 유화는 당시 인상주의를 대표했던 화가들의 집단 초상화다. 그림에는 마네를 중심으로 르누아르, 바지유, 클로드 모네와 소설가 에밀 졸라, 시인 아스트뤼크의 모습이 보인다.

당대 화가들은 삶의 모습을 담아내는 게 화가의 의무라 생각했다. 이들은 시인, 소설가, 사상가들과 함께 시대를 연구하며 이를 화폭에 표현하고자 했다. 그 작가들 뒤에 볼라르가 있었다. 볼라르가 후원했던 많은 화가들이 그의 초상화를 그린 것은 그들이 화상과 작가의 관계를 넘어섰다는 사실을 단적으로 보여준다. 르누아르를 비롯해 루오, 세잔, 피카소에 이르기까지 모두 그를 즐겨 그렸다. 이전까지 볼라르보다 더 자주 인물화의 모델이 된 사람은 없을 정도였다.

근대미술사에서 볼라르 이후 가장 유명한 화상으로 칸바일러Daniel-Henry Kanweiler가 있다. 그 역시 피카소의 화상이었고, 입체파 미술의 두 작가 피카소와 브라크를 후원했다. 칸바일러는 20세에 당시 금융 중심지였던 파리의 주식거래소에서 일했다. 그리고 여가 시간을 이용해 미술관과 갤러리를 다니다 자신의 열정이 미술에 있다는 사실을 깨달았다. 칸바일러는 28세에 직업을 바꿔 파리에 갤러리를 연다.

칸바일러는 이미 유명세를 타고 있는 인기 작가보다 신진 작가를 발굴하는 데 전념했다. 1907년 봄, 피카소의 작업실에서 〈아비뇽의 여인들〉을 발견하고 전시를 제안한 사람이 칸바일러였다. 피카소의 그림이 대중의 주목을 받지 못했을 때였지만, 그는 미래의 영웅을 감지했다. 볼라르가 '청색시대, 장미시대'로 불리는 피카소의 초기작을 주로 다루었다면, 칸바일러는 후기 경향인 입체파 그림을 선택했다.

'입체파cubism'라는 말이 나온 것도 어떻게 보면 칸바일러 덕분이다. 칸바일러가 1907년 브라크의 첫 개인전을 열었다. 이 전시를 본 미술평론가 루이 보셀르가 "사물의 형태를 정육면체cube로 본 것처럼 표현한 것 같다"라고 말했고, 이것이 '입체파'라는 용어의 유래가 되었다.

미국 태생의 전설적인 컬렉터이자 화상이었던 페기 구겐하임Peggy Guggenheim도 현대미술의 전개에서 빼놓을 수 없는 인물이다. 1898년 뉴욕에서 태어난 구겐하임은 타이태닉호 침몰로 사망한 벤자민 구겐하임의 딸이며, 뉴욕 구겐하임 미술관을 설립한 솔로몬 구겐하임의 조카다.

페기 구겐하임은 런던에 구겐하임 죈느 화랑을, 뉴욕에 금세기 미술 화랑을 개관했다. 그녀 역시 탁월한 안목과 재력을 바탕으로 전위적 작가들을 발굴하고 후원했다. 마르셀 뒤샹을 비롯해 유럽에서 건너온 초현실주의 작가들과 친분을 쌓으며 현대미술에 조예가 깊어졌다. 구겐하임은 미술의 중심 무대를 유럽에서 미국으로 옮겨 놓는 데 결정적인 역할을 한 화상이다. 뛰어난 예측으로 모더니즘 미술이 뿌리를 내리고 정착하는 데도 큰 공을 세웠다. 당시 무명작가에 불과했던 잭슨 폴록이 미국을 대표하는 현대미술의 거장이 될 수 있었던 건 구겐하임 덕분이었다. 훌륭한 화가 뒤에는 대개 훌륭한 화상이 있다.

공생을 고민하는
화상의 시대

미술 시장에서 화상의 위상은 지금도 높다. 21세기 현대미술을 논할 때 빼놓을 수 없는 인물은 컬렉터이자 화상인 영국의 찰스 사치Charles Saatchi다. 본래 유럽 미술을 주로 수집해오던 그가 1990년부터 진취적 사고로 무장한 혁신적인 신진 작가들을 주목하기 시작했다. 사치는 광고 회사를 운영하던 예민한 촉으로 아직 세상에 널리 알려지지 않은 젊은 작가들을 찾아냈다. 영 브리티시 아티스트Young British Artist; YBA 전시를 통해 등단한 데미안 허스트, 트레이시 에민 같은 작가들이 그의 지지와 후원에 힘입어 영국을 대표하는 작가로 자리를 굳힌다.

이 중 데미안 허스트는 〈살아 있는 누군가의 마음에서 물리적으로 불가능한 죽음〉이라는 작품으로 유명하다. 길이 4.3미터의 죽은 상어를 포름알데히드 용액에 담가놓은 설치 작품으로, 당시 관객에게 큰 충격을 주었다. 전시 이후 영국의 신진 작가들은 국제적으로 명성을 얻었고, 무명의 젊은 예술가에게 주목한 사치의 영업 전략이 전 세계 갤러리들의 모델이 되었다.

1990년대 후반에 들어서면서 우리나라 갤러리들도 앞다투어 신진 작가 발굴에 매진하기 시작했다. 비싼 수수료를 지불하며 인지도 있는 작가의 작품을 판매하던 갤러리들의 태도가 달라졌다. 미술대학의 졸업 전시와 실기실에도 관심을 갖기 시작한 것이다. 갤러리는 전속 작가 제도로 작가군을 확보했다. 작가들은 일정한 작품 제작비의 고정 지급이나 정기 전시를 열어준다는 약속을 받았다. 전속 계약이란 한 갤러리가 발굴한 작가를 다른 갤러리에 양보하지 않겠다는 보호와 독점의 의지를 나타낸다. 이 개념이 이전에 없었던 건 아니지만 유난히 젊은 작가에게 몰리기 시작한 것도 이 무렵부터다.

한때는 의지가 지나쳐 작가의 작품을 유도, 창작한다는 비난을 받는 갤러리들이 있기도 했다. 갤러리들이 잘 팔리는 성향의 주제나 소재 제작을 지속적으로 요구하는 경우도 있었다. 전속 기간이 끝나고 나서야 작가가 새로운 작품들을 공개하는 아이러니한 상황도 벌어졌다. 독창성과 혁신을 살리려는 작가와 구매층 확보나 판매율 제고에 더 신경 쓰는 갤러리 사이의 보이지 않는 밀당은 지금도 어디선가 계속되고 있을 것이다.

화상은 작가의 가능성을 예측하고 발굴해내는 통찰력을 가진 사람들이다. 당대 미술계뿐 아니라 미술의 역사에도 많은 방향성을 제시해왔다. 이들은 영향력 있는 전시를 기획하고 화가의 가치를 만들어내며 미술계를 움직이는 미다스의 손이다. 현대미술의 다양성과 난해성 앞에서는 천리안을 가진 화상이 더욱 절실하다. 시대 흐름을 분석하고 예측하면서 진실한 자세를 유지하는, 그래서 미술계의 공생을 생각하는 화상의 확산을 기대한다.

제2강 • 이야기는 어떻게 산업이 되었나 | 정창권 |

- 김대영(2004). 명품 마케팅. 미래의창.
- 김민주(2003). 성공하는 기업에는 스토리가 있다. 청림출판.
- 옌센, 롤프(2005). 드림 소사이어티. 서정환 번역. 리드리드출판.
- 윤종선(2012). 한국 고전과 콘텐츠 개발. 커뮤니케이션북스.
- 정창권(2008). 문화콘텐츠 스토리텔링. 북코리아.
- 정창권(2016). 인포메이션 스토리텔링. 커뮤니케이션북스.

제3강 • 성공하는 마케팅에 숨은 인문학 | 박정호 |

- 권영걸(2011). 공간디자인의 언어. 날마다.
- 김선영(2014). 런던 레스토랑 · 카페 · 베이커리 공간디자인 스터디. 커뮤니케이션북스.
- 박나니(2019). 한옥. 이종근 사진. 고려대학교출판문화원.
- 엥겔, 하이노(2008). 건축구조형태와 공간 디자인. 정일영 번역. 내하출판사.
- 오상진(2016). 나는 왜 괜찮은 아이디어가 없을까. 비즈니스북스.
- 오세웅(2012). 아사히야마 동물원이야기. 새로운제안.
- 윤일권 · 김원익(2015). 그리스 로마 신화와 서양 문화. 알렙.

• 이광주(2015). 담론의 탄생: 유럽의 살롱과 클럽과 카페 그 자유로운 풍경. 한길사.
• 푀르스터, 옌스(2008). 바보들의 심리학. 장혜경 번역. 웅진지식하우스.

제5강 • 세종의 원칙 | 박영규 |

• 박영규(2008). 한 권으로 읽는 세종대왕실록. 웅진지식하우스.
• 박영규(2017). 한 권으로 읽는 조선왕조실록. 웅진지식하우스.
• 플루타르코스(2012). 플루타르코스의 모랄리아. 허승일 번역. 서울대학교출판문화원.

제7강 • 르네상스 미술의 한 장면 | 이화진 |

• 강정식(1994). 세계문화사. 형설출판사.
• 곰브리치, E. H.(2013). 서양미술사. 백승길 · 이종숭 번역. 예경.
• 괴테, 요한 볼프강 폰(2004). 이탈리아 기행(1−2). 박찬기 번역. 민음사.
• 바사리, 조르조(2019). 르네상스 미술가 평전(1−6). 이근배 번역. 고종희 해설. 한길사.
• 벌핀치, 토마스(2009). 벌핀치의 그리스 로마 신화. 이윤기 편역. 창해.
• 부르크하르트, 야콥 (1999). 이탈리아 르네상스의 문화. 안인희 번역. 푸른숲.
• 성제환(2013). 피렌체의 빛나는 순간. 문학동네.
• 월간미술 엮음(1999). 세계미술용어사전. 월간미술.
• 이은기 · 김미정(2006). 서양미술사. 미진사.
• 핑크, 게르하르트(2012). 후 Who. 이수영 번역. 예경.
• 하우저, 아르놀트(2016). 문학과 예술의 사회사(전4권). 반성완 외 번역. 창비.

제8강 • 인물로 이해하는 춘추전국시대 | 공원국 |

• 공원국(2017). 춘추전국이야기(전11권). 위즈덤하우스.

제12강 • 알고 보면 재미있는 미술 시장 | 백지희 |

• Stanizewski, Mary Anne(1995). Believing is Seeing. Penguin Book.

• 손튼, 세라(2011). 걸작의 뒷모습. 이대형 · 배수희 번역. 세미콜론.

• 이규현(2008). 미술경매 이야기. 살림.

《퇴근길 인문학 수업》 시즌1 │ 멈춤, 전환, 전진 편 │

《퇴근길 인문학 수업》은 현대인의 독서생활 패턴에 맞춰 구성된 인문학 시리즈다. 한 개의 주제를 월요일부터 금요일까지 다섯 번의 강의로 나눠 하루 30분씩 5일이면 하나의 인문학 강의를 완독할 수 있다. 시즌1은 인문학의 범위를 '멈춤, 전환, 전진'이라는 방향성으로 나눠 풀어냈다. 다양한 소재와 짧은 호흡, 쉬운 언어로 호평을 받으며 출간 즉시 인문 분야 베스트셀러에 올랐다.

퇴근길 인문학 수업 │ 멈춤 │

제 1 강 생태계에서 배우는 삶의 원리 생태학자 최형선
제 2 강 너를 이해해 정신건강의학과 전문의 전미경
제 3 강 너와 나 그리고 우리 작가·영화칼럼니스트 강안
제 4 강 스크린으로 부활한 천재들 영화평론가 최은
제 5 강 연극의 발견 배우·연극연출가 박준용
제 6 강 조선의 대중문화 한문학자 안나미
제 7 강 쉽게 풀어보는 경제원리 경제학자 박정호
제 8 강 역사에 남긴 경제학자의 한마디 백상경제연구원장 이용택
제 9 강 무기의 발달과 경제 군사전문기자 이세환
제10강 한국의 사상을 말하다 인문학자 신창호
제11강 철학하며 살아보기 철학자 이창후
제12강 고전의 잔혹한 지혜 배우·연극연출가 박준용

퇴근길 인문학 수업 │ 전환 │

제 1 강 마이너리티 리포트 조선 인문학자 정창권
제 2 강 천 년을 내다보는 혜안 프랑스 문화예술 전문가 민혜련
제 3 강 차茶로 읽는 중국 경제사 차 전문가 신정현
제 4 강 치유의 인문학 소설가 최옥정
제 5 강 동양 고전에서 찾은 위로의 한마디 고전 번역가 안하
제 6 강 내 마음 나도 몰라 정신건강의학과 전문의 전미경
제 7 강 미술은 의식주다 미술전문 기자 조상인
제 8 강 창의력의 해답, 예술에 있다 조각가 박원주
제 9 강 예술의 모티브가 된 휴머니즘 클래식 칼럼니스트 나성인
제10강 지도를 가진 자, 세계를 제패하다 국문학자 이정선
제11강 동양 신화의 어벤져스 신화학자 정재서
제12강 천문이 곧 인문이다 한문학자 안나미

퇴근길 인문학 수업 | 전진 |

제 1 강　문장의 재발견　소설가 김나정

제 2 강　괴물, 우리 안의 타자 혹은 이방인　인문학자 윤민정

제 3 강　나를 찾아가는 글쓰기　소설가 최옥정

제 4 강　가로와 세로의 건축　건축가 박선욱

제 5 강　시간과 공간으로 풀어낸 서울 건축문화사　인문학자 박희용

제 6 강　건축가의 시선　건축가 정현정

제 7 강　클래식, 문학을 만나다　클래식 칼럼니스트 나성인

제 8 강　오래된 것들의 지혜　미술 평론가 김최은영

제 9 강　시간이 만든 완성품　프랑스 문화예술 전문가 민혜련

제10강　조선의 과학과 정치　한문학자 안나미

제11강　'나'는 어디에 있는가　물리학자 장형진

제12강　제4의 물결　르포작가 오준호

─────── 《퇴근길 인문학 수업》 시즌2 | 관계, 연결 편 | ───────

시즌2는 꼭 한 번 다뤄야 할 근본의 질문 '인문학은 어떻게 삶이 되는가'에 초점을 맞춰 기획됐다. 〈관계〉편은 '1인 생활자' '개인과 사회' '소확행'이라는 큰 카테고리 아래 나(개인)와 사회를 탐구하는 주제들로 구성됐고, 〈연결〉편은 '인문학 코드' '리더의 교양' '시장과 문화'라는 카테고리 아래 산업과 문화 속에 스며든 인문정신이 우리 삶과 어떤 연관성을 갖는지에 주목했다.

퇴근길 인문학 수업 | 관계 |

제 1 강　자존감의 뿌리를 찾아서　정신건강의학과 전문의 전미경

제 2 강　내 길은 내가 간다　한문학자 안나미

제 3 강　다름의 심리학　임상심리전문가 노주선

제 4 강　1인 가구 보고서　경제학자 김광석

제 5 강　과식사회　심리학 박사 이장주

제 6 강　똑똑한 사람들이 가족에게는 왜 그럴까　상담학자 권수영

제 7 강　콤플렉스의 시대, 신화와 비극에서 위로를 찾다　연극연출가 김은정

제 8 강　노동인권: 이건 제 권리입니다　노동인권 강사 문승호

제 9 강　취향의 발견　인문학자 김동훈

제10강　뇌로 인간을 보다　정신건강의학과 전문의 권준수

제11강　현대인을 위한 여행인문학　인문낭독극연구소장 박일호

제12강　키워드로 알아보는 북유럽　북유럽연구소 소장 하수정

퇴근길 인문학 수업 | 연결 |

제 1 강 인간의 삶과 미래 기술 철학과 교수 이종관

제 2 강 이야기는 어떻게 산업이 되었나 문화창의학부 교수 정창권

제 3 강 성공하는 마케팅에 숨은 인문학 경제학자 박정호

제 4 강 러시아 문학의 생명력 극작가·연출가 신영선

제 5 강 세종의 원칙 인문학자 박영규

제 6 강 다섯 명의 영화감독, 다섯 개의 세계 영화이론가 박일아

제 7 강 르네상스 미술의 한 장면 미술사학자 이화진

제 8 강 인물로 이해하는 춘추전국시대 역사인류학자 공원국

제 9 강 키워드로 보는 중국 비즈니스 문화 중국문화전공 교수 이욱연

제10강 시간이 만든 명품의 비밀 프랑스 문화예술 전문가 민혜련

제11강 명의열전 한의사 김형찬

제12강 알고 보면 재미있는 미술 시장 무대미술감독·갤러리스트 백지희

커리큘럼 1 : 멈춤

카테고리	강의 주제	월	화	수	목	금
생존과 공존	생태계에서 배우는 삶의 원리	어설픈 변신, 그래도 나는 나다	극한의 압박에서 피어나는 처절한 생명력	암컷은 약자인가	뭉쳐야 산다	전문가들의 고군분투
	너를 이해해	진짜 정의는 무엇인가	그들은 누구인가 : 사이코패스	멀고 먼 무지개 깃발 : 동성애	삶을 원하면 죽음을 준비하라 : 안락사	인권이 없는 곳에서 인권을 논하다 : 학교와 인권
	너와 나 그리고 우리	누구도 그럴 권리는 없다 : 〈더 헌트〉	말없이 실천하는 한 사람의 힘 : 〈나무를 심은 사람〉	쉿! 없는 사람처럼 : 〈아무도 모른다〉 〈자전거 탄 소년〉	어린 왕자는 동화가 아니다 : 〈어린 왕자〉	그들은 왜 남자로 살았을까 : 〈앨버트 놉스〉
대중과 문화	스크린으로 부활한 천재들	'작업'의 신 피카소	고흐가 남쪽으로 간 까닭은?	전쟁 중에 예술을 한다는 것 : 르누아르	세기말, 분열된 정신을 장식한 화가 : 클림트	제자, 연인 그리고 조각가 : 까미유 끌로델
	연극의 발견	당신과 연극 사이를 가로막는 4개의 장벽	부유하면 죽고 가난하면 사는 연극의 비밀	키워드로 읽는 연극의 매력 1 공감 · 사건 · 사고	키워드로 읽는 연극의 매력 2 분위기 · 소통 · 선택	연극의 기원에서 만난 인간의 본성
	조선의 대중문화	임진왜란, 한류의 시작	조선시대 인어 이야기 : 유몽인의 《어우야담》	조선의 백과사전 : 이수광의 《지봉유설》	조선 최고의 식객 : 허균의 《도문대작》	선비, 꽃을 즐기다
경제와 세계	쉽게 풀어보는 경제원리	첫사랑이 기억에 오래 남는 이유 : 한계이론	이유 없는 선택은 없다 : 기회비용과 매몰비용	전쟁, 금융의 발달을 재촉하다	물류, 도시를 만들다	나도 모르는 사이에 나의 선택에 개입하는, 넛지효과
	역사에 남은 경제학자의 한마디	화폐가치 : 악화가 양화를 구축하다	시장 : 보이지 않는 손	버블 : 비이성적 과열	균형 : 차가운 머리, 뜨거운 가슴	혁신 : 창조적 파괴
	무기의 발달과 경제	전쟁이 무기 기술의 혁명을 가져오다	전쟁의 판도를 바꾼 개인화기의 출현과 진화	제1차 세계대전 승리의 주역, 전차	산업과 숫자로 보는 제2차 세계대전	현실로 다가온 미래무기
철학과 지혜	한국의 사상을 말하다	한국인의 사상적 DNA, 풍류	화쟁의 세계에서 마음을 묻다	마음 수양의 비결, 돈오점수	유교를 통해 배우고 묻다	이치에 다다르다
	철학하며 살아보기	생각에 대한 생각	잘못된 생각을 고치는 철학	전제를 비판해야 하는 이유	생각의 앞뒤 짝 맞추기	철학이 세상을 바꾸는 방식
	고전의 잔혹한 지혜	막장 드라마는 어떻게 고전이 되었나	비극의 원천은 아트레우스 가문의 저주	잔혹복수극 〈오레스테스〉 3부작 읽기	미스터리 추적 패륜드라마 〈오이디푸스 대왕〉	비극 속 악녀 〈메데이아〉를 위한 변명

카테고리	강의 주제	월	화	수	목	금
역사와 미래	마이너리티 리포트 조선	남녀가 평등했던 조선의 부부 애정사	물도사 수선이 말하는 조선의 일상생활사	야성의 화가 최북이 말하는 조선의 그림문화사	장애인 재상 허조가 말하는 조선 장애인사	이야기꾼 전기수가 말하는 조선의 스토리문화사
	천 년을 내다보는 혜안	암흑의 시대를 뚫고 피어난 르네상스의 빛	프랑스, 르네상스의 열매를 따다	계몽주의와 프랑스대혁명	신은 떠났다, 과학혁명의 도달점, 산업혁명	문화의 카오스, 아무도 답을 주지 않는다
	차茶로 읽는 중국 경제사	인류 최초로 차를 마신 사람들	평화와 바꾼 차, 목숨과 바꾼 차	아편전쟁과 중국차의 몰락	차는 다시 나라를 구할 수 있을까?	차의 혁신, 현대판 신농들
심리와 치유	치유의 인문학	내가 나를 치유하다	다 타서 재가 되다 : 번아웃 신드롬	분노와 우울은 동전의 양면이다 : 분노조절장애	불청객도 손님이다 : 불안	더 나은 나를 꿈꾸다
	동양 고전에서 찾은 위로의 한마디	나이 들어 실직한 당신을 위한 한마디	자꾸 비겁해지는 당신을 위한 한마디	언제나 남 탓만 하는 당신을 위한 한마디	불운이 두려운 당신을 위한 한마디	도전을 주저하는 당신을 위한 한마디
	내 마음 나도 몰라	호환·마마보다 무서운 질병 : 비만	F코드의 주홍글씨 : 우울증	인생은 아름다워 : 자존감과 자기조절력	알면서 빠져드는 달콤한 속삭임 : 중독	나는 어떤 사람일까? : 기질과 성격
예술과 일상	미술은 의식주다	단색화가 뭐길래	김환기의 경쟁자는 김환기뿐이다	컬렉터, 그들은 누구인가	세상에서 가장 비싼 그림	화가가 죽으면 그림값이 오른다?
	창의력의 해답, 예술에 있다	미술, 그 난해한 예술성에 대하여	이름 없는 그곳 : 사이·뒤·옆·앞·안	용기와 도발	슈퍼 모던 맨, 마네	먹느냐 먹히느냐, 모델과의 결투
	예술의 모티브가 된 휴머니즘	보편적 인류애의 메시지 : 베토벤의 〈합창〉	함께, 자유롭게, 꿈을 꾸다 : 파리의 문화살롱	슈베르트를 키운 8할의 친구들 : 슈베르티아데	형편없는 시골 음악가처럼 연주할 것 : 말러의 뿔피리 가곡과 교향곡	절대 잊지 않겠다는 다짐 : 쇤베르크의 〈바르샤바의 생존자〉
천체와 신화	지도를 가진 자, 세계를 제패하다	고지도의 매력과 유혹	한눈에 보는 세계지도의 역사	탐험의 시작, 미지의 세계를 향하다	지도상 바다 명칭의 유래와 우리 바다 '동해'	〈대동여지도〉, 조선의 네트워크를 구축하다
	동양 신화의 어벤저스	동양의 제우스, 황제	소머리를 한 농업의 신, 염제	창조와 치유의 여신, 여와	불사약을 지닌 여신, 서왕모	동양의 헤라클레스, 예
	천문이 곧 인문이다	별이 알려주는 내 운명, 점성술	동양의 하늘 vs. 서양의 하늘	불길한 별의 꼬리, 혜성	태양 기록의 비과학과 과학	죽어야 다시 태어나는 별, 초신성

카테 고리	강의 주제	월	화	수	목	금
문학과 문장	문장의 재발견	벌레가 되고서야 벌레였음을 알다 : 프란츠 카프카 《변신》	마음도 해부가 되나요? : 나쓰메 소세키 《마음》	겨울 나무에서 봄 나무로 : 박완서 《나목》	사진사의 실수, 떠버리의 누설 : 발자크 《고리오 영감》	일생토록 사춘기 : 헤르만 헤세 《데미안》
	괴물, 우리 안의 타자 혹은 이방인	인간의 경계는 어디까지인가 : 괴물의 탄생	우리 안의 천사 혹은 괴물 : 메리 셸리 《프랑켄슈타인》	내 안의 친밀하고도 낯선 이방인 : 로버트 L. 스티븐슨 《지킬박사와 하이드 씨의 기이한 사례》	공포와 매혹이 공존하는 잔혹동화 : 브람 스토커 《드라큘라》	괴물이 던져준 기묘한 미학적 체험
	나를 찾아가는 글쓰기	말과 글이 삶을 바꾼다	독서, 글쓰기에 연료를 공급하는 일	소설가의 독서법	어쨌든 문장이다	마음을 다잡는 글쓰기의 기술
건축과 공간	가로와 세로의 건축	광장, 사람과 건축물이 평등한 가로의 공간	철강과 유리, 세로의 건축을 실현하다	근대 건축을 이끈 사람들	해체주의와 자연 중심적 건축의 새로운 시도	인간이 주인이 되는 미래의 건축
	시간과 공간으로 풀어낸 서울 건축문화사	태종과 박자청, 세계문화유산을 건축하다	조선 궁궐의 정전과 당가	대한제국과 정동, 그리고 하늘제사 건축	대한제국과 메이지의 공간 충돌, 장충단과 박문사	궁궐의 변화, 도시의 변화
	건축가의 시선	빛, 어둠에 맞서 공간을 만들다	색, 볼륨과 생동감을 더하다	선, 움직임과 방향을 제시하다	틈과 여백, 공간에 사색을 허락하다	파사드, 건물이 시작되다
클래식과 의식	클래식, 문학을 만나다	작곡가의 상상 속에 녹아든 괴테의 문학 : 〈파우스트〉	셰익스피어의 언어, 음악이 되다 : 〈한여름 밤의 꿈〉	자유를 갈망하는 시대정신의 증언자, 빅토르위고 : 〈리골레토〉	신화의 해석, 혁명의 서막 : 오르페우스와 프로메테우스	바이블 인 뮤직 : 루터와 바흐의 수난곡
	오래된 것들의 지혜	오래되어야 아름다운 것들 : 노경老境	겨울 산에 홀로 서다 : 고봉孤峰	굽은 길 위의 삶, 그 삶의 예술 : 곡경曲徑	고요해야 얻어지는 : 공허空虛	소멸, 그 후 : 박복剝復
	시간이 만든 완성품	스토리텔링과 장인 정신으로 명품이 탄생하다	그 남자가 누구인지 알고 싶다면 : 말과 자동차	패션, 여성을 완성하다	시간과 자연이 빚은 최고의 액체 : 와인	인류를 살찌운 식문화의 꽃 : 발효음식
융합과 이상	조선의 과학과 정치	백성의 삶, 시간에 있다	모두가 만족하는 답을 구하라 : 수학	억울한 죽음이 없어야 한다 : 화학	하늘의 운행을 알아내다 : 천문학	빙고로 백성의 고통까지 얼리다 : 열역학
	'나'는 어디에 있는가	별에서 온 그대	우주에서 나의 위치는?	나는 어떻게 여기에 왔을까?	나의 조상은 누구인가	마음은 무엇일까?
	제4의 물결	평민이 왕의 목을 친 최초의 시민혁명 : 영국혁명	천 년 넘은 신분 제도를 끝장낸 대사건 : 프랑스대혁명	빵·토지·평화를 위한 노동자의 혁명 : 러시아혁명	나라의 주인이 누구인지 보여준 독립 혁명 : 베트남혁명	민주주의 역사를 다시 쓰다 : 대한민국 촛불혁명

| 커리큘럼 4 : 관계 |

카테고리	강의 주제	월	화	수	목	금
1인 생활자	자존감의 뿌리를 찾아서	시대적 사명, 자존감	무수리 씨와 나잘난 씨, 정신과에 가다	합리적으로 의심하며 살고 있나요?	존중의 문화가 없는 별	내 인생의 주인공은 나다
	내 길은 내가 간다	스스로 아웃사이더가 되다	일생을 추위에 떨어도 향기를 팔지 않는다	홀로 빈 방을 지키리	천지에 진 빚을 갚으며	산속에 숨어 세상을 바꾸다
	다름의 심리학	'다름'에 대한 건강한 이해	무엇이 우리를 다르게 만드나	나와 너를 이해하기 위한 질문	소통은 습관이다	인정과 존중의 자세
	1인 가구 보고서	통계로 보는 1인 가구 변천사	가치 소비를 지향합니다	다양한 욕구가 이끄는 공간의 변화	솔로 이코노미 시대	개인 지향형 사회와 기술
개인과 사회	과식사회	과식, 굶주린 조상이 물려준 유산	다이어트는 내일부터	가짜 허기	과식을 부르는 숨은 유혹자들	과식사회에서 미식사회로
	똑똑한 사람들이 가족에게는 왜 그럴까	가족은 유기체	아버지, 두 얼굴의 사나이	당신은 부모입니까, 학부모입니까?	세상에 못된 아이는 없다	이별의 원인은 내게 있다
	콤플렉스의 시대, 신화와 비극에서 위로를 찾다	콤플렉스는 인간의 본질	팜므 파탈의 비애, 페드르	괴물이 된 여자, 메데이아	사과 한 알에서 시작된 사건, 오쟁이 진 남편	신화, 여전히 콤플렉스를 말한다
	노동인권: 이건 제 권리입니다	참아가며 일하는 세상 아니잖아요	너와 나의 일상, 노동 그리고 노동인권	노동법을 아시나요	파업하면 나쁜 사람들 아닌가요	새 시대의 노동인권
소확행	취향의 발견	자유와 관용	위장과 전치	순간과 영원	매몰과 항거	취향과 감각
	뇌로 인간을 보다	성격과 행동을 좌우하는 뇌	우울할 때는 뇌를 자극하세요	현대인의 노이로제, 강박증	창조성과 정신병의 관계	행복하려면 도파민하라
	현대인을 위한 여행인문학	사람들은 왜 떠나려고 하는 걸까	유통기한을 늘리는 인문여행법	읽고 쓰기 위해 떠나는 여행	인도에서 만난 책 그리고 여운	여행을 부르는 책들
	키워드로 알아보는 북유럽	휘게를 아세요?	신화의 땅, 북유럽	이케아의 정신, 이케아의 유산	평화를 추구했던 정신, 노벨상	권력에 의문을 제기하라